Die Nachfrist im Leistungsstörungsrecht

Sarah H. Höffmann

Die Nachfrist im Leistungsstörungsrecht

PL ACADEMIC RESEARCH

Bibliografische Information der Deutschen Nationalbibliothek
Die Deutsche Nationalbibliothek verzeichnet diese Publikation in der Deutschen Nationalbibliografie; detaillierte bibliografische Daten sind im Internet über http://dnb.d-nb.de abrufbar.

Zugl.: Hamburg, Univ., Diss., 2013

D 18
ISBN 978-3-631-62810-2 (Print)
E-ISBN 978-3-653-02976-5 (E-Book)
DOI 10.3726/978-3-653-02976-5

PL Academic Research ist ein Imprint der Peter Lang GmbH.

Peter Lang – Frankfurt am Main · Bern · Bruxelles · New York · Oxford · Warszawa · Wien

www.peterlang.de

Vorwort

Diese Arbeit wurde im Wintersemester 2012/2013 von der Fakultät für Rechtswissenschaft der Universität Hamburg als Dissertation angenommen. Ein besonderer Dank gilt meinem Doktorvater Herrn Prof. Dr. Peter Mankowski, der mir von Beginn der Arbeit an mit Anregungen zur Seite stand und für mich während der gesamten Zeit als Betreuer ein stetiger Ansprechpartner war. Dass eine abschließende Begutachtung meiner Arbeit durch ihn nicht stattfinden konnte, bedaure ich sehr. Für seine umfassende Unterstützung gebührt ihm jedoch an erster Stelle meine Dankbarkeit. Zu großem Dank bin ich zudem Frau Prof. Dr. Bettina Heiderhoff verpflichtet, die sich kurzfristig und ohne Zögern dazu bereit erklärte, anstelle von Herrn Prof. Dr. Peter Mankowski die Erstbegutachtung meiner Dissertation zu übernehmen. Für ihre zuvorkommende Hilfe möchte ich mich herzlich bedanken. Danken möchte ich auch Herrn Prof. Dr. Reinhard Bork für die Übernahme und sehr zügige Erstellung des Zweitgutachtens. Darüber hinaus danke ich allen, die mich auf meinem Weg begleitet und unterstützt haben, insbesondere Fabian Lang für seine Unterstützung bei allen technischen Fragen und der Kanzlei Hillmann & Partner in Oldenburg, die stets darauf geachtet hat, dass mir die Arbeit an meiner Dissertation auch neben der Rechtsanwaltstätigkeit möglich war.

Ein ganz besonderer Dank gilt schließlich meinen Eltern, Otto und Heike Höffmann, ohne deren Unterstützung in jeglicher Hinsicht mir der erfolgreiche Abschluss meines Studiums nicht möglich gewesen wäre. Aber auch meinen Geschwistern möchte ich für ihre Geduld großen Dank aussprechen, insbesondere meiner Schwester, Dr. Friederike Höffmann, die mich während der gesamten Promotionszeit großartig unterstützt hat und ohne die diese Dissertation nicht das wäre, was sie heute ist. Ihr widme ich diese Arbeit.

Hamburg im Mai 2013

Sarah H. Höffmann

Inhaltsverzeichnis

§ 1 Einleitung

I. Die Nachfrist als Besonderheit des deutschen Rechts

Mit Einführung des Allgemeinen Deutschen Handelsgesetzbuchs (ADHGB) im Jahre 1861 erblickte die Nachfrist als Mittel zur Lösung von Leistungsstörungen erstmals das Licht der Welt. Zuvor war ein solches Rechtsinstitut zur Lösung von Leistungsstörungen bei gegenseitigen Verträgen nicht nur dem in Deutschland geltenden Recht völlig unbekannt, sondern auch im ausländischen Recht ohne Vorbild.[1] Von da an entwickelte sich dieses als „überaus fruchtbare Besonderheit des deutschen Rechts“[2] bezeichnete Rechtsinstitut zu der zentralen Voraussetzung im deutschen Leistungsstörungsrecht, von der im BGB sämtliche sekundären Rechtsbehelfe abhängig sind. Aber auch aus dem internationalen Rechtsverkehr ist die Nachfrist nicht mehr wegzudenken. Dort fand sie als „the German Nachfrist“ oder „le Nachfrist allemand“ Eingang sowohl in die Vorschriften des CISG[3] als auch in die drei Vereinheitlichungsprojekte für ein europäisches Vertragsrecht, die PECL, die PICC und den DCFR.

Beeinflusst wurde die Entscheidung, eine umfassende Untersuchung dieser deutschen Besonderheit anzustrengen, unter anderem durch ein jüngeres Urteil des BGH, in dem das Gericht Formulierungen wie „unverzüglich“ und „sofort“ als angemessene Fristsetzung genügen lässt.[4] Das Urteil fügt sich damit in die Entwicklung der gesetzlichen Nachfristregelungen ein, welche stets an dem Ziel ausgerichtet war, die Position des Gläubigers bestmöglich zu stärken und ihn nicht durch unnötige formelle Zwänge einzuschränken. Von dieser Motivation waren auch die Änderungen getragen, welche die Nachfristregelung im Zuge der Schuldrechtsmodernisierung erfuhr. So wurde bei der Gesetzesänderung auf das Erfordernis der Ablehnungsandrohung, deren Fehlen bis dahin zu einer Unwirksamkeit der Fristsetzung geführt hatte, mit der Begründung verzichtet, dass sich eine solche für den Laien als eine nicht zu rechtfertigende Hürde erweise.[5] Mit einer ähnlich gläubigerfreundlichen Argumentation wurde in diesem Zusammenhang der Verzicht auf die vormalige rechtsgestaltende Wirkung des frucht-

---

1 *Scherner*, Modernisierung des Handelsrechts im 19. Jahrhundert (1993), 10.

2 *Canaris*, FS Kropholler (2008), 3, 8.

3 *Schlechtriem*, ZEuP 1993, 217, 235.

4 BGH 12.8.2009, NJW 2009, 3153.

5 Entwurf eines Gesetzes zur Modernisierung des Schuldrechts vom 14.5.2001, BT-Drucks. 14/6040, 180 Zu Nummer 15 – Neufassung der §§ 323 bis 326 BGB Vorbemerkung.

losen Fristablaufs begründet.[6] Dabei war mit der Nachfristregelung zugleich stets die Intention verbunden, mit diesem Rechtsinstitut den Bedürfnissen des Schuldners ebenfalls angemessen Rechnung zu tragen.[7] Ob eine solche Rücksichtnahme auf die Interessen des Schuldners nach der gegenwärtigen Rechtslage überhaupt noch besteht, soll ein Schwerpunkt dieser Arbeit sein.

Motiviert ist die nachstehende Untersuchung zudem durch die Tatsache, dass eine Vielzahl der zur Nachfrist bestehenden Diskussions- und Problemfelder, welche durch die mit der Schuldrechtsmodernisierung eingeführten Neuregelungen entstanden sind, bislang noch keiner allgemein akzeptierten und von der Rechtsprechung getragenen Lösung zugeführt worden sind. Zu nennen ist hierbei unter anderem die Frage nach einem möglichen Ersatzanspruch des Gläubigers für seine Selbstvornahmekosten oder die Frage nach einer Möglichkeit des Schuldners, die „Schwebelage"[8] nach Fristablauf zu beenden, mithin den Gläubiger zu der Ausübung seiner Wahl zwischen Primär- und Sekundärrechten zu zwingen. Umstritten ist daneben, welche rechtliche Bedeutung dem sogenannten „Recht zur zweiten Andienung", welches dem Schuldner im Rahmen der neugeschaffenen Rechtslage zugesprochen wurde, tatsächlich zukommt. Schließlich erscheint die Frage nach einer Lösung für die Richtlinienwidrigkeit der Nachfristregelung in § 323 I BGB ebenfalls gegenwärtig noch nicht abschließend geklärt zu sein.

Ziel der vorstehenden wissenschaftlichen Arbeit soll es sein, eine umfassende Analyse des Instituts der Nachfrist anhand ihrer historischen Entwicklung bis hin zu den gegenwärtig geltenden Gesetzesregelungen – sowohl im BGB als auch im internationalen Rechtsverkehr – zu erstellen. Das Hauptaugenmerk soll hierbei auf der aktuellen Gesetzeslage, insbesondere auf den gegenwärtig hierzu bestehenden Problem- und Diskussionsfeldern, liegen. Diese sollen umfänglich dargelegt und kritisch untersucht werden. Eigene Lösungsvorschläge sollen im Anschluss hieran durch Anregungen zur Auslegung und Anwendung der geltenden Gesetzesregelungen sowie in Form von Novellierungsvorschlägen erarbeitet werden.

II. Gang der Darstellung

Zu Beginn der Arbeit soll zunächst ein Blick auf die historischen Ursprünge der Nachfrist geworfen werden. Anhand der verschiedenen Vorschriften wie Art. 356 ADHGB, § 326 BGB a.F. sowie den §§ 281, 323 BGB soll dabei die

---

6 *Bamberger/Roth(-Grothe)*, BGB, §§ 1 – 610 BGB[3](2012), § 323 BGB Rn.12.

7 *Lorenz*, NJW 2006, 1175, 1176.

8 *Hanau*, NJW 2007, 2806.

Entwicklung der Nachfristregelung von ihren Anfängen in der zweiten Hälfte des 19. Jahrhunderts bis heute aufgezeigt werden. Als weiterer Einstieg in die Untersuchung soll sodann zunächst eine Darstellung verschiedener Fristenregelungen im Gesetz erfolgen, sowie eine rechtliche Einordnung der Nachfrist vorgenommen werden.

Im Weiteren wird eine systematische Betrachtung vom Sinn und Zweck der Nachfrist am Beispiel der kaufrechtlichen Regelung durchgeführt. Dabei soll herausgearbeitet werden, inwieweit sie sowohl die Interessenlage des Gläubigers als auch die des Schuldners unterstützt. Ein Diskussionspunkt wird hier in der Frage nach einem Ersatzanspruch des Gläubigers für entstandene Selbstvornahmekosten liegen, welcher im Anschluss daran in einem eigenen Kapitel noch einmal aus ökonomischer Sicht beurteilt werden soll. Sodann soll sich der Ausgestaltung der Nachfrist im internationalen Rechtsverkehr zugewandt werden, wobei die Unterschiede zum deutschen Recht bezüglich ihres Anwendungsbereichs und ihrer Funktion dargelegt werden sollen.

Besondere Aufmerksamkeit wird schließlich den Kapiteln über die Voraussetzungen einer wirksamen Nachfrist und ihren Rechtsfolgen gewidmet. In diesem Kontext soll unter anderem eine kritische Auseinandersetzung mit der oben zitierten Rechtsprechung des BGH, wonach Begriffe wie „unverzüglich" für eine ordnungsgemäße Fristsetzung genügen, erfolgen. Zum anderen soll bei der Untersuchung der Rechtsfolgenseite der Nachfrist das Problem der für den Schuldner bestehenden „Schwebelage" nach Fristablauf ausführlich analysiert werden. Im Anschluss hieran wird die Richtlinienkonformität der Nachfristregelung in § 323 I BGB thematisiert. Schließlich soll die Arbeit mit einem Blick auf den Einsatz der Nachfrist in der Praxis abgerundet werden.

§ 2 Historische Entwicklung der Nachfrist vom ADHGB bis zur Schuldrechtsmodernisierung

Die Einführung der Nachfrist durch das Allgemeine Deutsche Handelsgesetzbuch (ADHGB) von 1861 wird teilweise als die wichtigste Modifikation angesehen, die in den vergangenen 150 Jahren in den Regeln des Handelskaufs vorgenommen worden ist.[9] Zuvor war ein solches Rechtsinstitut zur Lösung von Leistungsstörungen bei gegenseitigen Verträgen nicht nur dem in Deutschland geltenden Recht völlig unbekannt, sondern auch im ausländischen Recht ohne Vorbild.[10] Bereits in ihren Anfängen war die Nachfrist Gegenstand zahlreicher Diskussionen, welche etwa ihre formellen Voraussetzungen,[11] ihre Angemessenheit[12] sowie vor allen Dingen ihre Entbehrlichkeit[13] betrafen. In der Folge hatte das Reichsoberhandelsgericht in den ersten Jahren nach ihrer Einführung im Jahre 1861 bis zu ihrer Übernahme in das am 18.8.1896 ausgefertigte Bürgerliche Gesetzbuch[14] eine Vielzahl von Fällen bezüglich der zuvor genannten Praxisprobleme zu entscheiden.[15] Noch heute ist das Institut der Nachfrist immer wieder Gegenstand von Entscheidungen höherinstanzlicher Gerichte, mit deren Hilfe stetig versucht wird, die Ausgestaltung der Nachfrist bestmöglich an die Bedürfnisse der Praxis anzupassen.[16]

Als Grundlage und Ausgangspunkt einer sich anschließenden, umfassenden Analyse des Instituts der Nachfrist in ihrer heutigen Ausgestaltung im BGB soll im Folgenden zunächst ein Blick auf deren Ursprünge und ihre historische Entwicklung geworfen werden.

---

9 *Huber, Ulrich,* ZHR 161 (1997), 160, 165.

10 *Scherner*, Modernisierung des Handelsrechts im 19. Jahrhundert (1993), 10.

11 ROHG 10.12.1873, ROHGE 12, 59, 62 f.

12 ROHG 6.3.1873, ROHGE 8, 125, 126.

13 ROHG 6.10.1871, ROHGE 3, 319, 321 f.

14 Am 1.1.1900 trat es in Kraft, siehe *Palandt*(-*Sprau*), BGB^{72} (2013), Einleitung Rn. 4.

15 Beispielhaft seien hier genannt: ROHG 18.3.1872, ROHGE 6, 324, 326; 30.10.1872, ROHGE 7, 376, 377; 7.5.1873, ROHGE 9, 311, 315 f.; 28.10.1973, ROHGE 11, 237; 10.12.1873, ROHGE 12, 59, 62 f.; 25.2.1974, ROHGE 12, 282, 284 f.

16 So zum Beispiel: BVerfG 26.9.2006, BVerfGK 9, 263; BGH 23.2.2005, BGHZ 162, 219; 20.1.2009, NJW-RR 2009, 667; 12.8.2009, NJW 2009, 3153 f.; 25.3.2010, NJW 2010, 2200 f.; 14.6.2012, BGHZ 193, 315; KG Berlin 26.3.2010, NJW-Spezial 2010, 526; OLG München 16.6.2010, NJW-RR 2010, 1716; OLG Saarbrücken 22.2.2011, BB 2011, 1299.

I. Die Zeit vor Inkrafttreten des BGB

1. Zweite Hälfte des 19. Jahrhunderts: Die Bedürfnisse des neuzeitlichen Handelsverkehrs bringen das allgemeine bürgerliche Recht an seine Grenzen

Die Ursprünge der gesetzlich geregelten Nachfrist finden sich in der zweiten Hälfte des 19. Jahrhunderts. Bis zu dieser Zeit stellte das allgemeine bürgerliche Recht, bestehend aus dem jeweils anwendbaren Landesrecht und subsidiär dem gemeinen Recht[17], die gesetzliche Grundlage für die Abwicklung von Verträgen in Deutschland dar.[18] In keiner der damals geltenden Rechtsvorschriften war bis zu diesem Zeitpunkt ein vergleichbares Institut wie das der Nachfristsetzung zur Lösung von Verträgen oder zur Begründung von Schadensersatzforderungen bekannt. Die Vorschriften wurden stattdessen von komplizierten und umfassenden Tatbestandsvoraussetzungen beherrscht,[19] welche den Übergang von dem Primärrecht des Erfüllungsverlangens zu den Sekundärrechten[20], wie dem Schadensersatzanspruch, erschwerten.[21] Trotz dieser und weiterer Schwächen[22] genügten die Vorschriften gleichwohl den bis dahin an das geschriebene Recht gestellten Anforderungen.[23]

Dies änderte sich hingegen mit einem Anstieg der Bedürfnisse des neuzeitlichen Handelsverkehrs, denn parallel hierzu wuchs mehr und mehr auch die Notwendigkeit, einen Ausgleich für die Unzulänglichkeiten des gemeinen

---

17 Als „gemeines Recht" wird das bis zum Inkrafttreten des BGB herausgebildete, allgemein für Deutschland geltende Privatrecht römischen Ursprungs bezeichnet, *Weidt*, Antizipierter Vertragsbruch (2008), 78 (B II Nr.1) m.w.N.

18 *Huber, Ulrich*, ZHR 161 (1997), 160, 161.

19 So konnten sich die Parteien zum Beispiel nur dann von der Bindung an die ursprünglichen Leistungspflichten nach Eintritt einer Leistungsstörung lösen, wenn sie, wie beim Schadensersatzanspruch, das Vorliegen eines Interessewegfalls beweisen konnten. Das Rücktrittsrecht wurde zudem nur als ein Anhängsel des Schadensersatzanspruchs angesehen, *Leser*, Der Rücktritt vom Vertrag (1975), 12 (II 3.); *Beinert*, Wesentliche Vertragsverletzung und Rücktritt (1979), 182 (3. Kap. § 2); siehe auch die Ausführungen unter § 2. I. 3.

20 Die Bezeichnung als „Sekundärrecht" findet ihre Begründung darin, dass dem Gläubiger diese Rechte, anders als der Erfüllungsanspruch, nur unter besonderen, zusätzlichen Voraussetzungen zustehen, *Rütten*, FS Gernhuber (1993), 939, 940.

21 *Weidt*, (Fn. 17), 81 (B I Nr.1).

22 Allgemein lag der Vorwurf darin, dass viele praktische Fragen „von der Theorie vernachlässigt" werden würden und hierdurch auch die Urteile der obersten Gerichte „unpopulär" seien, *Mitteis*, Deutsches Privatrecht[3](1959), 17 (Kap. 5).

23 *Schmidt*, Handelsrecht[5] (1999), 42 f.

Rechts zu schaffen.[24] Im Vordergrund stand dabei das Begehren nach Flexibilität und schnell wiederherzustellender Dispositionsfreiheit.[25] Daraus ergab sich nicht nur das Verlangen nach vereinfachten Tatbestandsvoraussetzungen für den Schadensersatzanspruch, sondern auch nach der Einführung eines von diesem unabhängigen Rücktrittsrechts.[26]

Um die rechtliche Entwicklung, die zur Einführung der Nachfristsetzung in die gesetzlichen Vorschriften jener Zeit geführt hat, erfassen zu können, ist das Augenmerk zunächst auf die wirtschaftlichen Verhältnisse zu richten, die zu Beginn des 19. Jahrhunderts im Deutschen Reich herrschten.

2. Die wirtschaftlichen Verhältnisse zur Zeit der beginnenden Industrialisierung

In der Zeit bis zum Einsetzen der Industrialisierung im 19. Jahrhundert hatte das Geld als Zahlungsmittel allgemein und besonders im Handelsverkehr nicht die Rolle inne, welche es später im Zuge der Industrialisierung erlangte.[27] Die Naturalleistung stand für die Vertragspartei im Vordergrund. So war es nur folgerichtig, dass der Gläubiger einer Leistung vor allen Dingen an dieser selbst interessiert war und nicht so sehr an einer Schadensersatzleistung, da die ursprünglich geschuldete vertragliche Leistung für den Gläubiger mit Geld nicht einfach zu ersetzen war. Mit der Veränderung der sektoralen Verteilung der Erwerbsstruktur, das heißt der Verlagerung des wirtschaftlichen Schwergewichts von der Landwirtschaft auf den Handel und die Industrie, wuchs indes das Bestreben danach, den Gläubiger von der starken Bindung an die ursprüngliche Vertragsleistung zu befreien und ihm zur Wiederherstellung seiner Dispositionsfreiheit die Möglichkeit der Forderung einer Geldleistung als Schadensersatz oder eines Rücktritts vom Vertrag zu eröffnen.[28] Denn gerade die Handlungsfreiheit war für einen Kaufmann in jener Zeit ein wichtiges Gut geworden, ohne das er auf dem allgemeinen Markt schnell unterzugehen drohte, wenn er den allgemeinen

---

24 *Huber, Ulrich*, Leistungsstörungen Band II (1999), 185 (§ 36 I 5).

25 *Leser*, (Fn. 19), 12 (II 3.).

26 *Scherner*, Rücktrittsrecht wegen Nichterfüllung (1965), 201 ff. (216 f.).

27 So galt zum Beispiel Vieh als Reichtum und Zahlungsmittel; noch zur Zeit der Volksrechte bedeutete Geldrechnung nicht gleich Geldzahlung, vergleiche *Mitteis/Lieberich*, Deutsche Rechtsgeschichte19 (1992), 26 f. (Kap. 5); zur heutigen Bedeutung des Geldes siehe *Heermann*, Geld und Geldgeschäfte (2003), 11 ff. (§ 2).

28 *Frohberg*, Die *Ernst*hafte und endgültige Erfüllungsverweigerung (1979), 109 f., welcher eine ausführliche Analyse der damaligen wirtschaftlichen und politischen Begebenheiten bietet.

Preis- und Nachfrageschwankungen nicht mehr adäquat begegnen konnte.[29] Angesichts der Veränderung des wirtschaftlichen Schwerpunktes, traten die Schwächen der bis dahin gebräuchlichen Rechtsvorschriften nur allzu deutlich zu Tage. Diese werden im Folgenden dargelegt, wobei sich der Blick auf die Vorschriften konzentriert, welche für die Einführung der Nachfrist von entscheidender Bedeutung waren, also diejenigen, die sich mit dem Fall der vertraglichen Nichterfüllung beschäftigten.

3. Schwächen des gemeinen Rechts

Große praktische Probleme bereiteten insbesondere die Vorschriften des gemeinen Rechts zum Anspruch des Gläubigers auf Schadensersatz wegen Nichterfüllung. Die dort normierten Tatbestandsvoraussetzungen waren wenig flexibel und schränkten den Gläubiger extrem ein,[30] da für diesen nur in engen Grenzen die Möglichkeit zur Geltendmachung von Schadensersatz gegeben war: Zum einen war dies der Fall, wenn die Leistung des Schuldners aus einem Grund, den dieser zu vertreten hatte, unmöglich geworden war;[31] zum anderen, wenn die Leistung infolge des Verzugs des Schuldners für den Gläubiger ohne Interesse war;[32] oder aber wenn der Schuldner, der eine Sachleistung oder eine Handlung schuldete, zur Leistung rechtskräftig verurteilt worden war und seine Pflicht trotzdem nicht erfüllte.[33] In der Praxis ergab sich oftmals die Schwierigkeit, den Beweis für einen Interessenwegfall zu erbringen; zudem beinhaltete dieser gleichzeitig die Gefahr, dabei Geschäftsgeheimnisse aufzudecken.[34] Da es sich bei der Unmöglichkeit eher um einen Spezialfall handelte,[35] war der Gläubiger, um angemessenen Schadensersatz verlangen zu können, somit in den meisten Fällen darauf angewiesen, den Rechtsweg zu beschreiten. Dies brachte allerdings ein hohes Maß an Unsicherheit mit sich, weil nicht nur das Prozessrisiko den Gläubiger belastete, sondern er zusätzlich verpflichtet war, bis zur Entschei-

---

29 Vergleiche auch Protokolle zum ADHGB, 1. Theil, Protokoll I – XLV (1858), 595.

30 Ein weiterer Kritikpunkt war, dass der Gläubiger in diesem Fall lediglich die Erfüllung des Vertrages und Ersatz des durch die verzögerte Erfüllung entstandenen Schadens verlangen konnte, vergleiche Protokolle zum ADHGB, 1. Theil, Protokoll I – XLV (1858), 595.

31 *Würthwein*, Zur Schadensersatzpflicht wegen Vertragsverletzungen im Gemeinen Recht des 19. Jahrhunderts (1990), 144 (2. Teil § 1 E.I.)

32 *Wächter*, Pandekten II, Besonderer Theil (1881), 400 (§ 192).

33 *Würthwein*, (Fn. 31) 153 f. (2. Teil § 1 E.II.2.); *Huber, Ulrich*, (Fn. 24), 324 f. (§ 43 I).

34 *Beinert*, (Fn. 19), 179 (3. Kap. § 2).

35 *Leser*, FS Rheinstein (1969), 643, 644 f.

dung des Gerichts die vertraglich vereinbarte Ware für den Schuldner bereit zu halten.[36] Eine weitere Schwäche des gemeinen Rechts lag darin, dass dieses ohne besondere Vereinbarung ein Rücktrittsrecht nicht kannte. Der Gläubiger einer Leistung hatte im Falle des Erfüllungsverzuges nur dann die Möglichkeit, die geschuldete Leistung zurückzuweisen, wenn er beweisen konnte, dass der Vertrag durch den Verzug sein wesentliches Interesse eingebüßt hatte.[37]

Die aufgezeigten Schwächen des Rechts lassen den Grundgedanken, auf dem dieses basierte, deutlich werden: Die Bindung an den ursprünglichen Vertrag hatte oberste Priorität und sollte notfalls auch erzwungen werden.[38]

4. Die Einführung der Nachfrist in das Allgemeine Deutsche Handelsgesetzbuch

Mit Schaffung des ADHGB im Jahre 1861 wurde den Schwächen der landesrechtlichen Vorschriften endlich abgeholfen;[39] zugleich wurde der Grundstein für die spätere Verankerung der Nachfristvorschriften im BGB gelegt.[40] Gleichwohl verloren aber auch die landesrechtlichen Vorschriften nicht jegliche Bedeutung, denn an zahlreichen Stellen des neuen Gesetzes wurde auf die weiter geltenden Landesrechte verwiesen. So regelten beispielsweise die Artt. 354 bis 356 ADHGB zwar die Rechtsfolgen, nicht aber die Voraussetzungen des Verzugs.[41] Hierbei wurde weiterhin das jeweilige Landesrecht zugrunde gelegt.[42]

a. Art. 356 ADHGB: Die Nachfrist zur Nachholung des Versäumten

In Bezug auf das Institut der Nachfrist fand sich die größte Neuerung in Art. 356 ADHGB. Dieser lautete wie folgt:

> „*Will ein Kontrahent auf Grund der Bestimmung der vorigen Artikel statt der Erfüllung Schadensersatz wegen Nichterfüllung fordern oder von dem Vertrag abgehen,*

---

36 *Huber, Ulrich*, (Fn. 24), 185 (§ 36 I 5).

37 Vergleiche *Wächter*, (Fn. 32), 400 (§ 192); *Buchka*, Vergleichende Darstellung des BGB für das deutsche Reich und des Gemeinen Rechts² (1898), 76 (§ 11. VII.).

38 *Leser*, (Fn. 35), 643, 644.

39 So äußerte *Mitteis*, (Fn. 22), 18 (Kap. 5): Das Gesetz sei „vorbildlich klar gefaßt, lebensnahe und auf deutschen Rechtsgrundsätzen aufgebaut“.

40 *Leser*, (Fn. 19), 10 (II 3.).

41 *Huber, Ulrich*, ZHR 161 (1997), 160, 161.

42 *Weidt*, (Fn. 17), 83 (B II Nr.1).

so muss er dies dem anderen Kontrahenten anzeigen und ihm dabei, wenn die Natur des Geschäfts dies zuläßt, noch eine den Umständen angemessene Frist zur Nachholung des Versäumten gewähren."

Die Vorschrift räumte somit von nun an die Möglichkeit ein, unter vereinfachten Voraussetzungen statt Erfüllung Schadensersatz zu verlangen[43] oder sich vom Vertrag zu lösen.[44] Die Befugnis zum Rücktritt sowie zur Forderung von Schadensersatz war nach Eintritt des Verzugs nur noch an zwei Voraussetzungen geknüpft: die Vornahme einer Anzeige des Vorhabens gegenüber dem Schuldner und, soweit dies mit der Art des Rechtsgeschäfts vereinbar war, an die Gewährung einer Nachfrist, wobei eine solche dem anderen Teil gegenüber nicht erklärt zu werden brauchte.[45] In dem System des deutschen Handelsgesetzbuches war das ausdrückliche Setzen einer Frist weder als eine gesetzliche Voraussetzung noch als Bedingung für die Befugnis des Nichtsäumigen, vom Vertrag zurückzutreten oder Schadensersatz wegen Nichterfüllung zu beanspruchen, festgehalten.[46] Bei der Nachfristregelung in Art. 356 ADHGB handelte es sich sozusagen um die Vorläuferin der späteren Nachfristregelung in § 326 BGB, welche zwar noch nicht zu einer Fristsetzung, wohl aber zu einer Fristgewährung verpflichtete.[47] Das mit dem Fristerfordernis verbundene Ziel war es, dem Schuldner die Erfüllung nicht unbilligerweise abzuschneiden.[48] Ein vergleichbares Institut war bis zu diesem Zeitpunkt weder im gemeinen noch im preußischen Recht verankert;[49] mit seiner Einführung wurden daher dem Gläubiger ganz neue Möglichkeiten eröffnet.

---

43 Das Recht Schadensersatz statt Erfüllung zu verlangen wurde gemäß Art. 355 ADHGB lediglich dem Gläubiger einer Sachleistung eingeräumt, das heißt dem Käufer; dem Verkäufer als Gläubiger einer Geldleistung (Kaufpreis) stand dagegen gemäß Art. 354 ADHGB nur das Recht auf Schadensersatz wegen verspäteter Erfüllung bzw. unter Maßgabe des Art. 343 ADHGB zu, siehe *Basch*, Allgemeines Deutsches Handelsgesetzbuch[3], (1890) Artt. 354 – 355 ADHGB.

44 „Auf den ausdrücklichen Wunsch der preuß. Kaufmannschaften seien Bestimmungen über die Aufhebung der Verträge Mangels Erfüllung aufgenommen worden", siehe Protokolle zum ADHGB, 1. Theil, Protokoll I – XLV (1858), 595

45 *Beinert*, (Fn. 19), 179 (3. Kap. § 2).

46 ROHG 6.10.1871, ROHGE 3, 319, 321.

47 ROHG 28.10.1873, ROHGE 11, 237; 10.12.1873, ROHGE 12, 59, 62; *Beinert*, (Fn. 19), 179 (3. Kap. § 2); *Weidt*, (Fn. 17), 84, (B II Nr.1).

48 RG 16.12.1903, RGZ 56, 231, 233.

49 RG 25.10.1881, RGZ 5, 103, 104.

b. Differenzierung zwischen Sach- und Geldleistung

Das Wahlrecht, statt Erfüllung Schadensersatz zu verlangen oder sich vom Vertrag zu lösen, wurde allerdings zunächst nur dem Gläubiger einer Sachleistung zugesprochen. Der Gläubiger einer Geldleistung war von dem Privileg, zwischen beiden Rechtsfolgen wählen zu können, erst einmal nicht erfasst. Stattdessen hatte dieser nach erfolgloser Nachfristgewährung gemäß Art. 354 ADHGB nur das Recht, vom Vertrag zurückzutreten, solange er selbst noch nicht geliefert hatte, oder aber Schadensersatz wegen verspäteter Erfüllung zu verlangen, wobei er für Letzteres keine Nachfrist zu setzen brauchte.[50] Begründet wurde die Differenzierung zwischen Geld- und Sachgläubiger zum einen damit, dass dem Verkäufer nicht die Möglichkeit zum freihändigen Deckungskauf und einer anschließend hiernach gerichteten Schadensberechnung gegeben werden sollte; für ihn sollten weiterhin die strengen Voraussetzungen und Regeln des Selbsthilfeverkaufs (Art. 343 ADHGB = § 373 HGB) gelten.[51] Zum anderen war ein häufig angeführtes Argument, dass der Gläubiger an einer Geldleistung immer ein Interesse habe.[52]

c. Der Vorteil der neuen Regelung – Vereinfachter Weg zu den Sekundärrechten

Das neue Handelsgesetz hob sich mit dieser Vorschrift deutlich von den bis dahin maßgeblichen Landesrechten ab. Zum einen bereits dadurch, dass sich das Recht zum Rücktritt von einem Vertrag nun erstmals als ein vom Schadensersatz unabhängiges Rechtsinstitut direkt aus dem Gesetz ergeben konnte.[53] Zum anderen aber vor allem insofern, als die Voraussetzungen für die Geltendmachung der Sekundärrechte nunmehr klar vereinfacht waren: Als Voraussetzung für das Rücktritts- bzw. Schadensersatzrecht brauchte kein Interessewegfall mehr nachgewiesen zu werden; das Vorliegen von Verzug neben einer gewährten Nachfrist reichte nunmehr gemäß Art. 356 ADHGB i.V.m. Art. 354 bzw. 355 ADHGB aus.[54] Das System der Nachfristgewährung milderte somit die strengen Voraussetzungen, welche das gemeine Recht neben dem Verzug des Käufers oder Verkäufers für die Geltendmachung der Sekundärrechte forderte, etwas ab.[55] Zugleich wurde auf diese Weise der Grundsatz festgeschrieben, dem

50 Ausdrücklich klargestellt durch *Basch*, (Fn. 43), Art. 356 ADHGB Fn. 19.

51 *Huber, Ulrich*, ZHR 161 (1997), 160, 167.

52 *Scherner*, (Fn. 26), 202 (V.5.a)).

53 *Leser*, (Fn. 19), 10, 12, 14 (II 3.); *Beinert*, (Fn. 19), 179, 182 (3. Kap. § 2).

54 *Beinert*, (Fn. 19), 180 (3. Kap. § 2).

55 ROHG 6.10.1871, ROHGE 3, 319, 321; *Weidt*, (Fn. 17), 84, (B II Nr.1).

Schuldner stets die Möglichkeit zur Nachholung des Versäumten, zur „purgatio morae", durch nachträgliche Erfüllung zu geben.[56]

d. Der Umgang mit dem Missbrauch der Nachfristsetzung

Schon früh hatte sich das Reichsgericht aber auch mit dem Missbrauch der Nachfristsetzung zu beschäftigen. So musste das Gericht in seinem Urteil vom 25.10.1881 darüber befinden, ob der Käufer einer Ware dem Verkäufer, welcher die Leistung schon endgültig verweigert hat, noch eine Nachfrist setzen dürfe, um dann den Zeitpunkt des Fristablaufs als für die Berechnung des Schadensersatzes maßgeblichen geltend zu machen.[57] Das Reichsgericht vertrat in diesem Fall die Auffassung, dass bei endgültiger Erfüllungsverweigerung kein Anlass zur Gewährung einer Frist mehr gegeben sei,[58] und einer solchen deshalb auch keinerlei rechtliche Bedeutung beigemessen werden dürfe. Dem nicht säumigen Kontrahenten stehe daher keine Befugnis zu, die gewährte Frist bei Berechnung des Schadensersatzes in Ansatz zu bringen. Der damalige Kläger (Käufer) entgegnete zwar hierauf, dass der säumige Kontrahent doch gesetzlich nicht befugt sein könne, den Zeitpunkt des Verzuges durch einseitige Erfüllungsverweigerung allein zu seinem Vorteil zu bestimmen. Dem widersprach das Gericht jedoch mit dem Argument, dass der nichtsäumige Kontrahent zwar nicht an eine Frist zur Ausübung seines Wahlrechts gebunden sei,[59] und somit auch an keinen Zeitpunkt, allerdings das Gesetz auch nicht gestatte, bei Erfüllungsverweigerung vor Ausübung seines Wahlrechts beliebig und ohne Veranlassung eine Frist zu setzen. Der nichtsäumigen Partei wurde somit eindeutig abgesprochen, durch eine willkürlich gestellte Nachfrist den für die Schadensberechnung relevanten Zeitpunkt nach seinem Belieben zu bestimmen.[60] Mit dieser Rechtsprechung wurde nicht nur der Missbrauch der Nachfrist unterbunden, sondern gleichzeitig deutlich gemacht, dass das Institut der Nachfristsetzung vor allen Dingen der säumigen Partei das Recht zur Nacherfüllung sichern sollte. Die Ermöglichung der purgatio morae hatte folglich auch für die Rechtsprechung oberste Priorität.

Obgleich der zuvor dargestellte Fall zeigte, dass auch das Institut der Nachfrist nicht gänzlich gegen eine Anfälligkeit für Missbrauch gefeit war, überwogen von Beginn an die positiven Aspekte, die diese neu geschaffene Regelung

---

56 ROHG 6.10.1871, ROHGE 3, 319, 322; *Weidt*, (Fn. 17), 84, (B II Nr.1).

57 RG 25.10.1881, RGZ 5, 103 ff.

58 So auch *Basch*, (Fn. 43), Art. 356 ADHGB Fn. 30, mit der Begründung, dass die Nachfrist in diesem Fall nicht dem Erreichen des Zwecks dienlich sei.

59 Ebenso *Basch*, (Fn. 43), Art. 356 ADHGB Fn. 23.

60 RG 25.10.1881, RGZ 5, 103 ff.

mit sich brachte. Das ADHGB hatte also mit seinen Vorschriften letztlich ein Stück Rechtsvereinheitlichung durch die Aufnahme bürgerlich-rechtlicher Prinzipien vorweggenommen.[61] Aber erst mit dem Inkrafttreten des BGB am 1.1.1900 galt schließlich für das gesamte Deutsche Reich erstmals ein homogenes bürgerliches Recht.

II. Die Nachfrist im Bürgerlichen Gesetzbuch vom 18.8.1896

1. Der Weg zur Aufnahme der Nachfrist ins BGB

Die Schaffung einer von der Mehrheit der deutschen Juristen akzeptierten Endfassung eines Bürgerlichen Gesetzbuches war ein langwieriger Prozess. Sie bedurfte zweier Entwürfe, einer Fülle von Anträgen und Verbesserungsvorschlägen – sowohl von Theoretikern als auch von Praktikern – und nahm einen Zeitraum von mehr als zehn Jahren in Anspruch.[62]

a. Der erste Entwurf des BGB

Im Frühjahr 1888 erschien der lang ersehnte erste Entwurf des Bürgerlichen Gesetzbuches. Schnell wurden jedoch die Erwartungen, die man mit dem Entwurf verknüpft hatte,[63] dadurch getrübt, dass sich dieser als „alles andere als ein gesetzgeberisches Musterwerk“ darstellte.[64] So war die Kritik am ersten Entwurf groß. Der bedeutende Germanist Otto von Gierke wies zum Beispiel auf „die übertriebene Gewissenhaftigkeit des Entwurfs in der Formulierung“ hin, welche zu „absurden Ergebnissen“ führe.[65] Aber auch die Rechte des Gläubigers beim Erfüllungsverzug des Schuldners stießen auf breiten Widerstand. Anstatt sich dem fortschrittlichen Gedanken des ADHGB anzuschließen und das Institut der

---

61 *Schmidt*, (Fn. 23), 45.

62 Vergleiche *Eisenhardt*, Deutsche Rechtsgeschichte[5](2008), 382 ff. (Rn. 574 ff.).

63 „(…) man denkt an ein (…) Gesetzbuch für das Sonnenlicht, nicht für die Studierlampe, für den Markt, nicht für den grünen Tisch, ein Werk, aus dem das Volk sich selbst sein Recht finden könnte, ohne in die Hand der Juristen zu fallen“, *Zitelmann*, Die Rechtsgeschäfte im Entwurf eines Bürgerlichen Gesetzbuches für das Deutsche Reich, 1. Teil (1889), 2.

64 *Hachenburg*, Lebenserinnerungen eines Rechtsanwalts, (1927), 160 f. (7. Kapitel).

65 *v. Gierke*, Entwurf eines BGB und das deutsche Recht, (1889/1997), 59.

Nachfrist auch in die Vorschriften des BGB zu übernehmen, blieb der Entwurf im bisherigen gemeinen, preußischen und französischem Recht verhaftet.[66]

Einig gewesen war man sich bei der Erarbeitung des BGB allerdings insofern, als es um die Schaffung eines vom Schadensersatzanspruch unabhängigen Rücktrittsrechts ging: ein solches dürfe nicht fehlen, denn es bilde eine angemessene Fortbildung des bisher geltenden Rechts, wie sie bereits im ADHGB stattgefunden habe.[67] Das Problem lag also nicht darin, ob das Rücktrittsrecht überhaupt zulässig war, sondern nur noch, unter welchen Voraussetzungen ein solches bzw. ein Recht auf Schadensersatz statt der Leistung gestattet werden sollte.[68] Gleichwohl herrschten in der Gesetzeskommission zum ersten Entwurf immer noch ähnliche Bedenken gegenüber einer vereinfachten Möglichkeit der Lösung vom Primärleistungsverhältnis wie zuvor bei der Schaffung des ADHGB.[69] Der Einfluss der Fürsprecher der alten Vorschriften des gemeinen Rechtes überwog zuletzt, und so enthielt der erste Entwurf beim Erfüllungsverzug noch keine Bestimmung zur Nachfristgewährung geschweige denn zu einer Nachfristsetzung. Die Voraussetzungen der Sekundärrechte des Gläubigers waren in § 369 des ersten Entwurfs dagegen wie folgt niedergelegt:

> *„Ist die Leistung aus einem gegenseitigen Vertrag in Folge eines von dem Schuldner zu vertretenden Umstandes unmöglich geworden, so hat der Gläubiger die Wahl, Schadensersatz wegen Nichterfüllung zu fordern oder vom Vertrage zurückzutreten. Ist die Leistung nur theilweise unmöglich geworden, so steht dem Gläubiger das Rücktrittsrecht nur dann zu, wenn der nicht unmöglich gewordene Theil der Leistung für ihn kein Interesse mehr hat.*
>
> *Das Gleiche gilt in dem im § 243 bezeichneten Fall sowie dann, wenn die Leistung infolge des Verzuges des Schuldners für den Gläubiger kein Interesse hat.*
>
> *Auf das Rücktrittsrecht finden die Vorschriften der §§ 426 bis 431, 433 entsprechende Anwendung.*“[70]

Das Rücktrittsrecht wurde folglich wieder ganz auf der Unmöglichkeit und dem Interessenwegfall aufgebaut.[71] Die rechtsgeschichtliche Entwicklung in Richtung vereinfachter Tatbestandsvoraussetzungen für das Schadensersatz- und Rücktrittsrecht sowie der grundsätzlichen Ermöglichung der purgatio morae,

---

66 So *Hachenburg*, (Fn. 64), 162 (7. Kapitel).
67 *Leser*, (Fn. 19), 33.
68 *Scherner*, (Fn. 26), 200 (V.5.a)).
69 *Frohberg*, (Fn. 28), 103.
70 Siehe Entwurf eines Bürgerlichen Gesetzbuches für das deutsche Reich, Erste Lesung (1888).
71 *Scherner*, (Fn. 26), 204 f. (V.5.c)).

welche im ADHGB angelegt worden war, erfuhr mit dem ersten Entwurf einen deutlichen Rückschritt. Es war daher nicht verwunderlich, dass gerade diese Entscheidung von allen Seiten lebhafte Kritik erntete. Besonders Praktiker, wie der Rechtsanwalt Max Hachenburg, wiesen in Stellungnahmen auf die Unzweckmäßigkeit der Regelung hin und forderten, ein Rücktrittsrecht und einen Schadensersatzanspruch wegen Nichterfüllung nach Fristsetzung in Anlehnung an Art. 356 ADHGB einzuführen.[72] Wenig überraschend war es deshalb, dass dem ersten Entwurf des BGB, der noch keine Bestimmung zur Nachfristgewährung enthielt, sondern sich auf eine Regelung der bereits dargestellten, gemeinrechtlich anerkannten Fälle beschränkte, von der Kommission nicht zugestimmt wurde.[73]

b. Der zweite Entwurf des BGB

Die Beratungen zu dem so genannten zweiten Entwurf eines Bürgerlichen Gesetzbuches fanden im Folgenden unter dem starken Einfluss der zuvor geäußerten Kritik statt.[74] Einen guten Überblick über die verschiedenen Ansichten zur Gewährung und zu den Voraussetzungen eines Rücktrittsrechts, welche in der Kommission vertreten wurden, liefern die Protokolle zur Entstehung des zweiten Entwurfs.[75] Nicht ohne Grund werden diese zum Teil als die wohl wichtigste Quelle angesehen, aus der sich die wahren Motive des Gesetzgebers erschließen.[76] Dementsprechend muss auf sie auch bei der Erforschung der ursprünglichen Motive des Gesetzgebers zu dem Institut der Nachfrist zurückgegriffen werden.

(1) Die verschiedenen Anträge zur Ausgestaltung der Nachfristregelung

Wie aus den Protokollen hervorgeht, musste sich die Kommission in Bezug auf den Fall des Leistungsverzuges des Schuldners mit vier Anträgen zur Ausgestaltung der Voraussetzungen und Rechtsfolgen einer hierauf aufbauenden Regelung auseinandersetzen:[77] Die ersten beiden Anträge schlugen den Anschluss an

---

72 *Hachenburg*, (Fn. 64), 7. Kapitel, 161 f.; *Frohberg*, (Fn. 28), 104 f.

73 *Huber, Ulrich*, (Fn. 24), 328 (§ 43 I).

74 *Wieacker*, Privatrechtsgeschichte der Neuzeit (1967), 470 f.; *Beinert*, (Fn. 19), 183 (3. Kap. § 2 cc)).

75 *Mugdan*, Die gesamten Materialien zum Bürgerlichen Gesetzbuch, II. Band, (1899), 639 – 643.

76 *Kuhlenbeck*, Das Bürgerliche Gesetzbuch, Erster Band, (1899), 2.

77 *Mugdan*, (Fn. 75), 639 f.

die Artt. 354 – 356 ADHGB vor und gestatteten dem Gläubiger bei Verzug des anderen Teils das Wahlrecht zwischen Schadensersatz und Rücktritt, wenn der Schuldner eine ihm vom Gläubiger gestellte angemessene Nachfrist versäumte. Der dritte Antrag ging sogar noch einen Schritt weiter und wollte dem Gläubiger ein Rücktrittsrecht ohne das Erfordernis des Verzuges, welches de lege lata an ein Verschulden des Schuldners anknüpfte, gewähren, auch wenn der Schuldner die Leistungsverzögerung nicht zu vertreten habe.[78] Dieses Ziel wurde mit dem vierten Antrag ebenfalls verfolgt, lediglich mit dem Unterschied, dass eine Verdeutlichung dahingehend gefordert wurde, eine Fristsetzung erst nach Fälligkeit der Forderung zuzulassen.[79]

Die Kommission stimmte den ersten beiden Anträgen zu und lehnte den dritten und vierten ab. Der Nachweis eines Interessenwegfalls war somit – anders als beim ersten Entwurf – nicht mehr Voraussetzung des Rücktritts. Zur Begründung führte die Kommission an, dass für den Gläubiger einer Geldleistung der Nachweis des Wegfalls eines Interesses nahezu unmöglich sei,[80] und ihm ebenso wenig die Beschreitung des Rechtsweges weiter zugemutet werden könne; durch die Schaffung der Art. 354 – 356 ADHGB sei zudem eine „Aenderung des gemeinen Rechts genügend vorbereitet".[81] Die Kommission schloss sich damit in weiten Teilen der Begründung an, welche schon zur Aufnahme der Nachfrist ins ADHGB geführt hatte.

Der Argumentation des Antragstellers zu 3, die Kommission müsse noch einen Schritt weiter gehen, als es die Gesetzesväter des ADHGB getan hatten, da nur durch ein praktisch leicht zu handhabendes Recht dem Verkehrsbedürfnis Rechnung getragen werden könne, wurde dagegen nicht gefolgt. Die Kommission trug hiergegen vor, dass der dritte Antrag zu unbilligen Härten gegenüber dem Schuldner führe.[82] Aus dem mit dem Gläubiger bestehenden Vertrag ergebe sich für den Schuldner ein festes Recht, welches ihm nicht genommen werden dürfe, ohne dass ihm Verschulden vorzuwerfen ist.[83]

---

78 *Mugdan*, (Fn. 75), 640.

79 *Mugdan*, (Fn. 75), 640.

80 Siehe auch *Scherner*, (Fn. 26), 202 (V.5.b)), der darauf verweist, dass ein Gläubiger an einer Geldleistung immer ein Interesse habe.

81 *Mugdan*, (Fn. 75), 641.

82 *Mugdan*, (Fn. 75), 642.

83 *Mugdan*, (Fn. 75), 642.

(2) § 326 BGB – „Abschluss der bisherigen Rechtsentwicklung“[84]

Die Entscheidung für die Anträge 1 und 2 war damit gefallen, und es musste lediglich noch eine Beratung über die Rechtsfolgen des Fristablaufs stattfinden. Beide Anträge forderten, dass nach Ablauf der Frist dem Gläubiger nur noch das Wahlrecht zwischen Schadensersatz und Rücktritt zustehen sollte. Dagegen müsse ihm ein Anspruch auf Erfüllung bzw. Schadensersatz wegen verspäteter Erfüllung nach Ablauf der Frist verwehrt werden. Antrag 2 beinhaltete zusätzlich die Voraussetzung einer Anzeige durch den Gläubiger, ob er nach Fristablauf statt Erfüllung Schadensersatz oder Rücktritt wählen werde.[85] Die strenge Alternativität von Rücktritt und Schadensersatz orientierte sich an den Vorgaben des ADHGB; der Gläubiger musste sich folglich für einen der beiden Rechtsbehelfe entscheiden.[86] Zusätzlich sollte durch diese Regelung der Ausschluss des Erfüllungsanspruchs nach Fristablauf deutlich gemacht werden.[87] Die Bestimmung der genauen Formulierung überließ die Kommission der Redaktionskommission, da sie zwischen den Anträgen 1 und 2 keinen wesentlichen Unterschied festmachen konnte.[88] So entstand zunächst § 277 des zweiten Entwurfs, der dem späteren § 326 BGB bis auf geringe Abweichungen in der Formulierung gleicht.[89] Man hatte damit im Gegensatz zum gemeinen Recht das in den Artt. 354 – 356 ADHGB niedergelegte Prinzip im Wesentlichen übernommen und zum „Abschluss der bisherigen Rechtsentwicklung“ beigetragen.[90] In dem am 18.8.1896 ausgefertigten Bürgerlichen Gesetzbuch regelte § 326 BGB die Ansprüche beim Leistungsverzug von nun an wie folgt:

> *„Ist bei einem gegenseitigen Vertrage der eine Theil mit der ihm obliegenden Leistung im Verzuge, so kann ihm der andere Theil zur Bewirkung der Leistung eine angemessene Frist mit der Erklärung bestimmen, daß er die Annahme der Leistung nach dem Ablaufe der Frist ablehne. Nach dem Ablaufe der Frist ist er berechtigt Schadensersatz wegen Nichterfüllung zu verlangen oder von dem Vertrage zurückzutreten, wenn nicht die Leistung rechtzeitig erfolgt ist; der Anspruch auf Erfüllung ist ausgeschlossen. Wird die Leistung bis zum Ablaufe der Frist theilweise nicht bewirkt, so findet die Vorschrift des § 325 I 2 entsprechende Anwendung.*

84 *Scherner*, (Fn. 26), 204 (V.5.); *Mugdan*, (Fn. 75), 641.
85 *Mugdan*, (Fn. 75), 643.
86 *Leser*, (Fn. 19), 33.
87 *Mugdan*, (Fn. 75), 643.
88 *Mugdan*, (Fn. 75), 643; *Frohberg*, (Fn. 28), 107.
89 *Scherner*, (Fn. 26), 203 (V.5.).
90 *Scherner*, (Fn. 26), 204 (V.5.); *Mugdan*, (Fn. 75), 641.

Hat die Erfüllung des Vertrages in Folge des Verzugs für den anderen Theil kein Interesse, so stehen ihm die in Abs. 1 bezeichneten Rechte zu, ohne daß es der Bestimmung einer Frist bedarf."[91]

Die beabsichtigte Rechtsvereinheitlichung im Deutschen Reich schufen die Gesetzesväter durch Art. 55 des Einführungsgesetzes. Hiernach traten mit dem Inkrafttreten des Bürgerlichen Gesetzbuches alle privatrechtlichen Vorschriften der Landesgesetze außer Kraft, soweit nicht im BGB oder im Einführungsgesetz ein Anderes bestimmt war.[92] Letztlich hatte sich die Gesetzeskommission des BGB mit ihrem zweiten Entwurf den bereits für Kaufleute geltenden Vorschriften angeschlossen und dafür gesorgt, dass diese auch über das Handelsrecht hinaus Geltung erlangten.

2. Unterschiede zwischen der Nachfristregelung im BGB zu der im ADHGB

a. Strengere Anforderungen an die Nachfrist

Obgleich man sich bei der Ausgestaltung der Nachfristregelung in § 326 BGB stark an ihrer Vorgängerin im ADHGB orientiert hatte, gab es auch deutliche Unterschiede zu der bisherigen Regelung. Anders als in Art. 356 ADHGB wurde in § 326 BGB, welcher die Voraussetzungen der Ansprüche des Gläubigers bei Erfüllungsverzug von nun an beinhaltete, für den Regelfall der Ablauf einer angemessenen Nachfrist vorgeschrieben.[93] Und nicht nur das; eine solche Frist musste nunmehr, anders als in Art. 356 ADHGB, nicht nur gewährt, sondern dem anderen Teil zudem bestimmt werden. Dies bedeutete, dass eine Vertragspartei nicht zurücktreten durfte, wenn sie der anderen Partei nicht zuvor eine Frist zur Nacherfüllung gesetzt hatte, was wiederum die Abgabe einer ausdrücklichen Erklärung voraussetzte.[94] Darüber hinaus musste die Fristbestimmung mit der Erklärung verbunden sein, dass die Annahme der Leistung nach dem Ablauf

91 Die Vorschrift in dieser ursprünglichen Fassung und Schreibweise findet sich nebst Kommentierung unter anderem bei *Neumann*, Handausgabe des Bürgerlichen Gesetzbuchs, Erster Band[6](1912).

92 *Kuhlenbeck*, (Fn. 76), 7.

93 In Art. 356 ADHGB lautete die Formulierung noch: „wenn die Natur des Geschäfts dies zuläßt", siehe S. 9 (§ 2 I. 4. a.); diese Regelung, die eine Abwägung der konkreten Verhältnisse und Umstände zuließ, wurde letztlich durch § 326 II BGB ersetzt, der nunmehr die Ausnahme von dem Fristerfordernis festlegt, *Düringer -Hachenburg*, Das Handelsgesetzbuch, IV. Band[3], (1932), 275 (VIII. Kapitel I. 2. a), Anm. 320).

94 RG 16.12.1903, RGZ 56, 231, 234.

der Frist abgelehnt werde.[95] Die Anforderungen an die Nachfristsetzung wurden mit Einführung der Pflicht zur Fristbestimmung in Verbindung mit einer Ablehnungsandrohung folglich verschärft.[96]

b. Die neue rechtsgestaltende Wirkung

Die Verschärfung der Anforderungen an die Nachfrist wurde damit begründet, dass nach § 326 BGB die Setzung der Frist künftig Rechtsveränderungen zur Folge hatte, und zwar nicht nur zugunsten des Nichtsäumigen, sondern möglicherweise auch zu seinem Nachteil; denn mit Ablauf der Frist verlor der Gläubiger automatisch seinen Anspruch auf Nacherfüllung.[97] Die Nachfrist hatte damit eine entscheidende Rolle erlangt: Ohne sie erfuhr das Vertragsverhältnis grundsätzlich keine Änderung.[98] Die beschriebene neue Rechtsfolge stellt die wohl größte Veränderung dar, die mit der Schaffung des § 326 BGB statuiert wurde. Die Nachfrist hatte fortan unmittelbare Auswirkung auf das Vertragsverhältnis.[99]

Schließlich zeigte § 326 BGB mit seiner neuen Rechtsfolge aber auch, dass sich die Gesetzeskommission nach langer Diskussion für eine grundsätzliche Weichenstellung entschieden und diese im BGB verankert hatte: Die ursprüngliche Grundlage des Rücktrittsrechts, der Interessenwegfall, sollte, wenn auch in veränderter Form, bestehen bleiben.[100] Der automatische Untergang des Primäranspruchs lässt nämlich die dem Gesetz zugrunde liegende Unterstellung erkennen, dass im Fall einer erfolglosen Nachfristsetzung das Interesse des Gläubigers an der Durchführung des Vertrages entfallen ist.[101]

---

95 RG 15.11.1905, RGZ 62, 66, 68.

96 *Huber, Ulrich*, ZHR 161 (1997), 160, 168.

97 Im ADHGB hatte alleine der Ablauf einer angemessenen Frist noch keine rechtsgestaltende Wirkung, die Frist musste aber auch nicht erklärt, sondern lediglich gewährt werden. Erst, wenn der Gläubiger seine Wahl zwischen Schadensersatz und Rücktritt getroffen hatte, war er hieran gebunden, vergleiche *Basch*, (Fn. 43), Art. 356 ADHGB Fn. 20.

98 RG 16.12.1903, RGZ 56, 231, 234.

99 Gerade diese Wirkung ist jedoch mit Inkraftreten des Schuldrechtsmodernisierungsgesetzes im Jahr 2002 wieder aufgehoben worden; ausführlich hierzu siehe § 2 IV. 4., § 7 VI. 2. a. (3) und § 8 II. 2.

100 *Beinert*, (Fn. 19), 187 (3. Kap. § 2).

101 *Huber, Ulrich*, (Fn. 24), 495 (§ 48 I); vgl. auch *Frohberg*, (Fn. 28), 93, der als zusätzliche Grundlage die Unmöglichkeit sieht, welche durch den Verzug als Unmöglichkeit der fristgerechten Leistung beibehalten wurde; siehe auch *Schlechtriem*, FS Müller-Freienfels (1986), 525, 529, der ebenfalls die Funktion der Nachfrist in Form der Klärung der Interessenlage bejaht, diese aber aus § 326 II BGB ableitet.

c. Erweiterung des Anwendungsbereichs

Aber nicht nur eine Erhöhung der mit der Nachfrist verbundenen Anforderungen und eine Ausweitung ihrer Rechtsfolgen führte der Gesetzgeber mit der Schaffung des § 326 BGB herbei, sondern zugleich auch eine deutliche Vergrößerung des Anwendungsbereiches der Nachfrist: So war das Rechtsinstitut der Nachfristsetzung sowohl hinsichtlich des Schadensersatzanspruchs statt der Leistung als auch des Rücktrittrechts von nun an auf alle gegenseitigen Verträge ausgedehnt, gleichgültig, ob es sich um Handelsverträge oder um bürgerlichrechtliche Verträge handelte.[102] Dabei war sich die Gesetzeskommission aber durchaus bewusst, dass der Hauptanwendungsbereich des § 326 BGB künftig im Kaufrecht liegen würde.[103] Daneben wurde die vom ADHGB vorgeschriebene Differenzierung zwischen dem Gläubiger einer Geldleistung und dem Gläubiger einer Sachleistung[104] nicht ins BGB übernommen. Als Begründung wurde angeführt, dass sich eine solche unbillige Härte für den Verkäufer (Gläubiger der Geldleistung) nicht rechtfertigen ließe.[105]

III. Zwischenfazit: Die Nachfrist als Produkt wirtschaftlicher Bedürfnisse und Ausdruck politischer Grundanschauung

Die dargestellte historische Entwicklung des Instituts der Nachfrist von den Anfängen im ADHGB über die Aufnahme ins BGB macht deutlich, wie sich die Einflüsse der wirtschaftlichen Verhältnisse auf die Weiterbildung der Rechtsvorschriften gegen Ende des 19. Jahrhunderts ausgewirkt haben. Diese Prägung wird in der Literatur teilweise angelehnt an die Untersuchungen Wieackers[106] als „Einfluss der entstehenden Industriegesellschaft auf das Recht" bezeichnet.[107] Die Nachfristregelung stellt hierbei ein besonderes Merkmal dar, anhand dessen die Auswirkung des wirtschaftlichen Wandels abzulesen ist. Im Vordergrund dieser Regelung standen sowohl die purgatio morae als auch das starke Bedürfnis nach vereinfachten Rechtsvorschriften. Ersteres findet ihren Ursprung vor allen Dingen in der Tatsache, dass zur Zeit der Schaffung des BGB, und vielmehr noch zu Zeiten der Schaffung des ADHGB, der Naturalleistung die weit-

---

102 *Huber, Ulrich*, (Fn. 24), 186 (§ 36 I 5).

103 *Huber, Ulrich*, ZHR 161 (1997), 160 (168).

104 Siehe § 2 I. 4. b.

105 *Mugdan*, (Fn. 75), 641; *Huber, Ulrich*, (Fn. 24), 186 (§ 36 I 5).

106 *Wieacker*, Industriegesellschaft und Privatrechtsordnung (1974).

107 *Scherner*, Modernisierung des Handelsrechts im 19. Jahrhundert (1993), 10.

aus größere Bedeutung gegenüber dem Geld als Zahlungsmittel beigemessen wurde. Erst durch die Industrialisierung änderte sich diese Schwerpunktsetzung.[108] Bemerkenswert ist in diesem Kontext, dass zwar auf der einen Seite trotz der Industrialisierung mit der Einführung der Nachfrist und der damit verbundenen Sicherung der purgatio morae für den Schuldner im Grundsatz an dem Prinzip „pacta sunt servanda“ festgehalten wurde; auf der anderen Seite wurde wiederum durch die Nachfristvorschriften des ADHGB sowie des BGB dem Bedürfnis nach Schnelligkeit und Flexibilität Rechnung getragen. Das Institut der Nachfrist vereinte damit sowohl alt hergebrachte Werte als auch neue wirtschaftliche Einflüsse und Bedürfnisse.

Darüber hinaus zeigt die Einführung der Nachfristregelung, welche die Lösung von Verträgen erleichterte, wie sehr sich der Einfluss des Staates auf die Vertragsgestaltung zwischen seinen Bürgern im Laufe des 19. Jahrhunderts verändert hat. Der Schutz der Einzelpersönlichkeit nicht nur gegen staatliche, sondern auch private Eingriffe in die Rechtssphäre wanderte immer mehr in den Fokus der Rechtsprechung.[109] Die Aufnahme der vereinfachten Rücktrittsmöglichkeiten in das BGB stellte hierbei einen großen Schritt zur Erweiterung der Dispositionsfreiheit des Einzelnen dar. Gleichzeitig wurde der Staat durch diese Regelungen bei der Vertragsgestaltung der Bürger in den Hintergrund gedrängt. Der Bürger war zur Lösung vom Vertrag nicht mehr zwingend auf die Beschreitung des Rechtsweges angewiesen, und auch sonst wurde der strenge Grundsatz „pacta sunt servanda“ abgemildert.[110] Die Bedeutung dieser Lockerung wird bei Betrachtung der späteren historischen Entwicklung ebenfalls erkennbar. So wurde im Zuge der Einschränkung der Vertragsfreiheit sowohl im Dritten Reich[111] als auch in der SBZ eine Einschränkung des Rücktrittsrechts eingeführt.[112] Man vertrat nämlich damals die Auffassung, dass der Vertrag nicht nur eine Angelegenheit der Parteien zur Ordnung ihrer Beziehungen, sondern ein Stück Gemeinschaftsleben sei; sein Abschluss und Inhalt wie seine Durchführung gingen deshalb ebenso sehr die Gemeinschaft wie die Parteien selbst etwas an.[113]

---

108 *Frohberg*, (Fn. 28), 109 f.

109 *Scherner*, (Fn. 26), 224 (VI. 2.).

110 *Wolf/Lange*, FS Kilian (2004), 801, 808 f.

111 „Ein individualistisches, der persönlichen Freiheit des Einzelnen dienendes Schuldverhältnis passte nicht in die NS-Rechtsideologie“, HKK-BGB(-*Hattenhauer*) II: §§ 305 – 432 BGB (2007), §§ 323 – 325 BGB Rn. 71.

112 *Scherner*, (Fn. 26), 224 (V. 3.).

113 *Stoll*, Vertrag und Unrecht (1936), 45.

All dies unterstreicht die Besonderheit und Gewichtung der Nachfrist. Sie ist als rechtliches Produkt wirtschaftlichen, aber auch politischen Wandels in Verbindung mit fest verankerten Handelsbräuchen zu sehen und erhält hierdurch ihre besondere Bedeutung.

IV. Die Schuldrechtsreform und ihre Auswirkungen auf die Nachfrist

Mit der Schuldrechtsreform im Jahre 2002 wurde das Leistungsstörungsrecht im BGB von Grund auf überarbeitet.[114] Im Zuge dessen blieb es nicht aus, dass auch das Institut der Nachfrist einige Veränderungen erfuhr; reformiert wurde das Fristsetzungserfordernis sowohl auf der Tatbestandsebene als auch auf der Rechtsfolgenseite. So verzichtete man bei der Neufassung der Regelungen für Schadensersatz statt der Leistung und Rücktritt in den neu gefassten §§ 281, 323 BGB auf das Tatbestandsmerkmal der Ablehnungsandrohung und nahm gleichzeitig Abstand von der Rechtsfolge des automatischen Untergangs des Erfüllungsanspruchs nach Fristablauf.[115]

Ziel der Schuldrechtsmodernisierung war die Vereinheitlichung und Zentralisierung der Rechtsbehelfe im Leistungsstörungsrecht.[116] Vor diesem Hintergrund rückte gleichzeitig auch die Nachfrist als zentrales Institut für Rücktritt und Schadensersatz in den Fokus der Modernisierung. Hierbei trug die Nachfrist einen wesentlichen Teil dazu bei, dass die von der Schuldrechtskommission angestrebten Ziele entsprechend umgesetzt werden konnten. Im Folgenden soll aufgezeigt werden, was Inhalt der Schuldrechtsmodernisierung war, welche Ziele damit verfolgt werden sollten und inwieweit die Nachfrist zur Umsetzung dieser Ziele beigetragen hat.

1. Grund und Ziel der Novellierung des BGB

Am 1.1.2002 trat die wohl umfassendste Novellierung in Kraft, der das Schuldrecht des Bürgerlichen Gesetzbuches in seiner über 100-jährigen Geschichte jemals unterzogen worden ist.[117] Wesentliches Ziel der Schuldrechtsmodernisierung war es, das Sachmängelgewährleistungsrecht ins allgemeine Leistungs-

114 *Westermann*, JZ 2001, 530.
115 *Emmerich*, Das Recht der Leistungsstörungen[6] (2005), 277 (§ 18 Rn. 9).
116 *Haas*, BB 2001, 1313; *Teichmann*, ZfBR 1/2002, 13, 16.
117 *Boerner*, ZIP 2001, 2264.

störungsrecht zu integrieren.[118] Hierfür wurde unter anderem erstmals die so genannte Erfüllungstheorie im Gesetz verankert, wonach die Sachmängelfreiheit zur Leistungspflicht des Verkäufers gehört.[119] Bereits im Jahre 1992 war dieser Weg als Lösung für die Schwächen des bis dahin geltenden Schuldrechts erkannt worden und deshalb Teil des Entwurfs der Kommission zur Überarbeitung des Schuldrechts aus dieser Zeit.[120] Zu einer Umsetzung jener Vorschläge kam es zunächst jedoch nicht. Der Mut, der dem damaligen Gesetzgeber zur Umsetzung dieses folgenreichen Entwurfs fehlte,[121] musste erst zum Ende des 20. Jahrhunderts hin durch den Druck der EU-Richtlinie 1999/44/EG[122] zu bestimmten Aspekten des Verbrauchsgüterkaufs ersetzt werden. Zwar forderte die Richtlinie keine derart weitgehende Umgestaltung des deutschen Rechts, wie sie tatsächlich verwirklicht wurde (der Verbrauchsgüterkauf hätte zum Beispiel auch in einem Sondergesetz geregelt werden können)[123], jedoch nutzte der Gesetzgeber die sich bietende Gelegenheit, das schon lange anvisierte Vorhaben der Aktualisierung und Modernisierung des BGB umzusetzen.[124] Zu diesem Zweck wurden die zentralen Gewährleistungsvorschriften der Richtlinie (mit Ausnahme der nunmehr in den §§ 474 - 479 BGB nur für den Verbrauchsgüterkauf geltenden Vorschriften) zu einem für alle Kaufverträge geltenden allgemeinen Kaufrecht erhoben.[125] Auf diesem Wege sollte die schon im Jahre 1981 von Ulrich Huber erkannte „schwächste Stelle des Leistungsstörungsrechts überhaupt“, die Regelung der Sachmängelhaftung beim Kauf,[126] beseitigt werden.

---

118 *Gsell*, JZ 2001, 65.

119 *Lorenz*, JZ 2001, 742.

120 *Zimmer/Eckhold*, JURA Heft 3, 2002, 145; Bundesministerium der Justiz (Hrsg.), Abschlussbericht der Kommission zur Überarbeitung des Schuldrechts (1992), 25.

121 Es bestanden sowohl Angst vor einer überhandnehmenden Gesetzesflut, als auch Zweifel an der Fähigkeit des Gesetzgebers, große Gesetzgebungsarbeiten mit der nötigen Qualität durchzuführen, *Huber, Ulrich*, in: Bundesminister der Justiz (Hrsg.), Gutachten und Vorschläge zur Überarbeitung des Schuldrechts, Band I (1981), 647, 773.

122 Richtlinie 1999/EG vom 25.5.1999, AblEG Nr. L 171 v. 7.7.1999.

123 *Westermann*, JZ 2001, 530; zur „überschießenden Umsetzung“ der Richtlinie § 9 I.

124 *Dauner-Lieb*, JZ 2001, 8.

125 *Boerner*, ZIP 2001, 2264.

126 *Huber, Ulrich,* (Fn. 121), 647, 763.

2. Schwächen des Schuldrechts vor seiner Modernisierung

Im Wesentlichen sah die Schuldrechtskommission die Schwächen des bisher geltenden Schuldrechts darin, dass im BGB alter Fassung keine einheitliche Regelung für die Lösung von Verträgen vorhanden war, sondern jeder Fall der unterschiedlichen Leistungsstörungen eigene Voraussetzungen aufwies,[127] eine eigene Durchführung verlangte sowie unterschiedliche Rechtsfolgen bei der Vertragsaufhebung mit sich brachte.[128] Und auch das Schadensersatzrecht wurde wegen seiner vielen Differenzierungen als zu kompliziert und im Verhältnis als zu wenig gläubigerfreundlich angesehen.[129] Zwar war das Rechtsinstitut der Nachfrist bereits im Gesetz (§ 326 BGB) verankert, doch wurde diese Vorschrift durch eine Vielzahl anderer Bestimmungen ergänzt und überlagert, was insgesamt zu einer sehr unübersichtlichen Rechtslage führte.[130] Des Weiteren wurde ein Defizit darin gesehen, dass im Gesetz keine Verpflichtung des Verkäufers zur Verschaffung eines mangelfreien Kaufgegenstandes verankert war[131] und es an einer Gleichstellung von Schlecht- und Falsch- sowie Zuweniglieferung fehlte.[132] Vor allen Dingen aber wurde beanstandet, dass es dem Gesetz an einem grundsätzlichen Nacherfüllungsanspruch des Käufers und einem Nacherfüllungsrecht des Verkäufers mangelte.[133] Dem Nacherfüllungsrecht stand nämlich bisher beispielsweise die Vorschrift des § 325 BGB entgegen, welcher dem Käufer einen Rücktritt auch ohne Fristsetzung im Falle des Vertretenmüssens der Nichtleistung zusprach; dies war als einer der Konstruktionsfehler der alten Vorschriften der §§ 325, 326 BGB erkannt worden.[134] Ebendies bewirkte auch

---

127 Dies führte sowohl zur Unübersichtlichkeit als auch zu großen Abgrenzungsproblemen, *Schmidt, Lutz,* Die Vertragsaufhebung durch den Warenkäufer (2003), 122.

128 Entwurf eines Gesetzes zur Modernisierung des Schuldrechts vom 14.5.2001, BT-Drucks. 14/6040, 180 Zu Nummer 15 – Neufassung der §§ 323 bis 326 BGB Vorbemerkung; *Schmidt-Räntsch/Maifeld/Meier-Göring/Röcken,* Das neue Schuldrecht (2002), 342.

129 BT-Drucks. 14/6040, (Fn. 128), 137 Vorbemerkung zu den §§ 281 bis 283 BGB.

130 *Canaris,* FS Kropholler (2008), 3, 10.

131 *Teichmann,* ZfBR 2002, 13, 14, der diese Schwäche ebenfalls im Werkvertragsrecht erkannte.

132 *Bitter/Meidt,* ZIP 2001, 2114, 2116.

133 Bundesministerium der Justiz (Hrsg.), Abschlussbericht der Kommission zur Überarbeitung des Schuldrechts (1992), 25; *Ernst/Zimmermann(-Zimmer),* Zivilrechtswissenschaft und Schuldrechtsreform (2001), Das geplante Kaufrecht, 191, 193.

134 *Huber, Ulrich,* (Fn. 121), 647, 763.

§ 480 BGB a.F., der dem Käufer eine Möglichkeit zur sofortigen Wandlung oder Minderung verschaffte.[135]

3. Die Nachfrist als Mittel zur Beseitigung der bestehenden Defizite

Dem Problem der uneinheitlichen Regelungen im Leistungsstörungsrecht sowie dem Manko eines fehlenden vorrangigen Nacherfüllungsrechts und -anspruchs wurde mit Schaffung der §§ 281, 323 BGB abgeholfen.[136] Nach diesen Normen muss der Gläubiger nunmehr unabhängig davon, ob der Schuldner eine mangelhafte, eine andere oder gar keine Leistung erbringt, zunächst eine angemessene Frist zur Nacherfüllung setzen.[137] Erst wenn diese verstrichen ist, kann der Gläubiger vom Vertrag zurücktreten oder Schadensersatz verlangen.[138] Die Schuldrechtskommission platzierte damit den Vorrang der Nacherfüllung in den Mittelpunkt des Leistungsstörungsrechts[139] und erreichte auf diesem Wege nicht nur eine Vereinheitlichung der Voraussetzungen sämtlicher Rechtsbehelfe,[140] sondern löste insbesondere das Problem der uneinheitlichen Regelungen zur Lösung von Verträgen.[141] Die Schuldrechtskommission hatte nämlich erkannt, dass sich Alles immer wieder im Kern um die Vereinbarkeit der Vertragsauflösung mit dem Prinzip „pacta sunt servanda" dreht.[142] Mit der Festlegung des Vorranges der Nacherfüllung wurde dieses Prinzip des Festhaltens am Vertrag in den Vordergrund gehoben,[143] wobei die Nachfrist hierbei wie auch schon zu Beginn ihrer „Karriere"[144] als geeignetes Mittel diente, dieses Ziel zu erreichen.[145] Die Notwendigkeit zur Fristsetzung hat aber nicht nur zur Folge, dass das Nacherfüllungsrecht des Käufers zu seinem vorrangigen Rechtsbehelf wird;[146] Gleichzeitig stellt das Fristsetzungserfordernis im allgemeinen Schuldrecht auch

---

135 *Dauner-Lieb*, JZ 2001, 13.

136 *Boerner*, ZIP 2001, 2264.

137 *Haas*, BB 56. Jahrgang, Heft 26, 2001, 1313, 1315 f.

138 *Schroeter*, AcP Band 207, 2007, 28, 32.

139 *Bitter/Meidt*, ZIP 2001, 2114.

140 Vergleiche *Däubler*, NJW 2001, 3730, 3732.

141 *Emmerich*, (Fn. 115), 276 (§ 18 Rn. 7).

142 BT-Drucks. 14/6040, (Fn. 128), 182 Zu Nummer 15 – Neufassung der §§ 323 bis 326 BGB Vorbemerkung.

143 *Zimmer/Eckold*, JURA Heft 2002, 145, 149; *Dauner-Lieb/Konzen/Schmidt*(*-Jacobs*), Das neue Schuldrecht in der Praxis (2003), Die kaufrechtliche Nacherfüllung, 372.

144 Siehe Art. 356 ADHGB.

145 Vergleiche *Lorenz*, JZ 2001, 742, 743.

146 *Boerner*, ZIP 2001, 2264, 2269.

die Grundlage für das sogenannte „Recht des Verkäufers zur zweiten Andienung"[147] dar.[148]

Zusätzlich wurde mit der Novellierung die Mangelfreiheit der Sache, anders als nach der bis 2002 herrschenden Gewährleistungstheorie, zur Leistungspflicht des Verkäufers (§ 433 I 2 BGB) erklärt.[149] Durch die Normierung dieses Grundsatzes wurde eine wesentliche Schwäche des alten Rechts beseitigt, welches dem Käufer nämlich ausgerechnet das vorenthalten hatte, an dem er in vielen Fällen das größte Interesse hatte: den Erhalt der Kaufsache im mangelfreiem Zustand.[150] Die werkvertraglichen Regelungen wurden im Bereich des Gewährleistungsrechts den kaufrechtlichen angeglichen, und so geht künftig auch dort aufgrund der Verweisung in § 634 BGB zu den §§ 281, 323 BGB der Nacherfüllungsanspruch dem Rücktritt, der Minderung und dem Schadensersatz vor.[151]

4. Die Ausgestaltung der Nachfrist nach der Schuldrechtsreform

Obgleich vor der umfassenden Überarbeitung des BGB bereits die Ansicht vertreten wurde, dass die Bestimmung des § 326 I BGB a.F. „als vorbildlich angesehen werden"[152] könne, bzw. „die wichtigste und gelungenste Vorschrift des Rechts der Leistungsstörungen"[153] sei, wurde die Ausgestaltung dieser Regelung nicht eins zu eins in die Vorschriften der §§ 281, 323 BGB übernommen. So sind die neuen Vorschriften heute im Gegensatz zu § 326 BGB a.F. in ihren Voraussetzungen formal vom Verzug gelöst und erfassen zugleich auch den Fall der Schlechterfüllung, wobei allerdings das Hauptanwendungsgebiet wohl weiterhin der Verzug bleiben wird.[154]

Daneben stellt der Umstand, dass Rechtsfolge der Nachfrist nicht mehr der automatische Untergang des Erfüllungsanspruchs ist, eine sehr gravierende Ver-

---

147 Eine genaue rechtliche Einordnung dieses Begriffs erfolgt an späterer Stelle, § 4 III. 1.

148 *Schulte-Nölke*, ZGS 2009, 433; A.A. *Jaensch*, Jura 2005, 649, 650; *Jud*, JuS 2004, 841, 843 f., welche in der Fristsetzung nur die Verhinderung der sofortigen Geltendmachung der „sekundären Behelfe" sieht, aber keine Begründung eines Rechts zur tatsächlichen Nachbesserung beim Käufer.

149 *Dauner-Lieb/Konzen/Schmidt(-Jacobs)*, (Fn. 143), 371.

150 *Ernst/Zimmermann(-Zimmer)*, (Fn. 133), 191, 199.

151 *Dauner-Lieb*, JZ 2001, 14.

152 *Peters*, NJW 1979, 688.

153 Münchener Kommentar zum BGB(*-Emmerich*), II: §§ 241 - 432 BGB^{3} (1994), § 326 BGB Rn. 3.

154 *Emmerich*, (Fn. 115), 275 (§ 18 Rn. 2).

änderung dar.[155] Im Einklang hierzu unterließ man es auch, die Ablehnungsandrohung als Tatbestandsvoraussetzung einer wirksamen Nachfrist wieder ins Gesetz aufzunehmen.[156] Diese hatte in der Praxis häufig Probleme bereitet, weil selbst Rechtsanwälten zum Teil keine ordnungsgemäßen Androhungserklärungen gelangen,[157] und damit die Fristsetzung nicht selten wirkungslos war.[158]

a. Wegfall der Rechtsfolge des automatischen Untergangs des Erfüllungsanspruchs

Bis zur Novellierung des BGB war im Gesetz als Rechtsfolge des fruchtlosen Ablaufs einer nach § 326 BGB a.F. gesetzten Frist der automatische Untergang des Erfüllungsanspruchs vorgesehen.[159] In Verbindung mit der Ablehnungsandrohung wusste der Schuldner damit zum Zeitpunkt des Fristablaufs ohne Weiteres, „woran er ist".[160] Zugleich stellte diese Rechtsfolge ein Korrektiv dafür da, dass der Gläubiger das Druckmittel der Fristsetzung nicht aufs Geratewohl einsetzte, weil ihm hierdurch der Verlust des Erfüllungsanspruchs drohte.[161] Der Grund dafür, dass der Gesetzgeber dennoch auf diese Rechtsfolge verzichtete, liegt darin, dass er die Entscheidungsfreiheit des Gläubigers stärken[162] und dem Grundsatz des Vorrangs der Naturalerfüllung vor der Vertragsliquidierung Rechnung tragen wollte.[163] Zwar führt dies zugleich zu einer Unsicherheit für den Schuldner, der sich bis zur Entscheidung des Gläubigers sowohl auf Erfüllung als auch auf Leistung von Schadensersatz oder die Vertragsaufhebung einstellen muss, dies wird jedoch in Kauf genommen, weil sich der Schuldner

155 Es wird aus diesem Grunde teilweise von einer nunmehr bestehenden „weichen" Fristsetzung gesprochen, so jedenfalls HKK-BGB(-*Hattenhauer*), (Fn. 111), §§ 323 – 325 BGB Rn. 83.

156 *Marotzke*, KTS 1/2002, 1, 5.

157 *Peters*, NJW 1979, 688, 689.

158 BT-Drucks. 14/6040, (Fn. 128), 182 Zu Nummer 15 – Neufassung der §§ 323 bis 326 BGB Vorbemerkung.

159 *Marotzke*, KTS 1/2002, 1 (34 f.), der dem Wegfall dieser Rechtsfolge gerade in Bezug auf das geltende Insolvenzrecht sehr kritisch gegenüber steht.

160 *Hanau*, NJW 2007, 2806.

161 *Hanau*, NJW 2007, 2806, 2807.

162 *Bamberger/Roth*(-*Grothe*), BGB, §§ 1 - 610 BGB[3] (2012), § 323 BGB Rn.12.

163 *Staudinger*(-*Otto/Schwarze*), BGB, §§ 255 - 304 BGB (2009), § 281 BGB Rn. A 9.

selbst nicht nur vertragswidrig verhalten hat, sondern auch eine ihm gesetzte Frist verstreichen ließ.[164]

b. Wegfall des Erfordernisses der Ablehnungsandrohung

Einhergehend mit dem Verzicht auf den automatischen Untergangs des Erfüllungsanspruchs wurde folgerichtig auf der Tatbestandsebene das Erfordernis der Ablehnungsandrohung, welche überwiegend als „Stolperstein"[165] angesehen wurde, gestrichen. Ursprünglich sollte die Ablehnungsandrohung dem Schutz des Schuldners vor dem Schadensersatzanspruch wegen Nichterfüllung dienen,[166] bzw. ihn vor der Gefahr einer Vertragsauflösung warnen. Aufgrund der Änderung der Rechtsfolge einer fruchtlosen Fristsetzung, verlor dieses Tatbestandsmerkmal allerdings an Bedeutung. Zudem hatte sich die verlangte Ablehnungsandrohung für den vertragstreuen Gläubiger häufig als ein unberechtigtes Hindernis dargestellt,[167] weil es das Risiko einer unwirksamen Fristsetzung beinhaltete. Zum einen war Nichtjuristen die Notwendigkeit dieses Tatbestandsmerkmals oftmals nicht bekannt und zum anderen verursachten allzu freundliche Formulierungen unter Geschäftspartnern häufig Auslegungsprobleme.[168] Die Rechtsposition des Gläubigers wurde durch den Wegfall der Ablehnungsandrohung somit erheblich gestärkt.[169] Denn zugleich entfiel hiermit die Problematik, dass der Gläubiger regelmäßig zum Zeitpunkt der Abgabe der Fristsetzungserklärung noch nicht einschätzen konnte, wie es um die Leistungsfähigkeit des Schuldners zum Zeitpunkt des Fristablaufs bestellt war.[170] Daneben ergibt sich als weitere Folge des Verzichts auf die Ablehnungsandrohung, dass der Fristsetzung an sich wesentlich größere Bedeutung zukommt,[171] da der Schuldner eine ihm gesetzte Frist auch ohne Drohung ernst zu nehmen und grundsätzlich

---

164 BT-Drucks. 14/6040, (Fn. 128), 185 Zu § 323 BGB Zu Absatz 1; A.A. *Hanau*, NJW 2007, 2806, 2808, welcher diese Begründung als untauglich ansieht; ebenso *Marotzke*, KTS 1/2002, 1, 37.

165 *Schwab*, JR 2003, 133.

166 *Huber, Ulrich*, (Fn. 24), 374 (§ 43 II 1).

167 BT-Drucks. 14/6040, (Fn. 128), 184 Zu § 323 BGB Zu Absatz 1.

168 *Schlechtriem/Schmidt-Kessel*, Schuldrecht Allgemeiner Teil[6], (2005), 245 (Rn. 516).

169 *Emmerich*, (Fn. 115), 283 (§ 18 Rn. 23).

170 BT-Drucks. 14/6040, (Fn. 128), 185 Zu § 323 BGB Zu Absatz 1.

171 *Siebert*, jurisPR-PrivBauR 2/2010 Anm. 6.

nach deren Ablauf mit der Forderung nach Schadensersatz oder der Erklärung des Rücktritts zu rechnen hat.[172]

5. Zusammenfassung

Die Novellierung des BGB bereinigte nicht nur die Defizite des bisher geltenden allgemeinen und besonderen Schuldrechts; vielmehr wurden gleichzeitig auch die Schwächen der Nachfrist beseitigt, welche angeblich ihrer Wirkung und freien Entfaltung im Wege standen.[173] Die Anforderungen an die mit der Fristsetzung verbundene Erklärung wurden gesenkt, und zugleich das Schwergewicht auf die Nachfrist gelegt. Die Nachfrist hat mithin in der gegenwärtig geltenden Fassung den Höhepunkt ihrer „Karriere" erreicht. Von ihr allein werden die Rechtsfolgen bei allen Arten von Leistungsstörungen abhängig gemacht, wodurch sie in den Mittelpunkt des allgemeinen Schuldrechts gerückt ist.

V. Darstellung ausgewählter Fristenregelungen im BGB

In der gegenwärtig geltenden Fassung des BGB findet sich das Institut der Fristsetzung an vielen verschiedenen Stellen des Gesetzes wieder. Entscheidende Bedeutung erlangt sie indes als Nachfrist in den §§ 281, 323 BGB, welche zwei der zentralen Normen des neuen Leistungsstörungsrecht sind und Hauptgegenstand dieser Arbeit sein sollen.[174] Um die verschiedenen Einsatzmöglichkeiten der Fristsetzung zu verdeutlichen, soll jedoch im Folgenden ein kurzer Überblick über einige ausgewählte Fristenregelungen des BGB nebst deren unterschiedlichen Rechtsfolgen gegeben werden. Auf einen Teil der Vorschriften wird an späterer Stelle der Arbeit noch einmal einzugehen sein.

---

172 BT-Drucks. 14/6040, (Fn. 128), 139 Zu § 281 BGB Zu Absatz 1 Zu Satz 2; *Grigoleit/Riehm*, AcP 203. Band (2003), 727, 734.

173 Eine ausführliche und kritische Auseinandersetzung mit den veränderten Voraussetzungen und Rechtsfolgen einer wirksamen Nachfrist erfolgt in § 7 und § 8.

174 Vergleiche Juris Praxiskommentar(-*Alpmann*), §§ 241 – 432 BGB^4 (2008), § 281 BGB Rn. 1, § 323 BGB Rn. 1.

1. § 281 I 1 BGB – Die Nachfrist als zentrale Voraussetzung für den Schadensersatz statt der Leistung

Der Schadensersatz statt der Leistung wegen nicht oder nicht vertragsgemäß erbrachter Leistung ist in § 281 I 1 BGB geregelt und setzt die erfolglose Bestimmung einer Frist zur Leistung oder Nacherfüllung voraus. Der Gläubiger eines Primärleistungsanspruchs soll, gleichgültig ob der Anspruch auf Vertrag oder Gesetz beruht,[175] die Möglichkeit haben, durch Fristsetzung zwischen dem Anspruch auf Schadensersatz und dem Erfüllungsanspruch wählen zu können.[176] §§ 280 ff. BGB ersetzen § 283 BGB a.F. sowie § 326 BGB a.F., soweit dieser den Schadensersatzanspruch wegen Nichterfüllung betraf.[177] Die Wirkung der Frist als eine Ausschlussfrist, mit deren Ablauf der Erfüllungsanspruch untergeht, wurde dagegen nicht übernommen; durch Fristsetzung können die Rechte des Gläubigers heute nur noch erweitert werden. Dies bedeutet, dass nach fruchtlosem Fristablauf neben den Anspruch auf Erfüllung ein weiterer Anspruch auf Schadensersatz tritt.

2. § 323 I BGB – Pendant zu § 281 I BGB im Rücktrittsrecht

Auch § 323 BGB ist wie § 281 BGB Teil des neu konzipierten vereinheitlichten Rücktrittsrechts und ist vorgezeichnet durch die Richtlinie 1999/44/EG[178].[179] § 323 BGB regelt den Rücktritt wegen Verletzung des Leistungsinteresses und setzt grundsätzlich nur noch den erfolglosen Ablauf einer dem Schuldner gesetzten angemessenen Frist voraus. Die Vorschrift ergänzt, soweit es um den Rücktritt geht, den § 281 BGB, in dem die schadensrechtliche Regelung des § 326 BGB a.F. aufgegangen ist.[180] Die Fristsetzung hat hierbei die gleiche Funktion wie in § 281 BGB mit dem Unterschied, dass diese hier auf das Recht zur Erklärung des Rücktritts gerichtet ist.

---

175 Vergleiche jurisPK-BGB[2](-*Alpmann*), (Fn. 174), § 281 BGB Rn. 6.

176 *Prütting/Wegen/Weinreich*(-*Schmidt-Kessel*), BGB[7] (2012), § 281 BGB Rn. 1.

177 *Palandt*[72](-*Heinrichs*), (Fn. 14), Vorbemerkungen zu §§ 281 – 284 BGB Rn. 1.

178 Richtlinie 1999/EG vom 25.5.1999, AblEG Nr. L 171 v. 7.7.1999.

179 *Staudinger*(-*Otto/Schwarze*), BGB, §§ 315 – 326 BGB (2009), § 323 BGB Rn. A 7.

180 *Palandt*[72](-*Grüneberg*), (Fn. 14), § 323 BGB Rn. 1.

3. §§ 637 I, 634 Nr. 3, 4 BGB – Das Selbstvornahmerecht des Bestellers

Die Selbstvornahme im Werkvertragsrecht wird in § 637 BGB geregelt und setzt den erfolglosen Ablauf einer zur Nacherfüllung bestimmten angemessenen Frist voraus. Das Selbstvornahmerecht baut hierbei auf dem Nacherfüllungsanspruch des Bestellers (§ 635 BGB) auf.[181] Auch hier bewirkt die Fristsetzung die gleichen Rechtsfolgen wie bei den §§ 323, 281 BGB. So muss das Nachbesserungsangebot nach Fristablauf nicht mehr angenommen werden.[182] Zugleich wird im Gewährleistungsrecht beim Werkvertrag gemäß § 634 Nr. 3, 4 BGB auf die Vorschriften im Kaufrecht verwiesen.

4. Die Ausschlussfrist des § 250 BGB

Der Anspruch auf Schadensersatz in Geld statt Herstellung nach § 249 BGB ist in § 250 BGB normiert und setzt die Bestimmung einer angemessenen Frist voraus. § 250 eröffnet dem Geschädigten die Möglichkeit des Übergangs von der Naturalrestitution auf den Geldersatz.[183] Zu beachten ist, dass mit der Fristsetzung der Gläubiger die gleichzeitige Abgabe einer Erklärung verbinden muss, dass er die Herstellung nach Ablauf der Frist ablehne. Mit erfolglosem Ablauf der Frist ist der Anspruch auf Herstellung nach § 249 BGB ausgeschlossen. Auch wenn die §§ 281, 323 BGB seit der Schuldrechtsmodernisierung keine Ablehnungsandrohung mehr verlangen, genügt für § 250 BGB die einfache Aufforderung, Geldersatz zu leisten, weiterhin nicht. Nach Fristablauf geht zudem gemäß § 250 2 HS. 2 BGB der Herstellungsanspruch endgültig in eine Geldforderung über. Die Fristsetzung hat hier die Wirkung, dass dem Gläubiger bis zum Ablauf der Frist keine andere Forderung als die auf Herstellung zusteht und er nach fruchtlosem Fristablauf nur noch Entschädigung in Geld verlangen kann.[184] Die gleiche Rechtsfolge tritt darüber hinaus auch ohne Fristsetzung ein, wenn der Schuldner die Leistung endgültig verweigert.[185] Die Fristsetzung erfüllt in dieser Norm die Funktion einer Ausschlussfrist. Zum Teil wird deshalb behauptet, sie sei im Zuge des Schuldrechtsmodernisierungsgesetzes vergessen worden,

---

181 *Palandt*[72](*-Sprau*), (Fn. 14), § 637 BGB Rn. 1.

182 OLG Frankfurt 1.10.2004, WE 2005, 237; *Jauernig*(*-Mansel*), BGB[14], (2011) § 637 BGB Rn. 3; Siehe auch § 8 II. 2. c. (1), 3.

183 *Bamberger/Roth*[3](*-Schubert*), (Fn. 162), § 250 BGB Rn. 1.

184 BGH 20.12.1957, LM (1951-1985) § 249 (Gb) Nr. 3 Bl. 2.

185 KG Berlin 30.6.2008, jurisPR-VerkR 20/2008 Anm. 1, Lang.

weshalb sie noch die alten Voraussetzungen der Ablehnungsandrohung beinhaltet.[186]

5. § 264 BGB – Die Frist zur Konkretisierung einer Wahlschuld

§ 264 BGB regelt beim Vorliegen einer Wahlschuld den Verzug des Wahlberechtigten und die Möglichkeiten des anderen Teils in einem solchen Fall. Gemäß § 265 II 1 BGB kann der Schuldner eines wahlberechtigten Gläubigers diesen unter Bestimmung einer angemessenen Frist zur Vornahme der Wahl auffordern, wenn sich der Gläubiger in Verzug befindet. Mit Verzug ist hier der allgemeine Annahmeverzug gemeint.[187] Mit fruchtlosem Ablauf der Frist geht dann gemäß § 264 II 2 BGB das Wahlrecht endgültig auf den Schuldner über.[188] Für die Fristsetzung in dieser Norm gelten die allgemeinen Grundsätze, wie sie bereits zur Konkretisierung des § 326 BGB a.F. entwickelt worden sind und jetzt bei der Auslegung von § 281 I, II BGB zugrunde gelegt werden.[189]

6. Die Annahmefrist des § 148 BGB

In § 148 BGB ist die Bestimmung einer Annahmefrist geregelt. Der Antragende hat nach § 148 BGB die Möglichkeit, für die Annahme seines Antrags seinem Gegenüber einen festen Zeitraum zu bestimmen.[190] Der Antragende kann hiermit auf Grundlage der Privatautonomie selbst bestimmen, wie lange er an sein Angebot gebunden sein will. Nach § 148 BGB kann das Angebot dann nur innerhalb dieser Frist angenommen werden.[191]

7. § 350 BGB – Beendigung des Schwebezustandes bei vertraglichem Rücktrittsrecht

§ 350 BGB regelt das Erlöschen eines vertraglichen Rücktrittrechts nach Fristsetzung. Dem Rücktrittsgegner soll auf diese Weise die Möglichkeit gegeben

---

186 *Prütting/Wegen/Weinreich*[7](*-Medicus*), (Fn. 176), § 250 BGB Rn. 1.

187 *Staudinger*(*-Bittner*), (Fn. 163), § 264 BGB Rn. 11.

188 Münchener Kommentar zum BGB(*-Krüger*), II: §§ 241 - 432 BGB[6] (2012), § 264 BGB Rn. 12.

189 MünchKomm BGB[6](*-Krüger*), (Fn. 188), § 264 BGB Rn. 11.

190 *Erman*(*-C. Armbrüster*), BGB, §§ 1 - 758 BGB[13], (2011), § 148 BGB Rn. 2.

191 *Bamberger/Roth*[3](*-H.-W. Eckert*), (Fn. 162), § 148 BGB Rn. 1.

werden, den Schwebezustand zu beenden.[192] Als Voraussetzungen für das rechtmäßige Setzen einer Frist gelten hier das Fehlen einer vertraglichen Rücktrittsfrist und der Eintritt des Rücktrittsgrundes.[193] Durch den fruchtlosen Fristablauf erlischt das vertragliche Rücktrittsrecht; die Fristsetzung hat hier somit ebenfalls die Funktion einer Ausschlussfrist.

8. Zusammenfassung

Wie aus den aufgeführten Normen ersichtlich wird, erfüllt die Fristsetzung heute eine Vielzahl von Funktionen an den unterschiedlichsten Stellen des Gesetzes. In den meisten Normen wird sie hierbei immer noch in ihrer klassischen Funktion als Ausschlussfrist eingesetzt, ungeachtet der Tatsache, dass seit 2002 in den §§ 281, 323 BGB von dieser Rechtsfolge des Ablaufs einer Nachfrist abgesehen wird. Gerade mit dieser Funktion trägt sie jedoch außerhalb des Leistungsstörungsrechts zur Schaffung von Rechtssicherheit und Rechtsklarheit bei. Eine solche Wirkung der Fristsetzung erkennt man zum Beispiel bei den §§ 250, 264 BGB. Durch das Recht auf Fristsetzung wird dem Geschädigten bzw. Schuldner in diesen Normen die Möglichkeit gegeben, für eine klare Rechtslage zu sorgen (welche Schuld wird jetzt wirklich geschuldet bzw. darf gefordert werden), um dadurch seine im Verhältnis zum Gegenüber ursprünglich schwächere Position zu verbessern.

In den §§ 281 I, 323 I BGB erfüllt sie dagegen die entscheidende Aufgabe, den Zeitraum abzugrenzen, in dem eine Leistung zu erbringen ist, und mit ihrem fruchtlosen Ablauf den Weg zu den sekundären Rechtsbehelfen zu eröffnen.[194] Warum hierbei auf ihre Eigenschaft als Ausschlussfrist verzichtet wurde und welche rechtlichen Folgen dies nach sich zieht, wird an späterer Stelle zu untersuchen sein.[195]

---

192 *Jauernig*[14](*-Stadler*) (Fn. 182), § 350 BGB Rn. 1.

193 BGH 18.1.1989, NJW-RR 1989, 626.

194 *Schroeter*, JuS 2007, 29.

195 § 8 II. 2.

§ 3 Die Rechtsnatur der Nachfrist und ihre Folgen

Allgemein formuliert, ist die Fristsetzung als eine an den Schuldner gerichtete Aufforderung des Gläubigers anzusehen, die geschuldete Leistung innerhalb einer bestimmten Zeit zu erbringen.[196] Die Frist stellt hierbei einen abgegrenzten, also bestimmten oder jedenfalls bestimmbaren Zeitraum dar.[197] Es gelten die Auslegungsvorschriften der §§ 186 ff. BGB, sofern nicht durch Rechtsgeschäft etwas Anderes bestimmt ist.[198]

I. Rechtsgeschäftliche Willenserklärung oder rechtsgeschäftsähnliche Handlung

Über die Rechtsnatur der Nachfristsetzung bestand in Literatur und Rechtsprechung lange Zeit Uneinigkeit. Einige vertraten die Ansicht, es handele sich bei der Setzung der Nacherfüllungsfrist um eine rechtsgeschäftliche Willenserklärung,[199] andere dagegen klassifizierten sie als eine „geschäftsähnliche Handlung".[200] Auswirkungen der rechtlichen Einstufung ergaben sich hierbei zum Beispiel insofern, als es um die Frage der Rücknahmemöglichkeit der Fristerklärung oder darum ging, ob diese an eine Bedingung geknüpft werden kann. So entschied das Reichsgericht im Jahre 1902, dass eine einseitige Rücknahme der Fristsetzung aufgrund ihrer Rechtsnatur als einseitiges, empfangsbedürftiges, aber nicht annahmebedürftiges Rechtsgeschäft nicht möglich sei.[201]

Seit 2002 schließt sich die Literatur indes überwiegend der Ansicht an, bei der Nachfristsetzung handele es sich um eine nicht formgebundene, einseitige, empfangsbedürftige, geschäftsähnliche Willensäußerung, weshalb insoweit auch die Ausführungen zur Mahnung entsprechend gälten.[202] Hauptgrund für die ver-

---

196 Vergleiche *Palandt*[72](*-Grüneberg*), (Fn. 14), § 281 BGB Rn. 9.

197 RG 8.6.1928, RGZ 120, 355, 362.

198 *Palandt*[72](*-Heinrichs*), (Fn. 14), § 186 BGB Rn. 1.

199 RG 9.12.1902, RGZ 53, 161, 167; BGH 29.5.1991, BGHZ 114, 360, 366; *Leser*, (Fn. 19), 260 f.; *Huber, Ulrich*, (Fn. 24), 374 (§ 43 II 2).

200 BGH 15.4.1998, NJW 1998, 3058, 3059; *Staudinger*(*-Otto*) BGB, §§ 293 - 327 BGB (2001), § 326 BGB Rn. 73.

201 RG 9.12.1902, RGZ 53, 161, 167.

202 *Bamberger/Roth*[3](*-Unberath*), (Fn. 162), § 281 BGB Rn. 14; *Staudinger* (*-Otto/Schwarze*), (Fn. 163), § 281 BGB Rn. B 19; *Medicus/Lorenz*, Schuldrecht I Allgemeiner Teil[20] (2012), 243 (Rn. 480); *Jauernig*[14](*-Stadler*) (Fn. 182), § 281 BGB Rn. 6; *Prütting/Wegen/Weinreich*[7](*-Schmidt-Kessel*), (Fn. 176), § 281 BGB Rn. 5; *Er-*

änderten Rechtsansichten ist, dass seit der Schuldrechtsreform im Jahr 2002 der Ablauf der gesetzten Nachfrist nicht mehr automatisch zum Untergang des Erfüllungsanspruchs des Gläubigers führt, weshalb seitdem auch auf das Erfordernis der Ablehnungsandrohung verzichtet wird.[203] Die unmittelbare Gestaltungswirkung der Fristsetzung auf das Vertragsverhältnis wurde nämlich vor 2002 als stärkstes Argument für die Einordnung der Fristsetzung als Rechtsgeschäft herangezogen.[204] Dabei gingen Viele davon aus, dass der Untergang des Erfüllungsanspruchs neben der automatischen Entstehung des Rücktritts- bzw. Schadensersatzanspruchs weniger als gesetzliche Folge, sondern vielmehr als vom Gläubiger ausdrücklich gewollt, anzusehen sei.[205] Mit Inkrafttreten des Schuldrechtsmodernisierungsgesetzes entfiel dieses Argument mit dem Ergebnis, dass heute die Einordnung als rechtsgeschäftsähnliche Handlung vorherrschend ist.[206] Hieran vermag auch die sehr zweifelhafte Ansicht nichts zu ändern, dass die Fristsetzung deshalb als Rechtsgeschäft anzusehen ist, weil sie die Ausübung eines Gestaltungsrechts darstelle, wodurch die ursprünglich vertraglich geschuldete Schuld in eine absolute Fixschuld verwandelt werde.[207] Gerade vor dem Hintergrund der Entstehungsgeschichte der Nachfristsetzung und dem Willen des Gesetzgebers kann einer solchen Schlussfolgerung nicht zugestimmt werden. Auf die Anwendung der Vorschriften für Willenserklärungen hat die zuvor dargelegte Entscheidung im Ergebnis allerdings keinen Einfluss, da nach ganz herrschender Meinung auf „geschäftsähnliche Handlungen" die Vorschriften über Willenserklärungen analog anzuwenden sind.[208]

---

man[13](*-Westermann*), (Fn. 190), § 323 BGB Rn. 14; *Palandt*[72](*-Grüneberg*), (Fn. 14), § 323 BGB Rn. 12; *Dauner-Lieb/Langen*(*-Dauner-Lieb*), BGB, §§ 241 – 610 BGB[2], (2012), § 281 BGB Rn. 19; A.A. MünchKomm BGB[6](*-Ernst*) (Fn. 188), § 323 BGB Rn. 50, der die Fristsetzung als Willenserklärung mit Gestaltungswirkung einstuft.

203 § 2 IV. 4.

204 *Staudinger*(*-Otto/Schwarze*), (Fn. 163), § 281 BGB Rn. B 19.

205 *Huber, Ulrich*, (Fn. 24), 374 (§ 43 II 2).

206 *Oechsler*, Vertragliche Schuldverhältnisse (2007), 148.

207 Planck`s Kommentar zum BGB(*-Sieber*), §§ 241 - 432 BGB4 (1914), § 326 Rn. 2 c.

208 BGH 22.11.2005, NJW 2006, 687, 688; *Larenz/Wolf*, Allgemeiner Teil des Bürgerlichen Rechts[9] (2004), 397 (§ 22 III. 1. b); MünchKomm BGB[6](*-Ernst*) (Fn. 188), § 323 BGB Rn. 50; *Staudinger*(*Otto/Schwarze*), (Fn. 163), § 281 BGB Rn. B 19; *Erman*[13](*-Westermann*), (Fn. 190), § 323 BGB Rn. 14; *Palandt*[72](*-Grüneberg*, (Fn. 14), § 286 BGB Rn. 16.

II. Widerruflichkeit/Bedingbarkeit der Nachfrist

In der Literatur wird überwiegend die Ansicht vertreten, dass heute von einer Widerruflichkeit der Fristerklärung auch nach ihrem Zugang ausgegangen werden kann, weil durch die Fristsetzung kein Vertrauenstatbestand mehr für den Schuldner gesetzt werde.[209] Dieser Auffassung ist jedoch zu widersprechen. Der durch die Fristsetzung geschaffene Vertrauenstatbestand liegt gerade darin, dass der Schuldner durch sie darauf vertrauen darf, dass der Gläubiger die geforderte Leistung innerhalb der Frist annehmen wird. Der Schuldner stellt sich somit mit seiner Leistungsverpflichtung auf die durch die Frist gegebene Zeitdauer ein und muss deshalb geschützt werden.[210] Würde man einen Widerruf gewähren, so könnte der Gläubiger im Anschluss hieran eine neue, kürzere Frist setzen und den Schuldner somit unangemessen benachteiligen.[211] Wie an späterer Stelle noch aufgezeigt wird, ist aus diesem Grunde auch die einseitige Verkürzung der gesetzten Nachfrist unzulässig.[212] Da die Vorschriften über Willenserklärungen jedoch analog gelten,[213] ist ein Widerruf der Nachfrist bis zu ihrem Zugang entsprechend § 130 I 2 BGB möglich. Aufgrund der fehlenden unmittelbaren Gestaltungswirkung bestehen zudem keine Bedenken, die Fristbestimmung mit einer Bedingung zu versehen.[214]

III. Der Begriff „Nachfrist"

Seit 2002 entspricht der bis dahin genutzte Begriff der „Nachfrist" im engeren Sinne nicht mehr der aktuellen Rechtslage. Ursprünglich knüpfte diese Bezeichnung nämlich an die Rechtslage im Geltungszeitraum von § 326 BGB a.F. an, wonach der Gläubiger mit der Ablehnungsandrohung bereits die Vertragsaufhebung erklärt hatte, der Schuldner aber mit der gesetzten, nachlaufenden Frist de-

---

209 *Erman*[13](*-Westermann*), (Fn. 190), § 323 BGB Rn. 14.; *Emmerich*, (Fn. 115), 283 (§ 18 Rn. 23); *Bamberger/Roth*[3](*-Grothe*), (Fn. 162), § 323 BGB Rn. 12; MünchKomm BGB[6](*-Ernst*) (Fn. 188), § 323 BGB Rn. 53.

210 *Staudinger*(*-Otto/Schwarze*), (Fn. 163), § 281 BGB Rn. B 20.

211 *Soergel*(*-Gsell*), §§ 320 – 327 BGB[13] (2005), § 323 BGB Rn. 60; *Staudinger* (*-Otto/Schwarze*), (Fn. 163), § 281 BGB Rn. B 20, denen eine Beseitigung der Fristsetzung deshalb nur nach den §§ 119, 142 BGB möglich erscheint.

212 § 8 I. 2.

213 § 3 I.

214 *Bamberger/Roth*[3](*-Grothe*), (Fn. 162), § 323 BGB Rn. 12; MünchKomm BGB[6](*-Ernst*), (Fn. 188), § 323 BGB Rn. 53; *Erman*[13](*-Westermann*), (Fn. 190), § 323 BGB Rn. 14.

ren Wirksamwerden noch abwenden konnte.[215] Gegenwärtig führt eine nach den §§ 323 I, 281 I BGB gesetzte Frist nicht mehr zum automatischen Untergang des Erfüllungsanspruchs, sondern beschert dem Gläubiger bei deren fruchtlosen Ablauf dagegen ein zusätzliches Recht zum Rücktritt bzw. Schadensersatz. Aus diesem Grunde wurde der Begriff der „Nachfrist" vom Reformgesetzgeber aufgegeben.[216] Trotzdem wird in der Literatur an der über Jahrzehnte gebrauchten Terminologie weiter festgehalten, was unter anderem damit begründet wird, dass diese international ebenfalls schon weit verbreitet ist.[217] Zusätzlich könnte man gleichwohl damit argumentieren, dass sich die Bezeichnung „Nachfrist" nunmehr von dem Recht zur Nacherfüllung ableiten lässt. Gegen eine weitere Nutzung des Terminus „Nachfrist" bestehen daher keine Bedenken.[218]

IV. Nachfristsetzung und Geschäftsfähigkeit

Auch in Bezug auf das Erfordernis der Geschäftsfähigkeit für eine wirksame Nachfristsetzung brachte die Schuldrechtsreform eine Veränderung. Anders als die Mahnung war die Fristsetzung vor 2002 für den Gläubiger wegen des damit verbundenen Untergangs des Erfüllungsanspruchs nicht nur mit Vorteilen verbunden. Aus diesem Grunde genügte eine beschränkte Geschäftsfähigkeit nicht, um selbständig eine solche Frist abgeben zu können.[219] Seit 2002 ist dies anders, da der Gläubiger durch das Setzen der Nachfrist seine Ansprüche nicht verringert, sondern unter Umständen um den Anspruch auf Rücktritt und Schadensersatz erweitert. Die Fristsetzung ist damit lediglich rechtlich vorteilhaft im Sinne von § 107 BGB und kann deshalb von einem beschränkt Geschäftsfähigen ohne Zustimmung der gesetzlichen Vertreter erklärt werden.[220] Die Erklärung des Geschäftsunfähigen ist dagegen nichtig.[221]

Wird gegenüber einem beschränkt Geschäftsfähigen eine Frist gesetzt, gilt § 131 II BGB.[222] Für die Wirksamkeit der Fristerklärung ist hiernach ebenfalls entscheidend, ob die Erklärung für den beschränkt Geschäftsfähigen einen ledig-

---

215 MünchKomm BGB[6](*-Ernst*) (Fn. 188), § 323 BGB Rn. 50.

216 *Bamberger/Roth*[3](*-Grothe*), (Fn. 162), § 323 BGB Rn. 11.

217 MünchKomm BGB[6](*-Ernst*) (Fn. 188), § 323 BGB Rn. 50.

218 *Emmerich*, (Fn. 115), 283 (§ 18 Rn. 23); *Westermann/Bydlinski/Weber*, BGB-Allgemeiner Teil[7] (2010), 159 (§ 8 II 2 Rn. 8/50).

219 *Huber, Ulrich*, (Fn. 24), 375 (§ 43 II 2).

220 KG 16.9.1987, FamRZ 89, 537; *Staudinger*(*-Otto/Schwarze*), (Fn. 163), § 281 BGB Rn. B 19.

221 *Palandt*[72](*-Grüneberg*), (Fn. 14), § 281 BGB Rn. 9.

222 *Palandt*[72](*-Grüneberg*), (Fn. 14), § 286 BGB Rn. 16.

lich rechtlichen Vorteil bedeutet oder, ob eine Einwilligung des gesetzlichen Vertreters vorliegt. Die Frage nach dem lediglich rechtlichen Vorteil muss hier verneint werden, da der fruchtlose Ablauf der gesetzten Nachfrist dazu führt, dass der beschränkt Geschäftsfähige neben dem (Nach-)erfüllungsanspruch nunmehr auch den sekundären Rechtsbehelfen des Vertragspartners ausgesetzt ist, und damit für diesen neue Pflichten geschaffen wurden.[223] Die Fristerklärung gegenüber einem Geschäftsunfähigen wird gemäß § 131 I BGB erst wirksam, wenn sie dem gesetzlichen Vertreter zugeht.

V. Nachfristsetzung durch einen Stellvertreter

Wegen der analogen Anwendung der Vorschriften für Willenserklärungen bei der Nachfristsetzung, bestehen hinsichtlich einer Stellvertretung bei dieser Erklärung keine Bedenken. § 174 BGB gilt somit im Falle von Mängeln bei der Bevollmächtigung zur Fristsetzung entsprechend.[224] Darüber hinaus kann ebenso wie bei anderen Rechtsgeschäften eine Heilung der fehlenden Bevollmächtigung durch rückwirkende Genehmigung erfolgen, hierfür gelten die §§ 180 2, 177, 184 BGB.[225] Anders entschied der BGH noch vor 2002 für den Fall des Ablaufs der gesetzten Frist. Hierzu vertrat er damals die Auffassung, dass die Nachfristsetzung durch einen Nichtberechtigten nicht mehr in nach § 184 BGB rückwirkender Weise genehmigt werden kann.[226] Bei der Begründung seiner Entscheidung stützte sich das Gericht darauf, dass bei ordnungsgemäßer Bevollmächtigung der Nachfrist nach ihrem fruchtlosen Ablauf Gestaltungswirkung zugekommen wäre. Deshalb dürfe für die Nachfristsetzung nichts Anderes als für einseitige Gestaltungserklärungen wie zum Beispiel die Kündigung gelten, bei denen im Interesse der Rechtsklarheit eine Rückwirkung nach §§ 185 II, 184 I BGB entfiele.[227] Seit der veränderten Rechtsfolge der Nachfrist kommt dieser selbst jedoch keine Gestaltungswirkung mehr zu, sondern der Erfüllungsanspruch geht erst mit Verlangen des Schadensersatzes unter. Aus diesem Grunde ist die alte Rechtsprechung des BGH auch nicht ohne Weiteres auf die nunmehr geltenden §§ 281, 323 BGB übertragbar. Es ist daher von einer unbeschränkten Anwendung der §§ 180 2, 177, 184 BGB auszugehen.[228]

---

223 *Larenz/Wolf*, Allgemeiner Teil des Bürgerlichen Rechts[9] (2004), 451 (§ 25 Rn. 19).

224 RG 1.2.1916, Das Recht 916, Nr. 920.

225 RG 2.11.1907, RGZ 66, 430, 432.

226 BGH 29.5.1991, BGHZ 114, 360, 366; BGH 15.4.1998, NJW 1998, 3058.

227 Vergleiche RG 17.1.1935, RGZ 146, 314, 316.

228 *Staudinger(-Otto/Schwarze)*, (Fn. 163), § 281 BGB Rn. B 21.

VI. Abtretbarkeit des Rechts zur Fristsetzung

Das Recht zur Fristsetzung ist als Hilfsrecht anzusehen, welches bei Abtretung des vertraglichen Erfüllungsanspruchs grundsätzlich gemäß § 401 BGB analog auf den Zessionar übergeht.[229] Dies bedeutet, dass nach der Abtretung des Hauptanspruchs das Recht zur Fristsetzung nur noch allein dem Zessionar zusteht.[230] Hat dagegen der Schuldner seinen Anspruch auf Gegenleistung abgetreten, ändert dies nichts an seiner Adressateneigenschaft für die Fristsetzung.[231]

Anders entschied der BGH indes beim Vorliegen einer Sicherungsabtretung. In einem solchen Fall soll der Zedent weiterhin befugt sein, eine Nachfrist zur Erfüllung des Vertrages zu setzen.[232] In dem der Entscheidung des BGH zugrunde liegenden Fall hatte der Kläger mit der Beklagten einen Vertrag über den Erwerb einer noch zu sanierenden Eigentumswohnung abgeschlossen. Für die Übergabe der fertig gestellten Wohnung vereinbarten die Parteien eine Frist. Den Kaufpreis finanzierte der Kläger durch ein Darlehen bei der Bank, welcher er zur Sicherung der Darlehensforderung sämtliche ihm zustehenden Rechte und Ansprüche aus dem Vertrag mit der Beklagten abtrat. Nachdem die Beklagte auch nach zweimaliger Fristsetzung und Androhung der anschließenden Ablehnung der Leistung durch den Kläger ihrer Vertragsleistung nicht nachkam, trat der Kläger vom Vertrag zurück und erhob Klage. Die Beklagte behauptete daraufhin, dass der Kläger zur Setzung einer Nachfrist nicht befugt gewesen und deshalb der Rücktritt unwirksam sei. Der BGH stellte hierauf jedoch fest, dass das Recht zur Nachfristsetzung durch die Sicherungsabtretung nicht verloren gegangen sei. Die vertraglichen Gestaltungsrechte verblieben, wie auch die Befugnis, die Forderung im eigenen Namen geltend zu machen, beim Zedenten, sofern nicht der Inhalt der Sicherungsabrede, welche der Zession zu Grunde liegt, dem entgegensteht.[233]

---

229 *Palandt*[72](*-Grüneberg*), (Fn. 14), § 401 BGB Rn. 4.

230 BGH 21.6.1985, WM 1985, 1106, 1107; BGH 29.5.1991, BGHZ 114, 360, 365 f.; *Medicus/Lorenz*[20], (Fn. 202), 243 (Rn. 480), die allerdings dem Zessionar nicht notwendigerweise nach Fristablauf auch das Recht zum Rücktritt bzw. zur Geltendmachung von Schadensersatz zusprechen.

231 *Staudinger*(*-Otto/Schwarze*), (Fn. 163), § 281 BGB Rn. B 27.

232 BGH 17.1.2002, NJW 2002, 1568 f.

233 *Weyer*, IBR 2002, 243.

§ 4 Sinn und Zweck des Nachfristsetzungserfordernisses am Beispiel der kaufrechtlichen Regelungen

Bei einer Betrachtung der historischen Entwicklung der Nachfrist von ihren Anfängen im ADHGB bis heute im BGB fällt auf, dass sich der zentrale Sinn und Zweck der Nachfrist von ihrem Ursprung im 19. Jahrhundert bis heute zwar nicht grundlegend verändert, sich aber das Spektrum ihrer Funktionen um Einiges vergrößert hat. So dient sie gegenwärtig nicht mehr allein dem Grundsatz „pacta sunt servanda“ oder beschränkt sich darauf, eine im Vergleich zum gemeinen Recht erleichterte Tatbestandsvoraussetzung zur Aufhebung von Verträgen zu sein.[234] Darüber hinaus erfüllt sie in unvergleichbarer Art und Weise die Aufgabe eines Hebels, mit welchem der Gesetzgeber eine Feinjustierung der typischen widerstreitenden Interessen von Gläubiger und Schuldner bei einem gegenseitigen Vertrag ermöglichen konnte.[235]

Die Vielfältigkeit der Nachfrist hinsichtlich ihres Sinn und Zwecks soll im folgenden Kapitel am Beispiel der kaufrechtlichen Regelungen, in denen die verschiedenen Facetten ihres Aufgabenbereichs am deutlichsten hervortreten, dargestellt werden, wobei zunächst einmal auf die von Beginn an bestehenden Funktionen der Nachfrist eingegangen wird.

I. Das Prinzip „pacta sunt servanda“

Bis zum Ende des 19. Jahrhunderts standen die Bindung an den ursprünglich geschlossenen Vertrag und dessen notfalls zwangsweise Durchführung im Vordergrund der gesetzlichen Regelungen.[236] Obgleich sich die wirtschaftlichen Begebenheiten seit dieser Zeit gravierend verändert haben, was durchaus Auswirkungen auf die Interessen der Vertragsparteien hatte,[237] entspricht auch heute noch die Herstellung eines vertragsgemäßen Zustandes oftmals den gemeinsamen Interessen der Parteien:[238] Der Verkäufer möchte in aller Regel den Anspruch auf den Kaufpreis nicht verlieren;[239] umgekehrt hat der Käufer grund-

---

234 Vergleiche § 2 I. 4.

235 *Lorenz*, NJW 2006, 1175, 1176.

236 *Leser*, (Fn. 35), 644.

237 Vergleiche § 2 I.

238 *Ernst/Zimmermann(-Zimmer)*, (Fn. 133), 191, 200; *Augenhofer*, ZGS 2004, 385, 388.

239 *Grigoleit/Riehm*, AcP 203 (2003), 727, 734.

sätzlich ein Interesse an der Lieferung einer mangelfreien Sache,[240] die er meist schon in seine wirtschaftlichen Planungen integriert hat. Beispielsweise mag der Käufer bereits Investitionen im Hinblick auf den Vertragsgegenstand wie den Kauf von Peripheriegeräten oder Software getätigt haben.[241]

Auffallend ist, dass sich der Gesetzgeber erst mit der Schuldrechtsreform wieder stärker in Richtung des Grundsatzes „pacta sunt servanda" bewegt hat,[242] welches als eines der bedeutensten Prinzipien des geltenden Vertragsrechts bezeichnet wird.[243] Zuvor war dieses Prinzip durch die verschiedenen Regelungen im BGB alter Fassung, welche dem Schuldner auch ohne Fristsetzung in bestimmten Fällen Schadensersatz oder die Möglichkeit einer sofortigen Wandlung zusprachen,[244] ein wenig in den Hintergrund getreten.[245] Durch die Normierung eines grundsätzlichen Fristsetzungserfordernisses für sämtliche Arten von Leistungsstörungen wurde der alte Grundsatz jedoch wieder gestärkt, da sich der Käufer nun nicht mehr gleichsam „aus Anlass" des Sachmangels von der ursprünglichen Durchführung eines Vertrags lösen kann, den er unter Umständen aus anderen Gründen bereut.[246] Rechtstechnisch wird die Vertragserhaltungsfunktion hierbei in der Weise umgesetzt, dass die Ausübung der sekundären Rechtsbehelfe von der vorherigen Setzung einer Nachfrist abhängig gemacht wird.[247] Auf diesem Wege wird erreicht, dass der Vertrag zumindest während des festgelegten Zeitraums erhalten bleibt.[248]

Neben der Vertragserhaltungsfunktion erfüllt die Nachfristregelung aber auch noch eine Vielzahl weiterer Aufgaben, die sowohl den Interessen des Gläubigers als auch denen des Schuldners dienen.[249] Welchen Einfluss die Nachfrist dabei im Einzelnen auf die jeweilige Position der Parteien hat, soll im Folgenden umfassend untersucht werden.

---

240 *Bitter/Meidt*, ZIP 2001, 2114, 2116.

241 *Wolf/Lange*, FS Kilian (2004), 810.

242 *Staudinger(-Matusche-Beckmann)*, BGB, §§ 433 – 487 BGB (2004), § 440 BGB Rn. 3.

243 *Lorenz*, FS Wolfsteiner (2008), 121.

244 Siehe §§ 325, 480 BGB a.F.

245 Vergleiche auch Bundesministerium der Justiz (Hrsg.), Abschlussbericht der Kommission zur Überarbeitung des Schuldrechts (1992), 25 und die Ausführungen zu den Schwächen des vorherigen Schuldrechts § 2 IV. 2.

246 *Lorenz*, JZ 2001, 742, 743; vergleiche auch: *Ebert*, NJW 2004, 1761, 1763 f.

247 *Lorenz*, FS Wolfsteiner (2008), 121, 123.

248 *Schroeter*, AcP, 207 (2007), 28, 36.

249 *Canaris*, FS Kropholler (2008), 3, 11, der von der „Doppelfunktion" der Nachrist spricht.

II. Die Bedeutung der Nachfrist für den Käufer

Das Institut der Nachfrist erfüllt seit der Schuldrechtsreform für den Käufer zwei wichtige Funktionen: Zum einen stellt es eine grundsätzlich unverzichtbare Tatbestandsvoraussetzung bei der Geltendmachung sämtlicher sekundärer Rechtsbehelfe dar. Zum anderen führt die Nachfristregelung im Gesetz zu einer Vorrangigkeit seines neu geschaffenen Nacherfüllungsanspruchs. Welche Bedeutung und Auswirkungen diese beiden Funktionen jeweils für den Käufer haben, ist im Weiteren zu analysieren.

1. Die Nachfrist als grundsätzlich zwingende Voraussetzung der sekundären Rechtsbehelfe

Zunächst einmal erfüllt die Nachfrist die einfache und klare Funktion, dass an ihren Ablauf die Geltendmachung sämtlicher Rechtsbehelfe im Leistungsstörungsrecht geknüpft wird. Im Vergleich zum CISG stellt die Fristsetzung hierbei nicht nur eine von zwei disjunktiven Möglichkeiten dar, sich vom Vertrag zu lösen,[250] sondern sie ist sowohl für den Schadensersatz- als auch für den Minderungsanspruch sowie für eine wirksame Rücktrittserklärung (§§ 281, 440, 323 BGB) grundsätzlich zwingende Voraussetzung.[251] Zum Vorteil des Käufers stellt die Nachfrist hiermit in Anlehnung an § 356 ADHGB eine im Gegensatz zu den Rechtsvorschriften des gemeinen Rechts erleichterte Tatbestandsvoraussetzung dafür dar,[252] die im Leistungsstörungsrecht normierten Rechtsbehelfe geltend machen zu können. Allerdings bedeutet das Fristsetzungserfordernis für den Gläubiger eines Vertrages nicht nur Erleichterungen; gleichzeitig oktroyiert es diesem eine Obliegenheit zur vorrangigen Geltendmachung des Nacherfüllungsanspruchs, deren Verletzung für den Gläubiger in bestimmten Fällen auch nachteilig sein kann, wie im Weiteren zu zeigen sein wird.

2. Der Nacherfüllungsanspruch als vorrangiger Rechtsbehelf

Die Fristsetzung erfüllt neben der Funktion als erleichterte Tatbestandsvoraussetzung für den Zugang zu den sekundären Rechtsbehelfen den Zweck, den Vor-

---

250 *Ferrari/Kieninger/Mankowski/Otte/Saenger/Staudinger(-Mankowski)*, Internationales Vertragsrecht^2 (2007), Art. 63 CISG Rn. 2; § 6 I. 3.

251 *Skamel*, JuS 2010, 671.

252 *Staudinger(-Otto/Schwarze)*, (Fn. 179), § 323 BGB Rn. A 9.

rang der Nacherfüllung zu statuieren.[253] Obgleich sich der Anspruch des Käufers auf Nacherfüllung seit 2002 nämlich direkt aus dem Gesetz (§§ 437 Nr. 1, 439 BGB) ergibt,[254] sorgt erst das im Gesetz bei sämtlichen sekundären Rechtsbehelfen vorgeschriebene Erfordernis der Nachfristsetzung dafür,[255] dass das Nacherfüllungsrecht zum vorrangigen Rechtsbehelf des Käufers wird[256] und gleichzeitig den Platz des zentralen Rechtsbehelfs im Kaufrecht einnimmt.[257]

a. Der wirtschaftliche Vorteil des Nacherfüllungsanspruchs

Aus ökonomischer Sicht ist der Nacherfüllungsanspruch für den Käufer unter der Hypothese gestiegener Marktpreise oder knapper Güter interessant.[258] Denn in diesen Fällen trägt die Nacherfüllung den wirtschaftlichen Gegebenheiten angemessen Rechnung. Im Gegensatz zum 19. Jahrhundert haben sich diese dahingehend verändert, dass heutzutage überwiegend kompliziert gebaute und in Massenproduktion hergestellte Waren verkauft werden, bei denen eine Nachbesserung bzw. Nachlieferung häufig möglich und auch sinnvoll ist.[259] Prima vista könnte man daher zunächst davon ausgehen, dass der Nacherfüllungsanspruch damit den Interessen des Käufers dient.[260] Und auch bei näherer Betrachtung ist dieser Auffassung nicht zu widersprechen. Zwar ist es in vielen Fällen gerade nicht im Sinne des Gläubigers, weiter an den Verkäufer und dessen Nacherfüllung gebunden zu sein; diese Gebundenheit wird jedoch erst dadurch geschaffen, dass der Nacherfüllungsanspruch im Gesetz die Position des vorrangigen Rechtsbehelfs inne hat.

---

253 *Ludes/Lube*, MDR 2009, 1317, 1318.

254 Bis 2002 wurde er teilweise aus § 241 BGB a.F. abgeleitet, vergleiche *Rütten*, FS Gernhuber (1993), 939 Fn. 4.

255 Vergleiche *Tröger*, ZVglRWiss 2008, 383, 403.

256 Bundesministerium der Justiz (Hrsg.), Abschlussbericht der Kommission zur Überarbeitung des Schuldrechts (1992), 30; *Boerner*, ZIP 2001, 2264, 2269; *Brömmelmeyer*, JZ 2006, 493; *Lorenz/Riehm*, Lehrbuch zum neuen Schuldrecht (2002), 463 (§ 5 Rn. 504); A.A. *Jorden/Lehmann*, JZ 2001, 952, 957, welche den Vorrang der Nacherfüllung aus den §§ 437 Nr. 1, 439 I BGB ableiten.

257 *Bitter/Meidt*, ZIP 2001, 2114.

258 *Lorenz*, NJW 2006, 1175; Zu der Ökonomik des Nacherfüllungsanspruchs siehe *Tröger*, ZVglRWiss 2008, 383, 416 ff., der einen solchen letztlich für mit Effizienzerwägungen vereinbar hält und seine Normierung begrüßt.

259 *Schürholz*, Die Nacherfüllung im neuen Kaufrecht (2005), 44; *Jorden/Lehmann*, JZ 2001, 952, 957 f.

260 *Brömmelmeyer*, JZ 2006, 493.

Festzuhalten ist somit, dass der Nacherfüllungsanspruch für sich genommen dem Käufer zunächst einmal einen Vorteil einräumt, da er ihm die Möglichkeit verschafft, von den Vorzügen des ursprünglichen Vertrages weiter Gebrauch zu machen.[261] Bei der Entscheidung für die Festlegung der Vorrangigkeit der Nacherfüllung ist die Frage nach dem Nutzen für den Käufer dagegen nicht ohne Weiteres zu beantworten.

b. Die Vorrangigkeit des Nacherfüllungsanspruchs und ihre Folgen

Angelehnt an Art. 3 der Verbrauchsgüterkaufrichtlinie[262] wurde mit der Schuldrechtsreform die Nacherfüllung als „primärer Rechtsbehelf" im deutschen Recht normiert.[263] Möglich wurde dies allein mit dem Mittel der Nachfrist. Mit der Einführung eines generellen Fristsetzungserfordernisses beinhaltet der Nacherfüllungsanspruch damit für den Käufer von nun an nicht nur ein Recht, sondern auch eine Obliegenheit, das heißt „ein Rechtsgebot", welches er „im eigenen Interesse zu erfüllen hat".[264] Kommt er diesem Rechtsgebot nicht nach, steht ihm für den Fall, dass kein Ausnahmetatbestand für eine Entbehrlichkeit der Frist vorliegt,[265] weder ein Anspruch auf Minderung oder Schadensersatz noch ein Recht zum Rücktritt zu. Dies ist der Grund, warum teilweise diskutiert wird, ob der Käufer seit 2002 nicht schlechter gestellt werde als vorher,[266] zum Beispiel weil mit der Schuldrechtsreform die in § 480 BGB a.F. gegebene Möglichkeit der sofortigen Wandlung oder Minderung entfallen ist.[267]

(1) Die Selbstvornahme durch den Käufer – Durchbrechung der Vorrangigkeit?

Entscheidende Auswirkungen hat der festgelegte Nacherfüllungsvorrang zum Beispiel in den Fällen, in denen der Käufer wissentlich oder unwissentlich von

---

261 Vergleiche *Auktor*, NJW 2003, 120; A.A. *Dauner-Lieb* in: *Remien* (Hrsg.), Schuldrechtsmodernisierung und Europäisches Vertragsrecht (2008), 191, 192 f., die daran zweifelt, ob die Nacherfüllung wirklich zum Vorteil des Käufers ist.

262 Richtlinie 1999/EG vom 25.5.1999, AblEG Nr. L 171 v. 7.7.1999.

263 *Augenhofer*, ZGS 2004, 385, 388.

264 *Brömmelmeyer*, JZ 2006, 493, 499.

265 Vergleiche §§ 281 II, 323 II, 440 BGB.

266 Zustimmend: *Staudinger(-Matusche-Beckmann)*, (Fn. 242), § 439 BGB Rn. 4; anders *Brömmelmeyer*, JZ 2006, 493, 494, der sich im Ergebnis gegen eine Schlechterstellung ausspricht.

267 *Dauner-Lieb*, JZ 2001, 8, 13.

einem vermeintlichen Selbstvornahmerecht Gebrauch macht,[268] das heißt den Mangel an der Ware ohne vorherige Fristsetzung oder vor Ablauf einer angemessenen Frist selbst behebt oder durch einen Dritten beheben lässt.[269] Der Vorrang der Nacherfüllung hat nämlich zur Folge, dass der Käufer Aufwendungen, die mit der Selbstvornahme verbunden waren, grundsätzlich nur als Schadensersatz statt der Leistung oder im Rahmen seines Minderungsrechts liquidieren kann,[270] wofür er dem Verkäufer aber vor der Selbstvornahme erfolglos eine angemessene Frist zur Nacherfüllung gesetzt haben muss.[271] Ein eigenständiges Selbstvornahmerecht des Käufers kennt das Kaufrecht, anders als das Werkvertragsrecht (§ 637 BGB) oder das Mietrecht (§ 536 a BGB), nicht.[272] Teilweise wird nun in der Literatur vertreten, dass in solchen Fällen, losgelöst von den kaufrechtlichen Regelungen und somit auch von der grundsätzlichen Vorrangigkeit der Nacherfüllung, eine differenzierende Lösung, die gleichermaßen die Interessen des selbstvornehmenden Gläubigers wie die des Schuldners wahrt, eingreifen müsste.[273] Für eine solche Durchbrechung der Vorrangigkeit werden verschiedene Modelle angeboten,[274] die entweder auf einer Erfüllungs- oder ei-

268 Vergleiche *Signat*, ZEuP 2009, 716, 738, der den Grund für die voreilige Selbstvornahme hauptsächlich in einer Unkenntnis der Rechtslage, gepaart mit dem verständlichen Bemühen, den Kaufgegenstand rasch wieder einsatzfähig zu machen, sieht.

269 Das BVerfG vertritt eine enge Definition des Begriffs der „Selbstvornahme" und schließt die Fälle des Deckungskaufs bzw. der Selbstbeschaffung hiervon mit der Begründung aus, dass in diesen Fällen die andere Form der Nacherfüllung und daher eine Fristsetzung noch möglich sei, BVerfG 26.9.2006, BVerfGK 9, 263. Nach dem Urteil des BGH vom 12.8.2009, NJW 2009, 3153, wurde die Problematik der Selbstvornahme mit der Senkung der Anforderungen an die Fristsetzung zwar deutlich entschärft, vergleiche: *Faust*, Anmerkung zu BGH 12.8.2009, JZ 2010, 202, 203, endgültig gelöst wurde sie dagegen nicht, so dass sie auch gegenwärtig immer noch nicht unerheblichen Diskussionsstoff bietet; Vergleiche hierzu insbesondere *Paehler*, Die Selbstvornahme des Käufers (2010), welche sich ausführlich mit dem aktuellen Diskussionsstand in Literatur und Rechtsprechung zu diesem Thema auseinandersetzt und eine umfassende Analyse dieser Problematik vorlegt; *Müller*, ZJS 2012, 444.

270 So im Fall der Mängelbeseitigung. Tätigt der Käufer dagegen nach erfolglosem Fristablauf eine Ersatzbeschaffung, steht ihm die Möglichkeit des Rücktritts bzw. der Geltendmachung des „großen" Schadensersatzes zu, vergleiche *Paehler*, (Fn. 269), 57 (3. Kapitel, § 6 A. II.), 67 (3. Kapitel § 6 B. II.).

271 *Oechsler*, NJW 2004, 1825, 1826.

272 *Ebert*, NJW 2004, 1761, 1762.

273 *Lamprecht*, ZGS 2005, 266, 267.

274 Vergleiche hierzu auch *Herresthal/Riehm*, NJW 2005, 1457 ff., die sich mit einer systematischen und teleologischen Analyse des Ersatzes von Selbstvornahmekosten unabhängig von einer genauen Anspruchsgrundlage beschäftigen.

ner Unmöglichkeitsthese basieren.[275] Eine auf den ersten Blick vielleicht naheliegende Analogie zu § 637 BGB muss dagegen schon von vornherein ausscheiden; es fehlt an der hierfür erforderlichen Regelungslücke,[276] da sich der Gesetzgeber bei der Schuldrechtsmodernisierung im Kaufrecht bewusst gegen einen Ersatzanspruch auf die vollständigen Selbstvornahmekosten entschieden hat.[277]

(a) Die Selbstvornahme als Fall des § 326 II 2 BGB analog oder direkt

Als eine der hervorstechendsten Ansichten wird in der Literatur vertreten,[278] dass der Käufer zwar keinen umfassenden Ersatz der Selbstvornehmkosten verlangen könne, sich der Verkäufer jedoch entsprechend § 326 II 2 BGB im Falle der Selbstvornahme wenigstens die von ihm ersparten Nacherfüllungskosten auf seinen Kaufpreisanspruch anrechnen lassen müsse.[279] Begründet wird die Anwendbarkeit von § 326 II 2 BGB wie folgt: Durch die Selbstvornahme des Käufers werde die Nacherfüllung für den Verkäufer unmöglich (§ 275 I BGB).[280] Da der Käufer für die Unmöglichkeit allein verantwortlich sei, könne dieser nach §§ 326 V, 323 VI BGB weder zurücktreten, noch mindern (§ 441 I 1 BGB).[281] Gleichzeitig komme allerdings § 326 I 2 BGB zum Einsatz, wonach der Käufer weiterhin den vollen Kaufpreis zu zahlen habe, ohne seine Aufwendungen ersetzt zu bekommen.[282] Dies sei eine planwidrige Regelungslücke, welche durch die Anwendung von § 326 II 2 BGB geschlossen werden könne.[283] Die An-

---

275 *Signat*, ZEuP 2009, 716, 740.

276 *Schroeter*, JR 2004, 441, 443.

277 BT-Drucks. 14/6040, (Fn. 128), 229 Zu § 438 BGB Zu Absatz 2; *Dauner-Lieb/Dötsch*, ZGS 2003, 250, 251.

278 Vergleiche hierzu auch *Dauner-Lieb* in: *Remien* (Hrsg.), (Fn. 261), 191, 199, die diese Literaturmeinung unter Verweis auf eine Vielzahl an Fundstellen als eine „sehr starke Strömung" bezeichnet.

279 Aufsehen erregte als erster Vertreter dieser Ansicht *Lorenz* mit seinem Artikel in NJW 2003, 1417 ff.

280 *Lorenz*, Anmerkung zu AG Daun 15.1.2003, ZGS 2003, 397, 398.

281 *Tonner/Wiese*, BB 2005, 903, welche mit jeweils entgegen gesetzten Positionen das Für und Wider der Anwendbarkeit des § 326 II 2 BGB darstellen.

282 *Ebert*, NJW 2004, 1761, 1762.

283 *Riha*, Ökonomische Analyse des Sachmängelgewährleistungsrechts des BGB (2007), 231; *Ebert*, NJW 2004, 1761, 1763, welcher noch einen Schritt weiter geht und sogar eine direkte Anwendung des § 326 II 2 BGB befürwortet; einer solchen direkten Anwendung zeigt sich auch *Lorenz* gegenüber offen in NJW 2003, 1417, 1419 und übernimmt diese sogar in seiner Anmerkung zu AG Daun, ZGS 2003, 397, 398; A.A. *Ulrici*, JURA 2005, 612, 613.

wendbarkeit des § 326 BGB könne damit begründet werden, dass man schlicht den Verweis auf den Allgemeinen Teil des Schuldrechts in § 437 BGB ernst nehme.[284] Nach § 326 II 2 BGB (analog) habe so der Verkäufer die Kosten zu ersetzen, die ihm selbst aufgrund der ansonsten eingreifenden Regelung nach § 439 II BGB erspart geblieben seien.[285] Gegen eine Anwendung von § 326 BGB würde auch nicht das sogenannte „Recht zur zweiten Andienung"[286] sprechen, wie es der BGH behauptete,[287] denn die Selbstvornahme sei und bliebe unberechtigt, wie es auch § 326 II 1, 2 BGB voraussetzen würde (alleinige oder weit überwiegende Verantwortlichkeit des Käufers für das Unmöglichwerden der Nacherfüllung).[288] Im Übrigen entspreche die Anwendung von § 326 II 2 BGB dem allgemeinen Rechtsgedanken, wonach der Schuldner aus dem Fehlverhalten des Gläubigers keinen Vorteil ziehen dürfe.[289]

(b) Die Selbstvornahme als Geschäftsführung ohne Auftrag, § 684 BGB i.V.m. § 818 BGB

Eine weitere Ansicht in der Literatur lehnt indes eine Anwendung des § 326 II 2 BGB (analog oder direkt) mit der Begründung ab, dass die Selbstvornahme durch den Käufer nicht eine Unmöglichkeit nach § 326 I BGB bewirke, sondern stattdessen den nach § 433 I 2 BGB geschuldeten Zustand herstelle, nämlich eine mangelfreie Kaufsache, die zur Erfüllung des Vertrages führe.[290] Aus diesem Grunde sei vielmehr der Lösungsweg über die Anwendung von § 684 BGB (unberechtigte Geschäftsführung ohne Auftrag) zu wählen, welcher auf das Bereicherungsrecht verweist. Um auch hier dem beschränkten sachlichen Schutzzweck des § 281 I 1 BGB Genüge zu tun, werde der Verkäufer durch die entsprechende Anwendung der Grundsätze der aufgedrängten Bereicherung im hier umgekehrten Fall der Entreicherung und das Abstellen auf die berechtigten Interessen des Verkäufers nur vor den Kosten geschützt, die seinen eigenen Nacherfüllungsaufwand übersteigen.[291] Eine Konkurrenz zum Leistungsstörungsrecht bestehe schon aus dem Grunde nicht, weil aufgrund der

284 *Moritz*, FS Gerhard Käfer (2009), 229; *Lorenz*, NJW 2003, 1417, 1419; *ders.*, Anm. zu AG Daun 15.1.2003, ZGS 2003, 397, 399; *ders.* NJW 2005, 1321, 1323; *ders.* differenzierender in: NJW 2006, 1175 ff.

285 *Brömmelmeyer*, JZ 2006, 493, 495.

286 Ausführlich zu diesem vermeintlichen „Recht" des Schuldners § 4 III. 1.

287 Siehe BGH 23.2.2005, BGHZ 162, 219 ff.

288 *Tonner/Wiese*, BB 2005, 903, 905.

289 *Ulrici*, JURA 2005, 612, 613.

290 *Oechsler*, NJW 2004, 1825, 1826; so auch: *Keil*, EWiR 2005, 497, 498.

291 *Oechsler*, NJW 2004, 1825, 1826 f.

Annahme der Erfüllung der Verkäuferpflichten eine Leistungsstörung entfallen sei und damit auch das Leistungsstörungsrecht mit seiner Sperrwirkung keine Anwendung mehr fände.[292]

(c) Selbstvornahmekosten als ein nach §§ 437 Nr. 3, 280, 283 BGB zu ersetzender Schaden

Als dritte mögliche Anspruchsgrundlage wird in der Literatur für einen Ersatz der Selbstvornahmekosten noch der Weg über § 283 BGB vorgeschlagen. Dafür spricht, dass bei diesem Lösungsweg zumindest das Argument des vorrangigen und abschließenden Regelungswerkes der §§ 437 ff. BGB nicht greift, weil § 437 Nr. 3 BGB selbst auf § 283 BGB verweist.[293] Zur Anwendung von § 283 BGB gelange man dadurch, dass nach durchgeführter Selbstvornahme eine (nachträgliche) Unmöglichkeit der Nacherfüllung im Sinne von § 275 BGB vorläge und aus diesem Grunde als Schadensersatzanspruchsgrundlage statt auf § 281 BGB auf § 283 BGB zurückzugreifen sei.[294] Die Literaturansicht, die sich für eine Anwendung von § 283 BGB im vorliegenden Fall ausspricht, sieht hierbei auch kein Problem bei der Frage des Vertretenmüssens durch den Verkäufer.[295] Es könne nämlich nicht richtig sein, wenn das Verschulden des Verkäufers – immerhin sei er zumindest für die mangelhafte Leistung verantwortlich – an entscheidender Stelle abbrechen würde. Vielmehr heiße die Lösung des Problems § 254 BGB, was bedeute: Die Mitverantwortung des Käufers durch die Selbstvornahme führt dazu, dass der Schadensersatzanspruch des Käufers, der sich nach den konkret angefallenen Kosten der Selbstvornahme richtet, um die Kosten gekürzt werden muss, welche der Verkäufer bei einer durch ihn durchgeführten Nacherfüllung nicht hätte aufwenden müssen.[296] § 254 BGB könne zudem im Einzelfall dadurch zu gerechten Ergebnissen führen, dass hierbei berücksichtigt werden könne, ob der Käufer im Wissen oder grober Unkenntnis das Nacherfüllungsrecht des Verkäufers vereitelt hat oder nicht.[297]

---

292 *Riha*, (Fn. 283), 230, welcher sich mit der Ansicht von *Oechsler* kritisch auseinandersetzt.

293 *Tonner/Wiese*, BB 2005, 903, 907.

294 Vergleiche *Lorenz*, Anmerkung zu AG Daun 15.1.2003, ZGS 2003, 397, 398.

295 *Tonner/Wiese*, BB 2005, 903, 907.

296 *Tonner/Wiese*, BB 2005, 903, 907 f.

297 *Tonner/Wiese*, BB 2005, 903, 907.

(d) Selbstvornahmekosten als Verwendungen/Aufwendungen im Sinne von § 347 II BGB

Von einer weiteren Literaturmeinung wird schließlich die Frage diskutiert, ob es sich bei den Kosten der Selbstvornahme um notwendige Verwendungen im Sinne von § 347 II 1 BGB bzw. um „andere Aufwendungen" im Sinne von § 347 II 2 BGB handelt.[298] Wäre dies der Fall, könnte der Käufer nach erfolgter Selbstvornahme von dem Verkäufer Nachlieferung fordern und bei Rückgabe der ursprünglichen Kaufsache nach § 439 IV BGB i.V.m. § 347 II 2 BGB Ersatz seiner notwendigen Verwendungen verlangen.[299] Weil man sich bei dem Begriff der notwendigen Verwendungen an der Definition des § 994 BGB zu orientieren hat, wonach diese Vermögensaufwendungen sind, die der Sache zugutekommen, indem sie ihrer Wiederherstellung, Erhaltung oder Verbesserung dienen,[300] könnten unter den Begriff auch notwendige Reparaturkosten fallen.[301] Eine Beschränkung des Ersatzanspruchs auf die von dem Verkäufer ersparten Aufwendungen müsste hiernach nicht erfolgen.[302] Und auch wenn man die Mängelbeseitigung nicht als notwendige Verwendung ansehen würde, wären die Reparaturkosten zumindest als „andere Aufwendungen" nach § 347 II 2 BGB ersatzfähig, da der Verkäufer durch sie bereichert sei.[303]

(e) Dogmatische Abwägung der dargestellten Anspruchsgrundlagen

Trotz dieser aufgezeigten Lösungswege, die allesamt dem Käufer zum Ersatz seiner Kosten verhelfen wollen, muss eine Ausnahme von der Vorrangigkeit der Nacherfüllung auch im Fall der Selbstvornahme aus rein dogmatischen Gründen verneint werden.[304] Zwar kann als weiteres Argument für eine Ausnahme von der Vorrangigkeit noch angeführt werden kann, dass selbst die Verbrauchsgüterkaufrichtlinie kein starres Fristsetzungserfordernis (zumindest bei einem Verbraucher) vorschreibt;[305] aber auch dieser Umstand führt letztlich nicht dazu,

---

298 *Lerach*, JuS 2008, 953, 955.

299 Die Ersatzfähigkeit würde somit von dem Bestehen eines Nachlieferungsanspruchs abhängen; beim Stückkauf einer individuellen, nicht austauschbaren Sache käme es nicht zu einer Rückabwicklung und somit auch nicht zu einem Ersatzanspruch, *Lerach*, JuS 2008, 953, 956.

300 BGH 24.11.1995, BGHZ 131, 220; *Palandt*[72](*-Bassenge*), (Fn. 14), § 994 BGB Rn. 2.

301 BGH 21.12.1960, BGHZ 34, 122, 127 f.

302 Vergleiche *Gsell*, LMK 2006, 168751.

303 *Lerach*, JuS 2008, 953, 955.

304 Wie die Streitfrage nach dem Ersatz der Selbstvornahmekosten aus ökonomischer Sicht zu beantworten ist, wird ausführlich § 5 erörtert.

305 *Lorenz*, NJW 2005, 1321 Fn. 3.

dass die Selbstvornamekosten nach der gegenwärtigen Gesetzeslage nach einer der vorgenannten Anspruchsgrundlagen zu ersetzen sind.

i. Der „Denkfehler“[306] bei der Bejahung eines Ersatzanspruchs aus GoA

Gegen die Anwendung von Ansprüchen aus GoA und Bereicherungsrecht spricht schon der klare Wille des Gesetzgebers, nach dem durch die §§ 437 ff. BGB die Ansprüche des Käufers bei Mängeln der Kaufsache abschließend geregelt werden sollen.[307] Darüber hinaus muss sich diese Literaturansicht den Vorwurf gefallen lassen, einen „Denkfehler“ zu begehen: Denn, auch wenn man davon ausgehen würde, dass durch die Selbstvornahme der Sachmangel und damit die Anwendbarkeit des Leistungsstörungsrechts entfällt; So ist doch während der gesamten Zeit der Mängelbeseitigung durch den Käufer, für die er Kostenerstattung begehrt, noch das Gewährleistungsrecht einschlägig, so dass auch für diese Zeit dessen Sperrwirkung fortbesteht.[308] Im Übrigen deutet bereits die Modifikation des Fristsetzungserfordernisses durch die §§ 281 II, 323 II Nr. 3, 637 II, 536a II Nr. 2, 651c III 2 BGB darauf hin, dass jeweils eine abschließende Regelung beabsichtigt war, die nicht ohne Weiteres durch allgemeine Ansprüche, wie denen aus GoA, verwässert werden sollte.[309]

ii. Das fehlende Vertretenmüssen des Verkäufers bei den §§ 280 I, III i.V.m. 283 BGB

Des Weiteren scheidet ein nach Eintritt der Unmöglichkeit der Nachbesserung allein auf die §§ 280 I, III, i.V.m. 283 BGB gestützter Anspruch auf Schadensersatz statt der Leistung aus. Zunächst einmal ist es schon fraglich, ob überhaupt nach erfolgter Selbstvornahme bereits von einer Unmöglichkeit gesprochen werden kann. Eine selbst vorgenommene Nachbesserung führt nämlich nicht automatisch zu einer solchen, wenn der Weg über die Nachlieferung noch möglich ist.[310] Aber auch wenn tatsächlich durch die Selbstvornahme eine Unmöglichkeit der Leistung eingetreten sein sollte, so hat der Verkäufer die Unmög-

---

306 *Riha*, (Fn. 283), 230 f.

307 BT-Drucks. 14/6040, (Fn. 128), 219 f. Zu § 437 BGB; *Ebert*, NJW 2004, 1761, 1762); ebenso *Palandt*[72](*-Weidenkaff*), (Fn. 14), § 437 BGB Rn. 58; *Schroeter*, JR 2004, 441, 444; A.A. *Braun*, ZGS 2006, 328, 329.

308 *Riha*, (Fn. 283), 230 f.

309 *Moritz*, FS Gerhard Käfer (2009), 229, 239; im Ergebnis ebenso BGH 22.6.2005, NJW 2005, 3211; *Dauner-Lieb*, ZGS 2005, 169, 170.

310 *Lerach*, JuS 2008, 953, 954; siehe auch Fn. 325.

lichkeit der Nacherfüllung jedenfalls nicht zu vertreten.[311] Etwas Anderes folgt ferner nicht aus dem Argument, dass ansonsten die Verantwortlichkeit des Verkäufers für die mangelhafte Leistung an entscheidender Stelle abbrechen würde. § 280 I BGB, auf den § 283 BGB verweist, schreibt ausdrücklich vor, dass der Gläubiger nur den durch „die vom Schuldner zu vertretende Pflichtverletzung" entstandenen Schaden ersetzt verlangen kann.[312] Der Bezugspunkt für den Schadensersatzanspruch liegt hier nicht im Sachmangel selbst, sondern in der Unmöglichkeit seiner Behebung im Wege der Nacherfüllung.[313] Diese Pflichtverletzung wurde jedoch zweifelsfrei vom Käufer begangen. Für eine Anwendbarkeit des § 283 BGB besteht daher in diesem Fall kein Raum.[314]

iii. Der Ersatzanspruch aus § 326 II 2 BGB (analog) als Verstoß gegen die „grundlegende Werteentscheidung"[315] des Gesetzgebers

Mangels einer planwidrigen Regelungslücke scheitert des Weiteren ebenfalls eine analoge Anwendung des § 326 II 2 BGB.[316] Alleine der Rückschluss aus den §§ 637, 536 a II BGB sowie die dem Gesetzgeber bekannte Diskussion zu § 633 III BGB a.F. macht deutlich, dass der Gesetzgeber das Problem der ersparten Nacherfüllungskosten erkannt und trotzdem bewusst im Kaufrecht nicht geregelt hat.[317] Dies ist auch den Gesetzesmaterialien eindeutig zu entnehmen.[318] Des Weiteren können auch die gewichtigen Argumente für eine direkte Anwendung der Regelung des § 326 II 2 BGB letztlich keinen Bestand haben.[319] Zwar mögen Billigkeitserwägungen für einen Ersatzanspruch des Käufers sprechen – immerhin erspart der Verkäufer eigene Aufwendungen –,[320] allerdings ist das

---

311 *Staudinger(-Matusche-Beckmann)*, (Fn. 242), § 439 BGB Rn. 25; *Lorenz*, NJW 2005, 1321, 1323.

312 Vergleiche hierzu auch: *Wilmowsky*, Beilage zu Heft 1 JuS 2002, 3, 14; *Zimmer*, NJW 2002, 1, 9.

313 *Lorenz*, Anmerkung zu AG Daun 15.1.2003, ZGS 2003, 397, 398.

314 Ebenso *Bressler*, NJW 2004, 3382, 3383; *Dötsch*, MDR 2004, 975, 976.

315 *Tonner/Wiese*, BB 2005, 903, 904.

316 AG Kempen, ZGS 2003, 440, die sich als erste veröffentlichte Entscheidung mit dieser Streitfrage aus der Schuldrechtsreform beschäftigte.

317 *Tonner/Wiese*, BB 2005, 903, 904, bei denen in Fn. 11 die damalige Diskussion um § 633 III BGB a.F. mit weiteren Nachweisen noch einmal dargelegt ist.

318 Vergleiche BT-Drucksache 14/6040, 229; *Riha*, (Fn. 283), 228.

319 Im Ergebnis ebenso: *Schroeter*, JR 2004, 441, 442, der eine Anwendung von § 326 II 2 BGB jedoch mit der Begründung verneint, dass schon keine Unmöglichkeit nach § 275 I BGB gegeben sei.

320 *Dauner-Lieb/Dötsch*, ZGS 2003, 250, 252.

Kaufrecht anders als das Bereicherungsrecht nicht dem Billigkeitsrecht zuzuordnen, welches im besonderen Maße den Grundsätzen von „Treu und Glauben" unterliegt.[321] Zudem handelt es sich bei dem festgelegten Fristsetzungserfordernis um eine „grundlegende Werteentscheidung" des europäischen wie des deutschen Gesetzgebers im Rahmen der Kaufrechtsreform.[322] Und auch das am schwersten wiegende Argument der exakten Anwendung des Gesetzes, auf das § 437 BGB verweist, in Form der allgemeinen Pflichtverletzungsregeln der §§ 280 ff. BGB,[323] muss entkräftet werden: Bei einer sklavischen Befolgung dieses Verweises würde der Anspruch des Käufers aus § 326 II 2 BGB eindeutig das Vorrecht des Verkäufers entgegen dem gesetzlichen Mängelhaftungskonzept einschränken.[324] Ein direkter Rückgriff auf die §§ 275 ff. BGB[325] und damit auch auf § 326 II 2 BGB, der durch die von § 437 BGB ausgehenden Verweisungsketten gerade nicht in Bezug genommen wird, entbehrt damit jeglicher Grundlage.[326]

iv. Der Verstoß gegen Treu und Glauben bei einem Ersatzanspruch aus § 347 II BGB

Auch wenn für die aufgezeigte Anspruchsgrundlage aus § 347 II BGB das Argument streitet, dass dieser Lösungsweg zumindest nicht gegen den abschließenden Charakter der in §§ 437 ff. BGB getroffenen Regelung verstößt,[327] so überzeugt diese Literaturauffassung letztlich nicht. Bei den Selbstvornahmekosten kann es sich nämlich allein deshalb nicht um „notwendige" Verwendungen handeln, weil der Käufer im Zeitpunkt der Verwendung bereits einen Nacherfüllungsanspruch gegen den Verkäufer hat.[328] Und auch wenn man unter objektiven Gesichtspunkten eine Notwendigkeit annehmen oder als Alternative das Vorliegen von „anderen Aufwendungen" bejahen würde, so spricht doch

---

321 BGH 26.4.2001, NJW 2001, 3184 ff.

322 *Tonner/Wiese*, BB 2005, 903, 904.

323 So jedenfalls *Moritz*, FS Gerhard Käfer (2009), 229, 231.

324 *Moritz*, FS Gerhard Käfer (2009), 229, 232, 237.

325 Auch hier stellt sich wie bei § 283 BGB die Problematik, ob überhaupt nach der Selbstvornahme eine Unmöglichkeit gegeben ist. So sieht das BVerfG zumindest im Fall der Ersatzbeschaffung schon die Voraussetzungen der Unmöglichkeit nicht erfüllt, BVerfG, BeckRS 2006, 26166; *Lerach*, JuS 2008, 953; Vergleiche auch *Lorenz*, NJW 2006, 1175, 1177, der ebenfalls nur eine Unmöglichkeit annimmt, wenn beide Arten der Nacherfüllung unmöglich sind.

326 *Schroeter*, JR 2004, 441, 443; A.A. *Schollmeyer/Utlu*, JURA 2009, 721, 730.

327 *Lerach*, JuS 2008, 953, 955.

328 *Dauner-Lieb/Arnold*, ZGS 2005, 10, 12.

gegen eine Ersatzfähigkeit nach § 347 II BGB das einfache und gewichtige Argument, dass sich der Käufer bereits mit der Selbstvornahme für eine Art der Nacherfüllung entschieden hat und somit im Anschluss hieran nicht auch noch die andere Art in Form der Nachlieferung verlangen kann. Bei der Ausübung des Wahlrechts ist der Käufer nämlich an die Grundsätze von Treu und Glauben, insbesondere an die Verbote widersprüchlichen Verhaltens, sowie des Rechtsmissbrauchs, gebunden.[329]

(f) Ergebnis: Keine Ausnahme vom Vorrang der Nacherfüllung

Nach alledem muss ein Anspruch des Käufers auf Ersatz der Selbstvornahmekosten verneint werden.[330] Eine Anwendung der oben dargestellten Anspruchsgrundlagen verstößt nicht nur gegen den eindeutigen Wortlaut des Gesetzes, welches kein Selbstvornahmerecht vorsieht, sondern unterläuft insbesondere das im Leistungsstörungsrecht festgeschriebene Fristsetzungsgebot.[331] Schließlich steht auch dem Besteller im Werkvertragsrecht ein Ersatz der Selbstvornahmekosten nur dann zu, wenn er zuvor gemäß § 637 BGB dem Unternehmer erfolglos eine Frist zur Nacherfüllung bestimmt hat.[332] Dieser Auffassung hat sich letztlich auch der BGH mit seiner Entscheidung aus dem Jahr 2005 angeschlossen.[333] Als weiteres Argument führt der BGH hierbei noch die Problematik der Beweisführung an, da dem Verkäufer im Fall der Selbstvornahme die Möglichkeit einer Untersuchung und Beweissicherung genommen werde.[334]

---

329 Vergleiche OLG Saarbrücken, NJW 2009, 369, 371.

330 Siehe auch *Dauner-Lieb/Quecke*, in: *Schulze/von Bar/Schulte-Nölke* (Hrsg.), Der akademische Entwurf für einen Gemeinsamen Referenzrahmen (2008), 135, 151 f., die die Frage der Folgen der Selbstvornahme nach den Regeln des DCFR (verlgeiche § 6 II. 4.) beantworten.

331 Im Ergebnis ebenso: *Mankowski*, EWiR 2004, 325, 326.

332 *Groß*, IBR 2002, 244; *Schroeter*, JR 2004, 441, 443; *Ball*, NZV 2004, 226, 227, der als Argument anführt, dass der Verkäufer wegen der Beweiserschwerung sonst erheblich höheren Risiken ausgesetzt sei als der Werkunternehmer, obwohl der Gesetzgeber ihm diese Risiken gerade ersparen wollte. Vergleiche auch *Signat*, ZEuP 2009, 716, 738.

333 BGH 23.2.2005, NJW 2005, 1348, welche er mit der Entscheidung vom 22.6.2005, ZGS 2005, 433 bestätigte; Dagegen *Hofmann*, Selbstvornahme im Mietrecht (2012), 60 ff., die die Begründung des BGH für wenig überzeugend hält und stattdessen zur Abmilderung einer zwischen den Parteien bestehenden „Waffenungleichheit" dem Käufer einen Anspruch aus dem Bereicherungsrecht auf Abschöpfung der beim Verkäufer bestehenden Bereicherung zubilligen will.

334 Vergleiche hierzu *Bydlinski*, ZGS 2005, 129, 132, der sich mit diesem Argument kritisch auseinandersetzt und es zu entkräften versucht; nach Ansicht von *Dauner-Lieb*, ZGS 2005, 169, 171, ohne Erfolg; siehe auch *Paehler*, (Fn. 269), 130 (§ 7 II. 4. a) dd)),

Im Einklang mit der ständigen Rechtsprechung[335] ist nach alledem selbst im Fall der Selbstvornahme keine Ausnahme von dem Vorrang der Nacherfüllung zu machen,[336] sondern es ist auch in diesem Fall an dem Instrument der Fristsetzung als zentralem Grundprinzip des Schuldrechts festzuhalten.[337] Weil der Gläubiger hierbei seine „Pflicht" verletzt, dem Schuldner zunächst durch Fristsetzung die Nacherfüllung zu ermöglichen,[338] wird er berechtigterweise[339] von Gesetzes wegen damit bestraft, dass ihm kein Anspruch auf Ersatz der Selbstvornahmekosten zugesprochen wird.[340] Ausgeschlossen ist der Vorrang der Nacherfüllung lediglich in den Fällen, in denen eine Fristsetzung nach den ge-

---

die darauf hinweist, dass die Beweisproblematik letztlich nur zu Lasten des Käufers geht, da dieser seinen Anspruch auf Ersatz der Selbstvornahmekosten vollumfänglich beweisen müsse.

335 BGH 23.2.2005, BGHZ 162, 219; 22.6.2005, NJW 2005, 3211, in welcher der BGH einem Kostenerstattungsanspruch ohne Fristsetzung nur deshalb stattgab, da seiner Ansicht nach ein Fall der Entbehrlichkeit gegeben war; 7.12.2005, NJW 2006, 988; 21.12.2005, NJW 2006, 1195; OLG Brandenburg 1.7.2008, MDR 2008, 1094 f.; wie weit der BGH das Verbot einer voreiligen Selbstvornahme durch den Käufer fasst, wird zudem durch die Entscheidung BGH 5.10.2005, BGHZ 164, 196 deutlich, in der dieser selbst eine im unternehmerischen Verkehr verwendete Selbsthilfeklausel, in der sich der Käufer das Recht zur Selbstvornahme für „dringende Fälle" ausbedingt, nach § 307 II Nr. 1, I 1 BGB für unwirksam erklärt, *Lerach*, JuS 2008, 953.

336 Vergleiche hierzu auch *Dauner-Lieb* in: *Remien* (Hrsg.), (Fn. 261), 191, 200 f.

337 *Dötsch*, MDR 2004, 975, 977; *Arnold*, ZIP 2004, 2412, 2415.

338 *Bitter/Meidt*, ZIP 2001, 2114, 2116; *Dauner-Lieb*, ZGS 2005, 169, 170, die zu Recht darauf verweist, dass nur derjenige Ansprüche stellen kann, der sich auch die gesetzlichen „Spielregeln" halte.

339 A.A. *Braun*, ZGS 2006, 328, 330 ff., der mit dem Ergebnis nicht einverstanden ist und deshalb diskutiert, ob dem Käufer nicht zumindest über einen Schadensersatzanspruch gegen den Verkäufer wegen mangelhafter Untersuchung und Aufklärung ein Ausweg aus dieser ungerechten Lage geschaffen werden kann.

340 BGH 23.2.2005, BGHZ 162, 219; *Skamel*, JuS 2010, 671; A.A. *Katzenstein*, ZGS 2004, 349 ff.; Vergleiche auch *Paehler*, (Fn. 269), 235 (4. Kapitel § 9 A. II. 1.), die bei ihrer umfassenden Analyse der Selbstvornahme des Käufers zu dem Ergebnis gelangt, dass die Einführung eines Selbstvornahmerechts des Käufers letztlich interessengerecht wäre, weil es die Schutzlücken des geltenden Rechts schließen würde; *Brömmelmeyer*, JZ 2006, 493, der den Verkäufer zumindest dahingehend verpflichten will, den Käufer über die Rechtsfolgen einer voreiligen Selbstvornahme aufklären zu müssen, um seine „Befugnis zur zweiten Andienung" nicht zu verlieren.

setzlichen Regeln entbehrlich ist, so dass der Gläubiger in solchen Fällen selbstverständlich seine Selbstvornahmekosten ersetzt verlangen kann.[341]

(2) Die Vorrangigkeit als Vorteil für den Käufer

Die mit dem grundsätzlichen Fristsetzungserfordernis verbundene Festlegung der Vorrangigkeit der (Nach-)erfüllung vor den übrigen Rechtsbehelfen beinhaltet für den Käufer aber auch besondere Vorteile.[342] Denn mit der Schuldrechtsmodernisierung wurde diesem Prinzip der Vorrangigkeit so viel Gewicht beigemessen, dass der Erfüllungsanspruch von nun an über den Fristablauf hinaus bestehen bleibt und damit dem Käufer neben den sekundären Rechtsbehelfen als weiterer alternativer Anspruch zur Verfügung steht.[343] Der Gesetzgeber wollte auf diesem Wege nicht nur dem Grundsatz des Vorrangs der Naturalerfüllung vor der Vertragsliquidierung Rechnung tragen,[344] sondern gleichzeitig die Entscheidungsfreiheit des Gläubigers sichern.[345] Der Käufer muss sich nunmehr nicht schon im Zeitpunkt der Fristsetzung dafür entscheiden, welchen Rechtsbehelf er nach Ablauf der Frist ausüben will. Dies stellt einen nicht unerheblichen Vorteil für den Käufer dar, weil dieser oftmals zum Zeitpunkt der Abgabe der Fristsetzungserklärung noch nicht wissen kann, wie es um die Leistungsfähigkeit des Schuldners zum Zeitpunkt des Fristablaufs bestellt ist.[346]

(3) Gesamtwürdigung

Die Untersuchung der Vorrangigkeit des Nacherfüllungsanspruchs hat nach alledem gezeigt, dass dieses vom Gesetzgeber festgelegte Prinzip sowohl positive als auch negative Auswirkungen für den Käufer beinhaltet. Dennoch führt eine Abwägung nach der hier vertretenen Ansicht zu dem Ergebnis, dass der Nutzen, den der Käufer hieraus ziehen kann, gegenüber den Nachteilen überwiegt. Immerhin erlangt der Käufer nach Fristablauf die privilegierte Position, dass er zwischen dem weiter bestehenden Erfüllungsanspruch und den neu gewonnenen

---

341 *Lamprecht*, ZGS 2005, 266, 271; Ein Ersatzanspruch ist aber nur gegeben, wenn die Voraussetzungen für einen Entbehrlichkeitstatbestand bereits im Zeitpunkt der Selbstvornahme gegeben waren, vergleiche Ausführungen unter § 7 XI.

342 A.A. *Lorenz*, FS Wolfsteiner (2008), 121, 129, welcher der Ansicht ist, dass der „Nacherfüllungsanspruch (...) bei genauer Betrachtung durch seinen Vorrang im Regelfall ausschließlich Verkäuferinteressen" diene.

343 *Wolf/Lange*, FS Kilian (2004), 801, 804.

344 *Staudinger(-Otto/Schwarze)*, (Fn. 163), § 281 BGB Rn. A 9.

345 *Bamberger/Roth*[3]*(-Grothe)*, (Fn. 162), § 323 BGB Rn. 12.

346 BT-Drucks. 14/6040, (Fn. 128), 185 Zu § 323 BGB Zu Absatz 1.

sekundären Rechtsbehelfen wählen kann. Dass der Erfüllungsanspruch nicht mehr automatisch mit Fristablauf untergeht, ist gerade als Ausfluss des Vorrangs der Naturalerfüllung zu sehen, und entspricht damit den Interessen des Gläubigers. Zudem bedeutet es für den Käufer keine allzu großen Umstände, dem Verkäufer vor der Selbstvornahme zunächst die geforderte Nacherfüllung innerhalb einer Frist zu ermöglichen, weshalb ihm diese Obliegenheit durchaus zuzumuten ist. Darüber hinaus darf nicht vergessen werden, dass die Neuregelungen zur Nachfrist immer vor dem Hintergrund des Ziels eines Interessenausgleichs zwischen den Parteien erfolgten, weshalb gewisse Einschränkungen auf beiden Seiten ohne Weiteres in Kauf zu nehmen sind. Letztlich ist deshalb dem Gesetzgeber bei der Entscheidung für den grundsätzlichen Vorrang der Nacherfüllung zuzustimmen. Dies gilt insbesondere auch deshalb, weil das deutsche Gewährleistungsrecht auf diese Weise nicht nur den modernen wirtschaftlichen Gegebenheiten entspricht,[347] sondern damit zugleich mit dem für das kontinentaleuropäische Recht typischen Grundsatz der „specific performance“, das heißt dem Vorrang des Primäranspruchs auf Erfüllung vor den sekundären Rechtsbehelfen, im Einklang steht.[348]

3. Verdeutlichungsfunktion der Nachfrist

Ein weiterer Vorteil der Nachfrist liegt für den Gläubiger darin, dass diesem mit der Aufforderung zur Leistung innerhalb einer bestimmten Frist ein einfaches Mittel an die Hand gegeben wird, dem Schuldner seine vertraglichen Pflichten ins Gedächtnis zu rufen,[349] bzw. den Ernst der Lage vor Augen zu führen.[350] Die Nachfrist übernimmt dabei die Aufgabe, dem Schuldner zu verdeutlichen, dass er nicht zu einem von ihm frei zu wählenden Zeitpunkt leisten kann, sondern dass dafür eine zeitliche Grenze besteht (Verdeutlichungsfunktion).[351] Dem Schuldner steht folglich mit der Fristsetzung ein mit der Mahnung vergleichbares Mittel zur Verfügung,[352] welches sich den Umständen nach entweder auf die Leistungs- oder die Nacherfüllungspflicht beziehen kann.[353]

---

347 *Jorden/Lehmann*, JZ 952, 957 f.

348 *Lorenz*, NJW 2006, 1175.

349 *Gsell*, JZ 2001, 65, 68.

350 MünchKomm BGB^6(-*Ernst*) (Fn. 188), § 281 BGB Rn. 30.

351 *Greiner/Hossenfelder*, JA 2010, 412, 413.

352 *Koch*, NJW 2010, 1636, 1637; *Grigoleit/Riehm*, AcP 203 (2003), 727, 734.

353 *Braun*, ZGS 2004, 423, 424.

III. Die Bedeutung der Nachfrist für den Verkäufer

Seit der Schuldrechtsmodernisierung schützt das Institut der Nachfrist den Verkäufer nicht nur grundsätzlich vor einer sofortigen Geltendmachung sekundärer Rechtsbehelfe durch den Käufer, sondern gewährt diesem nach vielfach vertretener Auffassung sogar ein neu geschaffenes „Recht zur zweiten Andienung“.[354] Welche Bedeutung eine solche „zweite Andienung“ de facto für den Verkäufer hat und wie dieses „Andienungrecht“ tatsächlich rechtlich einzuordnen ist, soll im Folgenden aufgezeigt werden.

1. Das „Recht zur zweiten Andienung“ – Ein durchsetzungsfähiger Anspruch des Verkäufers?

Mit der Schuldrechtsmodernisierung wurde durch die Normierung eines grundsätzlichen Fristsetzungserfordernisses erstmals für den Verkäufer das vielfach bezeichnete „Recht zur zweiten Andienung“ gesetzlich gesichert.[355] Von nun an soll das Gesetz dem Käufer somit nicht nur einen Nacherfüllungsanspruch einräumen, sondern zugleich dem Verkäufer ein Nacherfüllungsrecht.[356] Grundsätzliche Einigkeit besteht darüber, dass dieses „Recht“ dem Gesetz nicht unmittelbar zu entnehmen ist.[357] Vielmehr ergibt es sich mittelbar daraus, dass der Weg zu den sonstigen Gewährleistungsrechten erst dann eröffnet ist, wenn der Käufer dem Verkäufer eine angemessene Nachfrist gesetzt hat und diese erfolglos verstrichen ist.[358] Mit diesem „Recht“ als Folge des Fristsetzungserfordernisses soll der Schuldner vor Spekulationen des Käufers geschützt[359] und gleichzeitig sei-

---

354 OLG Karlsruhe 16.3.2006, DAR 2007, 31, 32; *Peters*en, JURA 2002, 461, 462; Anwaltskommentar zum BGB(-*Büdenbender*), Schuldrecht, (2005), § 437 BGB Rn. 14; *Staudinger*(-*Matusche-Beckmann*), (Fn. 242), § 439 BGB Rn. 4; *Prütting/Wegen/Weinreich*[7](-*D. Schmidt*), (Fn. 176), § 437 BGB Rn. 15; *Jauernig*[14](-*Chr. Berger*), (Fn. 182), § 439 BGB Rn. 4; MünchKomm BGB(-*Westermann*) §§ 433 – 610 BGB[6] (2012), § 439 BGB Rn. 1; *Palandt*[72](-*Weidenkaff*), (Fn. 14), § 437 BGB Rn. 44; *Dauner-Lieb/Langen*[2](-*Büdenbender*), (Fn. 202), § 437 BGB Rn. 14.

355 *Bitter/Meidt*, ZIP 2001, 2114, 2115.

356 *Ernst/Zimmermann*(-*Zimmer*), (Fn. 133), 191, 200; *Zimmer/Eckhold*, JURA Heft 3, 2002, 145, 149.

357 *Boerner*, ZIP 2001, 2264, 2269; *Peters*en, JURA 2002, 461, 462; *Mankowski*, JZ 2011, 781.

358 *Boerner*, ZIP 2001, 2264, 2269; *Lorenz*, NJW 2006, 1175, 1176.

359 *Schroeter*, AcP, 207 (2007), 28, 37.

nem Interesse an der Durchführung des Schuldverhältnisses durch Erfüllung in Natur entsprochen werden.[360]

Fraglich ist allerdings, ob dem Schuldner durch die Nachfrist tatsächlich ein durchsetzungsfähiges „Recht zur zweiten Andienung“, mithin ein Anspruch, eingeräumt wird, wie es bisher als vorherrschende Auffassung im Schrifttum vertreten wird.[361] Von Interesse ist diese Frage für den Verkäufer beispielsweise in Fällen, in denen er eine höherwertige Sache liefert, und dadurch ein Mangel gemäß § 434 III BGB aufgrund einer Falschlieferung gegeben ist.[362] Nur wenn dem Verkäufer wirklich ein Anspruch auf Nacherfüllung zusteht, könnte er gegen den Willen des Käufers zum Zwecke der Nacherfüllung eine mangelfreie Kaufsache liefern, um dadurch einen Anspruch auf Herausgabe der höherwertigen Sache nach § 439 IV BGB zu erhalten.[363] § 194 I BGB definiert den Anspruch im Sinne des materiellen Zivilrechts als „das Recht, von einem anderen ein Tun oder Unterlassen zu verlangen“.[364] Zu klären ist daher, ob der Verkäufer von dem Käufer ein Tun oder Unterlassen verlangen kann, zum Beispiel in der Form, dass der Käufer gegen seinen Willen eine Nacherfüllung gestatten bzw. ermöglichen muss.

a. Der Wortlaut der Gesetzesbegründung als Indiz für die Anspruchsqualifikation

Für die Bejahung einer Anspruchsqualität des Andienungsrechts würde sprechen, dass die Schuldrechtskommission selbst sowohl in ihrem Abschlussbericht von 1992 als auch in der Gesetzesbegründung von einem „Recht“ des Verkäu-

---

360 *Schlechtriem/Schmidt-Kessel*[6], (Fn. 168), 284.

361 Dafür unter anderem: *Bitter/Meidt*, ZIP 2001, 2114 f.; *Zimmer/Eckold*, Jura 2002, 145 (149); *Dauner-Lieb/Dötsch*, ZGS 2003, 250, 254; *Katzenstein*, ZGS 2004, 349, 352 Fn. 32; *Schroeter*, AcP, 207 (2007), 28, 31 m.w.N. in Fn. 13; siehe auch *Mankowski*, JZ 2011, 781 m.w.N. in Fn. 2, 3; MünchKomm BGB[6](-*Westermann*), (Fn. 354), § 439 BGB Rn. 1.

362 Die Frage, ob das höherwertige Stück noch in dieselbe Gattung wie die ursprüngliche Kaufsache einzuordnen ist oder schon zu einer anderen Gattung gehört, kann in solchen Fällen offen bleiben, da beide Fälle nach h.M. von § 434 III BGB erfasst werden, *Thier*, AcP 203 (2003), 403, 422.

363 Vergleiche auch MünchKomm BGB[6](-*Westermann*), (Fn. 354), § 439 BGB Rn. 1, der dem Verkäufer das Recht auf Nacherfüllung zur Vermeidung des Rücktritts und Verlusts des Gegenleistungsanspruchs für den Fall zuspricht, dass der Käufer eine Nacherfüllung wegen unverhältnismäßiger Kosten gem. § 439 II BGB i.V.m. § 275 II BGB nicht verlangen kann.

364 *Boemke/Ulrici*, BGB Allgemeiner Teil (2009) 367 (§ 18 A. I. Rn. 1).

fers spricht.[365] Der vom Gesetzgeber gewählte Wortlaut indiziert damit für sich genommen zunächst einmal eine vorbehaltlose Einreihung des „Rechts zur zweiten Andienung“ neben die Rechte des Käufers aus § 437 BGB.

b. Mögliche rechtliche Grundlagen für einen Anspruch auf Andienung

Des Weiteren könnte in der Pflicht des Vertragspartners zur Abnahme der Leistung gemäß § 433 II Var. 2 BGB eine Rechtsgrundlage für die Einordnung der zweiten Andienung als Anspruch liegen.[366] Da der gesetzliche Abnahmeanspruch grundsätzlich einklagbar ist,[367] könnte auf diesem Wege das „Recht zur zweiten Andienung“ faktisch durchgesetzt werden.

Alternativ wird als Grundlage für die Bejahung der Anspruchsqualität diskutiert, ob nicht aus den §§ 241 II bzw. 242 BGB ein eigener Duldungsanspruch des Verkäufers abgeleitet werden kann, mittels dessen er sein „Recht auf zweite Andienung“ durchsetzen könnte.[368] Eine solche Auslegung würde insbesondere der allgemein vertretenen Auffassung entsprechen, dass dem Verkäufer durch den Vorrang der Nacherfüllung eine letzte Chance eingeräumt werden soll,[369] die auf diesem Wege von dem Verkäufer eigenständig eingefordert werden könnte. Schließlich streitet für die Einordnung des „Andienungsrechts“ als Anspruch der oben dargestellte Fall der Aliud-Lieferung, da er auf diesem Wege einer einfachen Lösung zugeführt werden kann.

c. Fazit: Kein Anspruch, sondern vielmehr nur eine Chance des Verkäufers

Trotz dieser Argumente ist jedoch davon auszugehen, dass mit dem „Recht zur zweiten Andienung“ dem Verkäufer weniger ein Anspruch als vielmehr nur eine Möglichkeit[370] beziehungsweise eine Chance[371] eingeräumt werden soll,[372] den

---

365 Abschlussbericht der Kommission zur Überarbeitung des Schuldrechts von 1992, 211; BT-Drucks. 14/6040, (Fn. 128), 86, 89 A. Allgemeiner Teil III. Zusatzproblem: Mängel des geltenden Schuld- und Verjährungsrechts.

366 *Schroeter*, AcP, 207 (2007), 28, 31, 34.

367 Vergleiche *Dauner-Lieb/Langen*^{2}(*-Büdenbender*), (Fn. 202), § 433 BGB Rn. 54.

368 Vergleiche *Mankowski*, JZ 2011, 781, 782.

369 AnwK-BGB(*-Dauner-Lieb*), (Fn. 354), § 281 BGB Rn. 18.

370 BT-Drucks. 14/6040, (Fn. 128), 220 Zu § 437 BGB Zu Nummer 1.

371 BT-Drucks. 14/6040, (Fn. 128), 221 Zu § 437 BGB Zu Nummer 1; AnwK-BGB (*-Dauner-Lieb*), (Fn. 354), § 281 BGB Rn. 18.

mit der Lösung vom ursprünglichen Vertrag verbundenen wirtschaftlichen Nachteil abzuwenden.[373]

Erstes Indiz, welches gegen eine Einordnung des Andienungsrechts als Anspruch des Schuldners spricht, ist darin zu sehen, dass dem geltenden Gesetzeswortlaut schon eine „Andienung“[374] begrifflich unbekannt ist.[375] Ebenso fehlt eine vergleichbare Formulierung im Gesetzestext, wie zum Beispiel die des Art. 48 I 1 CISG[376], der dem Verkäufer ausdrücklich ein Recht zur Mängelbeseitigung einräumt.[377] Daneben würde die Einordnung als Anspruch in letzter Konsequenz bedeuten, dass der Verkäufer den Käufer auf Duldung von Nacherfüllungsmaßnahmen verklagen könnte; dieses dürfte von den gesetzlichen Regelungen aber kaum gedeckt sein.[378] Das „Andienungsrecht“ ergibt sich eben nicht wie der Nacherfüllungsanspruch (§§ 437 Nr. 1, 439 BGB) direkt aus dem Gesetz, sondern nur mittelbar aus dem Fristsetzungserfordernis.[379] Ferner greift auch nicht das oben angesprochene Argument des Anspruchs auf Abnahme der Kaufsache. Der Abnahmeanspruch aus § 433 II Var. 2 BGB besteht nämlich nur so lange, bis der Käufer die Ware, wenn auch mangelhaft, das erste Mal abgenommen hat.[380] Der Verkäufer soll so vor den Risiken geschützt werden, die der Besitz der Sache mitsichbringt,[381] wie etwa den unverschuldeten Untergang der Ware. Ist eine Abnahme der Sache jedoch einmal erfolgt, ist der Anspruch im Sinne von § 362 BGB erfüllt, was zu einem Erlöschen der Forderung nach Ab-

---

372 So auch *Canaris*, FS Kropholler (2008), 3, 11 ff., der in diesem Punkt deshalb von einer verbreitet „nachlässigen Redeweise“ spricht.

373 *Oechsler*, Schuldrecht Besonderer Teil Vertragsrecht (2003), 103 (§ 2 Rn. 163); *Lettl*, JuS 2002, 866, 867.

374 Dieser juristische Terminus des bürgerlichen Rechts wurde im Jahre 1934 geprägt durch *Grossmann-Doerth*, Die Rechtsfolgen vertragswidriger Andienung (1934), 12, welcher die Wahl für diesen Begriff damit begründet, dass der Terminus „Andienung“ bereits im kaufmännischen Sprachgebrauch existent war und aufgrund seiner noch nicht endgültig festgelegten Verwendung geeignet erschien.

375 *Schroeter*, AcP, 207 (2007), 28, 29.

376 Hier heißt es: „*Vorbehaltlich des Artikels 49 kann der Verkäufer einen Mangel in der Erfüllung seiner Pflichten auch nach dem Liefertermin auf eigene Kosten beheben, wenn dies keine unzumutbare Verzögerung nach sich zieht und dem Käufer weder unzumutbare Unannehmlichkeiten noch Ungewissheit über die Erstattung seiner Auslagen durch den Verkäufer verursacht.*“

377 *Paehler*, (Fn. 269), 37 (§ 4 III. 1.).

378 *Oechsler*, (Fn. 373), 55 (§ 2 Rn. 78).

379 *Lorenz*, NJW 2006, 1175, 1176.

380 *Mankowski*, JZ 2011, 781, 782.

381 *Canaris*, FS Kropholler (2008), 3, 13.

nahme führt.[382] Ein Recht auf spätere Nacherfüllungsmaßnahmen und somit auf eine „zweite“ Abnahme kann bei Übergabe einer mangelhaften Sache hieraus nicht mehr hergeleitet werden. Letztlich geht es dabei um die Differenzierung zwischen dem Zeitraum vor und nach der Eröffnung des Gewährleistungsrechts. Sobald die Ware durch den Käufer abgenommen wurde, also der Gefahrübergang gemäß § 446 BGB stattgefunden hat, gelten bei Mängeln vorrangig die Vorschriften des Gewährleistungsrechts in Gestalt der §§ 437 ff. BGB,[383] welche lediglich dem Käufer ausdrücklich ein Recht auf Nacherfüllung einräumen und nicht dem Verkäufer. Im Übrigen scheitert die Herleitung eines Andienungsanspruchs aus der Abnahmeverpflichtung auch daran, dass außerhalb des Kaufrechts eine solche Verpflichtung nicht besteht und damit das „Recht auf zweite Andienung“ für das gesamte Leistungsstörungsrecht nicht einheitlich geregelt wäre.[384]

Darüber hinaus greift ebenfalls nicht das Argument des Falles, in dem der Verkäufer eine wertvollere als die ursprünglich vereinbarte Kaufsache geliefert hat. In diesen Fällen kann der Verkäufer nämlich ausnahmsweise durch das Sachen- und Bereicherungsrecht geschützt werden.[385] Ebenso überzeugt der Versuch einer Ableitung der Anspruchsqualität des „Rechts auf zweite Andienung“ aus einem etwaigen Duldungsanspruch des Verkäufers aus den §§ 241 II bzw. 242 BGB letztlich nicht. Denn im Gewährleistungsrecht sollen die Ansprüche der Parteien abschließend geregelt sein. Hätte der Gesetzgeber einen solchen weiteren Anspruch des Verkäufers gewollt, hätte er ihn in den §§ 433 ff. BGB normiert. Aus der gesamten Gesetzessystematik folgt, dass der Verkäufer erst dann einen Anspruch auf Duldung hat, wenn der Käufer eine Frist zur Nacherfüllung gesetzt hat. Nur während des Laufs der vom Käufer gesetzten Frist muss dem Verkäufer ein Anspruch auf Duldung gemäß §§ 241 II bzw. 242 BGB eingeräumt werden, da dies zum einen dem Prinzip des venire contra factum proprium entspricht und zum anderen einer Vereitelung der Nachfrist entgegenwirkt.[386] Schließlich würde die Einräumung eines Anspruchs auf zweite Andienung auf Seiten des Verkäufers gegen das Recht des Käufers aus § 439 I BGB verstoßen, wonach dieser zwischen beiden Arten der Nacherfüllung wählen

---

382 Vergleiche *Jauernig*[14](*-Stürner*), (Fn. 182), § 362 BGB Rn. 3.

383 *Dauner-Lieb/Langen*[2](*-Büdenbender*), (Fn. 202), § 437 BGB Rn. 7.

384 Vergleiche *Mankowski*, JZ 2011, 781, 782; *Canaris*, FS Kropholler (2008), 3, 12.

385 *Huber, Peter/Faust*(*-Huber*), Schuldrechtsmodernisierung (2002), 367 (13. Kap. Rn. 157); *Lettl*, JuS 2002, 866, 870.

386 *Mankowski*, JZ 2011, 781, 782.

darf.[387] Diese Regelung würde faktisch ausgehöhlt werden, wenn der Verkäufer gegen den Willen des Käufers selbst eine Initiativhoheit zur Durchführung der Nacherfüllungsmaßnahmen hätte.

Festzuhalten bleibt somit, dass der Verkäufer nicht berechtigt ist, der Entscheidung des Käufers vorzugreifen und unabhängig davon, ob dieser überhaupt auf die Pflichtverletzung des Verkäufers reagieren will, einen zweiten Erfüllungsversuch zu unternehmen.[388] Die Anspruchsqualität des „Rechts auf zweite Andienung" muss folglich verneint werden.[389]

2. Die „zweite Chance" als Vorteil für den Verkäufer

Teilweise wird in der dargelegten Diskussion um die systematische Einordnung des „Rechts zur zweiten Andienung" nach Ablehnung der Anspruchsqualität als entgegen gesetztes Extrem vertreten, dass der Verkäufer durch die Fristsetzung nicht nur keinen tatsächlichen Anspruch auf Nachbesserung erlangt, sondern, dass die Nachfrist darüber hinaus auch lediglich *nur* die sofortige Geltendmachung der „sekundären Rechtsbehelfe" verhindere.[390] Bei einem solchen Vorbringen wird allerdings übersehen, dass durch das Fristsetzungserfordernis in jedem Fall eine „zweite Chance" für den Verkäufer statuiert wird,[391] welche vom Gesetzgeber auch ausdrücklich forciert worden war.[392] Dem Schuldner soll die Möglichkeit gegeben werden, vertragsgemäß zu erfüllen.[393] Der nicht unbe-

---

387 Vergleiche *Jauernig*[14](*-Chr. Berger*), (Fn. 182), § 439 BGB Rn. 3 f., dessen Ausführungen implizieren, dass das Wahlrecht des Käufers dem „Recht auf zweite Andienung" vorgeht.

388 *Musielak*, NJW 2003, 89, 91.

389 Vergleiche auch *Weller*, Die Vertragstreue (2009), 499 f. (11. Kapitel B. V. 3. c)), der sich in der Diskussion um die Rechtsnatur des Rechts zur zweiten Andienung von der Rechtsfolgenseite her nähert und sich schließlich für die Einstufung als „Obliegenheitsberechtigung" entscheidet; Siehe auch *Dauner-Lieb/Quecke*, in: *Schulze/von Bar/Schulte-Nölke* (Hrsg.), Der akademische Entwurf für einen Gemeinsamen Referenzrahmen (2008), 135, 148, die schließlich Zweifel an dem volkswirtschaftlichen Sinn eines „Andienungsrechts" mit der Begründung äußern, dass ein Recht des Käufers, bei Erhalt einer mangelhaften Sache sofort zu mindern oder zurückzutreten, für den Verkäufer ein Anreiz sein könnte, sofort vertragsgemäß zu leisten.

390 *Jud*, JuS 2004, 841, 843 f.

391 *Mankowski*, ZGS 2003, 451, 453; *Huber, Peter/Faust*(*-Huber*), (Fn. 385), 318 (13. Kap. Rn. 8), *Schollmeyer/Utlu*, JURA 2009, 721, 729.

392 BT-Drucks. 14/6040, (Fn. 128), 86, 89 A. Einleitung, 220 f. Zu § 437 BGB Zu Nummer 1; *Finn*, ZGS 2004, 32, 34; *Oechsler*, NJW 2004, 1825.

393 *Erman*[13](*-Westermann*), (Fn. 190), § 323 BGB Rn. 13.

deutende Stellenwert, der dieser Chance eingeräumt wird, zeigt sich insbesondere bei dem Umgang mit einem Ersatzanspruch für Selbstvornahmekosten bzw. ersparter Aufwendungen (s.o.), die dem Käufer vollumfänglich abgesprochen werden.[394] Der entscheidende Vorteil, welchen diese (wenn auch eingeschränkte) „zweite Chance“ und somit die Nachfrist dem Verkäufer bringt, liegt folglich darin, dass hierdurch das Naturalandienungsrecht des Schuldners geschützt wird.[395] Dem Schuldner wird durch die Frist die Gelegenheit gegeben, den schon durch den Nacherfüllungsaufwand bedingten Verlust zu minimieren, indem er selbst die Mängel zu seinen internen Kosten beseitigt, anstatt dem Käufer Schadensersatz statt der Leistung in Höhe von externen Beseitigungskosten zu leisten; wirtschaftlich gesehen sichert die Nachfrist somit den im Vertrag angelegten Gewinn des Schuldners.[396] Der Gläubiger wird dagegen über die §§ 280 I, II, 286 BGB geschützt, welche ihm die Möglichkeit geben, diejenigen Einbußen, welche auf der bloßen Verspätung der Leistung beruhen, unabhängig vom Fristablauf zu liquidieren.[397]

Zu beachten gilt jedoch, dass diese „zweite Chance“ dem Verkäufer nur eingeschränkt gewährt wird,[398] da zum einen der Käufer von seinen weiter gehenden Rechtsbehelfen unter bestimmten Voraussetzungen auch ohne vorherige Fristsetzung Gebrauch machen kann, und zum anderen, weil dem Käufer bei der Nacherfüllung ein Wahlrecht (Nachbesserung oder Nachlieferung) zugesprochen wird.[399]

3. Zwischenfazit

Festzuhalten ist, dass dann, wenn man von dem „Recht“ des Schuldners zur zweiten Andienung spricht, nicht ein Anspruch sondern stattdessen eine gesetzlich eingeräumte Möglichkeit bzw. zweite Chance zur Nacherfüllung gemeint ist,[400] deren Inhalt und Grenzen maßgeblich durch die im konkreten Fall vom

---

394 *Tettinger*, JZ 2006, 641, 645.

395 *Schroeter*, AcP 207 (2007), 28, 39.

396 *Herresthal/Riehm*, NJW 2005, 1457, 1458.

397 *Grigoleit/Riehm*, AcP 203 (2003), 727, 734.

398 *Ludes/Lube*, MDR 2009, 1317, 1318.

399 *Westermann*, JZ 2001, 530, 536.

400 So auch: *Schulte-Nölke*, ZGS 2009, 433; *Musielak*, Grundkurs BGB[12] (2011), 312 (§ 7 Rn. 575); *Kötz*, Vertragsrecht (2009) 390 (§ 11 Rn. 957); *Schlechtriem/Schmidt-Kessel*[6], (Fn. 168), 284; *Grigoleit/Riehm*, AcP 203 (2003), 727, 734; *Däubler*, NJW 2001, 3729, 3732.

Gläubiger gesetzte oder zu setzende Nachfrist bestimmt wird.[401] Die Bezeichnung „Recht" ist daher als unpräzise einzustufen;[402] es handelt sich vielmehr um eine Obliegenheit des Käufers.[403] Dies wurde anscheinend auch von Teilen der Literatur erkannt, die zwar im Zusammenhang mit dem Nacherfüllungsanspruch gerne das Pendant hierzu auf Seiten des Verkäufers als sogenanntes „Recht zur zweiten Andienung" bezeichnet,[404] vermutlich in Anlehnung an die Formulierungen aus den Gesetzesmaterialien; sobald jedoch eine Auseinandersetzung mit dem Fristsetzungserfordernis in den §§ 281 I, 323 I BGB erfolgt, wird nur noch von „zweite Chance",[405] „letzte Chance",[406] oder „letzte Gelegenheit"[407] für den Verkäufer gesprochen.[408] Um weiteren Irritationen vorzubeugen, sei angeraten, die Bezeichnung „Recht zur zweiten Andienung" in Zukunft an jeglicher Stelle zu meiden und stattdessen durch einen der oben genannten Begriffe zu ersetzen.

4. Die Nachfrist als Warnung für den Verkäufer

Schließlich ist die Fristsetzung für den Verkäufer eine besondere und vor allen Dingen hilfreiche Warnung vor den Folgen ihres fruchtlosen Verstreichens,[409] welche dergestalt sind, dass der Käufer zur Zurückweisung der Naturalleistung und zum Schadensersatz bzw. Rücktritt berechtigt ist.[410] Dies stellt einen Vorteil gegenüber den Vorschriften im CISG und den europäischen Vereinheitlichungs-

---

401 *Schroeter*, AcP, 207 (2007), 28, 40.

402 *Canaris*, FS Kropholler (2008), 3, 12; *Schollmeyer/Utlu*, JURA 2009, 721, 722.

403 Vergleiche BGH 21.12.2005, MDR 2006, 677, 678; *Ruttloff*, ZGS 2008, 88, 89; *Medicus/Lorenz*, Schuldrecht II, Besonderer Teil[16] (2012), 47 (Rn. 123).

404 Anwk-BGB(-*Büdenbender*), (Fn. 354), § 437 BGB Rn. 14; *Staudinger*(-*Matusche-Beckmann*), (Fn. 242), § 439 BGB Rn. 4; *Jauernig*[14](-*Chr. Berger*), (Fn. 182), § 439 BGB Rn. 4; MünchKomm BGB[6](-*Westermann*), (Fn. 354), § 439 BGB Rn. 1; *Palandt*[72](-*Weidenkaff*), (Fn. 14), § 437 BGB Rn. 44; *Dauner-Lieb/Langen*[2] (-*Büdenbender*), (Fn. 202), § 437 BGB Rn. 14.

405 *Staudinger*(-*Otto/Schwarze*), (Fn. 163), § 281 BGB Rn. A 9.

406 *Dauner-Lieb/Langen*[2](-*Dauner-Lieb*), (Fn. 202), § 281 BGB Rn. 18.

407 *Jauernig*[14](-*Stadler*), (Fn. 182), § 281 BGB Rn. 6; *Palandt*[72](-*Grüneberg*), (Fn. 14), § 281 BGB Rn. 10.

408 Allerdings ist auch die Wortwahl „letzte" Chance oder „letzte" Gelegenheit nicht ganz korrekt, siehe Ausführungen unter § 7 VI. 2. a., vielmehr sollte man den Begriff „zweite" verwenden.

409 *Staake*, LMK 2009, 292919.

410 *Skamel*, JuS 2010, 671; *Grigoleit/Riehm*, AcP 203 (2003), 727, 734.

projekten[411] dar, in denen im Fall des Vorliegens einer wesentlichen Vertragsverletzung die sofortige Lösung vom Vertrag möglich ist, ohne dass der Verkäufer noch einmal gewarnt wird.[412] Der mit der Nachfrist gesetzte, begrenzte Zeitraum führt dem Schuldner vor Augen, dass er die Leistung nicht zu einem beliebigen Zeitpunkt erbringen kann.[413] Letztlich ruft die Nachfrist daher dem Schuldner in Erinnerung, dass es nunmehr ernst wird, um ihn ein letztes Mal zu warnen.[414]

IV. Zusammenfassung

Anhand der teleologischen Untersuchung der Nachfrist wird deutlich, dass sich der Sinn und Zweck des Nachfristerfordernisses seit seinen Anfängen im ADHGB bis heute wesentlich erweitert hat. Vormals sollte es noch primär das neu geschaffene Rücktrittsrecht des Gläubigers, dessen Triebfeder eine möglichst schnelle Wiederherstellung der Dispositionsfreiheit war,[415] ermöglichen und unterstützen; gegenwärtig wird hingegen durch das allgemeine Fristsetzungserfordernis der Nacherfüllungsanspruch als vorrangiger Rechtsbehelf festgelegt, was sowohl positive als auch negative Auswirkungen für den Käufer hat. Gleichzeitig fördert die Nachfrist in ihrer gegenwärtigen Ausgestaltung die Interessen des Verkäufers, indem es diesem zunächst eine weitere Gelegenheit zur vertragsgemäßen Erfüllung gibt. Gerade hierin kommt die „*Doppel*funktion“ der Nachfrist zum Ausdruck.[416] Mit dem Institut der Nachfristsetzung konnte erreicht werden, dass der Käufer zunächst an den ursprünglichen Vertrag gebunden bleibt, um so den Verkäufer vor Minderung, Schadensersatz oder Rücktritt zu schützen.[417] Das Fristsetzungserfordernis bewahrt den Verkäufer damit regelmäßig vor einer Inanspruchnahme für erhöhte Kosten einer vom Käufer veranlassten Mängelbeseitigung durch Dritte.[418]

Schließlich führt das zentrale Fristsetzungserfordernis im Gesetz dem in der Rechtsgeschichte fest verankerten Grundsatz „pacta sunt servanda“ wieder eine neue Gewichtung zu, welche dieser seit der Ablösung des gemeinen Rechts

---

411 Den PECL, PICC und DCFR, siehe § 6 II.

412 Vergleiche § 6 I. 2. b., II. 2. b. (2), 3. b. (2), 4. b. (2).

413 *Medicus/Lorenz*[20], (Fn. 202), 242 (Rn. 480).

414 *Koch*, NJW 2010, 1636; *Faust*, Anmerkung zum Urteil des BGH 12.8.2009 – VIII ZR 254/08, JZ 2010, 202 f.

415 *Leser*, (Fn. 19), 12 (II. 3.).

416 *Canaris*, FS Kropholler (2008), 3, 11.

417 *Jud*, JuS 2004, 841, 843 f.; vergleiche BGH 23.2.2005, BGHZ 162, 219 ff.

418 *Oechsler*, NJW 2004, 1825, 1826.

durch das BGB a.F. in den letzten rund hundert Jahren ein wenig verloren hatte. Die Gesetzesväter des BGB im 19. Jahrhundert wollten sich mit den unterschiedlichen Regelungen zur Lösung von Verträgen im BGB a.F. scheinbar deutlich von den starren und strengen Vorschriften des gemeinen Rechts abheben und sich damit vermeintlich besser den wirtschaftlichen Verhältnissen anpassen. Teilweise wird deshalb heute an der geänderten Rechtslage kritisiert, der Gesetzgeber des BGB habe sich im 19. Jahrhundert ökonomischen Regelungen gegenüber wesentlich aufgeschlossener gezeigt.[419] Ob die durch die Neuregelung geschaffenen veränderten Auswirkungen der Fristsetzung jedoch tatsächlich wirtschaftlichen Erwägungen nicht standhalten, ist im Folgenden in einer ökonomischen Analyse des zentralen Fristsetzungstatbestandes zu untersuchen.

419 *Wolf/Lange*, FS Kilian (2004), 801, 809.

§ 5 Das Gebot der Fristsetzung – Eine ökonomische Analyse der Selbstvornahmeproblematik im Kaufrecht

Seit der Schuldrechtsreform steht im Zusammenhang mit dem zentralen Fristsetzungstatbestand immer wieder eine Rechtsfrage im Fokus der Diskussionen:[420] Ist dem Käufer bei einer Selbstvornahme ohne vorherige Fristsetzung ein Anspruch auf Ersatz der hierdurch entstandenen Kosten gegen den Verkäufer zuzusprechen?[421] Obgleich diese Frage nach der hier vertretenen Ansicht aus dogmatischer Sicht verneint werden muss,[422] bietet dieses Ergebnis nach wie vor große Angriffs- und Diskussionsflächen innerhalb der Literatur.[423] So wird teilweise beharrlich an alternativen Lösungswegen festgehalten, um dem Käufer aus angeblichen Gerechtigkeitsgründen gegen den eindeutigen Wortlaut des Gesetzes dennoch einen Erstattungsanspruch für die Selbstvornahmekosten, zumindest in Höhe der ersparten Aufwendungen des Verkäufers, zukommen zu lassen.[424] Bei der Suche nach möglichen Anspruchsgrundlagen im Gesetz wird sich hierbei vordergründig darauf konzentriert, eine vermeintlich saubere Herleitung und Begründung der Vereinbarkeit eines Ersatzanspruchs mit den grundsätzlich abschließenden Regeln des Gewährleistungsrechts darzulegen.[425] Die Frage, ob die Gewährung eines Ersatzanspruchs aber unabhängig von dogmatischen Feinheiten überhaupt aus rein ökonomischer Sicht sinnvoll erscheint, wird

---

420 Vergleiche MünchKomm BGB^{6}(-*Westermann*), (Fn. 354), § 439 Rn. 10.

421 *Lorenz*, NJW 2003, 1417 ff.; *ders.*, Anmerkung zu AG Daun 15.1.2003, ZGS 2003, 397 ff.; *ders.*, NJW 2005, 1321 ff.; *ders.*, NJW 2006, 1175 ff.; *Dauner-Lieb/Dötsch*, ZGS 2003, 250 ff.; *Oechsler*, NJW 2004, 1825 ff.; *Ebert*, NJW 2004, 1761 ff.; *Schroeter*, JR 2004, 441 ff.; *Bressler*, NJW 2004, 3382 ff.; *Dötsch*, MDR 2004, 975 ff.; *Bydlinski*, ZGS 2005, 129 ff.; *Lamprecht*, ZGS 2005, 266 ff.; *Herresthal/Riehm*, NJW 2005, 1457 ff.; *Ulrici*, JURA 2005, 612; *Tonner/Wiese*, BB 2005, 903 ff.; *Keil*, EWiR 2005, 497, 498; *Gsell*, LMK 2006, 168751; *Brömmelmeyer*, JZ 2006, 493 ff.; *Riha*, (Fn. 283), 229 ff.; *Lerach*, JuS 2008, 953 ff.; *Moritz*, FS Gerhard Käfer (2009), 229; *Schollmeyer/Utlu*, JURA 2009, 721 ff.; *Paehler*, (Fn. 269).

422 § 4 II. 2. b. (1) (f).

423 Die Selbstvornahmeproblematik gehört nach vielfach vertretener Ansicht zu den „umstrittensten und interessantesten Problemen des neuen Schuldrechts“, *Ulrici*, JURA 2005, 612; *Schroeter*, JR 2004, 441.

424 *Riha*, (Fn. 283), 229 ff., der die beiden wichtigsten in der Literatur vertretenen Ansichten darstellt und diskutiert; siehe auch *Paehler*, (Fn. 269), die sogar einen eigenen Novellierungsvorschlag unterbreitet.

425 Vergleiche beispielsweise *Lorenz*, NJW 2003, 1417, 1419; *Oechsler*, NJW 2004, 1825, 1826; *Moritz*, FS Gerhard Käfer (2009), 229.

dagegen oftmals vernachlässigt. Diese in der Diskussion bestehende Lücke soll mit der sich anschließenden Untersuchung geschlossen werden.

I. Problemdarstellung: Ersatz der Selbstvornahmekosten

Mit Festlegung des zentralen Fristsetzungserfordernisses wurde die Nacherfüllung auf die Position des primären Rechtsbehelfs im Leistungsstörungsrecht gesetzt.[426] Der Gesetzgeber stellt damit nicht nur den Vorrang des Erfüllungsanspruchs sicher, sondern verschafft dem Verkäufer auf diesem Wege gleichzeitig die Chance zur „zweiten Andienung".[427] Widersetzt sich der Käufer diesem gesetzlich festgelegten Prinzip, indem er beispielsweise den Mangel an der Kaufsache ohne vorherige Fristsetzung selbst beseitigt, steht ihm nach den Vorschriften des Gewährleistungsrechts grundsätzlich kein Anspruch auf Ersatz der Selbstvornahmekosten zu.[428] Eine Regelung, wie sie § 637 BGB enthält, ist im Kaufrecht nicht vorhanden und für einen Anspruch auf Schadensersatz nach § 281 BGB, der betragsmäßig den vom Käufer aufgewandten Mangelbeseitigungskosten entsprechen würde,[429] fehlt es an einem fruchtlosem Fristablauf.[430] Teilweise wird nun in der Literatur vertreten, dass dem Käufer in solchen Fällen zwar wegen fehlender Fristsetzung kein Anspruch auf Schadensersatz oder Minderung zugesprochen werden könne, ihm jedoch ein Anspruch auf Herausgabe der vom Verkäufer ersparten Nacherfüllungskosten zustehen müsste. Begründet wird dies einerseits mit Gerechtigkeitserwägungen,[431] andererseits aber auch damit, dass wirtschaftlich betrachtet der Verkäufer angeblich ebenso ein Interesse an der Mängelbeseitigung durch den Käufer habe.[432] Als mögliche Anspruchsgrundlagen wird unter anderem auf die Vorschriften der GoA, des Bereicherungsrechts oder des allgemeinen Schuldrechts wie § 283 BGB oder § 326 BGB verwiesen,[433] um dem Käufer aus den vorgenannten Gründen doch noch einen Anspruch auf Ersatz der zumindest durch den Verkäufer ersparten

---

426 *Ludes/Lube*, MDR 2009, 1317, 1318.

427 *Dauner-Lieb/Langen*[2](*-Dauner-Lieb*), (Fn. 202), § 281 BGB Rn. 18; *Looschelders*, Schuldrecht Allgemeiner Teil[10] (2012), 220 (Rn. 609); vergleiche hierzu auch § 4 III.

428 Außer es liegt einer der Ausnahmen nach §§ 281 II, 323 II BGB bzw. § 440 BGB vor, W*eise*, NJW-Spezial 2005, 261.

429 *Riha*, (Fn. 283), 229.

430 AG Kempen, MDR 2003, 1406.

431 *Tonner/Wiese*, BB 2005, 903, 906 f.

432 *Brömmelmeyer*, JZ 2006, 493, 495.

433 § 4 II. 2. b. (1) (a) – (d).

Aufwendungen zukommen zu lassen. Eine Abwägung des Für und Wider der vorgeschlagenen Lösungswege wurde aus dogmatischer Sicht bereits durchgeführt.[434] Dort gelangt man zu dem Ergebnis, dass vom rein dogmatischen Blickwinkel aus keiner dieser Lösungswege in Betracht zu ziehen ist.[435] An dieser Stelle der Arbeit soll nun in Ergänzung zu der dogmatischen Analyse die Frage untersucht werden, ob die Suche nach einem Lösungsweg für einen Erstattungsanspruch ohne vorherige Fristsetzung aus rein ökonomischer Sicht für Käufer und Verkäufer überhaupt sinnvoll erscheint.

II. Die wirtschaftlichen Auswirkungen der Selbstvornahme aus Sicht der Parteien

Fraglich ist, ob es aus wirtschaftlichen Gesichtspunkten tatsächlich geboten erscheint, dem Käufer einen Erstattungsanspruch im Fall der Selbstvornahme ohne Fristsetzung zuzusprechen. Zur Untersuchung dieser Frage wird der Weg über die Rekonstruktion des vollständigen Vertrages gewählt, der sich über das ökonomische Modell des homo oeconomicus angenähert wird.

1. Rekonstruktion des vollständigen Vertrages

Als Ausgangspunkt der ökonomischen Analyse der Selbstvornahmeproblematik dient die These des „unvollständigen Vertrages". Gemeint ist, dass es eines externen Leistungsstörungsrechts, das heißt der gesetzlichen Regelungen der §§ 437, 281, 323 BGB, allein deshalb bedarf, weil von den Parteien von vornherein kein vollständiger Vertrag ausgehandelt worden ist,[436] der die Konsequenzen auftretender Leistungsstörungen umfassend regelt. Eine „vollständige" Aushandlung des Vertrages unter Berücksichtigung jeglicher Eventualitäten unterbleibt meist wegen der hohen Transaktionskosten,[437] die dadurch entstehen, dass die Auswirkungen unterschiedlicher Sachmängelrechte für die Parteien vor

434 § 4 II. 2. b. (1) (f)

435 Vergleiche auch *Ulrici*, JURA 2005, 612, 613, der dies als die herrschende Ansicht in Rechtsprechung und Literatur ansieht und als Hauptargument die abschließende Regelung des § 437 BGB anführt.

436 Vergleiche: *Eger/Schäfer(-Grundmann/Hoerning)*, Ökonomische Analyse der europäischen Zivilrechtsordnung (2007), 420, 423.

437 Transaktionskosten sind der Aufwand, der aufgrund unvollkommener Information entsteht und der notwendig ist, damit als gerecht empfundene Vereinbarungen über den Leistungsaustausch getroffen werden können, *Picot*, DBW 1985, 224.

Vertragsschluss umfassend bewertet werden müssten.[438] Die Aufgabe des dispositiven Vertragsrechts besteht somit darin, diejenige Risikozuordnung vorzunehmen, welche die Parteien eines vollständigen Vertrages vorgenommen hätten.[439] Anders gesagt: Das Ziel des Leistungsstörungsrechts ist es, Allokationseffizienz herzustellen.[440]

Das Zusprechen eines Ersatzanspruchs für ersparte Aufwendungen ist also nur dann ökonomisch gerechtfertigt, wenn dies auch dem hypothetischen Willen der Parteien entspricht, die eine solche Regelung lediglich wegen zu hoher Transaktionskosten nicht in den Vertrag aufgenommen haben. Zur Annäherung an den hypothetischen Parteiwillen bedient man sich der aus der Ökonomie stammenden Konstruktion des homo oeconomicus.

2. Das Modell des homo oeconomicus

Das Modell des homo oeconomicus fußt auf der Annahme, dass Menschen bei allen Entscheidungen das Ziel der individuellen Nutzenmaximierung verfolgen.[441] Bezogen auf die Rekonstruktion des vollständigen Vertrages bedeutet dies, dass vernünftige, wohlinformierte Individuen die vertraglichen Risiken so aufteilen würden, dass der gemeinsame Vorteil maximal ist.[442] Jeder Vertrag beruht nämlich auf dem Willen der Vertragsparteien, durch den Leistungsaustausch den Wert ihrer jeweiligen Güter zu steigern.[443] Es gilt damit die Frage zu beantworten: Was hätten homines oeconomici, also ausschließlich wirtschaftlich denkende Menschen,[444] in Bezug auf die Erstattung der Selbstvornahmekosten vertraglich vereinbart?[445] Um diese Frage zu beantworten, gilt es zunächst, die Vor- und Nachteile der Selbstvornahme für die Parteien herauszuarbeiten.

---

438 *Schäfer/Ott*, Lehrbuch der ökonomischen Analyse des Zivilrechts[4] (2005), 488 (14. Kap. 9.3.3.).

439 *Metzger*, RabelsZ 73 (2009), 842 (852).

440 *Tröger*, ZVglRWiss 2008, 383, 417.

441 *Eger/Schäfer(-Grundmann/Hoerning)*, (Fn. 436), 420, 426; zu dem Modell des homo oeconomicus vergleiche auch *Bofinger*, Grundzüge der Volkswirtschaftslehre[3] (2011), 81.

442 *Nagel/Eger*, Wirtschaftsrecht II[4] (2003), 129.

443 *Adams*, Ökonomische Analyse des Rechts[2] (2004), 74.

444 Definition des homo oeconomicus nach Gabler-Wirtschafts-Lexikon[17] (2010).

445 *Eger/Schäfer(-Grundmann/Hoerning)*, (Fn. 436), 420, 426.

3. Vor- und Nachteile der Selbstvornahme für die Parteien

a. Die Vorteile der Selbstvornahme

Die Selbstvornahme bedeutet für den Käufer erst einmal den klaren Vorteil, dass er dem Verkäufer die Sache nicht mehr anvertrauen muss. In Fällen, in denen er den Kaufpreis bereits entrichtet hat, entgeht er damit dem Risiko eines eventuell unredlichen Verhaltens des Verkäufers.[446] Zum zweiten bietet die Selbstvornahme dem Käufer die Möglichkeit, den Zeitpunkt der Reparatur punktgenau selbst zu bestimmen bzw. einen Reparatur-Schnellservice in Anspruch zu nehmen.[447] Er ist damit für die Reparatur nicht vom Verkäufer abhängig. Der Käufer kann durch Eigenleistung oder Beauftragung eines Handwerkers vor Ort eine kurzfristige Lösung des Problems erreichen, wohingegen er bei der oft länger andauernden Nacherfüllungsphase des Verkäufers sein Nutzungsrecht einbüßt.[448] Zudem kann er die Person zur Mängelbeseitigung im Fall der Selbstvornahme selbst auswählen.

Die Selbstvornahme durch den Käufer bietet aber auch dem Verkäufer nicht unerhebliche Vorteile. So stellt sie sich für diesen wegen § 439 II BGB zum Beispiel in dem Fall als günstigere Alternative zur eigenen Mängelbeseitigung dar, dass zwischen ihm und dem Wohnsitz des Käufers eine große räumliche Distanz liegt.[449] Bei einer am Firmensitz des Verkäufers durchgeführten Nacherfüllung wäre dieser nämlich verpflichtet, dem Käufer sämtliche Kosten der Nacherfüllung wie beispielsweise die des Transports der Ware vollständig zu ersetzen. Bleibt dem Verkäufer dagegen eine Nacherfüllung durch die Selbstvornahme des Käufers erspart, kann er sogar während der ansonsten für die Mängelbeseitigung angefallenen Zeit seine eigenen Betriebsmittel anderweitig gewinnbringend einsetzen.[450] Des Weiteren kann sich die Selbstvornahme für den Verkäufer dann positiv auswirken, wenn er selbst, ebenso wie der Käufer, einen Dritten (z.B. eine Werkstatt) mit der Mängelbeseitigung beauftragen müsste, da er sich in diesem Fall nicht selber um die Organisation kümmern muss. Ein weiterer Vorteil ist auch, dass durch eine schnelle Reparatur mög-

---

446 Vergleiche *Bydlinski*, ZGS 2005, 129, 130.

447 *Bydlinski*, ZGS 2005, 129, 130; Vergleiche auch *Lamprecht*, ZGS 2005, 266, 268.

448 *Moritz*, FS Käfer (2009), 229, 233.

449 Vergleiche hierzu auch *Riha*, (Fn. 283), 193, der bei räumlicher Trennung von Käufer und Verkäufer das Festhalten am Vertrag im Gegensatz zur Rückabwicklung als kostengünstiger ansieht, da durch die Rückgabe der Kaufsache höhere Kosten entstünden; *Moritz*, FS Käfer (2009), 229, 233.

450 *Brömmelmeyer*, JZ 2006, 493, 495.

licherweise Mangelfolgeschäden verhindert werden können,[451] die der Verkäufer sonst ebenfalls zu ersetzen hätte. Schließlich streitet für die Selbstvornahme noch das Argument, dass der Käufer mit einer einfachen (weil dadurch eventuell schnelleren) Reparatur zufrieden sein kann, während der Verkäufer immer die vereinbarte oder zu erwartende Sollqualität hätte anstreben müssen.[452]

b. Die Nachteile der Selbstvornahme

Die Selbstvornahme verspricht den Parteien jedoch nicht nur Vorteile. So bietet die Nacherfüllung durch den Verkäufer dem Käufer den einfachen Vorteil, dass ihm hierdurch zu dem mit dem Kaufvertrag bezweckten Erfolg verholfen wird, ohne dass er sich selbst um die Reparatur oder um die Beschaffung von Ersatzware bemühen muss, die für ihn oft teuer, langwierig oder sogar unmöglich sein kann.[453] Der Käufer braucht sich bei der Geltendmachung seines Nacherfüllungsanspruchs um nichts Weiteres zu kümmern als um die Setzung einer angemessenen Frist und erspart sich damit Planungs-, Such- und Organisationskosten.[454] Daneben entgeht der Käufer mit der Nacherfüllung durch den Verkäufer dem Risiko, dass eine mögliche Reparatur der Kaufsache bei der Selbstvornahme mangelhaft durchgeführt wird und er in diesem Fall keine weiteren Ansprüche mehr gegen den Verkäufer besitzt. Zudem kann der Verkäufer eine Nachbesserung oftmals kostengünstiger durchführen, weil er beispielsweise über einen eigenen Kundendienst oder die zumindest besseren Kontakte zum Beispiel zu dem Produzenten der gehandelten Waren verfügt.[455] Auf diesem Wege können dem Käufer im Gegensatz zur Selbstvornahme bei der Nacherfüllung Kosten erspart bleiben, da ihm nach einhelliger Meinung in der Literatur immer nur die vom Verkäufer ersparten Aufwendungen zugesprochen werden und er als Folge möglicherweise auf verauslagten Kosten sitzen bleibt.[456]

Für den Verkäufer liegt dagegen ein großer wirtschaftlicher Nachteil der Selbstvornahme darin, dass er von Anfang an einer unsicheren Situation ausge-

---

451 Vergleiche *Lamprecht*, ZGS 2005, 266, 268, der zwischen „Notselbstvornahme“, „fremdnütziger Selbstvornahme“ und „anmaßender Selbstvornahme“ unterscheidet.

452 *Moritz*, FS Käfer (2009), 229, 233.

453 *Schürholz*, (Fn. 259), 44.

454 Da diese Kosten oftmals nicht von den „ersparten Aufwendungen“ des Verkäufers umfasst sind, würde dem Käufer auf diese Kosten nach der überwiegend vertretenen Ansicht kein Ersatzanspruch zustehen.

455 *Bydlinski*, ZGS 2005, 129, 130; *Schürholz*, (Fn. 259), 44.

456 Vergleiche hierzu MünchKomm BGB^6(-*Westermann*), (Fn. 354), § 439 Rn. 10, der ebenfalls davon ausgeht, dass die Nachbesserungskosten im Allgemeinen höher sind als die vom Verkäufer ersparten Aufwendungen.

setzt ist, da er nicht weiß, ob er im Fall einer mangelhaften Kaufsache selber eine Nachbesserung durchführen muss, oder aber eine solche durch den Käufer selbst erledigt wird. Ein Problem könnte hierbei zum Beispiel in Vorhaltekosten für Ersatzteile liegen, bei denen der Verkäufer nicht weiß, ob sie sich wirtschaftlich lohnen. Zudem ist es für ihn häufig wirtschaftlich vorteilhafter, die Nachbesserung selbst in Natur vorzunehmen, als den Kostengegenwert in Geld zu zahlen, weil er etwa über das zur Mängelbeseitigung notwendige Material und Personal verfügt, nicht hingegen über abrufbare Finanzmittel.[457] Ferner wird angeführt, dass der Verkäufer regelmäßig insoweit keine Aufwendungen erspart, als er die Nacherfüllungskosten beim Hersteller liquidieren kann.[458] Darüber hinaus erhält der Verkäufer durch die eigene Nachbesserung die Chance, den Mangel selbst festzustellen und sich von dessen Ausmaß zu überzeugen. Die Selbstvornahme birgt dagegen für den Verkäufer die Gefahr, bei einem Streit um die Frage der Mangelhaftigkeit der gekauften Sache praktisch keine Gegenbeweismöglichkeiten an der Hand zu haben.[459] Schließlich wird dem Verkäufer durch eine vorzeitige Mängelbeseitigung mit entsprechender Kostenpflicht möglicherweise das Recht genommen, die ihm aufgrund der Kosten unzumutbare Nachbesserung gemäß § 439 III BGB zugunsten einer Ersatzlieferung zu verweigern.[460]

III. Abwägung unter Berücksichtigung des Kostenfaktors

Die vorstehenden Ausführungen zeigen auf, dass eine Selbstvornahme grundsätzlich sowohl im Interesse des Käufers als auch im Interesse des Verkäufers liegen kann. Gleichzeitig beinhaltet eine solche aber immer auch Nachteile für die jeweilige Partei. Ob die Gewährung eines Ersatzanspruchs für die Selbstvornahmekosten nun aus ökonomischer Sicht dem hypothetischen Willen der Parteien entspricht, ist daher des Weiteren unter Berücksichtigung des Kostenfaktors zu klären. Schließlich ist die Lösung zu favorisieren, die für beide Seiten nutzenmaximierend ist.[461] Man könnte nun davon ausgehen, dass für die Beant-

---

457 *Schroeter*, AcP 2007, 28, 60; JR 2004, 441, 442.

458 *Ulrici*, JURA 2005, 612, 613.

459 *Moritz*, FS Käfer (2009), 229, 233; *Luckey*, BGH-Report 2005, 751, 752, der sich ausführlich mit den durch die Selbstvornahme bedingten Beweisunsicherheiten auseinandersetzt.

460 *Schroeter*, JR 2004, 441, 444.

461 *Eger/Schäfer*(*-Grundmann/Hoerning*), (Fn. 436), 420, 424; *Schäfer/Ott*[4], (Fn. 438), 423, 429 f.

wortung dieser Frage alleine ausschlaggebend ist, welche Partei im Allgemeinen mit geringerem Aufwand, insbesondere mit weniger Kosten, für Abhilfe, mithin für die Beseitigung des Mangels, sorgen kann.[462] Hierzu müssten lediglich die Kosten der Mängelbeseitigung auf Seiten des Käufers den Kosten der Nacherfüllung auf Seiten des Verkäufers gegenübergestellt werden. Eine solche Herangehensweise überzeugt jedoch nicht, da sie ökonomische Tragweite eines Selbstvornahmerechts des Käufers nicht vollständig erfasst. Vielmehr ist nach der hier vertretenen Auffassung bei der Beantwortung der Frage, ob homines oeconomici im konkreten Fall die Gewährung eines Ersatzanspruches vereinbart hätten, maßgebend, ob dies für beide Parteien insgesamt ein höheres Kostenrisiko bedeutet. Entscheidend sind hier nicht nur die Kosten, die unmittelbar durch die Selbstvornahme entstehen, sondern vielmehr sämtliche Kosten, die durch die Gewährung eines Ersatzanspruchs neben dem Nacherfüllungsanspruch verursacht werden.

1. Kosten durch unklare Verhältnisse

Ein nicht unerhebliches Kostenrisiko birgt allein die Schaffung einer unsicheren Rechtssituation für den Verkäufer. Diese ergibt sich aus Folgendem: Ohne Gewährung eines Ersatzanspruchs ist der Verkäufer nur seinen intern bedingten Unsicherheiten ausgesetzt,[463] so etwa der Gefahr, eine mangelhafte Sache zu verkaufen und damit dem Nacherfüllungsanspruch des Käufers nachkommen zu müssen. Mit der Annahme eines Ersatzanspruchs dagegen kommen zu den intern bedingten Unsicherheiten noch extern bedingte hinzu, wie die Unsicherheit, einen Aufwendungsersatzanspruch des Käufers erfüllen zu müssen, ohne diesen im Rahmen der Fristgewährung abwenden zu können. Die eigene Einflussnahme zur Minimierung externer Unsicherheiten wird dem Verkäufer damit genommen. Durch die hierdurch verursachte Planungsunsicherheit erhöhen sich die Kosten innerhalb der vertraglichen Beziehungen. So sieht sich der Verkäufer der ständigen Gefahr gegenüber, dass der Käufer unabhängig von einer Fristsetzung, also ohne eine Möglichkeit für den Verkäufer, den Mangel innerhalb der Nachfrist selbst zu beseitigen, die Nacherfüllung in Selbsthilfe unternimmt.[464] Der Verkäufer muss deshalb nicht nur ausreichende Betriebsmittel zur Beseitigung des Mangels vorhalten, sondern gleichzeitig auch über ausreichende Finanzmittel für den Fall der Erstattung ersparter Aufwendungen verfügen. Eine ausrei-

---

462 So *Metzger*, RabelsZ 73 (2009), 842, 853, welcher eine ökonomische Skizze zum effizienten Haftungsmaßstab darstellt.

463 Vergleiche *Gebhard*, Hierarchische Produktionsplanung bei Unsicherheit (2009), 21 ff.

464 *Riha*, (Fn. 283), 232.

chende Absicherung in beiden Bereichen bedeutet für den Verkäufer zusätzliche, nicht unerhebliche Kosten.

2. Kosten durch Beweisschwierigkeiten

Der grundsätzliche Vorrang der Nacherfüllung, der ohne vorherige Fristsetzung einen Ersatz ersparter Aufwendungen durch den Verkäufer ausschließt, sorgt dafür, dass Beweisschwierigkeiten hinsichtlich des Mangels und seiner Verantwortlichkeit bereits im Keim erstickt werden.[465] Wenn man eine Selbstvornahme duldet, welche durch die Gewährung eines Aufwendungsersatzanspruchs sogar noch gefördert wird, werden die Verteidigungsmöglichkeiten des Verkäufers dagegen verschlechtert. So wird er einen substantiierten Vortrag des Käufers und einer von diesem mit der Reparatur beauftragten Drittwerkstatt im Nachhinein kaum noch wirksam bestreiten können.[466] Entscheidende Auswirkungen können solche Beweisnachteile dann vor allen Dingen bei einem möglichen Rechtsstreit vor Gericht haben,[467] wodurch der Verkäufer einem erheblichen Kostenrisiko ausgesetzt wird.

3. Kosten für die genaue Berechnung der ersparten Aufwendungen

Schließlich ist ein weiterer nicht zu unterschätzender Kostenpunkt in der Berechnung der genauen Höhe der ersparten Aufwendungen des Verkäufers zu sehen. Für eine exakte Bestimmung der Höhe des Ersatzanspruchs des Käufers, ist man in den meisten Fällen – zumindest immer dann, wenn der Verkäufer die Mängelbeseitigung im eigenen Betrieb durchgeführt hätte – darauf angewiesen, dass der Verkäufer Details seiner wirtschaftlichen Lage im Allgemeinen wie seiner innerbetrieblichen Kalkulation im Besonderen offen legt; Erst anhand dieser Daten können die tatsächlich ersparten Aufwendungen und deren Zusammensetzung errechnet werden.[468] Dass ein solches Vorgehen mit einem großen Aufwand verbunden ist und gleichzeitig hohe Transaktionskosten mit sich

---

465 *Dötsch*, MDR 2004, 975, 978.

466 LG Gießen ZGS 2004, 238, 240; *Dötsch*, MDR 2004, 975, 979.

467 A.A. *Herresthal/Riehm*, NJW 2005, 1457, 1459, die eine Verschlechterung der Position des Schuldners im Prozess mit dem Argument ablehnen, dass sich dieser mangels eigener Wahrnehmung auf ein Bestreiten der vom Gläubiger behaupteten Mängel mit Nichtwissen beschränken könne. Dies überzeugt bei einem substantiierten Vortrag des Käufers jedoch nicht.

468 *Schroeter*, AcP 2007, 28, 61.

bringt, ist offensichtlich. Denn je größer die Schwierigkeiten bei der Leistungsbewertung (Bestimmung eines Preises) sind, desto höher sind die zur Überwindung dieser Probleme aufzuwendenden Transaktionskosten.[469]

IV. Fazit

Die weitergehende Analyse hat gezeigt, dass die Gewährung eines Erstattungsanspruchs neben dem Nacherfüllungsanspruch erhöhte Kosten mit sich bringt, welche zunächst, vor allem wegen der Vorhaltekosten, überwiegend der Verkäuferseite zur Last fallen würden. Man könnte nun davon ausgehen, dass eigentlich nur der Verkäufer gegen einen von vornherein festgelegten Anspruch auf Ersatz der Selbstvornahmekosten optieren dürfte und sich der Käufer nach Abwägung des vorgenannten Für und Widers für einen solchen Anspruch entscheiden würde. Da der Käufer bei Gewährung eines Erstattungsanspruchs für die Selbstvornahmekosten seinen Anspruch auf Nacherfüllung nicht verliert und somit ein Wahlrecht besäße, erscheint dieser nämlich zunächst einmal in alle Richtungen abgesichert. Bei einer solchen Betrachtungsweise wird jedoch vergessen, dass der sich wirtschaftlich verhaltende Verkäufer in diesem Fall den Kaufpreis für den Kaufgegenstand erhöhen müsste, um dadurch das für ihn kostenintensivere Wahlrecht auszugleichen. Einem solchen Aufpreis würde aber auch der Käufer als homo oeconomicus nicht zustimmen.

Nach alledem kann somit festgehalten werden, dass, würde man das Prinzip des Vorrangs der Nacherfüllung durch ein Selbstvornahmerecht – gleich wie dieses dogmatisch ausgestaltet ist – aushöhlen, das Ergebnis „Mangelfreiheit" zu überhöhten Kosten produziert werden würde. Die tatsächliche Kostentragung ist nämlich eigentlich als ein rein distributives Problem anzusehen, weil sie die Güterallokation nicht fördert und der Umverteilungsvorgang selbst Transaktionskosten verschlingt, so dass in Abwesenheit allokativer Effekte der Aufwand am besten dort gelassen wird, wo er auch angefallen ist.[470] Hätten die Parteien somit schon bei Aushandlung des Vertrages von dem späteren Eintritt des Mangels gewusst, hätten sie als homines oecomici einen von vornherein festgelegten Anspruch auf Ersatz ersparter Aufwendungen bei der Selbsthilfe durch den Käufer verneint und sich vielmehr zum Erhalt klarer Rechtsverhältnisse für den gesetzlichen Weg entschieden, um auf diese Weise die Kosten so gering wie möglich zu halten. Der hypothetische Wille der Parteien entspricht folglich grundsätzlich der bestehenden Gesetzeslage, weshalb die Gewährung eines Er-

469 *Picot*, DBW 1985, 224.
470 *Riha*, (Fn. 283), 234 f.

satzanspruchs für ersparte Aufwendungen nicht nur aus dogmatischer, sondern auch aus ökonomischer Sicht verneint werden muss. Im Übrigen ist zu berücksichtigen, dass es den Parteien im Einzelfall aufgrund der Vertragsfreiheit jederzeit offen steht, im Zeitpunkt des Auftritts eines Mangels oder auch bereits bei Vertragsschluss in den Allgemeinen Geschäftsbedingungen eine vom Gesetz abweichende Lösung zu vereinbaren, die für beide Parteien in dem konkreten Fall die kostengünstigste Variante darstellt.[471] Letztlich zeigt dieses Ergebnis, dass das vom Gesetzgeber seit 2002 bis auf einige abschließende Ausnahmen festgelegte absolute Fristsetzungserfordernis auch aus ökonomischer Sicht eine gute Wahl war.[472]

Bevor nunmehr die Aufmerksamkeit den formellen und materiellen Voraussetzungen einer wirksamen Nachfrist gewidmet wird, soll zunächst zum weiteren, umfassenden Verständnis des Rechtsinstituts der Nachfrist ein Blick auf deren Rolle und Ausgestaltung im internationalen Rechtsverkehr geworfen werden.

---

471 *Schneider/Katerndahl*, NJW 2007, 2215, 2217 ff.

472 Im Ergebnis zustimmend: *Dauner-Lieb/Arnold*, ZGS 2005, 10, 13 f., die im Übrigen eine große Gefahr in verkäuferfeindlichen Gesetzesauslegungen sehen, da die wirtschaftlichen Nachteile die Gefahr beinhalteten, dass das Schuldrecht zu einem „weiteren deutschen Standortnachteil“ werde.

§ 6 Die Nachfrist im internationalen Rechtsverkehr

Die Vorteile, die mit dem Rechtsinstitut der Nachfristsetzung verbunden sind, lernte man auch im internationalen Rechtsverkehr schätzen, und so findet sich dieses gegenwärtig nicht nur im CISG wieder, sondern ist daneben in allen drei Vereinheitlichungsprojekten für ein Europäisches Vertragsrecht (PECL, PICC und DCFR) unverzichtbarer Bestandteil des Leistungsstörungsrechts.[473] Welche Rolle die Nachfrist in den einzelnen Regelungswerken einnimmt und welche Ausgestaltung sie dort jeweils hat, soll im folgenden Kapitel dargestellt und untersucht werden.

I. Die Nachfrist im CISG

Das Rechtsinstitut der Nachfrist wird als der wesentliche Beitrag bezeichnet, den das deutsche Recht zu den einheitlichen Kaufrechten beigesteuert hat.[474] Bezeichnend hierfür wird der Begriff auch im internationalen Rechtsverkehr nicht übersetzt, sondern fand als „le Nachfrist allemand“ Eingang in die Artt. 47 und 63 CISG.[475] Im Weiteren wird gezeigt, wie es zu der Aufnahme der Nachfrist in das CISG kam, welche Bedeutung diesem Rechtsinstitut dort zukommt und unter welchen Voraussetzungen sie ihre Wirksamkeit erlangt.

1. Ursprünge, Entwicklung und Anwendungsbereich des CISG

Um die Entwicklung internationaler Wirtschaftsbeziehungen zu fördern und die komplizierten kollisionsrechtlichen Probleme, welche die unterschiedlichen nationalen Regelungen zum Zivil- und Handelsrecht mit sich brachten, zu überwinden, wurde am 11.4.1980 das CISG, das Wiener UN-Übereinkommen über Verträge für den internationalen Warenkauf, von den Vereinten Nationen be-

---

473 Einzig die Principles of Existing EC Contract Law (Acquis-Grundregeln – ACQP) kennen ein Erfordernis der Nachfristsetzung nicht, sondern lassen es wie Art. 3 III 3 der Verbrauchsgüterkauf-Richtlinie genügen, wenn der Schuldner die Leistung nicht „innerhalb angemessener Zeit“ erbracht hat, *Staudinger*(*-Otto/Schwarze*), (Fn. 179), § 323 BGB Rn. A 10.

474 *Enderlein/Maskow/Strohbach*(*-Enderlein*), Internationales Kaufrecht (1991), Art. 47 Ziff.1 CISG.

475 *Schlechtriem*, ZEuP 1993, 217, 235.

schlossen.[476] Der Name CISG ergibt sich hierbei aus der Abkürzung seiner englischen Bezeichnung: United Nations **C**onvention on Contracts for the **I**nternational **S**ale of **G**oods.[477] Aufgabe des CISG war es, die beiden Haager Übereinkommen zum internationalen Kauf von beweglichen Sachen und zum Abschluss von internationalen Kaufverträgen über bewegliche Sachen zu ersetzen.[478] Seitdem das CISG am 11.4.1980 verabschiedet wurde und für Deutschland am 1.1.1991 in Kraft getreten ist, haben insgesamt 78 Staaten diese Konvention ratifiziert (Stand 1.2.2013)[479], was dazu führt, dass dieses Recht gegenwärtig aus Sicht der europäischen Vertragsstaaten praktisch für alle Exportgeschäfte und für etwa 80 % der Importe gilt.[480] Der sachliche und örtliche Anwendungsbereich des CISG erstreckt sich auf Kaufverträge mit Auslandsbezug, genauer auf Kaufverträge über „Waren" zwischen solchen Parteien, die ihre Niederlassung in verschiedenen Mitgliedsstaaten des CISG haben.[481] Als Einschränkung gilt das CISG allerdings gemäß Art. 2a CISG nicht für Waren, welche zum persönlichen Gebrauch erworben werden, sondern nur für Handelskäufe.[482] Dem CISG kommt folglich im internationalen Kaufrecht eine große Bedeutung zu; Nicht ohne Grund wird sie deshalb als die „bislang bedeutendste privatrechtsvereinheitlichende Konvention"[483] angesehen.

2. Das Leistungsstörungsrecht im CISG

a. Allgemeine Regelungen

Anders als im BGB ist in den Vorschriften des CISG keine generelle Pflicht vorhanden, vor der Ausübung von sekundären Rechtsbehelfen eine Frist zur Nacherfüllung zu setzten; Bei Mängeln an der Kaufsache muss der Käufer diese zum Beispiel nach Art. 39 CISG nur rügen, um sich die Rechte auf Schadensersatz und Minderung zu sichern.[484] Das CISG geht in seinen Vorschriften von einem einheitlichen Tatbestand der Nichterfüllung aus.[485] Zwischen den ver-

---

476 *Enderlein/Maskow/Strohbach*, (Fn. 474), Einleitung.

477 Vergleiche Schiedsgericht der Handelskammer Hamburg 21.3.1996, CISG-online 187.

478 *Doralt*, Das UNCITRAL-Kaufrecht im Vergleich zum österreichischen Recht (1985), Vorwort.

479 http://www.uncitral.org/uncitral/en/uncitral_texts/sale_goods/1980CISG_status.html.

480 *Piltz*, NJW 2009, 2258.

481 MünchKomm BGB^{6}(-*Westermann*), (Fn. 354), vor § 433 BGB Rn. 17.

482 *Ernst*, NJW 1994, 2177, 2178.

483 *Zimmermann*, JZ 1995, 477, 479.

484 Münchener Kommentar zum HGB(-*Benicke*) V^{12} (2007), Art. 47 CISG Rn. 3.

485 *Karollus*, UN-Kaufrecht (1991), 176 (9. Kap. I. 1.).

schiedenen Arten der Leistungsstörungen wie Unmöglichkeit oder Verzug wird dabei nicht unterschieden, sondern alle werden unter dem Begriff „Vertragsverletzung“ zusammengefasst.[486] Auch zwischen Haupt- und Nebenpflichten findet keine Differenzierung statt.[487] Wie das BGB verankert das CISG in seinen Vorschriften neben dem Erfüllungsanspruch ein Recht auf Vertragsauflösung sowie auf Minderung und einen Schadensersatzanspruch (Artt. 46, 49, 50 CISG).[488] Im Gegensatz zum BGB schreibt das CISG aber keine Hierarchisierung dieser Rechtsbehelfe vor; es beinhaltet lediglich in den Artt. 50 2, 47 II und 48 II CISG das so genannte „right to cure“, welches das Recht bezeichnet, alle anderen Rechtsbehelfe durch Nacherfüllung auszubremsen.[489] Hinsichtlich der Anordnung der Regelungen im Gesetz wird zwischen den jeweiligen Rechten des Käufers (Artt. 45 ff. CISG) und denen des Verkäufers (Artt. 61 ff. CISG) klar unterschieden, wobei die Nachfristregelung des Art. 47 CISG mit (fast) identischem Wortlaut das Pendant zu Art. 63 CISG darstellt.[490] Eine weitere Übereinstimmung mit dem geltenden BGB findet sich indes darin, dass die Rechtsbehelfe Rücktritt und Schadensersatz nebeneinander stehen und sich nicht ausschließen, vergleiche Artt. 45 II, 61 II CISG.

b. Das Rücktrittsrecht im CISG

In den Vorschriften des CISG finden sich zwei alternative Tatbestände, aus denen sich für den jeweiligen Gläubiger ein Rücktrittsrecht ergeben kann. Der erste ist in Art. 49 I a) CISG bzw. Art. 64 I a) CISG normiert. Nach dieser Regelung erhält der Käufer bzw. Verkäufer in dem Fall ein Rücktrittsrecht, dass eine wesentliche Vertragsverletzung (Art. 25 CISG) durch Nichterfüllung einer dem jeweiligen Schuldner obliegenden Pflicht vorliegt. Fehlt eine solche, kommt nur noch der Rücktritt nach Art. 49 I b) CISG bzw. Art. 64 I b) CISG in Betracht, welcher das Aufhebungsrecht alternativ von einer fruchtlosen Fristsetzung abhängig macht. Das Aufhebungsrecht wird allerdings bei Art. 49 I b) CISG auf die Fälle der Nichtlieferung beschränkt, da geringfügige Vertragsverletzungen

---

486 *Doralt*, (Fn. 478), 116.

487 *Schlechtriem/Schwenzer(-Müller-Chen)*, Einheitliches UN-Kaufrecht[5] (2008), Art. 47 CISG Rn. 1.

488 *Piltz*, UN-Kaufrecht[3] (2001), 58 Rn. 223 (V.3.).

489 *Grundmann/Medicus/Rolland(-Magnus)*, Europäisches Kaufgewährleistungsrecht (2000), 89 (§ 6 III 3 b); A.A. *Cetiner*, Die Sachmängelhaftung des Verkäufers im UN-Kaufrecht und im neuen deutschen Schuldrecht (2006), 145 f., die eine Hierarchisierung annimmt.

490 *Baumgärtel/Laumen/Prütting(-Hepting/Müller)*, Handbuch der Beweislast[3] (2009), Art. 63 CISG Rn. 1.

auch durch die Nachfrist nicht zu einem Vertragsaufhebungsrecht führen sollen.[491] Bei Art. 63 I b) CISG besteht das nach einer abgelaufenen Frist gewährte Aufhebungsrecht nur bei einem Zahlungs- oder Abnahmemangel.[492]

Bei der Vertragsauflösung kommt es somit im CISG anstatt auf ein Vertretenmüssen auf das Vorliegen einer objektiven Pflichtverletzung aus einem gegenseitigen Vertrag und hierbei grundsätzlich auf eine gewisse Schwere dieser Verletzung an.[493] Durch Schaffung dieser Voraussetzungen soll die Möglichkeit der Vertragsaufhebung beschränkt werden, um das Fortbestehen einmal geschlossener Verträge zu fördern.[494] Das Prinzip „pacta sunt servanda" hat mithin auch im internationalen Rechtsverkehr großen Einfluss auf das Kaufrecht.[495] Fehlt es an der Voraussetzung einer wesentlichen Vertragsverletzung oder im Falle einer Nichtlieferung (Art. 49 CISG) bzw. eines Abnahme- oder Zahlungsverzuges (Art. 63 CISG) an einer fruchtlos abgelaufenen Nachfrist, können statt einer Vertragsauflösung lediglich die übrigen Rechtsbehelfe geltend gemacht werden.[496] Der Nachfrist kommt folglich in Bezug auf das Rücktrittrecht des Gläubigers eine entscheidende Rolle zu.

3. Die deutsche Nachfrist als Vorbild für das CISG und ihre dortige Ausgestaltung

Bei der Aufnahme der Nachfristregelung in das CISG orientierte man sich stark an dem Nachfristkonzept des deutschen Rechtskreises.[497] Zum Zeitpunkt der Schaffung des CISG fand sich die Nachfrist noch in § 326 BGB a.F. wieder, welcher zwar als Inspiration diente, dessen Voraussetzungen und Rechtsfolgen jedoch nicht vollständig übernommen wurden. Stattdessen hatte die Nachfrist in der UN-Konvention von 1980 vielmehr schon die Ausgestaltung, welche sie im deutschen Recht erst durch die Schuldrechtsmodernisierung erlangte und heute in den §§ 281, 323 BGB aufweist. Der Grund für die Einführung der Nachfrist bestand darin, dass der Gesetzeskommission schnell die Vorteile und die Wir-

---

491 *Staudinger(-Magnus)*, BGB, Wiener UN-Kaufrecht (2013), Art. 47 CISG Rn. 4.
492 *Honsell(-Schnyder/Straub)*, UN-Kaufrecht² (2010), Art. 63 CISG Rn. 6.
493 *Schlechtriem*, ZEuP 1993, 217, 236.
494 *Von Caemmerer*, FS Helmut Coing, II (1982), 33, 50; *Zimmermann*, JZ 1995, 477, 484.
495 Vergleiche hierzu auch die Ausführungen zu dem Prinzip „pacta sunt servanda" unter § 4 I.
496 *Grundmann/Medicus/Rolland(-Magnus)*, (Fn. 489), 89 (§ 6 III 3 b).
497 *Staudinger(-Magnus)*, (Fn. 491), Art. 47 CISG Rn. 3.

kung der Nachfrist bewusst waren.[498] Insbesondere überzeugte sie das Argument, dass die Nachfrist der Stabilisierung von Verträgen dient.[499]

a. Aufgabe der Nachfrist im CISG

Die Nachfrist übernimmt im CISG vor allem zwei Aufgaben: Zum einen bildet sie im Fall der Nichtlieferung oder des Annahme- oder Zahlungsverzuges die Voraussetzung für den Rücktritt, wenn die Vertragsverletzung für sich selbst genommen noch nicht wesentlich ist.[500] Zum anderen gibt sie dem Schuldner die Möglichkeit zum vertragskonformen Verhalten.[501] Die Anwendung des Instituts der Nachfrist wurde hierbei auf die drei Hauptpflichten Lieferung, Zahlung und Abnahme beschränkt,[502] wobei hierzu auch die mit diesen Pflichten verbundenen Nebenpflichten gehören.[503] Keine große Rolle spielt die Nachfrist dagegen bei den Behelfen Erfüllung, Minderung und Schadensersatz.[504] Unabhängig von den Fällen der Nichtlieferung oder des Annahme- oder Zahlungsverzuges kann eine Nachfristsetzung dort jedoch seitens des Gläubigers dafür genutzt werden festzustellen, ob der Schuldner überhaupt noch zur Nacherfüllung bereit ist.[505] Daneben kann eine Fristsetzung bei Fehlen einer wesentlichen Vertragsverletzung den Vorteil bringen, dass durch den zusätzlichen Zeitablauf die Wesentlichkeit einer Vertragsverletzung eher zu bejahen sein wird.[506] Zusätzlich stellt die Nachfrist für den Gläubiger ein Druckmittel dar, mit dem der Schuldner zur Erfüllung der vertraglichen Pflichten angehalten werden kann, ohne dass man dafür sogleich vor Gericht ziehen muss.[507]

---

498 Vergleiche § 4.

499 *Schlechtriem*, ZEuP 1993, 217, 233.

500 *Von Caemmerer*, FS Helmut Coing II (1982), 33, 51.

501 Vergleiche *Honsell*[2](*-Schnyder/Straub*), (Fn. 492), Art. 47 CISG Rn. 2.

502 *Huber, Ulrich*, (Fn. 24), 329 (§ 41 I).

503 Wie zum Beispiel die Pflicht zur Übergabe von Warenpapieren (Traditionspapieren), die dem Besitz der Ware gleichstehen, *Schlechtriem*, Internationales UN-Kaufrecht[4] (2007), 137 (Rn. 189).

504 *Ferrari/Kieninger/Mankowski/Otte/Saenger/Staudinger*[2](*-Saenger*), (Fn. 250), Art. 47 CISG Rn. 3.

505 *Brunner*, UN-Kaufrecht – CISG (2004), Art. 47 CISG Rn. 2.

506 *Lehmkuhl*, Das Nacherfüllungsrecht des Verkäufers im UN-Kaufrecht (2002), 109.

507 *Ferrari/Kieninger/Mankowski/Otte/Saenger/Staudinger*[2](*-Saenger*), (Fn. 250), Art. 47 CISG Rn. 1.

(1) Die Nachfrist zur Eröffnung des Rücktrittrechts

Entgegen der teilweise in Rechtsprechung[508] und Literatur[509] vertretenen Ansicht, ergibt sich aus dem Wortlaut des CISG klar, dass die Nachfristsetzung keine generelle Voraussetzung für die Ausübung des Vertragsaufhebungsrechts ist.[510] Nach den Artt. 47 I, 64 I CISG stellt sie nur einen der beiden disjunktiven Tatbestände dar,[511] die zum Rücktritt berechtigen. Anders als im deutschen Recht ist eine Vertragsaufhebung gemäß des jeweiligen Absatzes 1 a) nämlich im Falle einer wesentlichen Vertragsverletzung – „fundamental breach" – sofort möglich, ohne zuvor dem Schuldner eine Frist gesetzt zu haben.[512] Dieser deutliche Unterschied wird von den deutschen Gerichten oftmals nicht beachtet.[513] Denn in Deutschland ist das Gewährleistungssystem derart ausgestaltet, dass nach den Vorschriften des BGB grundsätzlich immer eine Frist zur Erlangung des Rücktrittsrechts gemäß § 323 I BGB gesetzt werden muss.[514] Nur ausnahmsweise ist die Fristsetzung nach § 323 II BGB entbehrlich; dies betrifft allerdings fast immer Fälle einer schwerwiegenden Vertragsstörung.[515] Die Nachfrist hat folglich – anders als im BGB – im CISG nur partielle normative Bedeutung.[516] Da die Einschätzung der Wesentlichkeit einer Vertragsverletzung in der Praxis für die Parteien oftmals nicht eindeutig zu treffen ist, gibt die Nachfrist dem Fristsetzenden eine Absicherungsmöglichkeit für den Fall, dass die Pflichtverletzung doch nicht schwerwiegend genug war.[517] Hiermit kann zum Beispiel die Entscheidung darüber obsolet gemacht werden, ob zwischen den Parteien vertraglich ein Fixgeschäft (bei Nichtlieferung = wesentlicher Vertragsbruch)[518] vereinbart wurde oder nur ein normaler Liefertermin, weil nach Ablauf einer

---

508 OLG Köln 25.3.2003, CISG-online 1090; OLG München 1.7.2002, CISG-online 656, wonach sich die Fristsetzung als unabdingbare Voraussetzung von Rechten wegen jeglicher Vertragsverletzung aus Art. 49 II b) CISG und Art. 47 II 1 CISG ergäbe.

509 *Cetiner* (Fn. 489), 162, wonach auch Art. 49 I a i.V.m. Art. 48 CISG eine Nachfrist voraussetzt, da es ansonsten mit dem im CISG verankerten Grundsatz des favor contractus unvereinbar wäre.

510 *Honsell*^{2}(*-Schnyder/Straub*), (Fn. 492), Art. 47 CISG Rn. 4.

511 *Ferrari/Kieninger/Mankowski/Otte/Saenger/Staudinger*^{2}(*-Mankowski*), (Fn. 250), Art. 63 CISG Rn. 2.

512 *Schlechtriem*, ZEuP 1993, 217, 235.

513 MünchKomm HGB(*-Benicke*), (Fn. 484), Art. 47 CISG Rn. 3.

514 § 2 IV. 4.

515 *Zimmermann*, JZ 1995, 477, 484.

516 Siehe *Witz/Salger/Lorenz*(*-Salger*), International Einheitliches Kaufrecht (2000), Art. 47 CISG Rn. 1.

517 *Brunner*, (Fn. 505), Art. 63 CISG Rn. 1.

518 *Von Caemmerer*, FS Helmut Coing II (1982), 33, 52.

Nachfrist dem Gläubiger in beiden Fällen ein Vertragsaufhebungsrecht zusteht.[519] Der Verzug an sich begründet nämlich noch nicht ohne Weiteres eine wesentliche Vertragsverletzung.[520] Die Vorschriften des CISG schreiben damit weder eine Pflicht,[521] noch eine Obliegenheit zur Nachfristsetzung vor.[522] Der Nachfristsetzung kommt vielmehr die Aufgabe zu, eine an sich noch nicht wesentliche Vertragsverletzung hinsichtlich des Rücktrittrechts einer wesentlichen gleichzustellen.[523] Jedoch ist es nicht unzulässig, eine solche vor der Geltendmachung von anderen Rechtsbehelfen zu setzen. Hierbei gilt es allerdings zu beachten, dass sich die Nachfrist auch nachteilig für den Fristsetzenden auswirken kann. Wird diese nämlich bei anderen Rechtsbehelfen als dem Rücktritt eingesetzt, stellt sie nicht nur ein „stumpfes Schwert"[524] dar, sondern führt in diesem Fall aus dem Grundsatz von Treu und Glauben (Art. 7 I CISG) auch zur Selbstbindung des Fristsetzenden nach den Artt. 47 II, 63 II CISG.[525]

(2) Die Nachfrist zum Schutz des Schuldners

Die zweite große Aufgabe, die der Nachfrist im CISG zukommt, liegt in der Wahrung der Interessen des Schuldners. Dem Schuldner wird durch die ihm gesetzte Frist die Möglichkeit gegeben, die Vertragsverletzung zu beheben, die vertraglich geschuldete Leistung ordnungsgemäß zu erbringen und sich damit den Anspruch auf die Gegenleistung zu sichern.[526] Damit wird dem Willen des Schuldners Rechnung getragen, dem grundsätzlich ein starkes Interesse an dem Weiterbestehen des Vertrages unterstellt wird.[527] Der Schuldner wird darüber hinaus dadurch geschützt, dass es gemäß Artt. 47 II 1, 64 II 1 CISG dem Käufer/Verkäufer untersagt ist, im Falle einer gesetzten Nachfrist, vor deren Ablauf einen anderen Rechtsbehelf wegen Vertragsverletzung geltend zu machen. Der Fristsetzende wird dadurch einer Bindungswirkung unterworfen, welche zum Vorteil des Schuldners ist,[528] denn für sein Nacherfüllungsrecht wird ihm auf

---

519 *Schlechtriem*[4] (Fn. 503), 138 (Rn. 190).

520 *Schlechtriem/Schwenzer*[5](*-Müller-Chen*), (Fn. 487), Art. 47 CISG Rn. 1.

521 *Soergel(-Lüderitz/Schüßler-Langeheine)* BGB/CISG[13] (2000), Art. 47 CISG Rn. 1.

522 *Honsell*[2](*-Schnyder/Straub*), (Fn. 492), Art. 47 CISG Rn.4; *Schlechtriem*[4] (Fn. 503), 133 (Rn. 182).

523 Siehe *Ferrari/Kieninger/Mankowski/Otte/Saenger/Staudinger*[2](*-Mankowski*), (Fn. 250), Art. 63 CISG Rn. 1.

524 *Witz/Salger/Lorenz*(*-Witz*), (Fn. 516), Art. 63 CISG Rn. 1.

525 *Herber/Czerwenka*, Internationales Kaufrecht (1991), Art. 47 CISG Rn. 9.

526 *Schlechtriem*, ZEuP 1993, 217, 235.

527 *Cetiner*, (Fn. 489), 144.

528 Vergleiche auch *Staudinger*(*-Magnus*), (Fn. 491), Art. 47 CISG Rn. 1.

diesem Wege eine gesicherte Grundlage geschaffen.[529] Sowohl der Erfüllungsanspruch des Gläubigers als auch das Nacherfüllungsrecht des Schuldners werden folglich durch das System der Nachfristsetzung abgesichert.[530]

b. Wirksame Fristsetzung

Die Wirksamkeit der Fristsetzung wird im CISG an verschiedene Voraussetzungen geknüpft, zu denen in Literatur und Rechtsprechung unterschiedliche Auffassungen vertreten werden.

(1) Grundsätzliche Voraussetzungen

(a) Erfüllbarkeit einer bestehenden Leistungspflicht

Sowohl bei Art. 47 CISG als auch bei Art. 63 CISG wird für das Setzen einer Nachfrist lediglich vorausgesetzt, dass der Käufer gegenüber dem Verkäufer und umgekehrt Pflichten zu erfüllen hat. Die Artt. 47, 63 CISG gewähren somit hinsichtlich jeder Vertragspflicht das Recht, eine Nachfrist zur Erfüllung zu setzen, bei Art. 47 CISG beispielsweise also nicht nur für die Lieferpflicht, sondern auch für die Pflicht zur Ersatzlieferung oder Nachbesserung (Art. 46 II, III CISG);[531] allerdings tritt die Wirkung der Nachfrist als Voraussetzung für die Vertragsaufhebung nach Art. 49 I b) CISG nur im Fall der Fristsetzung zur Erfüllung der Lieferpflicht und bei Art. 64 I b) CISG nur bei einer Fristsetzung zur Kaufpreiszahlung oder Abnahme durch den Käufer ein.[532] Die Vertragsverletzung muss hierbei nicht wesentlich sein,[533] die Leistungspflicht nur erfüllbar.[534]

(b) Fälligkeit der Leistung

Hinsichtlich des Zeitpunktes, ab dem die Nachfrist von dem jeweiligen Gläubiger erklärt werden kann, werden in Literatur und Rechtsprechung unterschiedliche Auffassungen vertreten. Hauptstreitpunkt bildet hier die Frage, ob die Nachfrist schon vor Fälligkeit der Leistung oder erst danach erklärt werden darf. Für die Zulässigkeit einer Fristsetzung vor Fälligkeit wird vorgebracht, dass eine

---

529 *Achilles*, UN-Kaufrechtsübereinkommen (2000), Art. 47 CISG Rn. 1.
530 *Schlechtriem*[4], (Fn. 503), 132 (Rn. 181).
531 *Staudinger(-Magnus)*, (Fn. 491), Art. 47 CISG Rn. 8;
532 *Schlechtriem*[4], (Fn. 503), 321, 323.
533 *Enderlein/Maskow/Strohbach (-Maskow)*, (Fn. 474), Art. 47 CISG Ziff. 1.
534 *Soergel*[13]*(-Lüderitz/Schüßler-Langeheine)*, (Fn. 521), Art. 47 CISG Rn. 1.

Nachfrist jedenfalls in dem Fall vor dem jeweiligen Erfüllungszeitpunkt gesetzt werden könne, dass sie erst nach einer angemessenen Zeit nach Fälligkeit der Leistung abläuft.[535] Als vermittelnde Ansicht findet sich daneben die Auffassung, dass eine Nachfrist dann vor dem Fälligkeitstermin erklärt werden könne, wenn sie erst mit dem Fälligkeitstermin zu laufen beginnen soll.[536] Nach überwiegender Ansicht, kann eine wirksame Nachfrist hingegen erst nach Fälligkeit, also nach dem Eintritt des Erfüllungszeitpunktes nach Art. 33 CISG, gesetzt werden.[537] Eine vor diesem Zeitpunkt gesetzte Frist sei nicht nur unbehelflich,[538] sondern könne zudem aufgrund von Treu und Glauben (Art. 7 I CISG) zu einer Bindungswirkung des Fristsetzenden bis zum Ablauf der Frist führen.[539] Diese Auffassung ist vorzugswürdig: Für die herrschende Meinung spricht schon der Wortlaut des Art. 45 I a) CISG, der die Ausübung der Rechtsbehelfe gemäß den Artt. 46 – 52 CISG an den Eintritt einer Pflichtverletzung knüpft.[540] Aber auch im Hinblick auf den Sinn und Zweck der Nachfrist, den Schuldner an seine Leistungspflicht zu ermahnen, spricht Vieles dafür, eine wirksame Nachfristerklärung erst ab dem Fälligkeitszeitpunkt zuzulassen.[541] Einzig der Fall, in dem die Nachfrist kurz vor Eintritt der Fälligkeit gesetzt wird und der Schuldner bereits Schwierigkeiten hinsichtlich seiner Leistungsfähigkeit signalisiert hat, kann hiervon eine Ausnahme bilden.[542] Darüber hinaus unterliegt das Recht zur Nachfristsetzung außer der Verjährung keinen zeitlichen Schranken. Es kann daher solange geltend gemacht werden, wie der Käufer nach Art. 46 CISG Erfüllung verlangen kann.[543]

---

535 *Witz/Salger/Lorenz(-Witz)*, (Fn. 516), Art. 63 CISG Rn. 8.

536 *Piltz*, NJW 2009, 2264.

537 OLG Brandenburg 18.11.2008, IHR 2009, 105, 111; *Achilles*, (Fn. 529), Art. 47 CISG Rn. 3; *Ferrari/Kieninger/Mankowski/Otte/Saenger/Staudinger*^{2}*(-Mankowski)*, (Fn. 250), Art. 63 CISG Rn. 5; *Honsell*^{2}*(-Schnyder/Straub)*, (Fn. 492), Art. 47 CISG Rn. 14.

538 OLG München 19.10.2006, CISG-online 1394.

539 *Honsell*^{2}*(-Schnyder/Straub)*, (Fn. 492), Art. 47 CISG Rn. 14; *Brunner*, (Fn. 505), Art. 47 CISG Rn. 3, der eine Bindungswirkung für den Käufer bejaht, wenn der Verkäufer bereits Schritte zur Erfüllung unternommen hat.

540 *Brunner*, (Fn. 505), Art. 47 CISG Rn. 3, Fn. 1098.

541 Wobei es möglich ist, Fälligstellung und Nachfristsetzung in einer Erklärung zu verbinden, *Ferrari/Kieninger/Mankowski/Otte/Saenger/Staudinger(-Mankowski)*, (Fn. 504), Art. 63 CISG Rn. 5.

542 Vergleiche *Enderlein/Maskow/Strohbach*^{1}*(-Maskow)*, (Fn. 474), Art. 63 CISG Ziff. 2. 3.

543 *Witz/Salger/Lorenz(-Salger)*, (Fn. 516), Art. 47 CISG Rn. 3.

(2) Form und rechtliche Einordnung der Nachfristerklärung

Wie im deutschen Recht,[544] wird auch in der CISG keine Form für die Fristsetzung vorgeschrieben;[545] schlüssiges Verhalten genügt allerdings nicht.[546] Trotz der bestehenden Formfreiheit ist es den Vertragsparteien dennoch nicht zu raten, eine Fristsetzung nur mündlich abzugeben, da in diesen Fällen die Beweisführung oftmals unnötig erschwert wird.[547]

Hinsichtlich der rechtlichen Einordnung der Nachfrist wird teilweise in der Literatur die Ansicht vertreten, dass es sich bei dieser um ein Gestaltungsrecht handele.[548] Dem steht jedoch entgegen, dass der fruchtlose Ablauf der Nachfrist im CISG nicht automatisch zu einer Vertragsänderung führt,[549] wie es noch als Rechtsfolge für die Nachfrist im BGB a.F. vorgesehen war.[550] Dieser eröffnet lediglich das Recht auf Vertragsaufhebung. Es spricht daher Vieles dafür, die Erklärung der Nachfrist wie im BGB als eine einseitige, geschäftsähnliche Willensäußerung anzusehen.[551]

(3) Inhalt der Erklärung

Hinsichtlich des Inhalts der Erklärung geben die Vorschriften des CISG keine allzu strengen Maßstäbe vor. So braucht die Erklärung nicht einmal das Wort Nachfrist zu enthalten.[552] Allerdings hat der Fristsetzende eine deutliche Leistungsaufforderung verbunden mit einer Zeitbestimmung auszusprechen.[553] Der Schuldner muss erkennen können, dass ihm eine eventuell letzte Chance gegeben wird.[554] Nur wenn wirklich deutlich wird, dass der Gläubiger auf eine Erfüllung innerhalb der Nachfrist besteht, erscheinen die an den fruchtlosen Ablauf geknüpften, besonderen Rechtsfolgen gerechtfertigt.[555] Bei allzu höflichen Be-

---

544 § 7 VI. 1.

545 *Herber/Czerwenka*, (Fn. 525), Art. 47 CISG Rn. 3.

546 *Enderlein/Maskow/Strohbach(-Maskow)*, (Fn. 474), Art. 63 CISG Ziff. 6.

547 *Schlechtriem/Schwenzer*[5]*(-Müller-Chen)*, (Fn. 487), Art. 47 CISG Rn. 12.

548 Siehe *Ferrari/Kieninger/Mankowski/Otte/Saenger/Staudinger*[2]*(-Mankowski)*, (Fn. 250), Art. 63 CISG Rn. 11.

549 *Ratz*, Der Nacherfüllungsanspruch nach UN-Kaufrecht (2006), 66.

550 *Staudinger(-Otto/Schwarze)*, (Fn. 163), § 281 BGB Rn. B 19.

551 Vergleiche *Palandt*[72]*(-Grüneberg)*, (Fn. 14), § 323 BGB Rn. 12; *Staudinger (-Otto/Schwarze)*, (Fn. 163), § 281 Rn. B 19; § 3 I.

552 *Achilles*, (Fn. 529), Art. 47 CISG Rn. 3.

553 OLG Hamburg 28.02.1997, CISG-online 261; *Witz/Salger/Lorenz(-Witz)*, (Fn. 516), Art. 47 CISG Rn. 4.

554 OLG München 19.10.2006, CISG-online 1394; *Piltz*, NJW 2009, 2263.

555 MünchKomm HGB*(-Benicke)*, (Fn. 484), Art. 47 CISG Rn. 3.

schreibungen, wie „wir suchen sie um Erledigung bis 25.2.1993“,[556] besteht zudem die Gefahr, dass diese fälschlicherweise als Lieferaufschub oder Stundung verstanden werden und damit dem Fristsetzenden nur Nachteile bringen (wie zum Beispiel Bindungswirkung und fehlender Verzugsschadenanspruch).[557] Auch zur Minimierung des Prozessrisikos ist daher eine klare Formulierung angeraten. Ob der Inhalt der Erklärung als ausreichend und klar bestimmt angesehen wird, ist eine Auslegungsfrage nach Art. 8 CISG.[558]

Des Weiteren ist grundsätzlich davon auszugehen, dass die Erklärung mit der Anzeige der Vertragswidrigkeit verbunden werden muss.[559] Insbesondere, wenn zwischen den Parteien vertragliche Vereinbarungen über verschiedene Leistungen bestehen, muss die (Teil-)leistung, auf die sich die Nachfrist bezieht, in der Erklärung genau angesprochen werden.[560]

(a) Keine Ablehnungsandrohung

Die Erklärung muss weder die Ankündigung eines bestimmten Rechtsbehelfs[561] noch eine Ablehnungsandrohung (wie bei § 326 BGB a.F.) beinhalten.[562] Dies ergibt sich bereits aus dem Wortlaut der Artt. 47 I, 64 I CISG. Daneben kann als Argument angeführt werden, dass der Erfüllungsanspruch mit Fristablauf nicht wie im alten BGB automatisch untergeht, sondern der Gläubiger weiterhin auf ihn bestehen kann.[563] Der Grund für das Weglassen der Ablehnungsandrohung in den Vorschriften des CISG lag darin, dass die Nachfrist für die meisten Vertragsstaaten ein neuartiges Rechtsinstrument war, und man den internationalen Rechtsverkehr daher nicht mit dem zusätzlich unbekannten Erfordernis der Ablehnungsandrohung belasten wollte.[564] Die Richtigkeit dieser Entscheidung wird

---

556 OLG Nürnberg 20.9.1995, CISG-online 267, welches die Formulierung zwar als ausreichend erachtete, hiermit aber der Entscheidung der Vorinstanz (LG Nürnberg-Fürth 26.7.1994, CISG-online 266) widersprach.

557 *Schlechtriem/Schwenzer*[5](*-Müller-Chen*), (Fn. 487), Art. 47 Rn. 5.

558 *Baumgärtel/Laumen/Prütting*[3](*-Hepting/Müller*), (Fn. 490), Art. 47 CISG Rn. 2.

559 LG Regensburg 24.9.1998, TransportR-IHR 2000, 30, 31; A.A. *Witz/Salger/Lorenz* (*-Witz*), (Fn. 516), Art. 47 CISG Rn. 5.

560 OLG München 19.10.2006, CISG-online 1394.

561 Ein solcher kann jedoch als aufschiebend bedingte Erklärung mit der Fristsetzung verbunden werden, vergleiche BGH 28.3.1979, BGHZ 74, 193.

562 Siehe dazu MünchKomm HGB(*-Benicke*), (Fn. 484), Art. 47 CISG Rn. 4; A.A. *Enderlein/Maskow/Strohbach*(*-Maskow*), (Fn. 474), Art. 47 CISG Ziff. 4, nach dem deutlich sein muss, dass die Erfüllung nach Fristablauf abgelehnt wird.

563 Vergleiche *Cetiner*, (Fn. 489), 164.

564 *Huber, Ulrich*, (Fn. 24), 374 (§ 43 II. 1.).

durch die Erfahrungen bestätigt, die im deutschen Recht während der Geltung des BGB a.F. gemacht wurden. In der Praxis kam es hier nämlich durch die wenig praktikable Ablehnungsandrohung häufig zu unwirksamen Fristsetzungen.[565]

(b) Bestimmtheitserfordernis der Frist – Verlangen nach „sofortiger", „unverzüglicher" oder „umgehender" Leistung genügt nicht

Die wohl wichtigste inhaltliche Voraussetzung einer ordnungsgemäßen Fristsetzungserklärung ist die Bestimmung einer zeitlichen Begrenzung, innerhalb derer geleistet werden soll. Die gesetzte Frist muss derart bestimmt sein, dass zweifelsfrei feststeht, bis zu welchem Zeitpunkt die Erfüllung zu erfolgen hat.[566] So reicht eine dringende Mahnung ohne Terminsbestimmung wie z.B. „erwarten sofortige Lieferung" nicht aus.[567] Auch erfüllen die Wörter „prompt" und „umgehend" nicht das Erfordernis einer klaren zeitlichen Bestimmung.[568] Diese in der Literatur zum CISG[569] übereinstimmend vertretende Auffassung entspricht dagegen nicht der nunmehr in Deutschland geltenden aktuellen Rechtsprechung.[570] Nach einer neueren Entscheidung des BGH[571] genügt für die Wirksamkeit einer Fristsetzung nach § 281 BGB nämlich, dass der Gläubiger durch das Verlangen nach „sofortiger", „unverzüglicher" oder „umgehender" Leistung deutlich macht, dass dem Schuldner für die Erfüllung nur ein begrenzter (bestimmbarer) Zeitraum zur Verfügung steht; auf das Erfordernis der Angabe eines bestimmten Zeitraums wird somit verzichtet. Als Begründung wird angeführt, dass sich dem Begriff der Fristsetzung nicht entnehmen ließe, dass die maßgebliche Zeitspanne nach dem Kalender bestimmt sein müsse oder in konkreten Zeiteinheiten anzugeben sei. Durch die genannten Formulierungen werde zudem eine zeitliche Grenze gesetzt, die aufgrund der jeweiligen Umstände des Einzelfalls bestimmbar sei. Dies widerspreche auch nicht dem Zweck der Fristsetzung, dem Schuldner die Pflicht zur Leistung in einem hierfür gesetzten Zeitraum vor Augen zu führen.[572]

---

565 BT-Drucks. 14/6040, (Fn. 128), 181 Zu Nummer 15 – Neufassung der §§ 323 bis 326 Vorbemerkung.

566 *Brunner*, (Fn. 505), Art. 47 CISG Rn. 4.

567 OLG Düsseldorf 24.4.1997, CISG-online 385; *Staudinger(-Magnus)*, (Fn. 491), Art. 47 CISG Rn. 17.

568 *Schlechtriem/Schwenzer*[5]*(-Müller-Chen)*, (Fn. 487), Art. 63 CISG Rn. 3.

569 *Honsell*[2]*(-Schnyder/Straub)*, (Fn. 492), Art. 47 CISG Rn. 20.

570 § 7 VI. 2. e. (2).

571 BGH 12.8.2009, NJW 2009, 3153, 3154.

572 BGH 12.8.2009, NJW 2009, 3153, 3154, der in seiner Urteilsbegründung auf die vorgenannten Argumente verweist.

Diese Argumente könnten auf den ersten Blick ohne Weiteres auch für eine Übertragung der deutschen Rechtsprechung auf die Fristsetzung im CISG herangezogen werden. Dafür spricht, dass nach der Rechtsprechung und der Literatur zum CISG ebenfalls eine zu kurz bemessene Frist eine angemessene in Lauf setzt.[573] Gegen eine Übertragung der deutschen Rechtsprechung wiegt indes das Argument, dass die Vorschriften des BGB stark danach ausgerichtet sind, dass der Verbrauchervertrag, nach Ansicht des Gesetzgebers, die typische Erscheinungsform des schuldrechtlichen Vertrages sei.[574] Die Artt. 47, 63 CISG sind dagegen auf einen Unternehmer zugeschnitten (Art. 2a) CISG), dessen Schutzbedürftigkeit deutlich geringer ist als die eines Verbrauchers. Zum anderen sieht sich die deutsche Rechtsprechung auch nicht unerheblicher Kritik ausgesetzt,[575] so dass allein aus diesem Grunde Zweifel an einer Nachahmung im internationalen Rechtsverkehr bestehen. Wie sich die Rechtsprechung zum CISG in der Zukunft entwickeln wird, bleibt abzuwarten.

Gegenwärtig muss sich nach den Vorschriften des CISG die Frist folglich noch aus der Angabe entweder eines kalendermäßig bestimmten Datums – wie „bis zum 31.12." – oder eines eindeutig bestimmbaren Zeitraumes – wie „innerhalb von 3 Wochen seit Datum dieses Schreibens" ergeben.[576]

(4) Angemessenheit der Frist

Die zeitliche Spanne, welche dem Schuldner mit der Nachfrist zur Leistung eingeräumt wird, muss angemessen sein. Hierfür sind vor allen Dingen die Umstände des Einzelfalls unter Berücksichtigung des Fristbeginns entscheidend.[577]

(a) Fristlänge

Zwar räumt der vage Begriff der Angemessenheit als unbestimmter Rechtsbegriff einen gewissen Ermessenspielraum zugunsten des Fristsetzenden ein.[578] Dennoch kann im Einzelfall anhand verschiedener Kriterien eine angemessene Fristlänge objektiv festgestellt werden: Zunächst ist entscheidend, dass der Schuldner durch die Fristgewährung nur in die Lage versetzt werden soll, bereits

---

573 Vergleiche OLG Celle 24.5.1995, CISG-online 152; OLG Karlsruhe 14.2.2008, IHR 2008, 53; *Staudinger(-Magnus)*, (Fn. 491), Art. 47 CISG Rn. 20.

574 BT-Drucks. 14/6040, (Fn. 128), 91 A. Einleitung; *Schubel*, JuS 2002, 313.

575 Zur kritischen Auseinandersetzung mit der deutschen Rechtsprechung siehe § 7 VI. 2. e.

576 *Honsell²(-Schnyder/Straub)*, (Fn. 492), Art. 47 CISG Rn. 20.

577 LG Nürnberg-Fürth 26.7.1994, CISG-online 266.

578 *Enderlein/Maskow/Strohbach(-Maskow)*, (Fn. 474), Art. 63 CISG Ziff. 3.

begonnene Leistungshandlungen zu Ende zu führen.[579] Im Übrigen müssen zum Beispiel bei der Bemessung der Frist nach Art. 47 CISG die Dringlichkeit des Interesses des Käufers und mögliche Leistungshindernisse des Verkäufers berücksichtigt werden.[580] Dabei spielen Kriterien wie die Länge der vertraglichen Lieferfrist, die Eigenart der Leistung des Verkäufers sowie die Natur des Lieferhindernisses eine Rolle.[581] Bei Art. 63 CISG kann es hingegen für die Fristbemessung auf die Verderblichkeit der Ware, die Höhe der Lager- und Vorhaltekosten oder die Gefahr eines Preisverfalls ankommen.[582] Nicht ohne Grund wird deshalb vereinzelt angenommen, dass die Interessen des Verkäufers wegen der Gefahr eines höheren Schadens im Zweifel Vorrang genießen sollten.[583] Hierfür spricht auch der Grundsatz: „Geld hat man zu haben".[584] Für die Erfüllung der Leistung des Kaufpreises wird daher zum Beispiel schon eine kurze Laufzeit von sieben Tagen als angemessen angesehen.[585]

Bei der Beurteilung der Angemessenheit der Fristlänge ist im Übrigen erst auf den Zeitpunkt abzustellen, an dem der Gläubiger die Vertragsaufhebung erklärt hat.[586]

(b) Fristbeginn

Grundsätzlich beginnt die Fristberechnung mit dem Zeitpunkt, welchen der Fristsetzende in seiner Erklärung bestimmt hat. Hat dieser bei einer konkreten Zeitspanne dagegen keinen ausdrücklichen Anfangstermin festgelegt, so ist im

---

579 *Schlechtriem/Schwenzer*[5](*-Müller-Chen*), (Fn. 487), Art. 47 CISG Rn. 6.

580 *Soergel*[13](*-Lüderitz/Schüßler-Langeheine*), (Fn. 521), Art. 47 CISG Rn. 3.

581 *Enderlein/Maskow/Strohbach*(*-Maskow*), (Fn. 474), Art. 47 Ziff.2.

582 Siehe *Ferrari/Kieninger/Mankowski/Otte/Saenger/Staudinger*[2](*-Mankowski*), (Fn. 250), Art. 63 CISG Rn. 14.

583 *Brunner*, (Fn. 505), Art. 47 CISG Rn. 5, Art. 63 CISG Rn. 4.

584 Vergleiche OLG München 25.7.2002, WuM 2002, 492, 493; BT-Drucks. 14/6040, (Fn. 128), 132 Zu § 276 BGB Zu Absatz 1 Zu Satz 1, wonach der Schuldner für seine finanzielle Leistungsfähigkeit einzustehen hat.

585 Tribunal of International Commercial Arbitration of the Ukrainian Chamber Commerce and Trade 19.9.2005, CISG-online 1287; *Enderlein/Maskow/Strohbach*(*-Maskow*), (Fn. 474), Art. 63 CISG Ziff. 3.

586 LG Ellwangen 21.8.1995, CISG-online 279; *Cetiner* (Fn. 489), 165; Der Grund liegt darin, dass eine eventuell zu kurz gesetzte Frist nicht unwirksam ist, sondern sich in eine angemessene Frist verlängert, § 6 I. 3. b. (4) (c).

Zweifel von einem Beginn der Berechnung mit Zugang der Nachfrist beim Schuldner auszugehen.[587]

(c) Folgen einer zu kurz/zu lang bemessenen Frist

Nach überwiegender Ansicht kann in den meisten Fällen dahingestellt bleiben, ob die gesetzte Frist zu kurz bemessen wurde, da dies nicht zu einer Unwirksamkeit der Fristsetzung insgesamt führt, sondern in einem solchen Fall die Frist lediglich auf einen angemessenen Zeitraum verlängert wird.[588] Dagegen wird zwar teilweise argumentiert, dass der Schuldner gerade im Hinblick auf das Aufhebungsrecht nach Art. 49 I b) CISG wissen müsse, woran er ist und worauf er sich einzustellen hat; auch würde eine automatische Fristverlängerung der einhellig vertretenen Auffassung, dass eine zeitlich unbestimmte Aufforderung (wie „unverzüglich") nicht ausreiche, widersprechen.[589] Für eine automatische Fristverlängerung wiegt jedoch das gewichtige Argument, dass die Einschätzung über eine angemessene Fristlänge im konkreten Fall für den Gläubiger oftmals schwer zu treffen ist. Würde jede zu kurz bemessene Frist zu ihrer Unwirksamkeit führen, wäre das Institut der Nachfrist in der Praxis quasi wirkungslos. Denn einer solchen Gefahr könnte nur dadurch entgegen gewirkt werden, dass der Gläubiger zur Sicherheit immer eher eine zu lange Frist setzt. Würde man von dem Gläubiger aber ein solches Vorgehen verlangen, so würde sich die positive Wirkung der Nachfrist unangemessen zugunsten des Schuldners verschieben.[590] Es ist sich somit der herrschenden Meinung anzuschließen, dass sich grundsätzlich eine zu kurze Frist in eine angemessene verlängert. Eine Einschränkung besteht allerdings dann, wenn die Frist willkürlich oder treuwidrig zu kurz bemessen war.[591]

Eine zu lang bemessene Frist wird dagegen nicht in eine angemessene umgewandelt, sondern ist so, wie sie vom Gläubiger festgelegt wurde, für Ver-

---

587 *Ferrari/Kieninger/Mankowski/Otte/Saenger/Staudinger*[2]*(-Mankowski)*, (Fn. 250), Art. 63 CISG Rn. 17; A.A. *Witz/Salger/Lorenz(-Witz)*, (Fn. 516), Art. 47 CISG Rn. 4, der in einem solchen Fall die Frist ab dem Datum der Abgabe der Nachfristsetzung berechnet.

588 OLG Celle 24.5.1995, CISG-online 152; OLG Naumburg 27.4.1999, CISG-online 512; OLG Karlsruhe 14.2.2008, IHR 2008, 53; *Brunner*, (Fn. 505), Art. 47 CISG Rn. 5.

589 *Honsell*[2]*(-Schnyder/Straub)*, (Fn. 492), Art. 47 CISG Rn. 24a.

590 Vergleiche auch *Soergel*[13]*(-Lüderitz/Schüßler-Langeheine)*, (Fn. 521), Art. 47 CISG Rn. 3.

591 Siehe *Ferrari/Kieninger/Mankowski/Otte/Saenger/Staudinger*[2]*(-Mankowski)*, (Fn. 250), Art. 63 CISG Rn. 14.

tragsaufhebung und Bindungswirkung wirksam.[592] Letztlich ist noch zu beachten, dass eine Nachfrist auch stillschweigend durch zum Beispiel vorläufige Nichtausübung eines Rechtsbehelfs verlängert werden kann, wobei der Gläubiger aber das Risiko der Verwirkung beachten muss.[593]

(5) Absendung bzw. Abgabe als Voraussetzung für die Wirksamkeit der Nachfristerklärung

Die Wirksamkeit der Erklärung hängt anders als im deutschen Recht nicht von ihrem Zugang beim Gegenüber ab, sondern tritt entsprechend Art. 27 CISG bereits mit ihrer Abgabe ein.[594] Obgleich teilweise argumentiert wird, dass die Anwendung des Art. 27 CISG nicht mit dem Informationszweck der Nachfristsetzung zu vereinbaren sei,[595] spricht der Wortlaut des Art. 27 CISG eindeutig für dessen Anwendbarkeit bei der Nachfristerklärung.[596] Zudem wurde der Antrag Norwegens, in den Vorschriften des CISG den Zugang als Wirksamkeitsvoraussetzung für die Nachfrist festzulegen, mit deutlicher Mehrheit auf der Diplomatischen Konferenz zur Schaffung des UN-Kaufrechts abgelehnt.[597] Praktische Bedeutung gewinnt die Entscheidung gegen die Zugangstheorie und für die Wirksamkeit der Nachfrist schon bei Absendung hinsichtlich der Frage nach der Widerruflichkeit der Nachfrist. Da nach überwiegender Ansicht ein Widerruf der Nachfrist nach deren Wirksamwerden nicht mehr möglich ist,[598] wird durch die Anwendung des Art. 27 CISG die Möglichkeit des Widerrufs der Nachfrist nach Absendung gänzlich ausgeschlossen.[599]

---

592 *Schlechtriem/Schwenzer*[5]*(-Müller-Chen)*, (Fn. 487), Art. 47 CISG Rn. 10; A.A. *Honsell*[2]*(-Schnyder/Straub)*, (Fn. 492), Art. 47 CISG Rn. 24a, die auch hier von einer Unwirksamkeit der Fristsetzung ausgehen.

593 *Witz/Salger/Lorenz(-Witz)*, (Fn. 516), Art. 63 CISG Rn. 10.

594 *Schlechtriem/Schwenzer*[5]*(-Hager/Maultzsch)*, (Fn. 487), Art. 63 CISG Rn. 3.

595 *Ferrari/Kieninger/Mankowski/Otte/Saenger/Staudinger*[2]*(-Mankowski)*, (Fn. 250), Art. 63 CISG Rn. 11; vergleiche hierzu auch *Stern*, Erklärungen im UNICITRAL-Kaufrecht (1990), Rn. 271.

596 *Enderlein/Maskow/Strohbach*[1]*(-Maskow)*, (Fn. 474), Art. 63 CISG Ziff. 2. 2.; *Witz/Salger/Lorenz(-Witz)*, (Fn. 516), Art. 63 CISG Rn. 9.

597 *Honsell*[2]*(-Schnyder/Straub)*, (Fn. 492), Art. 47 CISG Rn. 17.

598 *Schlechtriem*, FS Trinkner (1995), 321, 325 f., welcher eine fundierte Argumentation für die Anwendbarkeit des Art. 27 CISG bietet.

599 A.A. *Staudinger(-Magnus)*, (Fn. 491), Art. 47 CISG Rn. 15. , der inkonsequenterweise sowohl die Artt. 15 II, 22 CISG für entsprechend anwendbar hält, als auch Art. 27 CISG und hierbei übersieht, dass sich die Artikel gegenseitig ausschließen.

(6) Entbehrlichkeit der Frist

Anders als im BGB regelt das CISG in ihren Vorschriften nicht ausdrücklich Fälle, in denen eine Fristsetzung entbehrlich ist.[600] Dies ist aber auch nicht notwendig, da die im BGB geregelten Fälle der Entbehrlichkeit regelmäßig solche eines „fundamental breach"[601] sind,[602] welcher nach den Artt. 49, 64 CISG ohnehin einen Rücktritt ohne Fristsetzung ermöglicht; so zum Beispiel bei ernsthafter und endgültiger Erfüllungsverweigerung,[603] oder wenn der Schuldner seine Leistung nur gegen eine zusätzliche Gegenleistung erbringt.[604]

(7) Beweislastverteilung

Die Beweislastverteilung bei den Nachfristvorschriften im CISG entspricht der Handhabe, wie sie im allgemeinen Rechtsverkehr üblich ist. So kommt es entscheidend auf die Vertragsrolle der Parteien und auf die Rolle der Nachfrist an: Soll die Nachfrist der Vertragsaufhebung dienen, dann liegt die Beweislast hinsichtlich ihrer wirksamen Setzung beim Gläubiger; wird auf sie dagegen im Rahmen einer dilatorischen Einrede wegen ihrer Bindungswirkung Bezug genommen, dann liegt die Beweislast beim Schuldner.[605] Wie zuvor bereits angesprochen,[606] gilt Art. 27 CISG auch für die Erklärung der Nachfrist. Dies bedeutet, dass der Fristsetzende für ihr Wirksamwerden nicht den Zugang sondern lediglich die Absendung der Erklärung in geeigneter Weise beweisen muss.[607] Der Fristempfänger dagegen kann sich als vertragsuntreue Partei nicht auf den privilegierenden Rechtsgedanken des Art. 27 CISG berufen und hat für die Berufung auf die Bindungswirkung den Zugang der Frist zu beweisen.[608]

---

600 Siehe auch *Mankowski*, JZ 2011, 781, 784, der als Grund für die fehlenden Fristentbehrlichkeitsvorschriften im CISG auf die in Art. 25 CISG normierte Interessenabwägung verweist.

601 Zur Definition einer solchen „wesentlichen Vertragsverletzung" siehe Art. 25 CISG.

602 *Schlechtriem*, ZEuP 1993, 217, 236; *Schmidt, Lutz*, (Fn. 127), 124.

603 OLG München 19.10.2006, CISG-online 1394; Schiedsgericht der Handelskammer Hamburg 21.3.1996, CISG-online 187; Eine ernsthafte und endgültige Erfüllungsverweigerung liegt jedoch nicht vor, wenn sich der Schuldner nur zwischenzeitlich zur Leistung außer Stande erklärt, OLG Düsseldorf 10.2.1994, CISG-online 115.

604 Schiedsgericht der Handelskammer Hamburg 21.3.1996, CISG-online 187.

605 *Baumgärtel/Laumen/Prütting*[3]*(-Hepting/Müller)*, (Fn. 490), Art. 47 CISG Rn. 1, 5.

606 § 6 I. 3. b. (5).

607 *Ferrari/Kieninger/Mankowski/Otte/Saenger/Staudinger*[2]*(-Saenger)*, (Fn. 250), Art. 47 CISG Rn. 9.

608 *Baumgärtel/Laumen/Prütting*[3]*(-Hepting/Müller)*, (Fn. 490), Art. 47 CISG Rn. 2.

(8) Abdingbarkeit des Fristsetzungserfordernisses

Die Rechtsbehelfe des Käufers bzw. Verkäufers können im CISG durch Vertrag erweitert oder eingeschränkt werden (Art. 6 CISG).[609] Auch bei der Nachfrist handelt es sich um dispositives Recht, welches nach Art. 6 CISG modifiziert werden kann.[610] So ist es dem Gläubiger im Hinblick auf Art. 49 I b) CISG zu empfehlen, im Vertrag die Wirksamkeit der Fristsetzung von deren Zugang abhängig zu machen.[611] Einigen sich die Parteien auf eine generelle Ausschlussvereinbarung hinsichtlich des CISG ohne eine anderweitige Rechtswahl getroffen zu haben, muss das stattdessen für den Vertrag anwendbare Recht mittels Rückgriff auf das Kollisionsrecht ermittelt werden.[612]

c. Rechtsfolgen der Fristsetzung

Die Nachfrist gewinnt ihre rechtliche Bedeutung in den Artt. 47 II, 49 I b), 63 II, 64 I b) CISG, die an das Setzen und fruchtlose Verstreichenlassen der Nachfrist konkrete Rechtsfolgen knüpfen.[613] Es ist somit zwischen der Wirkung der Nachfrist vor und nach ihrem Ablauf zu unterschieden.

(1) Vor Ablauf der Frist

(a) Umfang der Bindungswirkung

Das Setzen einer Nachfrist wirkt sich vor deren Ablauf zunächst nachteilig für den Gläubiger aus. Sie unterstützt nämlich die Interessen des Schuldners, indem sie den Fristsetzenden gemäß Artt. 47 II, 63 II CISG an die Frist bindet.[614] Die Bindungswirkung sorgt dafür, dass der Gläubiger vor Ablauf einer dem Schuldner gesetzten angemessenen Frist keinen Rechtsbehelf ausüben kann, es sei denn, der Schuldner hat die Erfüllung innerhalb der gesetzten Frist verweigert.[615] Die Bindungswirkung dient so dem Schutz des Vertrauens des Schuldners, dass er die Frist zur Erbringung der Leistung bis zum Ende ohne die Ge-

---

609 *Witz/Salger/Lorenz(-Witz)*, (Fn. 516), Art. 61 CISG Rn. 9.

610 Siehe dazu nur *Ferrari/Kieninger/Mankowski/Otte/Saenger/Staudinger*[2]*(-Saenger)*, (Fn. 250), Art. 47 CISG Rn. 3; Zu den Möglichkeiten der Modifizierung nach deutschem Recht, siehe §10 II.

611 *Honsell*[2]*(-Schnyder/Straub)*, (Fn. 492), Art. 47 CISG Rn. 42.

612 *Schlechtriem/Schwenzer*[5]*(-Ferrari)*, (Fn. 487), Art. 6 CISG Rn. 15.

613 Vergleiche *Soergel*[13]*(-Lüderitz/Budzikiewicz)*, (Fn. 521), Art. 63 CISG Rn. 1.

614 Anders als im deutschen Recht (siehe § 8 I. 1.) ist hier die Bindungswirkung der Nachfrist ausdrücklich im Gesetz normiert.

615 OLG Düsseldorf 10.2.1994, CISG-online 115.

fahr beispielsweise einer Erfüllungsklage ausnutzen kann.[616] Ebenso bleibt eine Erklärung des Gläubigers auf Vertragsaufhebung vor Ablauf der Frist wirkungslos.[617] Allerdings ist der Schuldner nicht davor geschützt, dass der Gläubiger Rechtsbehelfe wegen einer anderen Pflichtverletzung als die, aufgrund derer er eine Nachfrist gesetzt hat, geltend macht.[618] Ihre Begründung findet die Bindungswirkung in dem Verbot des venire contra factum propium.[619] Sie bezieht sich nicht nur auf alle Erfüllungsansprüche aus Art. 46 CISG, auf den Minderungsanspruch aus Art. 50 CISG und den Aufhebungsanspruch aus Art. 49 I a CISG, sondern auch auf den Schadenersatzanspruch wegen des unmittelbaren Erfüllungsmangels aus Art. 45 I b CISG.[620] Für den Verkäufer ist durch Art. 63 II CISG daneben das Recht zum Selbsthilfeverkauf suspendiert.[621] Die Bindungswirkung besteht hierbei auch beim Vorliegen einer wesentlichen Vertragsverletzung, und der Fristsetzende bleibt sogar dann an seine Nachfristerklärung gebunden, wenn er zu seinen Ungunsten eine unangemessen lange Frist bestimmt hat; bei einer zu kurz bemessenen Frist gilt die Bindungswirkung dagegen für die hierdurch in Gang gesetzte angemessene Frist.[622]

Allerdings kann der Gläubiger schon vor Fristablauf solche Ansprüche geltend machen, die von der nachträglichen Erfüllung unberührt bleiben, wie den Ersatzanspruch für Verzögerungsschäden, der in den Artt. 47 II 2, 63 II 2 CISG ausdrücklich normiert ist, oder auf eine durch die Verspätung verwirkte Vertragsstrafe.[623] Artt. 47 II 2 und 63 II 2 CISG zeigen damit, dass durch die Verlängerung des Erfüllungszeitraums durch die Nachfrist nicht die Vertragsverletzung beseitigt wird;[624] die Nachfrist führt nämlich nicht zu einer Stundung der

616 *Schlechtriem/Schwenzer*[5](*-Hager/Maultzsch*), (Fn. 487), Art. 63 CISG Rn. 4.

617 *Karollus*, (Fn. 485), 139 (7. Kap. III. 3. A.).

618 Siehe *Ferrari/Kieninger/Mankowski/Otte/Saenger/Staudinger*[2](*-Mankowski*), (Fn. 250), Art. 63 CISG Rn. 21.

619 MünchKomm HGB(*-Benicke*), (Fn. 484), Art. 47 CISG Rn. 9.

620 *Honsell*[2](*-Schnyder/Straub*), (Fn. 492), Art. 47 CISG Rn. 28.

621 *Piltz*, (Fn. 488), 176 (§ 4 Rn. 275); Bei rascher Verschlechterung der Ware bleibt dem Verkäufer jedoch der Notverkauf nach Art. 88 II CISG, *Brunner*, (Fn. 505), Art. 63 CISG Rn. 5.

622 *Soergel*[13](*-Lüderitz/Schüßler-Langeheine*), (Fn. 521), Art. 47 CISG Rn. 7; A.A. *Achilles*, (Fn. 529), Art. 47 CISG Rn. 4.

623 MünchKomm HGB(*-Benicke*), (Fn. 484), Art. 47 CISG Rn. 11.

624 *Staudinger*(*-Magnus*), (Fn. 491), Art. 47 CISG Rn. 22.

Leistung.[625] So läuft auch während der Frist die Verzinsung nach Art. 78 CISG weiter, da sich der Schuldner bis zur endgültigen Leistung in Verzug befindet.[626]

(b) Ende der Bindungswirkung

Die Bindungswirkung endet entweder mit Ablauf der Frist oder in dem Moment, in dem der Schuldner dem Fristsetzenden angezeigt hat, dass er seine Pflichten nicht innerhalb der ihm gesetzten Frist erfüllen wird (Artt. 47 II 1, 63 II 1 CISG). Eine solche Anzeige des Schuldners ist dabei erst nach Setzung der Nachfrist wirksam, da sie sich hierauf beziehen muss.[627] Anders als bei der Nachfristerklärung, ist für die Wirksamkeit der Verweigerungsanzeige ihr Zugang beim Gläubiger erforderlich, wofür schon der Wortlaut („Anzeige erhalten hat") spricht.[628] Mit „Anzeige" ist dabei keine förmliche Mitteilung gemeint, sondern es genügt jede Form der Kommunikation.[629]

(c) Fristsetzung durch den Verkäufer nach Art. 48 II 1 CISG

Für den Fall, dass der Käufer keine Frist zur Nacherfüllung setzt, räumt das CISG dem Verkäufer die Möglichkeit ein, selbst eine Bindungswirkung zwischen ihm und dem Käufer herbeizuführen. Hierzu hat der Verkäufer den Käufer über die noch bestehende Leistungspflicht zu informieren und ihn nach Art. 48 II 1 CISG zu der Erklärung aufzufordern, ob dieser innerhalb einer angegebenen Frist die Nacherfüllung annehmen werde.[630] Erklärt sich der Käufer hierauf nicht innerhalb einer angemessenen Frist, so kann der Verkäufer innerhalb der in seiner Aufforderung angegebenen Frist erfüllen, wobei während dieser Zeit dem Käufer die Geltendmachung von Rechtsbehelfen, die mit der Erfüllung nicht vereinbar sind, untersagt ist.

---

625 *Staudinger(-Magnus)*, (Fn. 491), Art. 47 CISG Rn. 22; *Schlechtriem/Schwenzer*[5] *(-Hager/Maultzsch)*, (Fn. 487), Art. 47 CISG Rn. 10.

626 *Karollus*, (Fn. 485), 178 (9. Kap. II. 2. B).

627 *Enderlein/Maskow/Strohbach(-Maskow)*, (Fn. 474), Art. 63 CISG Ziff. 7. 1.

628 *Brunner*, (Fn. 505), Art. 47 CISG Rn. 7.

629 *Witz/Salger/Lorenz(-Salger)*, (Fn. 516), Art. 47 CISG Rn. 8.

630 *Schlechtriem*[4], (Fn. 503), 132 f. (Rn. 181).

(2) Nach Ablauf der Frist

(a) Recht zur Vertragsaufhebung

Hat der Schuldner nicht innerhalb der ihm gesetzten Frist geleistet oder wenigstens in dieser Zeit ein vertragsgerechtes Angebot zu liefern unterbreitet,[631] entwickelt sich die Nachfrist zum Vorteil für den Gläubiger: Diesem wird nun im Fall der Nichtleistung nach Art. 49 I b) CISG[632] bzw. nach Art. 63 I b) CISG bei Zahlungs- oder Abnahmemangel unabhängig von dem Vorliegen einer wesentlichen Vertragsverletzung ein Recht auf Vertragsaufhebung gewährt.[633] Der fruchtlose Ablauf der Frist führt dabei weder zur automatischen Vertragsaufhebung (wie im § 326 BGB a.F.) noch zum Eingreifen eines sonstigen Rechtsbehelfs.[634] Das Recht auf Vertragsaufhebung steht dem Gläubiger damit nach Fristablauf neben dem Erfüllungsanspruch zu. Einzige Voraussetzung ist, dass die Leistung bei späterer Ausübung des Rechtsbehelfs nicht gemäß Art. 82 CISG unmöglich geworden sein darf.[635]

(b) Die Nachfrist zur Wiedererlangung eines bereits verfristeten Aufhebungsrechts?

Dem Fristablauf wird darüber hinaus nach vielfach vertretener Ansicht noch eine weitere Wirkung dahingehend zugesprochen, dass sich der Gläubiger damit ein etwa nach den Artt. 49 II, 64 II CISG verfristetes Aufhebungsrecht neu eröffnen könne.[636] Der Gläubiger, dem ein Vertragsaufhebungsrecht zugesprochen wird, verliert dieses nämlich gemäß der vorgenannten Vorschriften, wenn er es nicht innerhalb angemessener Zeit[637] ausübt.[638] Ob das Setzten einer Nachfrist

---

631 OLG Celle 24.5.1995, CISG-online 152.

632 Vergleiche OLG Naumburg 27.4.1999, CISG-online 512.

633 *Staudinger(-Magnus)*, (Fn. 491), Art. 63 CISG Rn. 22.

634 *Witz/Salger/Lorenz(-Witz)*, (Fn. 516), Art. 63 CISG Rn. 10.

635 *Piltz*, NJW 2009, 2263.

636 *Karollus*, (Fn. 485), 178 (9. Kap. II. 2. B.); *Witz/Salger/Lorenz(-Salger)*, (Fn. 516), Art. 47 CISG Rn. 10; *Ferrari/Kieninger/Mankowski/Otte/Saenger/Staudinger*[2] *(-Saenger)*, (Fn. 250), Art. 47 CISG Rn. 2; *Schlechtriem/Schwenzer*[5]*(-Müller-Chen)*, (Fn. 487), Art. 47 CISG Rn. 1.

637 Die Rechtsprechung verfährt bei der Bemessung eher großzügig: So nahm das OLG München keine Verwirkung des Vertragsaufhebungsrechts für den Fall an, dass zwischen Nachfristsetzung und Vertragsaufhebung ein Zeitraum von sechs Monaten lag, da die Klägerin, nach Ansicht des Gerichts, nicht davon ausgehen konnte, dass die Beklagte trotz weiter ausbleibender vollständiger Kaufpreiszahlung von ihren Rechten keinen Gebrauch mehr machen werde, OLG München 19.10.2006, CISG-online 1394.

dieses verlorene Recht wieder aufleben lassen kann, ist jedoch fraglich. Aus dem Wortlaut des Art. 49 II b) ii) CISG[639] ergibt sich lediglich Folgendes: Eine Nachfristsetzung nach Art. 47 I CISG führt dazu, dass die Vertragsaufhebung, welche an sich innerhalb der Frist nach Art. 49 II b) i CISG (das heißt innerhalb einer angemessenen Zeit nach Kenntnis von der Vertragsverletzung) geltend gemacht werden müsste, nunmehr erst innerhalb der Fristen gemäß Ziff. ii (also innerhalb einer angemessenen Zeit nach Ablauf der gesetzten Nachfrist nach Art. 47 I CISG) geltend gemacht werden muss.[640] Hieraus folgt jedoch nicht, dass auch ein bereits nach Art. 49 II b) i) CISG verloren gegangenes Aufhebungsrecht wieder geltend gemacht werden darf. Diesem steht auch Folgendes entgegen: Die Nachfrist kann solange wirksam erklärt werden, wie der Erfüllungsanspruch noch nicht verjährt ist.[641] Würde man der herrschenden Meinung folgen und auch ein verwirktes Aufhebungsrecht durch Setzung einer Nachfrist wieder aufleben lassen, wäre der Schuldner auch noch bis kurz vor der Verjährung des Erfüllungsanspruchs der Gefahr ausgesetzt, dass der Vertrag aufgehoben wird. Dies würde aber dem Sinn und Zweck der Regelung des Art. 49 II b) i CISG widersprechen, der ja gerade den Schuldner davor schützen will, dass er eine unangemessen lange Zeit der Vertragsaufhebungsgefahr und auf diese Weise den Spekulationen des Käufers ausgesetzt wird.[642] Auch würde es dazu führen, dass der Gläubiger immer wieder durch Setzen einer erneuten Nachfrist das Vertragsaufhebungsrecht wieder aufleben lassen könnte.[643] Im Übrigen erscheint es dem Gläubiger durchaus zumutbar, dass er innerhalb einer angemessenen Zeit, nachdem er Kenntnis von der Vertragsverletzung erlangt hat, entweder bei wesentlicher Vertragsverletzung die Vertragsaufhebung sofort erklärt oder aber innerhalb eines angemessenen Zeitraums eine Nachfrist setzt. Allein der Sinn und Zweck der Vorschrift des Art. 49 II b) CISG, welcher Fälle aufzählt, in denen dem Gläubiger zum Schutz des Schuldners das Aufhebungsrecht unwiederbringlich verloren gehen soll, spricht daher dafür, dem Gläubiger

638 Kantonsgericht Schaffhausen 27.1.2004, CISG-online 960; *Karollus*, (Fn. 485), 147 (7. Kap. V. 2. B.).

639 Gleiches gilt bei Art. 64 II b) ii) CISG.

640 Vergleiche *Enderlein/Maskow/Strohbach(-Maskow)*, (Fn. 474), Art. 63 CISG Ziff. 2. 1.

641 Zumindest nach den Vorschriften des BGB, § 218 BGB. Vergleiche hierzu auch die Ausführungen in § 10 I. 5.

642 *Honsell*²*(-Schnyder/Straub)*, (Fn. 492), Art. 49 CISG Rn. 86.

643 Vergleiche *Karollus*, (Fn. 485), 148 f. (7. Kap. V. 2. B.), der die Möglichkeit eines immer wieder durch Nachfrist neu zu erlangenden Vertragsaufhebungsrechts annimmt.

nach fruchtlosem Ablauf der Frist nur die Rechtsbehelfe zu gewähren, welche er vor Fristsetzung noch nicht verloren hatte.[644]

4. Zusammenfassung

Die umfassende Auseinandersetzung mit dem Institut der Nachfrist im CISG hat gezeigt, welchen vielfältigen Nutzen diese Regelung in den Vorschriften des Wiener Kaufrechts erfüllt. Der Gläubiger kann sein Prozessrisiko bei einer Unsicherheit wegen der „Wesentlichkeit" einer Vertragsverletzung minimieren und spart dabei auch noch Kosten, wenn er sich zunächst mit eigenen Mitteln hilft, ohne direkt vor Gericht zu ziehen.[645] Der Schuldner hingegen wird durch die Bindungswirkung der Nachfrist geschützt, welche er sogar selbst durch eine eigene Fristsetzung nach Art. 48 II 1 CISG an den Gläubiger bewirken kann. Obwohl die Ausarbeitung des Einheitskaufrechts dadurch gekennzeichnet war, möglichst keine singulären nationalen Regelungen zu übernehmen,[646] überrascht der Siegeszug der Nachfrist aufgrund der vorstehenden Argumente deshalb gerade nicht. Anders als das kaufmännische Bestätigungsschreiben hat die Nachfrist mithin als „typisch deutscher Gegenstand" international seinen Durchbruch geschafft.[647]

II. Die Nachfrist in den PECL, PICC und dem DCFR

Nachdem mit der Aufnahme in das CISG der Grundstein der Nachfristregelung im internationalen Rechtsverkehr gelegt worden war, fand diese im Weiteren auch Eingang in die europäischen Vereinheitlichungsprojekte wie die Prinzipien für ein europäisches Vertragsrecht („Principles of European Contract Law" – PECL) und für internationale Handelsverträge („Principles of international contracts" – PICC), sowie in den Entwurf eines Gemeinsamen Referenzrahmens für das Europäische Vertragsrecht („Draft Common Frame of Reference" – DCFR). Das CISG diente bei der Schaffung der vorgenannten Regelungswerke als „wichtige Referenz und Quelle der Inspiration"[648], womit sich die auffälligen

644 Ebenso *Ratz*, (Fn. 549), 68; *Staudinger(-Magnus)*, (Fn. 491), Art. 47 CISG Rn. 27.

645 Siehe *Ferrari/Kieninger/Mankowski/Otte/Saenger/Staudinger*^{2}*(-Mankowski)*, (Fn. 250), Art. 63 CISG Rn. 1.

646 *Schlechtriem*, FS Trinkner, (1995), 321, 323 f.

647 *Huber, Ulrich*, ZHR 1997 (161), 160, 174.

648 *Zoll*, ZEuP 2007, 229, 232; *Magnus*, ZEuP 2007, 260, 262.

Übereinstimmungen im Leistungsstörungsrecht der verschiedenen Regelungswerke erklären lassen. Daneben bestehen aber auch einige Unterschiede, insbesondere in Bezug auf die Ausgestaltung der Nachfristregelung, auf deren Herausarbeitung sich im Weiteren zur Vermeidung von Wiederholungen konzentriert werden soll.

1. Ursprünge und Ziele der Vereinheitlichungsprojekte

Mit Entschließung vom 26.5.1989[649] formulierte das Europäische Parlament erstmals das Ziel, ein Europäisches Gesetzbuch für das Privatrecht zu schaffen, welches vor allen Dingen die für die Gemeinschaft „relevanten" Bereiche wie das Schuldrecht beinhalten sollte;[650] ein weiterer Beschluss diesen Inhalts folgte 1994.[651] Während den Beschlüssen in Brüssel zunächst keine weitergehenden Anstrengungen in diese Richtung folgten,[652] widmeten sich im Weiteren verschiedene private Forschungsgruppen und Kommissionen, die ihre Arbeit teilweise bereits Jahre zuvor aufgenommen hatten,[653] intensiv der Umsetzung dieses Vorhabens.[654] Als Ergebnis ihrer Bemühungen entstanden zwei bedeutende Regelungswerke: Zum einen die Grundregeln des Europäischen Vertragsrechts (PECL),[655] vorbereitet und in drei Teilstücken in den Jahren 1995, 2000 und 2003 von der sogenannten Lando-Kommission veröffentlicht,[656] und zum anderen die Grundregeln für internationale Handelsverträge (PICC) des International Institute for the Unification of Private Law (UNIDROIT) aus dem Jahr 1994.[657] Erst im Anschluss hieran wurde im Auftrag der Europäischen Kommission auf der Basis der Arbeit der Lando-Kommission sowie des UNIDROIT-Instituts der Entwurf eines Gemeinsamen Referenzrahmens für das Europäische

---

649 1. Entschließung vom 26.5.1989, AblEG Nr. C 158 (E) vom 26.6.1989, 400.

650 *Martiny*, in: *Martiny/Witzleb* (Hrsg.), Auf dem Weg zu einem Europäischen Zivilgesetzbuch (1999), 1, 2.

651 2. Entschließung vom 6.5.1994, AblEG Nr. C 205 (E) vom 25.7.1994, 518.

652 *Drobnig*, in: *Martiny/Witzleb*, (Fn. 650), 109, 110; *Mittwoch*, JuS 2010, 767 f.

653 Die wohl bedeutendste und nach ihrem dänischen Gründer Ole Lando benannte Kommission beschäftigte sich beispielsweise schon seit 1980 mit diesem Thema, *Drobnig*, in: *Martiny/Witzleb*, (Fn. 650), (1999), 109, 110.

654 *Martiny*, in: *Martiny/Witzleb*, (Fn. 650), 1, 2.

655 Ausführlich zu den Ursprüngen und Zielen der sogenannten „Lando-Prinzipien" siehe *Graziano(-Lando/Beale)*, Europäisches Vertragsrecht (2008), 417 – 422.

656 *Mittwoch*, JuS 2010, 767, 769 m.w.N.

657 Die Leitung der UNIDROIT oblag hierbei Michael Joachim Bonell.

Vertragsrecht (DCFR) geschaffen,[658] welcher 2008 das erste Mal und 2009 in überarbeiteter Version vorgelegt wurde.[659]

Allen drei Regelungswerken ist gemein, dass sie in naher Zukunft als Grundlage für die Arbeit nationaler und internationaler Gesetzgeber dienen sollen.[660] Daneben ist mit ihnen die Hoffnung verbunden, dass sie europaweit von Parteien freiwillig als Grundlage ihrer Verträge gewählt werden.[661] Das Fernziel liegt schließlich darin, Modell für ein späteres einheitliches Vertragsrecht in Europa zu sein.[662] Trotz ihrer gegenwärtig fehlenden Verbindlichkeit, ist somit die Bedeutung der genannten Referenztexte für die Entwicklung des internationalen Privatrechts nicht zu unterschätzen.

2. Die Nachfrist in den Principles of European Contract Law (PECL)

a. Anwendungsbereich der PECL

Mit der Intention, die Basis für ein Europäisches Vertragsrecht zu schaffen,[663] erarbeitete die Lando-Kommission modellhafte Regelungen, an denen sich die verschiedenen Rechtssetzer orientieren können.[664] Bei der Entwicklung der Prinzipien bediente man sich einer rechtsvergleichenden Synthese verschiedener Rechtsordnungen.[665] Ein vollends verbindliches Regelwerk sollte dabei nicht geschaffen werden; vielmehr sind die Grundregeln der PECL gemäß Art. 1:101 PECL[666] dazu gedacht, als allgemeine Regeln des Vertragsrechts in der Euro-päischen Union angewendet zu werden, wenn sich die Parteien in ihrem Vertrag hierauf einigen. Gleichzeitig sollen sie aber auch als Rechtser-

658 *Zoll*, ZEuP 2007, 229; *Magnus*, ZEuP 2007, 260, 262.

659 *Mittwoch*, JuS 2010, 767, 770 m.w.N.

660 Vergleiche *Michaels*, RabelsZ 62 (1998), 580, 589; *Schwartze,* in: *Martiny/Witzleb*, (Fn. 650), 33, 41; *Hirsch*, ZIP 2007, 937, 939; *Mittwoch*, JuS 2010, 767, 770.

661 Vergleiche Art. 1:101 (2) PECL; Präambel der PICC; *Dauner-Lieb/Quecke*, in: *Schulze/von Bar/Schulte-Nölke* (Hrsg.), (Fn. 389), 135, 138; *Schmidt, Lutz*, (Fn. 127), 109.

662 *Schulze* in: *Schulze/von Bar/Schulte-Nölke* (Hrsg.), (Fn. 389), 1, 2; *Schmidt, Lutz*, Die Vertragsaufhebung durch den Warenverkäufer (2003), 110.

663 *Drobnig*, FS Steindorff (1990), 1141, 1149.

664 *Schwartze* in: *Martiny/Witzleb*, (Fn. 650), 33, 41.

665 *Zoll*, ZEuP 2007, 229, 230.

666 Siehe Grundregeln des Europäischen Vertragsrechts der Kommission für Europäisches Vertragsrecht, Übersetzung von *Drobnig/Zimmermann/Wicke* in: *Schulze/Zimmermann* (Hrsg.), Europäisches Privatrecht Basistexte^{3} (2005), 387, welche die Grundlage der weiteren Analyse bildet.

kenntnisquelle bzw. Auslegungshilfe für andere Rechtsordnungen dienen.[667] Im Gegensatz zum CISG, sollen die PECL bei sämtlichen Verträgen Anwendung finden, unabhängig davon, ob ein Verbraucher oder Unternehmer daran beteiligt[668] und der Sachverhalt national oder international ist.[669] Enger ist der Anwendungsbereich gegenüber den PICC allerdings insofern, als die PECL nur innerhalb Europas gelten sollen.[670]

b. Das System der Leistungsstörungen in den PECL

Im Mittelpunkt des Leistungsstörungsrechts der PECL steht, wie in den Vorschriften des CISG, der allgemeine Begriff der Nichterfüllung, Art. 8:101 PECL.[671] Hierunter wird jede Nichterfüllung einer vertraglichen Verpflichtung, insbesondere die verspätete Erfüllung, die mangelhafte Erfüllung sowie die Verweigerung der für den Vertrag erforderlichen Zusammenarbeit, verstanden.[672] Anders als im Wiener Kaufrecht wird in den Regelungen der PECL jedoch entsprechend ihres Anwendungsbereichs nicht zwischen den Ansprüchen des Verkäufers und denen des Käufers unterschieden, sondern es ist generell nur von „Parteien" die Rede.

(1) Allgemeine Regelungen

Die einzelnen Rechtsbehelfe bei Nichterfüllung sind in Kapitel 9 der PECL normiert, in welchem sich die dort enthaltenen Abschnitte 3, 4 und 5 der Vertragsaufhebung, der Minderung und dem Schadensersatz widmen. Auffällig ist, dass der Anspruch auf Erfüllung in den Regeln der PECL nicht als primäre Verpflichtung des Schuldners normiert ist, sondern sich als ein sekundärer Rechtsbehelf bei Nichterfüllung ebenfalls in Kapitel 9 wiederfindet.[673] Das kontinentaleuropäische Konzept der „specific performance" wird damit auf eine Stufe mit allen übrigen Rechtsbehelfen gestellt, um die unterschiedlichen Rechtsordnungen auf den gemeinsamen Nenner des generellen Begriffs der Vertragsver-

---

667 *Pfeiffer*, ZEuP 2008, 679, 681, 704.

668 *Blase*, Die Grundregeln des Europäischen Vertragsrechts als Recht grenzüberschreitender Verträge (2001), 110 f.

669 *Schwartze* in: *Martiny/Witzleb*, (Fn. 650), 33, 42.

670 *Schmidt, Lutz*, Die Vertragsaufhebung durch den Warenverkäufer (2003), 110.

671 *Zoll*, ZEuP 2007, 229, 235.

672 *Anders*, ZIP 2001, 184, 187.

673 Vergleiche *Mitzkait*, Leistungsstörung und Haftungsbefreiung (2008), 124.

letzung („Nichterfüllung“) zu bringen.[674] Anders als im BGB,[675] stellt die Nachfrist zudem nicht die zentrale Voraussetzung für sämtliche sekundären Rechtsbehelfe dar.[676] Beispielsweise wird das Recht auf Minderung der Partei, die eine angebotene, nicht vertragsgemäße Leistung annimmt, ohne weitere Voraussetzungen zugesprochen, Art. 9:401 PECL; das Recht auf Schadensersatz hängt dagegen ausschließlich davon ab, ob die Nichterfüllung, welche zum Schadenseintritt führte, gemäß Art. 8:108 PECL entschuldigt ist oder nicht, Art. 9:501 PECL. Die Principles sehen hier weder ein Fristsetzungserfordernis noch die Notwendigkeit einer Mahnung vor.[677]

Aus den Artt. 8:102, 9:506, 9:507 PECL folgt, dass der Anspruch auf Schadensersatz wie im BGB neben dem Recht auf Vertragsaufhebung gewährt wird.[678] Ein bedeutender Unterschied zur Ausgestaltung des Gewährleistungsrechts im BGB besteht indes darin, dass in den Vorschriften der PECL wie im CISG[679] ausdrücklich ein sogenanntes „Recht zur zweiten Andienung“ bzw. ein Recht zur Heilung normiert ist,[680] wobei dieses eng gefasst ist.[681] So räumt Art. 8:104 PECL der Partei, deren Leistung als nicht vertragsgerecht zurückgewiesen wurde, das Recht, ein neues vertragsgemäßes Angebot zu machen, nur ein, solange die Leistung noch nicht fällig ist oder die Verzögerung keine wesentliche Nichterfüllung darstellt.

(2) Das Recht auf Vertragsaufhebung

Das Recht auf Vertragsaufhebung ist in Art. 9:301 PECL geregelt. Hiernach ist für die Eröffnung des Vertragsaufhebungsrechts ebenfalls grundsätzlich entscheidend, ob die Nichterfüllung wesentlich ist (Art. 9:301 (1) PECL).[682] Unerheblich ist, ob daneben ein Entschuldigungsgrund vorliegt oder nicht.[683] Darüber hinaus verweist Art. 9:301 (2) PECL im Falle einer nicht rechtzeitigen Leistung, die keine wesentliche Nichterfüllung im Sinne von Art. 8:103 PECL ist, auf die

---

674 *Zoll*, ZEuP 2007, 229, 237.

675 Vergleiche hierzu auch *Schmidt*, *Lutz*, (Fn. 127), 122.

676 Wofür man sich auch schon im CISG entschieden hatte, siehe § 6 I. 2. a.

677 *Mitzkait*, (Fn. 673), 126, die dies damit begründet, dass eine Unterteilung in Schadensersatz statt der Leistung, Schadensersatz wegen Leistungsverzögerung und sonstigen Schaden, wie im deutschen Recht, nicht vorhanden ist.

678 Vergleiche auch *Magnus*, ZEuP 2007, 260, 269.

679 § 6 I. 2. a.

680 *Zoll*, ZEuP 2007, 229, 236.

681 *Pfeiffer*, ZEuP 2008, 679, 692.

682 *Zoll*, ZEuP 2007, 229, 235 f.

683 *Mitzkait*, (Fn. 673), 127.

weitere Möglichkeit zur Vertragsaufhebung nach Art. 8:106 (3) PECL, welcher als Voraussetzung eine erfolglos abgelaufene Nachfrist für die Erfüllung beinhaltet. Schließlich räumen die PECL der benachteiligten Partei auch schon vor dem verabredeten Leistungszeitpunkt ein Recht auf Vertragsaufhebung ein,[684] wenn die besonderen Voraussetzungen der Artt. 8:105 (2), 9:304 PECL erfüllt sind.[685]

c. Die Nachfristregelung in Art. 8:106 PECL

Mit Art. 8:106 PECL[686] ist ein Artikel geschaffen worden, der sich ausschließlich dem Institut der Nachfrist widmet. Der Artikel ist in drei Absätze unterteilt, welche sich mit dem grundsätzlichen Prinzip der Nachfristgewährung sowie seinen Rechtsfolgen und den Voraussetzungen seiner Wirksamkeit befassen.

(1) Das Recht zur Nachfristgewährung im Falle der Nichterfüllung nach Art. 8:106 (1) PECL

Zunächst einmal schreibt Art. 8:106 (1) PECL vor, dass in „jedem Fall einer Nichterfüllung", dass heißt unabhängig davon, ob diese nach Art. 8:103 PECL wesentlich ist oder nicht, die benachteiligte Partei das Recht hat, der anderen Partei eine Nachfrist zur Erfüllung zu gewähren.[687] Anders als in den Absätzen 2

---

684 *Mitzkait*, (Fn. 673), 127.

685 *Zoll*, ZEuP 2007, 229, 236.

686 Art. 8:106 PECL lautet: „*(1) In jedem Fall einer Nichterfüllung kann die benachteiligte Partei durch Erklärung gegenüber der anderen Partei eine Nachfrist für die Erfüllung gewähren.*
(2) Während des Laufs der Nachfrist kann die benachteiligte Partei die Erfüllung ihrer eigenen Gegenleistungspflichten zurückhalten und Schadensersatz verlangen, kann aber keinen anderen Rechtsbehelf geltend machen. Wenn sie eine Mitteilung der anderen Partei erhält, dass diese innerhalb der Frist nicht erfüllen wird, oder wenn bei Fristablauf nicht vertragsgemäß erfüllt wurde, kann die benachteiligte Partei jeden Rechtsbehelf geltend machen, der ihr nach Kapitel 9 zur Verfügung stehen mag.
(3) Hat im Fall einer Verzögerung der Erfüllung, die nicht wesentlich ist, die benachteiligte Partei eine Nachfrist angemessener Länge gewährt, so kann sie nach Ablauf dieser Frist den Vertrag aufheben. Die benachteiligte Partei kann in ihrer Erklärung bestimmen, dass der Vertrag ohne weiteres aufgehoben ist, wenn die andere Partei nicht innerhalb der durch die Erklärung gewährten Frist erfüllt. Falls die gewährte Frist zu kurz ist, kann der Vertrag nur nach Ablauf einer angemessenen Frist von der benachteiligten Partei aufgehoben werden beziehungsweise ohne weiteres aufgehoben werden."

687 Siehe *Von Bar/Zimmermann*, Grundregeln des Europäischen Vertragsrechts (2002), Art. 8:106 PECL Rn. A.

und 3 finden sich in dieser Regelung keine Rechtsfolgen der Nachfristgewährung und, diesem Umstand Rechnung tragend, auch keine besonderen Anforderungen an die Fristerklärung selbst. In Absatz 1 wird schlicht das Recht zur Nachfristgewährung dargelegt.

(2) Die Bindungswirkung der Nachfrist nach Art. 8:106 (2) PECL

Unabhängig davon, in welcher Länge die nach Absatz 1 erklärte Nachfrist von der benachteiligten Partei gewährt wurde, entfaltet diese gemäß Art. 8:106 (2) PECL eine Bindungswirkung für die Partei, welche die Nachfrist erklärt hat. Diese äußert sich dergestalt, dass die erklärende Partei während des Laufs der Nachfrist außer ihrem Recht auf Zurückhaltung ihrer Gegenleistungspflicht und auf Schadensersatz keinen anderen Rechtsbehelf geltend machen kann.[688] Die Bindungswirkung endet erst in dem Zeitpunkt, in dem entweder die Partei mitgeteilt hat, dass sie innerhalb der Frist nicht erfüllen wird, oder aber die Frist fruchtlos abgelaufen ist. Sobald eine der beiden Voraussetzungen gegeben ist, steht der benachteiligten Partei wieder – wie vor der Fristsetzung – das Recht zu, jeden nach Kapitel 9 möglichen Rechtsbehelf geltend zu machen, sofern die dort normierten Voraussetzungen erfüllt sind.

(3) Die Nachfrist zur Aufhebung des Vertrages nach Art. 8:106 (3) PECL

In Art. 8:106 (3) PECL wird an den erfolglosen Ablauf einer gewährten Nachfrist schließlich das Recht zur Vertragsaufhebung im Falle einer nicht wesentlichen Verzögerung der Erfüllung geknüpft, soweit sie von angemessener Länge war. Unerheblich ist, ob die Nichterfüllung wegen eines vorübergehenden Hinderungsgrundes entschuldigt ist oder nicht.[689] Wie im CISG,[690] stellt die Nachfristregelung hierbei in Kombination mit Art. 9:301 (1) PECL einen von zwei disjunktiven Tatbeständen dar, die zur Geltendmachung des Rechts auf Vertragsaufhebung berechtigen. Ferner gestattet Satz 2 des Absatzes 3 der benachteiligten Partei, die Erklärung zur Gewährung der angemessenen Nachfrist direkt mit der Bestimmung zu verbinden, dass der Vertrag nach fruchtlosem Ablauf der Frist automatisch aufgehoben ist.

---

688 *Von Bar/Zimmermann*, (Fn. 687), Art. 8:106 PECL Rn. A.
689 *Von Bar/Zimmermann*, (Fn. 687), Art. 8:106 PECL Rn. B.
690 § 6 I. 2. b.

d. Aufgabe der Nachfrist in den PECL

Die Nachfristregelung in den PECL übernimmt, wie schon im CISG, die klare Aufgabe, dem Gläubiger bei Vorliegen einer (bisher) noch nicht hinreichend gewichtigen Verletzung vertraglicher Pflichten die Möglichkeit zu geben, diese zu einer „wesentlichen“ Vertragsverletzung aufzuwerten.[691] Die Vorteile, die hiermit verbunden sind, wurden bereits ausführlich im Rahmen der Analyse der Nachfristregelung im CISG dargelegt.[692] Daneben erfüllt die Nachfrist auch in den PECL die Funktion, dem Schuldner eine „zweite Chance“ zur Erbringung einer vertragsgerechten Leistung einzuräumen.[693] Die durch die Nachfrist gewährte Chance ist hierbei jedoch nicht mit dem „Recht auf zweite Andienung“ gleichzusetzen. Anders als im BGB, wo diese Frage sehr umstritten ist,[694] ergibt sich dies in den Vorschriften der PECL aus einem einfachen Grund: Das Recht zur Heilung bzw. zweiten Andienung wurde ausdrücklich in Art. 8:104 PECL normiert; allerdings nur für die Fälle, in denen die Leistung entweder noch nicht fällig ist oder aber die Verzögerung der Leistung noch keine „wesentliche“ darstellt. In allen übrigen Fällen, in denen der Gläubiger beispielsweise trotz Vorliegens einer wesentlichen Vertragsverletzung eine Nachfrist nach Art. 8:106 (1) PECL setzt, wird dem Schuldner somit erst aufgrund der Bindungswirkung der Nachfrist nach Art. 8:106 (2) PECL eine „zweite Chance“ zur vertragsgerechten Erfüllung eingeräumt. Auch in diesem Punkt stimmt die Ausgestaltung der Nachfrist in den PECL mit der im CISG überein.

Weitere Übereinstimmungen liegen darin, dass in den PECL mit der Nachfrist ebenfalls der Vorteil verbunden ist, dass durch den zusätzlichen Zeitablauf die Wesentlichkeit einer Vertragsverletzung eher zu bejahen sein wird,[695] wodurch die Nachfrist auch bei anderen Fällen der Nichterfüllung als der Verzögerung für den Gläubiger einen großen Nutzen bedeutet. Schließlich erhält der Gläubiger mit dem Setzen der Nachfrist die Möglichkeit zu klären, ob der Schuldner überhaupt noch leistungsbereit ist,[696] und zum anderen ein Mittel, diesen bei der Erfüllung seiner vertraglichen Leistungen unter Druck zu setzen.[697]

---

691 *Schmidt, Lutz,* (Fn. 127), 121.

692 Siehe § 6 I. 3. a. (1).

693 § 6 I. 3. a. (2).

694 Siehe § 4. III. 1.

695 Vergleiche *Lehmkuhl*, (Fn. 506), 109.

696 Vergleiche *Brunner*, (Fn. 505), Art. 47 CISG Rn. 2.

697 *Ferrari/Kieninger/Mankowski/Otte/Saenger/Staudinger*[2]*(-Saenger)*, (Fn. 250), Art. 47 CISG Rn. 1.

e. Voraussetzungen einer für die Vertragsaufhebung wirksamen Nachfrist gemäß Art. 8:106 (3) PECL

Wie oben bereits dargelegt, schreiben die Absätze 1 und 2 des Art. 8:106 PECL keine speziellen Voraussetzungen für eine Wirksamkeit der Nachfrist vor. Dies bedeutet, dass es für das Eintreten der Bindungswirkung der Nachfrist gemäß Art. 8:106 (2) PECL unerheblich ist, in welcher Länge und in welchem Fall der Nichterfüllung diese erklärt wurde.[698] Etwas anderes gilt jedoch, soll mit der Nachfrist gemäß Art. 8:106 (3) PECL das Recht zur Vertragsaufhebung eröffnet werden. Hinsichtlich der Form und der rechtlichen Einordnung der Nachfristerklärung, des Inhalts der Erklärung sowie der materiellen Voraussetzungen kann zunächst vollumfänglich auf die Ausführungen zu diesen Punkten im Rahmen der Untersuchung des CISG verwiesen werden.[699] Die sich anschließenden Ausführungen stellen hierzu lediglich eine Ergänzung dar.

(1) Verzögerung der Erfüllung als nicht „wesentliche" Vertragsverletzung

Lediglich bei Vorliegen einer verzögerten Erfüllung, bei der die Verzögerung selbst noch keine „wesentliche" Vertragsverletzung darstellt, kann der Gläubiger durch das Setzen einer Nachfrist das Aufhebungsrecht gemäß Art. 8:106 (3) PECL erlangen. In diesem Punkt gehen die European Principles mit dem Wiener Kaufrecht konform.[700] Eine Beschränkung auf bestimmte Leistungspflichten, wie sie im CISG zu finden ist,[701] sehen die PECL allerdings nicht vor. Bei jeder nicht rechtzeitig erbrachten Vertragspflicht zieht die erfolglose Nachfristsetzung in den PECL somit gemäß Artt. 9:301 (2), 8:106 (3) PECL das Vertragsaufhebungsrecht nach sich.[702] Erbringt der Schuldner hingegen zum Leistungszeitpunkt eine mangelhafte Leistung, kommt die Begründung eines Aufhebungsrechts über eine Nachfristsetzung mangels Verzögerung der Erfüllung schlechthin nicht in Betracht.[703]

---

698 *Von Bar/Zimmermann*, (Fn. 687), Art. 8:106 PECL Rn. D.

699 Siehe Ausführungen unter § 6 I. 3. b. (2).

700 *Düchs*, Die Behandlung von Leistungsstörungen im Europäischen Vertragsrecht (2006), 174, der anmerkt, dass diese Limitierung der Option zur Aufhebung des Vertrages zuweilen übersehen wird.

701 Wie Ausbleiben der Lieferung, Kaufpreiszahlung oder Abnahme der Ware, siehe Ausführungen unter § 6 I. 3. b. (1) (a).

702 *Düchs*, (Fn. 700), 174.

703 *Düchs*, (Fn. 700), 174 Fn. 48.

(2) Erklärung zur Gewährung einer Nachfrist

Auch wenn die Vorschrift des Art. 8:106 (3) PECL – wie bereits Art. 356 ADHGB –[704] lediglich von dem „Gewähren" einer Nachfrist als Voraussetzung für die Vertragsaufhebung spricht, besteht doch ein großer Unterschied zu der ursprünglichen Regelung der Nachfrist im ADHGB von 1861: In Art. 8:106 (1) PECL ist nämlich ausdrücklich festgehalten, dass die Gewährung der Nachfrist durch eine Erklärung zu erfolgen hat. Insofern ähnelt die Vorschrift vielmehr dem im deutschen Recht verwendeten Begriff des „Setzens" einer Nachfrist, welcher ebenfalls eine Erklärung impliziert. Daneben folgt aus Satz 2 des Absatzes eindeutig, dass die Gewährung durch eine Erklärung zu erfolgen hat,[705] welche, wie aus Satz 2 hervorgeht, direkt mit der Bestimmung versehen werden kann, dass der Vertrag ohne Weiteres mit fruchtlosem Fristablauf aufgehoben ist.

(3) Bestimmtheit und angemessene Länge der Nachfrist

Für die Rechtsfolge nach Art. 8:106 (3) PECL, also für das Recht auf Vertragsaufhebung, ist es Voraussetzung, dass die Erklärung über die Gewährung einer Nachfrist einen bestimmten Zeitraum, wie „innerhalb einer Woche" oder „bis zum 1. Juni", bezeichnet.[706] Die vom BGH in einer jüngeren Entscheidung vertretene Ansicht, dass auch Bezeichnungen wie „unverzüglich" für eine ordnungsgemäße Fristsetzung genügen,[707] hat sich bisher bei den PECL nicht durchgesetzt.[708] Des Weiteren muss die erklärte Nachfrist eine angemessene Länge aufweisen. Insoweit ergeben sich keine Unterschiede zu den Vorschriften des CISG und des BGB.[709]

---

704 Siehe § 1 I. 4.

705 Die PECL, die schließlich auch für den Verbrauchsgüterkauf gelten sollen, stehen in diesem Punkt in Widerspruch zur Verbrauchsgüterkaufrichtlinie 1999/44/EG vom 25.5.1999, AblEG Nr. L 171 vom 7.7.1999, 12, die das Rücktrittsrecht für Verbraucher lediglich an das Verstreichenlassen einer angemessenen Frist knüpft, § 9 I. Eine ähnliche Problematik besteht bei § 323 I BGB, vergleiche § 7 VI. 2. d. (2), § 9.

706 *Von Bar/Zimmermann*, (Fn. 687), Art. 8:106 PECL Rn. D.

707 BGH 12.8.2009, NJW 2009, 3153; siehe auch Ausführungen unter § 7 VI. 2. e. (2).

708 So wie im CISG, § 6 I. 3. b. (3) (b).

709 Siehe Ausführungen unter § 6 I. 3. b. (4) und § 7 VII.

(a) Folgen einer zu kurz bemessenen Frist

Anders als in den Vorschriften des CISG und des BGB, beinhalten die PECL in Art. 8:106 (3) 3 PECL eine ausdrückliche Regelung zu dem Fall, dass die von der benachteiligten Partei gewährte Frist zu kurz bemessen ist. Hiernach kann der Vertrag zwar nicht nach Ablauf der zu kurz gesetzten Frist, jedoch nach Ablauf einer angemessenen Frist aufgehoben werden. Dies entspricht der Rechtspraxis wie sie bereits in vergleichbaren Fällen nach dem CISG und dem BGB angewandt wird.[710] Die PECL haben damit lediglich das normiert, was im Übrigen ohnehin schon seit langem Usus ist.

(b) Folgen einer zu lang bemessenen Frist

Die Folgen einer zu lang bemessenen Frist wurden in den PECL dagegen nicht ausdrücklich schriftlich fixiert. Aus der Systematik der gesamten Vorschrift ist jedoch ein Umgang mit diesem Fall klar ersichtlich: Eine einmal gewährte Nachfrist soll der anderen Vertragspartei zunächst einmal die Chance zur zweiten Andienung einräumen, welche durch die Bindungswirkung der Nachfrist in Absatz 2 gesichert wird. Dies gilt unabhängig davon, wie lang die Frist vom Gläubiger bemessen wurde. Immerhin wird der Zeitraum der Frist auch von ihm selbst gewählt. Das Recht zur Vertragsaufhebung ist somit erst nach Ablauf der „zu lang“ bemessenen Frist eröffnet. Die Untersagung der vorzeitigen Geltendmachung eines Rechtsbehelfs, obwohl die selbst bemessene, zu lange Nachfrist noch nicht abgelaufen ist, folgt zudem aus dem Verbot des „venire contra faktum proprium“.[711] Denn der Fristsetzende würde sich selbst widersprechen, machte er vor Fristablauf bereits Rechtsbehelfe geltend.

f. Rechtsfolgen der Nachfristsetzung in den PECL

Die Nachfrist in den PECL hat wie in den Vorschriften des CISG und des BGB nicht zur Folge, dass die Leistung gestundet wird. Dies wird schon aus Art. 9:508 PECL deutlich, der vorschreibt, dass eine verzögerte Geldsumme vom Zeitpunkt der Fälligkeit an bis zum Zeitpunkt der Zahlung zu verzinsen ist. Darüber hinaus wirkt sie sich sowohl für den Schuldner der nicht erfüllten vertraglichen Verpflichtung als auch für den Gläubiger der nicht erfüllten Leistung vorteilhaft aus.

---

710 Siehe § 6 I. 3. b. (4) (c) und § 7 VII. 4.

711 Vergleiche hierzu MünchKomm BGB^6(-*Ernst*), (Fn. 188), § 281 BGB Rn. 101, 159.

(1) Die Bindungswirkung als Vorteil für den Schuldner

Die Nachfrist bietet dem Schuldner die Chance, während der laufenden Frist die Leistung vollständig zu erbringen. Auch wenn ihm bei einer nicht wesentlichen Nichterfüllung in bestimmten Fällen das Recht auf Erbringung der Leistung ebenfalls nach Art. 8:104 PECL zustehen würde, erlangt der Schuldner erst durch eine gesetzte Frist vollständige Sicherheit. Ohne eine gewährte Frist trägt er nämlich während der gesamten Vorbereitungsphase zur endgültigen Leistung das Risiko, dass die erstmalige Nichterfüllung nicht vielleicht doch schon eine „wesentliche" Vertragsverletzung nach Art. 8:103 PECL war und die benachteiligte Partei somit jederzeit nach Art. 9:301 PECL die Aufhebung des Vertrages erklären kann. Während die Nachfrist läuft, ist der Schuldner dagegen vor einem solchen Verhalten des Gläubigers geschützt, da dieser weder spezifische Erfüllung noch Vertragsaufhebung verlangen kann.[712]

(2) Der weitere Rücktrittsgrund als Vorteil für den Gläubiger

Die Vorteile der Nachfrist für den Gläubiger entsprechen denen, die sich bereits bei der Untersuchung des CISG gezeigt haben:[713] Durch die Möglichkeit der Nachfristsetzung kann der Gläubiger der Gefahr aus dem Weg gehen, dass die verzögerte Leistung doch noch nicht die Voraussetzungen einer wesentlichen Vertragsverletzung erfüllt, und somit Klarheit über sein Aufhebungsrecht schaffen.[714]

3. Die Nachfrist in den UNIDROIT-Principles of International Commercial Contracts (PICC)

a. Der Anwendungsbereich der PICC

Die vom UNIDROIT-Institut erarbeiteten und im Jahre 1994 veröffentlichten „Grundregeln der Internationalen Handelsverträge" haben ihren Anwendungsbereich, im Gegensatz zu den PECL, ausschließlich bei gewerblichen Verträgen, also Handelsverträgen unter Kaufleuten.[715] Das Prinzipienwerk ist hierbei nicht auf eine Anwendung im Bereich des Kaufrechts beschränkt, sondern soll sämtliche Verträge des Wirtschaftsverkehrs („commercial contracts") erfassen.[716] Im

---

712 *Von Bar/Zimmermann*, (Fn. 687), Art. 8:106 PECL Rn. C.

713 § 6 I. 3. a. (1).

714 *Düchs*, (Fn. 700), 174, 373.

715 *Schwartze* in: *Martiny/Witzleb*, (Fn. 650), 33, 45.

716 *Karollus*, RabelsZ 61 (1997), 582, 583.

Unterschied zum CISG und den PECL ist der räumlich-sachliche Geltungsbereich zwar auf eine weltweite Anwendbarkeit ausgerichtet, daneben aber auf Handelsverträge internationaler Art beschränkt.[717] Im Übrigen weisen die PICC jedoch hinsichtlich ihres Zustandekommens, ihrer grundsätzlichen Zielsetzungen[718] und ihres Inhalts zahlreiche Parallelen zu den PECL auf,[719] weshalb in der weiteren Darstellung an verschiedenen Stellen zur Vermeidung von Wiederholungen auf die Ausführungen zu den PECL verwiesen wird. Als unverbindliches Regelwerk sollen die PICC, ihrer Präambel nach,[720] zum einen Anwendung bei Verträgen finden, in denen sich die Parteien auf ihre Geltung geeinigt haben.[721] Zum anderen sollen sie zur Präzisierung der „lex mercatoria“ bzw. als Auslegungshilfe oder zur Lückenfüllung von dem ansonsten im Einzelfall anzuwendenden Recht dienen.[722] Schließlich ist mit den Regeln die Intention verbunden, dass diese künftig Einfluss auf nationale und internationale Gesetzesarbeit haben.[723]

b. Das System der Leistungsstörungen in den PICC

Ähnlich wie im UN-Kaufrecht und in den PECL ist das Leistungsstörungsrecht der PICC von dem zentralen Begriff der Nichterfüllung („non-performance“) geprägt.[724] Dieses objektive Tatbestandsmerkmal erfasst ebenfalls jedwede Verletzung vertraglicher Pflichten, einschließlich der mangelhaften oder verspäteten Leistung gemäß Art. 7.1.1 PICC.[725] Welche Rechte sich im Falle einer vorliegenden Leistungsstörung ergeben, wird in den PICC in Kapitel 7 sehr ausführlich geregelt.[726]

---

717 *Michaels*, RabelsZ 62 (1998), 580, 582.

718 Siehe zu den Zielen, Ursprüngen und der Methode der PICC auch die Ausführungen von *Graziano(-Bonell)*, (Fn. 655), 423 – 438.

719 *Schmidt, Lutz*, (Fn. 127), 108.

720 Siehe deutsche Übersetzung der PICC, abgedruckt in ZEuP 1997, 890 – 909, welche als Grundlage der weiteren Untersuchung in diesem Kapitel dient.

721 *Schmidt, Lutz*, (Fn. 127), 109.

722 *Karollus*, RabelsZ 61 (1997), 582, 583.

723 *Schmidt, Lutz*, (Fn. 127), 109.

724 *Karollus*, RabelsZ 61 (1997), 582, 588.

725 *Anders*, ZIP 2001, 184, 186 f.

726 *Karollus*, RabelsZ 61 (1997), 582, 587.

(1) Allgemeine Regelungen

In Kapitel 7 Abschnitt 1 der PICC sind zunächst die allgemeinen Regelungen für den Fall der Nichterfüllung normiert. Hier findet sich unter anderem auch der Anspruch der „nichterfüllenden Partei" auf Heilung der Nichterfüllung durch Nacherfüllung, Art. 7.1.4 PICC, wie er ebenfalls im CISG und den PECL zu finden ist. Hinsichtlich der Voraussetzungen und der Reichweite dieses „Rechts zur zweiten Andienung" ergeben sich jedoch einige Unterschiede. So ist die Nacherfüllung nach den PICC auch noch nach Abgabe der Vertragsaufhebungserklärung möglich, wodurch der Vorrang der Nacherfüllung gegenüber der Vertragsaufhebung deutlicher als in den anderen Regelungswerken statuiert wird.[727] In Abschnitt 2 des Kapitels 7 ist sodann als erster Rechtsbehelf der von der Nichterfüllung betroffenen Partei der Anspruch auf Erfüllung der vertraglich versprochenen Leistung geregelt.[728] Neben dem Erfüllungsanspruch folgen in den Abschnitten 3 und 4 das Recht auf Vertragsaufhebung und das Recht auf Schadensersatz. Im Gegensatz zum UN-Kaufrecht wurde in den PICC auf die Normierung eines Minderungsrechts verzichtet, so dass eine Preisreduktion nur im Wege des Schadensersatzes gefordert werden kann.[729]

Die Nachfristregelung findet sich schließlich als Tatbestandsvoraussetzung für einen Rechtsbehelf, vergleichbar mit den Vorschriften der PECL und des CISG, lediglich beim Rücktrittsrecht wieder. Das Recht auf Schadensersatz wird der benachteiligten Partei dagegen gemäß Art. 7.4.1 PICC grundsätzlich bei jeder Nichterfüllung ohne weitere Voraussetzungen zugesprochen.[730]

(2) Das Recht auf Vertragsaufhebung

Abschnitt 3 des Kapitels 7 der PICC ist den Regelungen über das Recht auf Vertragsaufhebung gewidmet. Sowohl der Aufbau als auch der Inhalt der Vorschriften weisen hierbei große Ähnlichkeiten zu den Regelungen der PECL auf. Wie in den dortigen Regelungen wird der benachteiligten Partei gemäß Art. 7.3.1 (1) PICC im Fall einer „wesentlichen Nichterfüllung" das Recht zugesprochen, den Vertrag aufzuheben.[731] Ebenfalls besteht das Aufhebungsrecht gemäß Art. 7.3.3 PICC bereits vor dem Erfüllungszeitpunkt, wenn offensichtlich ist, dass es zu einer wesentlichen Nichterfüllung[732] kommen wird. In Anlehnung

727 *Karollus*, RabelsZ 61 (1997), 582, 591.

728 *Schmidt, Lutz*, (Fn. 127), 113.

729 *Karollus*, RabelsZ 61 (1997), 582, 588.

730 *Schmidt, Lutz*, (Fn. 127), 114.

731 *Schmidt, Lutz*, Die Vertragsaufhebung durch den Warenverkäufer (2003), 111 f.

732 Die Voraussetzungen hierfür sind in Art. 7.3.1 (2) PICC ausführlich geregelt.

an das CISG und die Vorschriften der PECL besteht auch in den Regelungen der PICC daneben die Möglichkeit, eine an sich nicht wesentliche Nichterfüllung, wenn es sich um einen Fall der Verzögerung handelt, durch Nachfristsetzung gemäß Art. 7.3.1 (3) PICC i.V.m. Art. 7.1.5 PICC zu einem Vertragsaufhebungsgrund aufzuwerten.[733]

c. Die Nachfristregelung in Art. 7.1.5 PICC

(1) Große Übereinstimmungen zum Pendant des Art. 8:106 PECL

Trotz kleinerer Unterschiede bei der genauen Formulierung ähnelt Art. 7.1.5 PICC seinem Pendant Art. 8:106 PECL in Inhalt und Funktion sehr. So enthält auch Absatz 1 des Art. 7.1.5 PICC zunächst das grundsätzliche Recht, im Fall der Nichterfüllung eine Nachfrist zu gewähren, Absatz 2 die mit der Frist verbundene Bindungswirkung[734] und Absatz 3 das nach fruchtlosem Ablauf der Frist eröffnete Recht zur Vertragsaufhebung. Gemeinsam ist den Vorschriften auch, dass das Recht zur Vertragsaufhebung lediglich auf die Fälle einer Verzögerung der Erfüllung beschränkt ist, welche nicht wesentlich ist.

(2) Eingeschränkter Anwendungsbereich der Nachfrist gemäß Art. 7.1.5 (4) PICC

Im Gegensatz zu Art. 8:106 PECL verfügt Art. 7.1.5 PICC jedoch über einen Absatz 4. Dieser schreibt vor, dass auf das Recht auf Vertragsaufhebung aus Absatz 3 des Artikels nicht zurückgegriffen werden kann, wenn die nicht erfüllte Pflicht nur einen untergeordneten Teil der Vertragspflicht der nichterfüllenden Partei darstellt. Eine vergleichbare Regelung findet sich in den gesamten PECL nicht.[735] Der Anwendungsbereich der Nachfrist ist in den PICC somit deutlich eingegrenzter als in den PECL. Ein Aufhebungsrecht besteht nur, wenn die Nichterfüllung entweder wesentlich ist oder aber eine angemessene Nachfrist im Falle der Verzögerung einer nicht untergeordneten Leistungspflicht erfolglos verstrichen ist. Die in Absatz 4 geregelte Einschränkung macht deutlich, dass nach den Regeln der PICC im Gegensatz zu den PECL dem Prinzip „pacta sunt servanda“ eine deutlich gewichtigere Rolle zugeschrieben wird, was auch schon der erweiterte Anwendungsbereich des „Rechts zur zweiten Andienung“ doku-

---

733 *Karollus*, RabelsZ 61 (1997), 582, 590 f., der lediglich auf die Einschränkung in Art. 7.1.5 (4) PICC verweist.

734 Vergleiche § 6 II. 2. c. (2).

735 *Schmidt, Lutz*, Die Vertragsaufhebung durch den Warenverkäufer (2003), 113.

mentiert.[736] Die Entscheidung hierfür lässt sich damit begründen, dass die PICC ausschließlich für internationale Handelsverträge bestimmt sind. Anders als die PECL, welche ihre Anwendung auch bei Verbrauchern und bei rein nationalen Verträgen finden sollen,[737] müssen die PICC ausschließlich den Schwierigkeiten, welche gerade internationale Handelsverträge mit sich bringen, Rechnung tragen. So gestaltet sich eine Rückabwicklung über weite Entfernungen häufig schwierig und vor allen Dingen kosten- und zeitintensiv. Im Interesse der Händler kann das Recht auf Vertragsaufhebung somit nur in den Fällen gerechtfertigt sein, in denen entweder die Nichterfüllung für sich genommen schon wesentlich ist oder aber ein nicht untergeordneter Teil der Vertragspflicht betroffen ist. Lediglich in diesen Fällen wird von den PICC eine aufwendige Rückabwicklung als verhältnismäßiger und geeigneter Rechtsbehelf zur Lösung der Leistungsstörung angesehen.

Im Vergleich zum CISG, die ebenfalls nur für Handelverträge gelten soll, wird an dieser Stelle deutlich, dass die Tendenz gerade im internationalen Handelsverkehr dahin geht, das Recht auf Vertragsaufhebung soweit wie möglich einzuschränken.

d. Voraussetzungen und Rechtsfolgen der Nachfrist in den PICC vergleichbar mit denen nach den PECL

Hinsichtlich der formellen und materiellen Voraussetzungen der für die Vertragsaufhebung nach den PICC wirksamen Nachfrist und ihrer Rechtsfolgen ergeben sich im Weiteren keine gravierenden Unterschiede zu den Vorschriften der PECL oder des CISG, weshalb auf die oben dargelegten Ausführungen verwiesen werden kann.

4. Die Nachfrist im Draft Common Frame of Reference (DCFR)

a. Anwendungsbereich des DCFR

Nach den Beschlüssen des Europäischen Parlaments aus den Jahren 1989 und 1994 wurden von der Europäischen Kommission zunächst keine weiteren offiziellen Schritte in Richtung eines europäischen Vertragsrechts unternommen. Erst zu Beginn des Jahres 2003 legte diese schließlich in dem Aktionsplan „Ein

---

736 Siehe Ausführungen unter § 6 II. 3. b. (1).

737 Auch wenn die PECL bislang keine speziell verbraucherschützenden Regelungen enthalten, *Zimmermann*, ZEuP 2005, 264, 290; *Blase*, (Fn. 668), 109.

kohärentes europäisches Vertragsrecht“[738] vom 12.3.2003 fest, für einen zentralen Bereich des Privatrechts größere Kohärenz des Gemeinschaftsrechts über die einzelnen Grenzen hinaus herzustellen zu wollen.[739] Als Grundlage hierfür dient der in der Folge geschaffene Entwurf eines Gemeinsamen Referenzrahmens, welcher als Fortentwicklung der PECL verstanden wird.[740] Wie diese, ist auch mit dem DCFR kein normativ-bindender Charakter verbunden;[741] vielmehr soll der Entwurf des Gemeinsamen Referenzrahmens bildlich gesprochen eine sogenannte „tool box“ darstellen, aus der sich beispielsweise die Mitgliedstaaten bei ihrer Gesetzgebung zur Umsetzung des Gemeinschaftsrechts bedienen können.[742] Anstatt eine verbindliche Rechtswirkung zu schaffen,[743] entschied man sich damit für einen indirekten rechtlichen und praktischen Einfluss auf legislative Akte im Bereich des Vertragsrechts,[744] um dadurch das in diesem Bereich existierende und zukünftige Gemeinschaftsrecht zu verbessern.[745] Als jüngstes der hier vorgestellten internationalen Regelungswerke soll der Entwurf die besten rechtlichen Lösungen der Mitgliedstaaten bzw. deren Basiselemente vereinen.[746] Den Parteien der Mitgliedstaaten steht es frei, die in dem Referenzrahmen enthaltenen Bestimmungen zur Grundlage ihres Vertrages zu machen bzw. auf sie als dispositives Recht Bezug zu nehmen.[747]

Im Gegensatz zu den PECL, umfassen die sieben Bücher des DCFR neben dem Vertragsrecht auch Regelungen über die Geschäftsführung ohne Auftrag, unerlaubte Handlungen und die ungerechtfertigte Bereicherung.[748] Diese umfangreiche Erweiterung des Anwendungsbereichs findet ihre Begründung in dem Bestreben, das existierende Gemeinschaftsprivatrecht, insbesondere das Verbrauchervertragsrecht, in den Referenzrahmen zu integrieren, sowie in der

---

738 Aktionsplan, KOM 2003 (68) endg.; ABl.EU 2003 C 63/1, Zusammenfassung abgedruckt in *Graziano*, (Fn. 655), 467 – 478, welchem die Mitteilung der Kommission an das Europäische Parlament und den Rat vom 11.10.2004 – Europäisches Vertragsrecht und Überarbeitung des gemeinschaftlichen Besitzstandes – weiteres Vorgehen, KOM(2004) 651 endgültig, ABl. EU 2005 C14/3 folgte.

739 *Schulze* in: *Schulze/von Bar/Schulte-Nölke* (Hrsg.), (Fn. 389), 1, 11.

740 *Huber, Ulrich,* ZEuP 2008, 708, 709; *Pfeiffer*, ZEuP 2008, 679, 680.

741 *Hirsch*, ZIP 2007, 937, 939.

742 *Graziano(-von Bar/Schulte-Nölke)*, (Fn. 655), 497, 499.

743 *Von Bar*, in: *Schmidt-Kessel* (Hrsg.), Der Gemeinsame Referenzrahmen (2009), 23, 29.

744 *Bachmann*, Die elektive Konkurrenz (2010), 162 (Kap. 4 A. II. 3.).

745 *Staudenmeyer*, ZEuP 2003, 828, 830.

746 *Magnus*, ZEuP 2007, 260, 261.

747 *Hirsch*, ZIP 2007, 937, 939.

748 *Ernst*, in: *Schmidt-Kessel* (Hrsg.), (Fn. 743), 55, 56.

Intention, ein möglichst umfassendes und vollständiges Modellgesetz zu erstellen.[749]

b. Das System der Leistungsstörungen im DCFR

(1) Allgemeine Regelungen

Ähnlich dem deutschen Recht wurden die Vorschriften über die Rechtsbehelfe bei Leistungsstörungen im DCFR in Form eines allgemeinen Schuldrechts „vor die Klammer" gezogen und finden sich im dritten Kapitel des Buchs III des DCFR wieder.[750] Die besonderen Regeln beispielsweise zum Kaufrecht wurden dagegen in Buch IV untergebracht, von wo aus auf das System der Rechtsbehelfe in Buch III verwiesen wird.[751] In diesem Punkt unterscheidet sich der DCFR nicht nur formal vom CISG[752] oder von den PECL und den PICC, die lediglich der Vereinheitlichung des Vertragsrechts dienen.[753] Denn mithilfe der Klammertechnik wird im DCFR das Gewährleistungsrecht in das allgemeine Leistungsstörungsrecht integriert, wofür man sich auch schon bei der deutschen Schuldrechtsmodernisierung entschieden hatte.[754] Im Übrigen ähnelt das System der Leistungsstörungen seinem Inhalt nach aber sehr den zuvor untersuchten Regelungswerken. Wie im CISG, den PECL und den PICC ist das Leistungsstörungsrecht im DCFR ganz auf dem Begriff der „Nichterfüllung" („non-performance") aufgebaut, der jeglichen Fall nicht vertragsgemäßen Verhaltens, also auch die verspätete Erfüllung und die Schlechterfüllung, umfasst.[755] Ob die Nichterfüllung entschuldigt ist oder nicht, ist grundsätzlich unerheblich.[756] Des Weiteren stehen der von der Nichterfüllung betroffenen Partei in Buch III Kapitel 3 DCFR alle Rechtsbehelfe zur Verfügung, die auch schon nach den PECL gegeben sind.[757] Wie dort, können sämtliche Rechtsbehelfe miteinander kombiniert werden, sofern sie vereinbar sind.[758] Wie es dem System des „Civil Law" entspricht, findet sich als erster genannter Rechtsbehelf in Art. III.-3:301 DCFR und

---

749 *Jud*, in: *Schmidt-Kessel* (Hrsg.), (Fn. 743), 71, 75.

750 *Huber, Ulrich,* ZEuP 2008, 708, 709.

751 *Tröger*, ZVglRWiss 2008, 383, 412; *Dauner-Lieb/Quecke*, in: *Schulze/von Bar/Schulte-Nölke* (Hrsg.), (Fn. 389), 135, 136.

752 *Huber, Ulrich,* ZEuP 2008, 708, 709.

753 *Ernst*, in: *Schmidt-Kessel* (Hrsg.), (Fn. 743), 55, 56.

754 *Dauner-Lieb/Quecke*, in: *Schulze/von Bar/Schulte-Nölke* (Hrsg.), (Fn. 389), 135, 138.

755 *Huber, Ulrich,* ZEuP 2008, 708, 713.

756 *Leible* in: *Schulze/von Bar/Schulte-Nölke* (Hrsg.), (Fn. 389), 97.

757 Siehe § 6 II. 2. b.

758 *Bachmann*, (Fn. 744), 214 (Kap. 4 E. IV. 3.).

Art. III.-3:302 DCFR der Erfüllungsanspruch wieder,[759] wobei zwischen dem Gläubiger einer Geld- und dem einer Nichtgeldschuld unterschieden wird.[760] Trotz der Nennung dieses Anspruchs an erster Stelle, findet im DCFR, wie im CISG und den beiden anderen genannten Prinzipienwerken, grundsätzlich keine Hierarchisierung der Rechtsbehelfe statt.[761] Aufgrund der Tatsache, dass dem Schuldner jedoch unter engen Voraussetzungen nach den Artt. III.-3:201 ff. DCFR[762] ausdrücklich das Recht zugesprochen wird, im Falle der nicht vertragsgemäß erbrachten Leistung ein neues vertragsgemäßes Angebot zu machen,[763] ergibt sich faktisch in bestimmten Fällen ein Vorrang der Nacherfüllung gegenüber den anderen Rechtsbehelfen.[764] Wenn der Schuldner nämlich unmittelbar nach Mitteilung der vertragswidrigen Leistung die Heilung in angemessener Zeit dem Gläubiger anbietet, darf dieser zunächst keinen anderen Rechtsbehelf als den der Zurückhaltung der Gegenleistung geltend machen.[765]

Wie es schon im CISG, in den PECL und den PICC gehandhabt wurde, wird die Nachfristregelung im DCFR ausschließlich als eine von zwei disjunktiven Tatbestandsvoraussetzungen zum Recht auf Vertragsaufhebung eingesetzt.

(2) Das Recht zur Vertragsaufhebung im DCFR

Wie bereits angesprochen, hat man sich bei der Schaffung des DCFR dafür entschieden, die Regeln zum allgemeinen Leistungsstörungsrecht als eigenes Buch zusammenzufassen und vor die weiteren Regeln zum „besonderen Schuldrecht" – wie dem Kaufrecht – zu positionieren. Zwar finden sich auch in den speziellen

---

759 *Huber, Ulrich,* ZEuP 2008, 708, 715. Im Gegensatz zum deutschen Recht findet sich im DCFR allerdings keine explizite Regelung, ob die Auswahl der Abhilfemodalität dem Käufer oder Verkäufer obliegt, *Tröger*, ZVglRWiss 2008, 383, 413.

760 *Leible* in: *Schulze/von Bar/Schulte-Nölke* (Hrsg.), (Fn. 389), 97, 99.

761 *Bachmann*, (Fn. 744), 222 (Kap. 4 E. III. 3.).

762 Im Kaufrecht findet sich in Art. IV.A.-2:203 DCFR ebenfalls ein sogenanntes „right to cure", vergleiche hierzu *Ernst*, in: *Schmidt-Kessel* (Hrsg.), (Fn. 743), 55, 69, der darauf verweist, dass die unterschiedlichen Bestimmungen zum Zeitfenster in den verschiedenen Vorschriften irritieren.

763 *Leible* in: *Schulze/von Bar/Schulte-Nölke* (Hrsg.), (Fn. 389), 97, 111.

764 *Leible* in: *Schulze/von Bar/Schulte-Nölke* (Hrsg.), (Fn. 389), 97, 113; A.A. *Bachmann*, (Fn. 744), (Kap. 4 E. III. 3.).

765 *Dauner-Lieb/Quecke*, in: *Schulze/von Bar/Schulte-Nölke* (Hrsg.), (Fn. 389), 135, 147; Art. III.-3:203 DCFR erwähnen allerdings diverse Umstände, die es dem Gläubiger freistellen, die zweite Leistung des Schuldners anzunehmen, *Jud*, in: *Schmidt-Kessel* (Hrsg.), (Fn. 743), 71, 89.

Regeln zum Kaufrecht Vorschriften, die das Recht zur Vertragsaufhebung beinhalten (Artt. IV.A.-4:201, IV.A.-4:202 DCFR); in diesen wird jedoch auf die in Buch III des DCFR aufgeführten Regelungen zur Vertragsaufhebung (Artt. III. 3:502 ff. DCFR) verwiesen.[766] Nach diesen Regelungen ist dem Gläubiger grundsätzlich unter zwei alternativen Voraussetzungen das Recht zur Vertragsaufhebung eröffnet. Gemäß Art. III.-3:502 (1) DCFR ist ein solches Recht immer im Fall einer wesentlichen Vertragsverletzung gegeben.[767] Eine Einschränkung ergibt sich lediglich im Fall der Schlechterfüllung. Denn liefert der Schuldner mangelhaft, hat dieser unabhängig davon, ob die Nichterfüllung wesentlich ist, das Recht, den Mangel durch kostenfreie Nachlieferung oder Nachbesserung zu beseitigen, wenn dies möglich ist.[768] Sind die Voraussetzungen einer „wesentlichen Nichterfüllung"[769] dagegen nicht erfüllt, kann der Gläubiger den Vertrag nur dann aufheben, wenn er dem Schuldner – wie in § 323 I BGB – zuvor erfolglos eine angemessene Frist zur Nacherfüllung gesetzt hat.[770] Dies folgt aus Art. III.-3:503 (1) DCFR. Wie in den PECL und PICC gewährt die Vorschrift jedoch nicht für jeden Fall der Nichterfüllung das Recht auf Vertragsaufhebung, sondern nur dann, wenn die fällige Leistung ausbleibt.[771] Nach dem DCFR kann somit ebenfalls nur der Fall der Verzögerung durch Fristsetzung zu einer wesentlichen Vertragsverletzung aufgewertet werden. Letztlich hat das Recht auf Vertragsaufhebung damit nach dem DCFR wie im CISG und in den beiden Prinzipienwerken Ausnahmecharakter.[772]

c. Die Nachfristregelung im DCFR

Anders als in den Vorschriften der PECL und PICC findet sich die Nachfristregelung in Buch III des DCFR in zwei verschiedenen Artikeln wieder. Zum einen in Chapter 3 Section I, dem Kapitel über die „Remedies for non-performance", und zum anderen in Chapter 3 Sub-section I, dem Kapitel über die „Grounds for termination".

---

766 *Bachmann*, (Fn. 744), 221 (Kap. 4 E. III. 3.).

767 Nach den Artt. III.-3:504, III.-3:505 DCFR kann das Recht auf Vertragsaufhebung bei einer zu erwartenden „wesentliChen Nichterfüllung" unter bestimmten Voraussetzungen auch schon vor Fälligkeit der Leistung bestehen.

768 Dieses Recht steht dem Schuldner grundsätzlich auch noch nach Ablauf der Lieferfrist zu, es sei denn, die Überschreitung der Lieferfrist stellt für sich genommen schon eine wesentliche Vertragsverletzung dar, *Huber, Ulrich*, ZEuP 2008, 708, 725.

769 Siehe Art. III.-3:502 (2) DCFR.

770 *Leible* in: *Schulze/von Bar/Schulte-Nölke* (Hrsg.), (Fn. 389), 97, 103.

771 *Huber, Ulrich*, ZEuP 2008, 708, 713.

772 *Bachmann*, (Fn. 744), 221 (Kap. 4 E. III. 3.).

(1) Art. III.-3:103 DCFR

In Art. III.-3:103 DCFR ist in Absatz 1 zunächst das grundsätzliche Recht des Gläubigers, dem Schuldner durch Erklärung eine angemessene Frist zur Leistung zu gewähren, festgehalten. Dieses Recht gilt für jede Art der Nichterfüllung („any case of non-performance"), also unabhängig davon, ob es sich um einen Fall der verzögerten Leistung oder der Schlechtleistung handelt. Absatz 2 des Artikels normiert sodann die Bindungswirkung als Rechtsfolge einer gesetzten Frist. Dem Gläubiger ist es hiernach nicht erlaubt, während des Laufs der Frist irgendeinen anderen Rechtsbehelf außer dem Zurückbehaltungsrecht seiner eigenen Leistung oder dem Recht auf den Verzugsschaden geltend zu machen. Die Bindungswirkung endet gemäß Absatz 3 erst dann, wenn entweder der Schuldner mitteilt, dass er auch innerhalb der Frist nicht ordnungsgemäß leisten werde, oder aber die Frist vollständig verstrichen ist. Weitere Rechtsfolgen der Nachfrist werden in diesem Artikel dagegen nicht geregelt, sondern finden sich an späterer Stelle des Chapter 3.

(2) Art. III.-3:503 DCFR

Wie aus der Überschrift des Art. III.-3:503 DCFR bereits hervorgeht, regelt diese Vorschrift das Recht auf Vertragsaufhebung nach einer gesetzten Frist zur Leistung. Im Fall der verzögerten Leistung, mithin der nicht erbrachten Leistung zum vom Vertrag vorgeschriebenen Leistungszeitpunkt, welcher für sich genommen noch keine wesentliche Vertragsverletzung darstellt, steht dem Gläubiger hiernach ein Vertragsaufhebungsrecht zu, wenn er dem Schuldner erfolglos eine angemessene Frist zur Nacherfüllung gesetzt hat. Leistet der Schuldner somit mangelhaft, führt eine erfolglos gesetzte Nachfrist grundsätzlich nicht zur Eröffnung des Vertragsaufhebungsrechts, es sei denn, der Mangel erfüllt die Voraussetzungen einer „wesentlichen Nichterfüllung". Anders ist dies nur bei Vorliegen eines Verbrauchsgüterkaufs. Hier schreiben die speziellen Regeln des DCFR vor,[773] dass dem Käufer auch im Fall einer mangelhaft erbrachten Leistung ein Rücktrittsrecht zusteht, wenn der Mangel durch den Verkäufer nicht innerhalb einer angemessenen Frist beseitigt wird und dieser nicht geringfügig ist.[774]

773 Siehe Art. IV.A.-4:201 DCFR.

774 *Huber, Ulrich,* ZEuP 2008, 708, 725 f.

d. Sinn und Zweck der Nachfrist im DCFR

Auch wenn die Begriffsbestimmung der „Wesentlichkeit" in Art. III.-3:502 (2) (a) DCFR teilweise als „verbesserte Version" des Art. 25 CISG angesehen wird,[775] können damit auch im DCFR die letzten Unsicherheiten nicht ausgeräumt werden, die mit einer eigenen Einschätzung der Partei über die Wesentlichkeit einer Nichterfüllung verbunden sind. Die Nachfristsetzung stellt im Gegensatz dazu also auch im DCFR ein einfach zuhandhabendes Mittel zur Erlangung eines Vertragsaufhebungsrechts dar. Hierin liegt die Hauptaufgabe der Nachfrist im DCFR. Anders als im deutschen Recht, wo ein Zweck der Nachfristregelung ebenso darin liegt, dem Schuldner eine zweite Chance zur Leistung zu gewähren, ist in den Vorschriften des DCFR, wie in den übrigen untersuchten Regelungswerken, ein Recht des Schuldners zur Heilung bzw. zweiten Andienung ausdrücklich normiert. Was also das Fristsetzungserfordernis in den §§ 281 I, 323 BGB im deutschen Recht bewirkt, wird im DCFR durch die Vorschriften über die Heilung der Vertragswidrigkeit gewährleistet.[776] Und noch in einem weiteren Punkt ist der Sinn und Zweck der Nachfrist gegenüber dem deutschen Recht stark verringert: Findet die Nachfrist im deutschen Recht ihren Einsatz als Mittel zur Sicherung des Vorrangs des Erfüllungsanspruchs, so ist sie im DCFR hierfür nicht erforderlich. Zum einen wird dem Erfüllungsanspruch im DCFR in Anlehnung an die Traditionen des Common Law schon nicht dieselbe Wertigkeit beigemessen, wie es im deutschen Recht der Fall ist, sondern dieser vielmehr auf eine Stufe mit den übrigen Rechtsbehelfen gestellt.[777] Zum anderen übernehmen hier die Vorschriften über das Recht des Schuldners auf Heilung der Nichterfüllung in den Artt. III.-3:201 ff. DCFR ebenso die Aufgabe, die Nacherfüllung unter bestimmten Voraussetzungen als vorrangigen Rechtsbehelf zu statuieren.[778] Der Aufgabenbereich der Nachfrist ist gegenüber dem deutschen Recht somit deutlich kleiner.

---

775 *Huber, Ulrich,* ZEuP 2008, 708, 726.

776 *Dauner-Lieb/Quecke*, in: *Schulze/von Bar/Schulte-Nölke* (Hrsg.), (Fn. 389), 135, 148; Allerdings gereicht die Nachfrist in bestimmten Fällen durch ihre Bindungswirkung zum Vorteil des Gläubigers, siehe Ausführungen zu den PECL § 6 II. 2. d.

777 *Leible* in: *Schulze/von Bar/Schulte-Nölke* (Hrsg.), (Fn. 389), 97, 104.

778 *Leible* in: *Schulze/von Bar/Schulte-Nölke* (Hrsg.), (Fn. 389), 97, 113; A.A. *Bachmann*, (Fn. 744), 222 (Kap. 4 E. III. 3.).

e. Voraussetzungen einer wirksamen Nachfristsetzung wie bei den PECL und den PICC

(1) Die Bindungswirkung nach Art. III.-3:103 DCFR

Wie aus Art. III.-3:103 (1) DCFR hervorgeht, ist das Setzen einer Nachfrist grundsätzlich in „any case of non-performance“ möglich, also auch bei Vorliegen einer wesentlichen Vertragsverletzung.[779] Und auch sonst schreibt der Artikel keine weiteren besonderen Voraussetzungen für die Wirksamkeit der Nachfrist vor. Nicht einmal von einer angemessenen Länge ist die Rede. Dem Gläubiger steht es somit nach dieser Vorschrift des DCFR gänzlich frei, die genaue Länge der Nachfrist selbst zu bestimmen. Er muss hierbei nur beachten, dass die von ihm gesetzte Frist, unbeachtlich welcher Länge sie ist, die nach Absatz 2 normierte Bindungswirkung nach sich zieht, welche ihn für den von ihm gewählten Zeitraum in der Geltendmachung seiner Rechtsbehelfe beschränkt.

(2) Das Recht auf Vertragsaufhebung nach Art. III.-3:503 DCFR

In Art. III.-3.503 (1) DCFR ist der Maßstab, der an eine zum Vertragsaufhebungsrecht wirksame Nachfrist gesetzt wird, dagegen weitaus strenger. Zum einen erfüllt die Nachfrist dort lediglich in „case of delay in performance of a contractual obligation“, mithin nur im Falle der Verzögerung, die Eigenschaft als Vertragsaufhebungsgrund. Zum anderen muss die Nachfrist eine angemessene Länge aufweisen. Wie im deutschen Recht ist aber eine zu kurz gesetzte Frist nicht automatisch unwirksam, sondern Absatz 2 des Artikels hält fest, dass in diesem Fall dem Gläubiger das Recht zur Vertragsaufhebung nach dem Ablauf einer angemessenen Zeit zusteht. Was im deutschen Recht der ständigen Rechtspraxis entspricht,[780] ist im DCFR somit, wie in den PECL und PICC, ausdrücklich normiert: Eine zu kurz gesetzte Frist setzt eine angemessene in Gang.[781] Hervorzuheben ist daneben, dass nach den Vorschriften des DCFR das schlichte „Gewähren“ einer angemessenen Frist ebenfalls nicht genügt,[782] sondern eine solche ausdrücklich gegenüber dem Schuldner erklärt werden muss

779 *Huber, Ulrich,* ZEuP 2008, 708, 727.

780 Siehe § 7 VII. 4.

781 *Leible* in: *Schulze/von Bar/Schulte-Nölke* (Hrsg.), (Fn. 389), 97, 103.

782 Wie es bereits in den PECL vorgeschrieben wurde, vergleiche § 5 II. 2. e. (2).

(„gives a notice fixing an additional period of time of resonable length").[783] Der Wortlaut ist hierbei noch klarer als in den PECL und den PICC.[784]

Auch wenn wie im BGB nach den Vorschriften des DCFR auf das Erfordernis einer Ablehnungsandrohung verzichtet wurde, gewährt Art. III.-3:507 (2) DCFR das Recht, dass auch nach dem DCFR mit der Fristsetzung gleichzeitig die Erklärung der bedingt-befristeten Vertragsbeendigung im Fall des erfolgslosen Fristablaufs verbunden werden kann.[785]

f. Rechtsfolgen der Nachfrist

Neben der bereits angesprochenen Bindungswirkung während des Laufs der gesetzten Frist nach Art. III.-3:103 (2) DCFR,[786] stellt die bedeutende Rechtsfolge der Nachfrist die Eröffnung eines weiteren Rücktrittsgrundes neben der „wesentlichen Vertragsverletzung" dar. Eine automatische Aufhebung des Vertrages nach fruchtlosem Fristablauf erfolgt allerdings nur, wenn mit der Fristsetzung bereits eine entsprechende Erklärung von Seiten des Gläubigers gemäß Art. III.-3:507 (2) DCFR abgegeben wurde.[787] Ansonsten gewährt Art. III.-3:503 (1) DCFR lediglich das Recht zur Vertragsaufhebung nach Fristablauf, welches dann gemäß Art. III. 3:507 (1) DCFR noch einmal ausdrücklich gegenüber dem Schuldner erklärt werden muss. Nach Art. III.-3:508 (1), (3) DCFR muss der Gläubiger die Erklärung zur Vertragsaufhebung gegenüber dem Schuldner wie in den übrigen Regelungswerken ebenfalls innerhalb einer angemessenen Zeitspanne nach Entstehung des Rücktrittrechts abgeben, da er das durch die Nachfristsetzung erworbene Recht ansonsten wieder verliert, die Nachfrist somit ihre Wirkung einbüßt.[788] Durch diese Regelung sollen Spekulationen des Gläubigers auf Kosten des Schuldners verhindert werden.[789] Wie im deutschen Recht, in der eine vergleichbare Vorschrift nicht zu finden ist, mit einer solchen Gefahr der Spekulationen umzugehen ist, wird an späterer Stelle noch zu klären sein.[790]

---

783 Vergleiche hierzu auch *Huber, Ulrich*, ZEuP 2008, 708, 713, der ausdrücklich als Voraussetzung für die Vertragsaufhebung „Nachfristsetzung und Fristablauf" nennt.

784 Vergleiche § 6 II. 2. c., 3. c.

785 *Huber, Ulrich*, ZEuP 2008, 708, 728.

786 § 6 II. 4. e. (1).

787 *Leible* in: *Schulze/von Bar/Schulte-Nölke* (Hrsg.), (Fn. 389), 97, 105.

788 *Huber, Ulrich*, ZEuP 2008, 708, 728.

789 *Leible* in: *Schulze/von Bar/Schulte-Nölke* (Hrsg.), (Fn. 389), 97, 106.

790 Siehe ausführlich zu dieser Problematik § 8 II. 2. c.

III. Fazit

Gegenwärtig ist es nicht absehbar, ob die neben dem CISG untersuchten Regelungswerke tatsächlich irgendwann in einem für alle EU-Mitgliedstaaten verbindlich geltenden europäischen Vertragsrecht münden,[791] oder aber auf ihrer Grundlage letztlich nur ein europäisches Vertragsrecht als „optionales Instrument“ neben den nationalen Rechten geschaffen wird.[792] Unabhängig davon hat die vorstehende Untersuchung jedoch gezeigt, dass das Institut der Nachfristregelung aus dem internationalen Rechtsverkehr nicht mehr wegzudenken ist. Die Nachfrist hat sich damit gegenüber anderen nationalen Regelungen im Rechtsvergleich behauptet. Nicht ohne Grund findet sie sich deshalb in sämtlichen Vereinheitlichungsprojekten wieder, die auf der Basis rechtsvergleichender Synthese verschiedener Rechtsordnungen entstanden sind.[793] Wie sich die Rolle der Nachfrist hierbei im internationalen Rechtsverkehr gestaltet, lässt sich nach alledem wie folgt zusammenfassen:

1. Die Nachfrist als Alternative zur „Wesentlichkeit“ der Vertragsverletzung

Das UN-Kaufrecht, die Lando-Principles, die UNIDROIT-Principles und der DCFR zeigen übereinstimmend, dass das Recht zur Vertragsaufhebung nicht bei jeder Vertragsverletzung gewährt werden soll, sondern nur dann, wenn eine derart erhebliche Vertragsverletzung vorliegt, dass die verletzte Partei ihr Interesse an der Durchführung des Vertrages – in objektiver Sicht berechtigterweise – verloren hat.[794] Anders als im deutschen Recht wird dieses Ziel dort jedoch nicht ausschließlich über das Modell der Nachfrist, auf dem § 323 I BGB beruht, erreicht, sondern durch das Modell der „wesentlichen“ Vertragsverletzung.[795] Die Nachfrist stellt hierzu in allen vier untersuchten Regelungswerken die alternative Tatbestandsvoraussetzung zur „wesentlichen“ Vertragsverletzung dar, womit ihre Aufgabe im internationalen Rechtsverkehr klar festgelegt ist: Sie dient als einfaches und leicht zu handhabendes Mittel, um die Frage nach der Erheblich-

---

791 *Mittwoch*, JuS 2010, 767, 770 f., der die Frage aufwirft, ob ein einheitlicher europäischer Kodex überhaupt ein gewolltes Ziel ist.

792 *Schulze* in: *Schulze/von Bar/Schulte-Nölke* (Hrsg.), (Fn. 389), 1, 13.

793 *Zoll*, ZEuP 2007, 229, 230.

794 *Schmidt, Lutz*, (Fn. 127), 124; *Magnus*, ZEuP 2007, 260, 273.

795 Die Unterschiedlichkeit der Lösungsansätze liegt darin, dass die Nachfristsetzung ein prozedurales Mittel, die „wesentliche“ Vertragsverletzung dagegen ein materielles Merkmal bildet, *Canaris*, FS Kropholler (2008), 3, 8.

keit einer Vertragsverletzung zu beantworten und damit in objektiver Weise klar zu stellen, dass die verletzte Partei ihr Interesse am Vertrag verloren hat. Anstatt eine zum Teil schwierige Bestimmung des Rechtsbegriffs „wesentlich" vorzunehmen,[796] kann die benachteiligte Partei mit der Nachfrist ihr Schicksal selbst in die Hand nehmen, ohne sich der Gefahr einer Fehleinschätzung der Vertragsverletzung auszusetzen. Die Nachfrist sorgt damit für ein großes Stück mehr Rechtssicherheit.[797] Das aus dem deutschen Recht rezipierte „Nachfristprinzip" dient allerdings ausschließlich im Fall der Verzögerung der Leistung der Konkretisierung des noch allgemeineren Erfordernisses einer hinreichend gewichtigen („wesentlichen") Vertragsverletzung.[798] Die übrigen Fälle einer nicht wesentlichen Vertragsverletzung können dagegen nicht durch die Nachfrist zu einer wesentlichen aufgewertet werden. Mit dieser Entscheidung macht der internationale Gesetzgeber deutlich, dass nach seiner Auffassung die mangelhafte Leistung nicht wie im deutschen Recht (§ 434 BGB) einer verzögerten Leistung gleichzusetzen ist, sondern viel weniger Gewicht hat.

2. Die Nachfrist ausschließlich zur Sicherung des Äquivalenzinteresses

Trotz dieses klaren Vorteils der Nachfrist hat man sich im internationalen Privatrecht anders als im deutschen Recht, in dem die Fristsetzung im Mittelpunkt des Leistungsstörungsrechts steht,[799] lediglich beim Rücktritt für die Kombination aus Fristsetzung und dem Prinzip der „wesentlichen Vertragsverletzung" entschieden.[800] Die Nachfrist dient damit sowohl in den zuvor untersuchten Principles, als auch im DCFR sowie im CISG ausschließlich der Sicherung des Äquivalenzinteresses der verletzten Vertragspartei, indem sie ihre Anwendung

796 Der Begriff „Wesentlichkeit" ist sehr unscharf und bedarf seinerseits zunächst weiterer Konkretisierungen, *Canaris*, FS Kropholler (2008), 3, 8 f.

797 Dies zeigt sich auch im Vergleich zum englischen Recht: Dieses beinhaltet nämlich die Tendenz, Bestimmungen zur Lieferzeit als möglichst „of the essence" aufzufassen, um damit eine sofortige Vertragsaufhebung gegenüber den anderen Rechtsquellen zu erleichtern. Der Grund hierfür liegt darin, dass es anderenfalls mangels Existenz eines Nachfristverfahrens zu einem unerträglichen Maß an Rechtsunsicherheit über den Zeitpunkt kommen würde, zu dem der Käufer den Vertrag schließlich aufheben könnte, *Schmidt*, *Lutz*, (Fn. 127), 126.

798 *Schmidt*, *Lutz*, (Fn. 127), 122.

799 *Leible* in: *Schulze/von Bar/Schulte-Nölke* (Hrsg.), (Fn. 389), 97, 104.

800 *Huber, Ulrich*, ZEuP 2008, 708, 725.

lediglich beim Rechtsbehelf der Vertragsaufhebung findet.[801] Dies stellt einen großen Unterschied zur Ausgestaltung des Leistungsstörungsrechts im BGB dar. Dort unterstützt die Nachfrist nämlich auch die Behelfe zur Sicherung des Integritätsinteresses der verletzten Partei, wie den Schadensersatzanspruch (§ 281 BGB).[802] Das BGB nimmt so mit seinem für alle sekundären Rechtsbehelfe vorgeschriebenen Fristsetzungserfordernis eine Sonderstellung im internationalen Rechtsverkehr ein.

3. Die Nachfrist als Ersatz für das Verschuldensprinzip

Des Weiteren hat die vorstehende Untersuchung gezeigt, dass die Nachfrist auf europäischer Ebene mittlerweile als adäquater Ersatz für das vorher weit verbreitete Verschuldensprinzip angewandt wird, welches sich in der modernen Rechtsentwicklung auf dem Rückzug befindet.[803] So ist ein Verschulden weder nach dem CISG, noch nach den PECL, den PICC oder dem DCFR Voraussetzung dafür, dass eine Vertragsverletzung Sanktionen auslöst,[804] so dass diese oftmals schwierige Frage nicht mehr beantwortet werden muss.[805]

4. Die „zweite Andienung“ als eigener Anspruch des Schuldners

Darüber hinaus haben die Entwicklungen zu einem gesamteuropäischen Vertragsrecht deutlich gemacht, dass auch auf europäischer Ebene tendenziell der Nacherfüllung im Falle einer mangelhaften Leistung der Vorrang vor der Beendigung des Vertrages eingeräumt werden soll.[806] Im Leistungsstörungsrecht des BGB wird dieses Ziel ausschließlich über das allgemeine Fristsetzungserfordernis für sämtliche sekundären Rechtsbehelfe erreicht.[807] Bei den untersuchten Regelungswerken hat man sich jedoch gegen eine Platzierung des Fristsetzungserfordernisses als eine solche zentrale Tatbestandsvoraussetzung entschieden. Um die Rechtsfolge, die mit der Nachfrist im deutschen Recht verbunden ist, auf europäischer Ebene dennoch zu erreichen, wählte man den Weg

801 Vergleiche *Magnus*, ZEuP 2007, 260, 264.

802 Vergleiche *Unberath*, Vertragsverletzung (2007), 244 f. (§ 10 I 1. a), c).

803 *Zimmermann*, JZ 1995, 477, 481.

804 *Magnus*, ZEuP 2007, 260, 264.

805 Vergleiche *Bachmann*, Die elektive Konkurrenz (2010), 161 (Kap. 4 II. 1.).

806 *Stöber*, ZEuP 2009, 578, 595 f.

807 Vergleiche *Schmidt-Kessel*, in: *Remien* (Hrsg.), (Fn. 278), 85, 98 f.; Siehe § 4 II. 2.

über die Normierung eines ausdrücklichen „Rechts zur zweiten Andienung“ für den Schuldner. Hierin liegt ein entscheidender Unterschied zum deutschen Recht, weil dem Schuldner auf diesem Wege ein eigener Anspruch auf Heilung zugesprochen wird,[808] und er nicht nur eine Chance zur Andienung erhält, wie es im deutschen Recht der Fall ist.[809]

808 Diese Lösung wird teilweise als deutlich klarer angesehen, als der im deutschen Recht gewählte Weg über das grundsätzliche Fristsetzungserfordernis. Die deutsche Lösung bringt jedoch den Vorteil mit sich, das vertragswidrige Verhalten des Schuldners besser zu berücksichtigen, in dem es diesem nicht auch noch ein eigenes Recht gegen die verletzte Partei zuspricht, *Schmidt-Kessel*, in: *Remien* (Hrsg.), (Fn. 278), 85, 98.

809 § 4 III. 1. c.

§ 7 Voraussetzungen einer wirksamen Nachfrist und ihre Entbehrlichkeit

Die Frage danach, wie eine Nachfrist richtig gesetzt wird, ist in der Vergangenheit bereits oft gestellt worden.[810] Nach Inkrafttreten des modernisierten Leistungsstörungsrechts wurde in diesem Zusammenhang unter anderem diskutiert, inwieweit die Leistungsaufforderung nach der Gesetzesänderung noch Züge der ausdrücklich eliminierten Ablehnungsandrohung, wie einen Hinweis auf eine „letzte Chance" zur Leistung, aufweisen müsse.[811] Neuer Diskussionsstoff wurde schließlich in jüngerer Zeit mit der Entscheidung des BGH vom 12.8.2009[812] geschaffen, in der Formulierungen wie „unverzüglich", „sofort" oder „umgehend" nunmehr vom BGH als wirksame Fristerklärung angesehen wurden. Seitdem wird in der Debatte über die Anforderungen an eine wirksame Frist zur Leistung oder Nacherfüllung vor allem die Frage diskutiert, ob die Ausdehnung des Begriffs Frist auf die vorgenannten Begriffe noch mit dem Sinn und Zweck der Nachfrist zu vereinen ist.[813]

Tenor aller Diskussionen ist und bleibt die vom Gesetzgeber in seinen Gesetzesmaterialien zur Schuldrechtsmodernisierung vornehmlich erklärte Intention, die Fristsetzung nicht zu einer Hürde zu machen, an welcher der Schuldner „aus formalen Gründen scheitert".[814] Schließlich nimmt die Nachfrist nach dem geltenden Recht als „zentrales Moment im Leistungsstörungsrecht" eine derart gewichtige Position ein, dass gerade der Klärung der an sie zu stellenden Anforderungen besondere Aufmerksamkeit zu schenken ist.[815] Auf welche Wirksamkeitsvoraussetzungen im Einzelnen zu achten ist, soll im Folgenden umfassend dargestellt und untersucht werden.

---

810 Vergleiche *Mankowski*, ZGS 2003, 451.

811 Vergleiche OLG Köln 1.9.2003, ZGS 2003, 392; *Mankowski*, ZGS 2003, 451; *Mankowski*, EWiR 2003, 1125, 1126.

812 BGH 12.8.2009, NJW 2009, 3153.

813 Vergleiche unter anderem *Klein*, Anmerkung zum Urteil des BGH 12.8.2009, NJW 2009, 3154, 3155; *Koch*, NJW 2010, 1636; *Faust*, Anmerkung zum Urteil des BGH 12.8.2009, JZ 2010, 202; *Greiner/Hosssenfelder*, JA 2010, 412.

814 BT-Drucks. 14/6040, (Fn. 128), 185 Zu § 323 BGB Zu Absatz 1; *Ball*, DAR 2010, 497.

815 *Mankowski*, ZGS 2003, 451.

I. Pflichtverletzung in Form einer Verzögerung der Leistung oder einer Schlechtleistung

Die §§ 281, 323 BGB sprechen dem Fristsetzenden in Fällen einer verzögerten Leistung oder einer Schlechtleistung, welche nachholbar sind, das Recht auf Schadensersatz oder zum Rücktritt zu.[816] Insofern ist das Einsatzgebiet der Fristsetzung im deutschen Recht weiter als das im internationalen Rechtsverkehr, wo die Nachfrist nur in den Fällen einer verzögerten Leistung eingesetzt wird.[817] Bei § 281 BGB ist zusätzliche Voraussetzung, dass der Schuldner die Pflichtverletzung auch zu vertreten hat, was sich aus der Bezugnahme auf § 280 I BGB ergibt.[818]

II. Gegenseitigkeit der Leistungspflicht bei § 323 BGB – Keine Unterscheidung zwischen Haupt- und Nebenpflichten

Für die Anwendbarkeit von § 323 BGB ist es erforderlich, dass die vertraglichen Pflichten in einem Gegenseitigkeitsverhältnis stehen.[819] Anders ist dies bei § 281 BGB, nach dem die Nachfrist sowohl bei einseitigen,[820] als auch bei (unvollkommen) zweiseitigen Schuldverhältnissen sowie bei gegenseitig verpflichtenden Verträgen gesetzt werden kann.[821] Hierin liegt eine weitere deutsche Besonderheit, denn die Nachfrist wird in anderen Rechtsordnungen ausschließlich bei gegenseitigen Vertägen eingesetzt.[822]

Zwischen Haupt- und Nebenpflichten wird sowohl im Rahmen des § 281 BGB als auch des § 323 BGB nicht unterschieden.[823] Lediglich § 323 BGB verlangt eine Erheblichkeit der Pflichtverletzung, § 323 V 2 BGB.

---

816 BT-Drucks. 14/6040, (Fn. 128), 138 Zu § 281 BGB Zu Absatz 1 Zu Satz 1, 183 f. Zu § 323 BGB Zu Absatz 1.

817 § 6 III. 1.

818 BT-Drucks. 14/6040, (Fn. 128), 137 f. Zu § 281 BGB Zu Absatz 1 Zu Satz 1.

819 *Palandt*[72]*(-Grüneberg)*, (Fn. 14), § 323 BGB Rn. 1.

820 *Unberath*, (Fn. 802), 243 (§ 10 I 1. a).

821 *Staudinger(-Otto)*, (Fn. 163), Vorbem. zu §§ 280 – 285 BGB Rn. 28.

822 HKK-BGB(*-Schermaier*) II: §§ 241 – 304 BGB (2007), §§ 280 – 285 BGB Rn. 106.

823 BT-Drucks. 14/6040, (Fn. 128), 138 Zu § 281 BGB Zu Absatz 1 Zu Satz 1.

III. Fälligkeit und Durchsetzbarkeit der Leistung, aber kein Verzug erforderlich

Wie bereits im zweiten Kapitel dieser Arbeit dargestellt,[824] war es bis zur Schuldrechtsreform für eine wirksame Fristsetzung Voraussetzung, dass sich der Schuldner mit der Leistung in Verzug befand. In diesem Punkt war der Wortlaut des Gesetzes eindeutig.[825] Waren die Verzugsvoraussetzungen nicht erfüllt, wurde beispielsweise ein erklärter Rücktritt trotz Fristsetzung als unwirksam angesehen.[826] Mit der Neufassung der §§ 281, 323 BGB im Rahmen der Schuldrechtsmodernisierung entschied sich der Gesetzgeber dafür, auf die Voraussetzung des Verzuges der Leistung – zumindest tatbestandlich –[827] zu verzichten.[828] Als Argument führte er an, dass für den Gläubiger der Grund für das Ausbleiben der Leistung in aller Regel nicht erkennbar sei und er dennoch in solchen Fällen die Möglichkeit haben solle, Klarheit über den Fortbestand der Leistung zu erlangen.[829] Zudem setze der Verzug ein Vertretenmüssen voraus (§ 286 IV BGB), welches nach dem Willen des Gesetzgebers gerade nicht Tatbestandsvoraussetzung des Rücktritts sein solle.[830] So hängt das Recht zum Rücktritt nach § 323 I BGB nicht mehr von einem Verschulden des Schuldners sondern allein von dem fruchtlosen Ablauf der Nachfrist ab.[831] Mag auch die Wirksamkeit der Nachfristsetzung nunmehr formal vom Verzug gelöst sein, muss die bestehende Leistungspflicht im Zeitpunkt der Fristsetzung grundsätzlich doch weiterhin fällig und während des gesamten Laufs der Nachfrist durchsetzbar sein.[832] Verjährt

---

824 § 2 I. 4., II. 1., IV. 4.

825 *Larenz*, Lehrbuch des Schuldrechts, Allgemeiner Teil[14] (1987), 356.

826 Vergleiche BGH 21.6.1985, NJW 1985, 2640, 2641.

827 *Staudinger*(*-Otto/Schwarze*), (Fn. 179), § 323 BGB Rn. B 25.

828 *Göller*, JuS 2002, 1177; Kritisch hierzu: *Ernst*/*Gsell*, ZIP 2001, 1389, 1392, die dafür plädierten, dass der Verzug Voraussetzung für die Berechtigungen nach §§ 281, 323 BGB sein sollte, um so eine geeignete Abstimmung mit den Vorschriften nach §§ 286 ff. BGB zu erlangen.

829 BT-Drucks. 14/6040, (Fn. 128), 138 Zu § 281 BGB Zu Absatz 1 Zu Satz 1, in der als Beispiel auf die Möglichkeit einer dem Schuldner zustehenden Einrede nach § 275 II BGB verwiesen wird; AnwK-BGB(*-Dauner-Lieb*), (Fn. 354), § 281 BGB Rn. 12.

830 BT-Drucks. 14/6040, (Fn. 128), 184 Zu § 323 BGB Zu Absatz 1.

831 *Schmidt-Räntsch/Maifeld/Meier-Göring/Röcken*, (Fn. 128), 350 f.

832 BGH 20.1.2009, NJW-RR 2009, 667; BAG 10.11.2011, ZinsO 2012, 450; *Schwab*, JR 2003, 133; *Herresthal*, JURA 2008, 561, 564 ff., der auch auf die Problematik einer nach Fristablauf erhobenen Einrede mit ex tunc Wirkung eingeht; *Staudinger* (*-Otto/Schwarze*), (Fn. 179), § 323 BGB Rn. B 25; A.A. *Prütting/Wegen/Weinreich*[7] (*-Schmidt-Kessel*), (Fn. 176), § 281 BGB Rn. 6, nach dem es auf eine Durchsetzbarkeit des mit der Pflicht verbundenen Erfüllungsanspruchs nicht ankommt.

der Hauptleistungsanspruch vor Ablauf der gesetzten Nachfrist oder des Eintritts eines Entbehrlichkeitstatbestandes[833],[834] so kann der Fristablauf nicht mehr den Weg zu den sekundären Rechtsbehelfen eröffnen.[835]

Letztlich müssen damit alle objektiven Voraussetzungen des Verzuges mit Ausnahme der für den Verzugseintritt erforderlichen Mahnung[836] und eines Vertretenmüssens vorliegen, so dass gerade bei gegenseitigen Verträgen auch künftig eine Fristsetzung wohl überwiegend erst nach Eintritt des Verzuges erklärt werden wird.[837]

IV. Nachfristsetzung vor Fälligkeit

Eine wirksame Fristsetzung setzt grundsätzlich die Fälligkeit der eingeforderten Leistung voraus.[838] Dies folgt bereits aus dem Wortlaut der §§ 281 I, 323 I BGB. Anerkannt ist allerdings, dass der Gläubiger die Fristsetzung mit einer die Fälligkeit begründenden Erklärung verbinden kann.[839] Im Allgemeinen wird eine Fristsetzung, die vor Fälligkeit der Leistung abgegeben wird,[840] nach alledem als unwirksam angesehen.[841] Dies gilt unabhängig davon, ob eine Fälligkeit der Leistung später noch eintritt, was mit der abschließenden Regelung des § 323 IV BGB begründet wird.[842] Nach dieser Ausnahmeregelung kann der Gläubiger nämlich nur dann vor Fälligkeit der Leistung zurücktreten, wenn offensichtlich ist, dass die Voraussetzungen des Rücktritts eintreten werden.[843] Ebenso findet die Vorschrift in den Fällen Anwendung, dass ernsthafte Zweifel an der Leistungsbereitschaft des Schuldners bestehen oder die Fortsetzung des

---

833 § 7 XI.

834 Zur taktischen Vorgehensweise in der Praxis, um diese Problematik zu verhindern, siehe § 10 I. 5.

835 Siehe BGH 16.3.1988, NJW 1988, 1778, 1780.

836 MünchKomm BGB[6](-*Ernst*), (Fn. 188), § 281 BGB Rn. 19.

837 *Emmerich*, Das Recht der Leistungsstörungen (2005), 275 (§ 18 I).

838 OLG Karlsruhe 24.11.2011, NJW-RR 2012, 504.

839 *Staudinger*(-*Otto/Schwarze*), (Fn. 179), § 323 BGB Rn. B 47.

840 Ausführlich zu dieser Problematik siehe *Huth*, Die Fristsetzung zur Leistung und Nacherfüllung und ihre Entbehrlichkeit §§ 281, 323, 637 BGB (2006), 96 ff. (§ 4).

841 BGH 14.6.2012, BGHZ 193, 315; *Jauernig*[14](-*Stadler*), (Fn. 182), § 323 BGB Rn. 8; MünchKomm BGB[6](-*Ernst*), (Fn. 188), § 281 BGB Rn. 27; *Reinking/Eggert*[11], (Fn. 1027), 208 (Rn. 911).

842 *Medicus/Lorenz*[20], (Fn. 202), 243 (Rn. 480).

843 Sobald Fälligkeit eingetreten ist, scheidet die Anwendbarkeit von § 323 IV BGB aus, so dass ab diesem Zeitpunkt die Entbehrlichkeitstatbestände bzw. der fruchtlose Ablauf der gesetzten Nachfrist gegeben sein muss, BGH 14.6.2012, BGHZ 193, 315.

Vertrages mit hinreichender Wahrscheinlichkeit für den Gläubiger unzumutbar ist.[844] Eine vergleichbare Regelung zu § 323 IV BGB ist in § 281 BGB zwar nicht zu finden, dennoch kann diese nach überwiegender Ansicht unter der Berücksichtigung der Wertung von § 325 BGB auf § 281 BGB analog angewandt werden.[845] Sämtliche vor der Schuldrechtsmodernisierung entwickelten Ausnahmefälle für eine wirksame Fristsetzung vor Fälligkeit[846] sind damit aufgrund der klaren Neuregelung des Gesetzgebers obsolet geworden.

V. Eigene Vertragstreue nicht zwingend, eigene Leistungsfähigkeit aber bei Leistung Zug-um-Zug erforderlich

Umstritten ist, ob eine eigene Vertragstreue des Gläubigers allgemeine Voraussetzung einer wirksamen Nachfristsetzung nach den §§ 281, 323 BGB ist. Aus dem Wortlaut der §§ 281, 323 BGB und auch schon des § 326 I BGB a.F. ergibt sich eine solche Tatbestandsvoraussetzung freilich nicht. Dennoch galt die eigene Vertragstreue des Gläubigers zu Zeiten des § 326 BGB a.F. noch als ungeschriebenes Tatbestandsmerkmal,[847] dessen Fehlen zur Unwirksamkeit der Nachfristsetzung führte.[848] Obgleich § 242 BGB durchaus für eine Pflicht des Gläubigers zur eigenen Vertragstreue streitet,[849] folgt aus zwei Gründen, dass die eigene Vertragstreue grundsätzlich keine selbständige Voraussetzung einer wirksamen Fristsetzung sein kann: Zum einen spricht hierfür die Regelung des § 323 VI BGB, aus der sich im Umkehrschluss ergibt,[850] dass nicht jedes vertragswidrige Verhalten des Gläubigers gleich zum Ausschluss des Rücktritts führt. Zum anderen ist die Anwendbarkeit des § 281 BGB nicht auf gegenseitige Verträge beschränkt,[851] so dass die eigene Vertragstreue des Gläubigers schon kein allgemeingültiges Tatbestandsmerkmal einer wirksamen Fristsetzung dar-

---

844 Vergleiche hierzu *Dauner-Lieb/Langen*[2](*-Dauner-Lieb/Dubovitskaya*), (Fn. 202), § 323 BGB Rn. 33.

845 *Göller*, JuS 2002, 1177, 1178; *Ramming*, ZGS 2002, 412, 416; *Jaensch*, NJW 2003, 3613, 3614; *Huth*, (Fn. 840), 115 ff. (§ 4 B. III.).

846 BGH 29.4.1970, NJW 1970, 1182; 10.12.1975, NJW 1976, 326; 6.10.1976, NJW 1977, 35; 8.7.1982, WM 1982, 982; 21.10.1982, NJW 1983, 989.

847 Siehe *Staudinger*(*-Otto*), (Fn. 200), § 326 BGB Rn. 63 m.w.N.

848 OLG Celle 19.10.1993, OLGR Celle 1994, 2.

849 Vergleiche *Palandt*[72](*-Grüneberg*), (Fn. 14), § 281 BGB Rn. 35, § 323 BGB Rn 29.

850 Vergleiche *Jauernig*[14](*-Stadler*), (Fn. 182), § 281 BGB Rn. 13.

851 *Jauernig*[14](*-Stadler*), (Fn. 182), § 281 BGB Rn. 13.

stellen kann.[852] Im Übrigen wird darauf verwiesen, dass sich der Schuldner schließlich gegen das Verhalten des Gläubigers mit einem eigenen Anspruch aus § 280 I BGB wehren könne, welcher dann, als Einrede vorgebracht, die Voraussetzungen der Nachfrist entfallen ließe.[853]

Anders sieht es mit dem Merkmal der eigenen Leistungsfähigkeit des Gläubigers aus. Zumindest in Fällen, in denen eine Zug-um-Zug Vereinbarung zwischen den Parteien gegeben ist, muss eine solche für eine wirksame Fristsetzung gegeben sein.[854]

VI. Anforderungen an die Nachfristerklärung

An die Voraussetzungen einer wirksamen Nachfristerklärung werden strenge Maßstäbe angelegt.[855] Zwar haben sich diesbezüglich in den letzten Jahren bereits gewisse Erleichterungen ergeben,[856] wie der Verzicht auf die bis zur Schuldrechtsreform vorgeschriebene Ablehnungsandrohung[857] oder die Anerkennung von Formulierungen wie „unverzüglich“ als ordnungsgemäße Fristsetzung.[858] Dennoch gilt es auch heute noch die verbliebenen insbesondere inhaltlichen Anforderungen an eine wirksame Nachfristsetzung zu beachten, damit die mit ihr verbundenen, nicht unerheblichen Rechtsfolgen tatsächlich eintreten.[859]

1. Form der Nachfristerklärung

Für die Wirksamkeit einer nach den §§ 281 I, 323 I BGB gesetzten Nachfrist sieht das Gesetz keine besonderen Formvorschriften vor,[860] insbesondere fehlt es an einem Schriftformerfordernis.[861] Ein lediglich schlüssiges Verhalten genügt

---

852 Hiervon zu unterscheiden sind Fälle des Missbrauchs der Fristsetzung, worunter beispielsweise die treuwidrige Zuvielforderung fällt, vergleiche § 7 VI. 2. c.

853 *Erman*[13](*-Westermann*), (Fn. 190), § 281 BGB Rn. 11.

854 OLG München 23.2.2011, DAR 2011, 527.

855 MünchKomm BGB[6](*-Ernst*), (Fn. 188), § 323 BGB Rn. 65; *Bamberger/Roth*[3](*-Grothe*), (Fn. 162), § 323 BGB Rn. 13.

856 Vergleiche *Faust*, Anmerkung zu BGH 12.8.2009, JZ 2010, 202, 203.

857 § 2 IV. 4. b, § 7 VI. 2. a (3).

858 Siehe unten § 7 VI. 2. e. (2).

859 Zu den genauen Rechtsfolgen einer wirksamen Nachfrist siehe § 8.

860 MünchKomm BGB[6](*-Ernst*), (Fn. 188), § 323 BGB Rn. 55.

861 Vergleiche AK-BGB(*-Dubischar*), Band 2: §§ 241 – 432 BGB (1980), §§ 325 – 327 BGB Rn. 15, der aber ein solches der Bedeutung der Nachfrist angemessen fände.

jedoch nicht.[862] Ebenfalls ist es dem Gläubiger nicht zu empfehlen, dem Schuldner nur mündlich eine Nachfrist zu setzen.[863] Sollte er sich nämlich bei einer späteren Geltendmachung sekundärer Rechtsbehelfe auf die Wirksamkeit der Nachfrist stützen wollen, so trägt er die Beweislast einer ordnungsgemäß gesetzten Frist.[864] Gerade im Hinblick auf den vorgeschriebenen Erklärungsinhalt erfolgt die Nachfristsetzung daher „zweckmäßigerweise schriftlich".[865]

2. Inhalt der Nachfristerklärung

Hinsichtlich des genauen Inhalts der Fristsetzungserklärung sind die Anforderungen dagegen weitaus höher.[866] Um die besonderen Rechtsfolgen der Nachfrist zu rechtfertigen[867] und den mit ihr verbundenen Zweck der Rechtssicherheit nicht zu gefährden, werden an die Wirksamkeit der Erklärung von Literatur und Rechtsprechung die nachfolgend behandelten Voraussetzungen geknüpft.

a. Deutliche und nachdrückliche Aufforderung zur Leistung

(1) Klare Formulierungen sind angeraten – aber kein Hinweis auf „letzte" Gelegenheit

Für die Wirksamkeit der Nachfristerklärung ist zunächst entscheidend, dass mit der Fristsetzung eine deutliche und nachdrückliche Aufforderung zur Leistung verbunden ist.[868] Hierzu genügt es nicht, den Schuldner zur bloßen Erklärung über seine Leistungsfähigkeit oder Leistungsbereitschaft innerhalb der gesetzten Frist aufzufordern.[869] Dem Schuldner soll der Ernst der Lage vor Augen geführt

---

862 Vergleiche *Enderlein/Maskow/Strohbach(-Maskow)*, (Fn. 474), Art. 63 CISG Ziff. 6.

863 Vergleiche hierzu auch *Mankowski*, EWiR 2003, 1125, 1126, der auf die Problematik der heute weit verbreiteten Service-Hotlines verweist. Zwar könne eine Nachfrist auch über eine solche Hotline gesetzt werden, doch könnten in solchen Fällen später erhebliche Beweisprobleme bestehen.

864 *Bamberger/Roth*[3]*(-Grothe)*, (Fn. 162), § 323 BGB Rn. 12; § 7 XII.

865 *Staudinger(-Otto/Schwarze)*, (Fn. 179), § 323 BGB Rn. B 45.

866 Siehe hierzu auch die vergleichbaren Ausführungen zur Nachfrist in der CISG in § 6 I. 3. b.; A.A. Hk-BGB(*-Schulze*), BGB[6] (2009), § 281 BGB Rn. 7, der an den Inhalt der Erklärung keine weiteren Anforderungen stellt.

867 Vergleiche § 8.

868 BGH 5.10.2010, NJW 2011, 224, 225; OLG München 16.6.2011, NJW-RR 2010, 1716; *Mankowski*, ZGS 2003, 451; *Palandt*[72]*(-Grüneberg)*, (Fn. 14), § 281 BGB Rn. 9, § 323 BGB Rn. 13.

869 OLG Frankfurt 1.3.2012, NJW-RR 2012, 791; OLG München 16.6.2010, NJW-RR 2010, 1716; *Staudinger(-Otto/Schwarze)*, (Fn. 163), § 281 BGB Rn. B 37;

werden.[870] Dabei sind klare Formulierungen angeraten, mithin ein deutliches Verlangen der Erfüllung bis zum gesetzten Zeitpunkt, um den Nachfristcharakter hervorzuheben[871] und zu verhindern, dass der Schuldner diese fälschlicherweise als höfliche Bitte oder Stundung interpretieren kann. Allerdings ist es nicht erforderlich, dem Vertragspartner gegenüber unmissverständlich zum Ausdruck zu bringen, dass jener eine „letzte" Gelegenheit zur Erbringung der vertraglichen Leistung erhält, wie es teilweise vertreten wird.[872] Dies lässt sich zum einen schon nicht aus den gesetzlichen Vorschriften ableiten,[873] zum anderen würde man den Fristsetzenden damit nach Fristablauf quasi zur Ausübung eines sekundären Rechtsbehelfs zwingen,[874] was von Seiten des Gesetzgebers gerade nicht gewollt war.[875] Immerhin steht dem Gläubiger nach Fristablauf ein Wahlrecht zwischen Erfüllungsanspruch und den sekundären Rechtsbehelfen zu.[876]

(2) Keine Pflicht zur Nennung eines bestimmten Rechtsbehelfs – Restriktiver Umgang mit der Anwendung von § 242 BGB

Ursprünglich hatte der Gesetzgeber in den §§ 281 I, 323 I BGB eine Regelung vorgesehen, die einen Schadensersatz bzw. Rücktritt ausschloss, wenn der Schuldner trotz Fristsetzung nicht mit einem solchen Rechtsbehelf zu rechnen brauchte.[877] Letztlich hatte man sich aber gegen diesen Zusatz entschieden, da es sich hierbei, nach der Begründung der Beschlussempfehlung des Rechtsausschusses, lediglich um Ausnahmefälle handeln würde, die vorzugsweise über die Generalklausel des § 242 BGB gelöst werden könnten.[878] Bei einer Anwendung

---

MünchKomm BGB[6](-*Ernst*) (Fn. 188), § 323 BGB Rn. 60; *Palandt*[72](-*Grüneberg*), (Fn. 14), § 281 BGB Rn. 9.

870 MünchKomm BGB[6](-*Ernst*), (Fn. 188), § 323 BGB Rn. 59.

871 *Prütting/Wegen/Weinreich*[7](-*Schmidt-Kessel*), (Fn. 176), § 281 BGB Rn. 9.

872 OLG Köln 1.9.2003, ZGS 2003, 392, 393.

873 *Mankowski*, ZGS 2003, 451, 452.

874 *Mankowski*, EWiR 2003, 1125, 1126.

875 Dies macht gerade die Entscheidung des Gesetzgebers zur Abschaffung sowohl der Ablehnungsandrohung als auch des automatischen Untergangs des Erfüllungsanspruchs deutlich.

876 BT-Drucks. 14/6040, (Fn. 128), 185 Zu § 323 BGB Zu Absatz 1.

877 Siehe §§ 281, 323 KF der Konsolidierten Fassung des Diskussionsentwurfs vom 6.3.2001 (KF), abgedruckt in *Staudinger*(-*Otto/Schwarze*), (Fn. 163), § 281 BGB Rn. A 4, (Fn. 179), § 323 BGB Rn. A 4.

878 Beschlussempfehlung und Bericht des 6. Rechtsausschusses vom 9.10.2001 zum Entwurf eines Gesetzes zur Modernisierung des Schuldrechts, BT-Drucks. 14/7052, 185 Zu

des § 242 BGB sollte vor diesem Hintergrund allerdings vermieden werden, die mit der Schuldrechtsreform abgeschaffte Ablehnungsandrohung „gleichsam durch die Hintertür“ wieder aufleben zu lassen.[879] Mit dem Rückgriff auf diese Vorschrift muss folglich sehr restriktiv umgegangen werden; ein solcher sollte sich auf absolute Ausnahmefälle beschränken,[880] die sicherlich nicht bereits deshalb gegeben sind, weil der Gläubiger auf eine Erwähnung der Möglichkeit beispielsweise eines Rücktritts in seiner Erklärung verzichtet hat.[881] Etwaige Rechtsfolgen brauchen in der Fristsetzungserklärung nämlich gerade nicht angesprochen zu werden.[882]

(3) Wegfall der Ablehnungsandrohung

(a) Verzicht auf ein schwer zu handhabendes Mittel

Das Erfordernis einer nachdrücklichen und ernsthaften Leistungsforderung ist schließlich nicht mit der noch in § 326 I BGB a.F. enthaltenen Ablehnungsandrohung gleichzusetzen.[883] In letzter Minute ist von der Schuldrechtskommission trotz verschiedener Lösungsvorschläge entschieden worden, in den Nachfolgevorschriften zu § 326 BGB a.F., den §§ 281 I, 323 I BGB, gänzlich auf die Tatbestandsvoraussetzung der Ablehnungsandrohung zu verzichten.[884]

---

§ 281 BGB Zu Absatz 1; Im Übrigen sollte hiermit klargestellt werden, dass auf eine Ablehnungsandrohung tatsächlich vollständig verzichtet wurde, *Andres*, in: *Schimmel/Buhlmann* (Hrsg.), Frankfurter Handbuch zum neuen Schuldrecht (2002), 441, 473 (Rn. 78).

879 *Mankowski*, ZGS 2003, 451.

880 BT-Drucks. 14/6040, (Fn. 128), 185 Zu § 323 BGB Zu Absatz 1; Vergleiche hierzu auch *Dauner-Lieb/Langen*[2](*-Dauner-Lieb*), (Fn. 202), § 281 BGB, Rn. 18, die nur bei „extrem gelagerten Sonderfällen“ eine Lösung über § 242 BGB zulässt, da der Schuldner eine Fristsetzung als solche grundsätzlich und vornherein schon ernst zu nehmen und damit zu rechnen habe, dass der Gläubiger nach Ablauf eventuell einen sekundären Rechtsbehelf gelten macht; ebenso *Bamberger/Roth*[3](*-Grothe*), (Fn. 162), § 323 BGB Rn. 14, der ausschließlich auf das Verhalten des Gläubigers, welches er nach Fristablauf an den Tag legt, abstellt.

881 Der Schuldner soll nämlich nur „in ganz besonders gelagerten Einzelfällen vor einem unerwarteten Rücktritt geschützt werden“, *Staudinger*(*-Otto/Schwarze*), (Fn. 179), § 323 BGB Rn. A 5.

882 *Erman*[13](*-Westermann*), (Fn. 190), § 281 BGB Rn. 12; *Bamberger/Roth*[3](*-Grothe*), (Fn. 162), § 323 BGB Rn. 14; *Palandt*[72](*-Grüneberg*), (Fn. 14), § 323 BGB Rn. 13; MünchKomm BGB[6](*-Ernst*), (Fn. 188), § 281 BGB Rn. 38.

883 Hk-BGB(-Schulze), BGB[7] (2012), § 281 BGB Rn. 7.

884 *Schlechtriem/Schmidt-Kessel*[6], (Fn. 168), 245; Siehe hierzu auch *Huber, Ulrich*, in: *Ernst/Zimmermann* (Hrsg.), Zivilrechtswissenschaft und Schuldrechtsreform (2001), 31,

Als Begründung wurde angeführt, dass dieses Tatbestandsmerkmal eine den vertragstreuen Gläubiger in der Durchsetzung seiner Rechte behindernde Formalie sei.[885] Zudem solle sich der Gläubiger bei Fristsetzung noch nicht entscheiden müssen, was er nach Fristablauf tun werde.[886] Bereits lange Zeit vor Inkrafttreten des Schuldrechtsmodernisierungsgesetzes war die Abschaffung der Ablehnungsandrohung vielfach gefordert worden.[887] Denn in der Praxis hatte sich diese für den Gläubiger als ein schwer zu handhabendes Mittel erwiesen,[888] da sich im Falle allzu freundlicher Formulierungen, wie sie unter Vertragspartnern, die ihre Geschäftsbeziehung nicht gefährden wollen, üblich sind,[889] häufig Auslegungsprobleme ergaben.[890] Eine korrekte Erklärung war meist nur dem rechtskundigen Gläubiger möglich, der die feinen Formulierungsunterschiede der Rechtsprechung kannte, so dass der überforderte Rechtsverkehr mit zahlreichen unwirksamen Fristsetzungen zu kämpfen hatte.[891] Im Übrigen wurde eine Ablehnungsandrohung neben einer Fristsetzung als überflüssig angesehen.[892] Diese Überzeugung herrschte auch bei der Ausarbeitung des CISG vor, in deren Regelungen auf das Erfordernis einer Ablehnungsandrohung verzichtet wurde,[893] obwohl zu jener Zeit in Deutschland noch das alte Recht galt.[894]

(b) Verheerender Einfluss leichtfertiger Ausführungen in der Rechtsprechung

Trotz der klaren Entscheidung des deutschen Gesetzgebers bei der Schuldrechtsmodernisierung kam es in jüngerer Zeit in Einzelfällen zu nicht nachvollziehbaren Entscheidungsbegründungen, selbst in der höchstrichterlichen Recht-

---

151 f., der sich ausdrücklich gegen eine Abschaffung der Ablehnungsandrohung ausgesprochen hat; § 2 IV. 4. b.

885 *Oechsler*, (Fn. 373), 104.

886 BT-Drucks. 14/6040, (Fn. 128), 139 Zu § 281 BGB Zu Absatz 1 Zu Satz 2.

887 *Thamm*, BB 1982, 2018, 2019 Fn. 8.

888 *Westermann*, JZ 2001, 530, 537.

889 *Prütting/Wegen/Weinreich*⁷(*-Schmidt-Kessel*), (Fn. 176), § 281 BGB Rn. 9

890 *Schlechtriem/Schmidt-Kessel*⁶, (Fn. 168), 245; Für den Schuldner hatte die Ablehnungsandrohung allerdings den Vorteil, dass er nach Fristablauf klar wusste, woran er ist, *Huber, Ulrich*, in: *Ernst/Zimmermann* (Hrsg.), (Fn. 884), 31, 152; Siehe zu der Problematik der neuen Rechtslage und der hierzu bestehenden Lösungsansätze die Ausführungen unter § 8 II. 2.

891 HKK-BGB(*-Hattenhauer*), (Fn. 111), §§ 323 – 325 BGB Rn. 68.

892 *Emmerich*, (Fn. 115), 277 (§ 18 I).

893 § 6 I. 3. b. (3) (a).

894 Als das CISG 1980 verabschiedet wurde, fand sich die Nachfristregelung noch in § 326 BGB a.F. wieder.

sprechung. So führt der BGH in seiner Entscheidung vom 25.3.2010 aus, dass dem Schuldner mit der Leistungsaufforderung nach § 281 I 1 BGB klar gemacht werden müsse, „dass nach fruchtlosem Ablauf der Frist die Leistung durch ihn abgelehnt werde."[895] Als Begründung gibt das Gericht an, dass der Schuldner sich eintscheiden können müsse, „ob er die Folgen mangelnder Erfüllung auf sich nehmen oder durch Tätigwerden innerhalb der Frist von sich abwenden will."[896] Auf die Rechtssicherheit in der Praxis haben solche geradezu leichtfertigen Ausführungen verheerenden Einfluss,[897] da durch sie letztlich erneut Unklarheiten hinsichtlich eines möglichen Erfordernisses zumindest einer „kleinen" Ablehnungsandrohung geschaffen werden, die vom Gesetzgeber eindeutig nicht vorgesehen war.[898] Um Missverständnissen vorzubeugen hatte der Gesetzgeber ausdrücklich darauf verzichtet, von dem Gläubiger eine solche zusätzliche Formalie zu fordern.[899] Es bleibt zu hoffen, dass sich die Rechtsprechung in Zukunft genauere Formulierungen angewöhnt, um damit wieder für Klarheit im Rechtsverkehr zu sorgen.

Unabhängig davon ist es dem Gläubiger aber natürlich nicht verboten, die Fristsetzung mit einer Drohung der Ausübung eines bestimmten Rechtsbehelfs nach Fristablauf zu verbinden,[900] um auf diese Weise beispielsweise den Druck

---

895 BGH 25.3.2010, NJW 2010, 2200, 2201, wobei die Ausführungen des BGH den Eindruck erwecken, als sei dem Gericht gar nicht bewusst gewesen, dass es durch diese Formulierung faktisch wieder zur im Gesetz nicht vorgesehenen Ablehnungsandrohung zurückkehrt; Vergleiche hinsichtlich der Widersprüchlichkeit des Urteils auch: *Bartsch*, CR 2010, 777, der in seiner Anmerkung zum vorgenannten Urteil des BGH darauf hinweist, dass die Notwendigkeit einer Ablehnungsandrohung weder vom Gesetz gefordert, noch (laut Sachverhalt des BGH) eine solche im konkreten Fall tatsächlich erklärt worden ist.

896 Ebenso OLG Düsseldorf 9.12.2010, ZMR 2011, 863, 864 unter Bezugnahme auf das vorgenannte BGH-Urteil. Durch diese Entscheidung aus demselben Jahr wird deutlich, wie schnell solche leichtfertigen Formulierungen des BGH ihre Wellen schlagen.

897 Dies zeigt sich insbesondere daran, dass die Entscheidung des BGH zeitnah nicht nur ohne kritische Hinterfragung vom OLG Düsseldorf (Fn. 896) übernommen wurde, sondern auch in der Literatur kritiklos zitiert wird, siehe *Schmeel*, MDR 2011, 277, 279.

898 BT-Drucks. 14/6040, (Fn. 128), 139 Zu § 281 BGB Zu Absatz 1 Zu Satz 2; Vergleiche auch jurisPK-BGB[4](-*Alpmann*), (Fn. 174), § 281 BGB Rn. 23.

899 BT-Drucks. 14/7052, (Fn. 878), 185 Zu § 281 BGB Zu Absatz 1.

900 Ob eine solche Androhung, beispielsweise Schadensersatz nach Fristablauf geltend zu machen, dann, wie nach altem Recht, automatisch zu einem Untergang des Erfüllungsanspruchs gem. § 281 IV BGB nach Fristablauf führt, wird von *Derleder/Zänker*, NJW 2003, 2777 – 2783 ausführlich diskutiert. Die Autoren gelangen hierbei zu dem Ergebnis, dass ein solches mit der Fristsetzung verbundenes Schadensersatzverlangen nur

auf den Schuldner zu erhöhen.[901] Allerdings gilt es hierbei zu beachten, dass sich dadurch eine Selbstbindung für den Gläubiger ergeben kann.[902]

b. Anforderungen an die Leistungs-/Nacherfüllungsaufforderung

Auch wenn der Wortlaut der §§ 281 I, 323 I BGB keine Regelungen über den Inhalt oder die Bestimmtheit der Aufforderung zur Leistungsbewirkung enthält,[903] folgt bereits aus dem Sinn und Zweck der Nachfrist, dass dem Schuldner klar sein muss, was von ihm verlangt wird.[904] Für die Frage, inwieweit der Fristsetzende verpflichtet ist, seine Leistungsaufforderung zu konkretisieren, ist insoweit entscheidend, ob bereits eine Übergabe bzw. eine Abnahme der Leistung stattgefunden hat oder nicht,[905] mithin ob es sich um eine Aufforderung zur Leistung oder zur Nacherfüllung handelt.[906]

(1) Keine nähere Bestimmung des Leistungsdefizits während der Erfüllungsphase

Während der Erfüllungsphase genügt für eine wirksame Fristsetzung nach den §§ 281 I, 323 I BGB das schlichte Verlangen, die vertragliche Leistung binnen der bestimmten (bestimmbaren) Frist zu bewirken.[907] Der Inhalt bzw. der Umfang der geforderten Leistung ergibt sich schließlich aus dem bestehenden Ver-

---

dann wirksam sei, wenn der Schuldner während des Fristlaufs keinerlei Erfüllungsanstrengung unternimmt.

901 *Mankowski*, ZGS 2003, 451, 455.

902 *Oechsler*, (Fn. 373), 104; vergleiche hierzu auch die Ausführungen zu § 326 I BGB a.F. von *Lindacher*, JZ 1980, 48, 50.

903 *Mühling*, NJ 2010, 303, 304.

904 Vergleiche MünchKomm BGB^6(-*Ernst*), (Fn. 188), § 281 BGB Rn. 33.

905 Vielfach wird diese Unterscheidung bei der Nachfrist übersehen und es werden pauschal die Anforderungen an die Nachfristerklärung genannt.

906 Die Nacherfüllung stellt einen Unterfall der Leistung dar, die nur für die „nicht wie geschuldet" erbrachte Leistung eine Rolle spielt, BT-Drucks. 14/6040, (Fn. 128), 138 Zu § 281 BGB Zu Absatz 1 Zu Satz 1; *Mühling*, NJ 2010, 303, 304.

907 BGH 7.7.1987, NJW-RR 1988, 310, 311; 25.3.2010, NJW 2010, 2200; siehe hierzu auch *Taeger*, NJW 2010, 3759, 3763; *Vogel*, IBR 2010, 320; A.A. MünchKomm BGB^6(-*Ernst*), (Fn. 188), § 281 BGB Rn. 33, der auch schon bei der Aufforderung zur Leistung strengere Maßstäbe ansetzt.

trag. Etwas Anderes gilt nur dann, wenn der Schuldner Zweifel haben kann, welche Leistung von ihm verlangt wird.[908]

(2) Hinreichende Konkretisierung des bestehenden Leistungsdefizits bei der Aufforderung zur Nacherfüllung – Teilforderung möglich

Konkreter muss die Leistungsaufforderung dagegen im Falle der Nacherfüllung sein.[909] Der Fristsetzende muss hierbei in seiner Erklärung die bestehenden Leistungsdefizite im Einzelnen genau benennen,[910] damit der Schuldner weiß, worauf sich die gesetzte Nachfrist bezieht und welche Leistung er dementsprechend zu erbringen hat.[911] An die Individualisierung sind strenge Anforderungen zu stellen, da der Schuldner eindeutig erkennen muss, welche bisher nicht vertragsgemäß erbrachte Leistung der Gläubiger von ihm verlangt.[912] Der Gläubiger ist jedoch nicht verpflichtet, beispielsweise bei Mängeln an einem Fahrzeug die genaue Ursache der Mängel mitzuteilen; es genügt, wenn die sich an dem Fahrzeug zeigende eingeschränkte Funktionalität erläutert wird.[913] Wichtig ist, dass bei Vorliegen verschiedener Mängel jeder einzelne Mangel konkret genannt wird,[914] wenn sich die Nachfrist hierauf beziehen soll,[915] damit der Schuldner die entsprechenden Vorkehrungen zur Nacherfüllung treffen kann.

Dem Gläubiger bleibt es indes überlassen, die Nachfristsetzung lediglich auf einen Teil der Leistung bzw. der Mängel zu beschränken.[916]

---

908 *Prütting/Wegen/Weinreich*[7](*-Medicus*), (Fn. 176), § 323 BGB Rn. 17.

909 *Vogel*, IBR 2010, 320, der als Begründung darauf verweist, dass sich die Leistung nach Übergabe bzw. Abnahme konkretisiert habe.

910 LG Düsseldorf 31.3.2008, Az.: 9 O 370/07; *Schmeel*, MDR 2011, 277, 279; A.A. Hk-BGB[7](*-Schulze*), (Fn. 883), § 281 BGB Rn. 7, der unter Hinweis auf das Urteil des BGH vom 25.3.2010 (Fn. 907) davon ausgeht, dass generell die Defizite einer erbrachten Leistung nicht im Einzelnen aufgeführt werden müssen, hierbei jedoch verkennt, dass der BGH nur von einer Leistungsaufforderung vor Abnahme spricht.

911 *Mankowski*, ZGS 2003, 451, 452 Fn. 5; RG 18.5.1926, RGZ 114, 3, 8.

912 OLG München 26.2.2009, OLGR München 2009, 561, 562.

913 *Prütting/Wegen/Weinreich*[7](*-Schmidt-Kessel*), (Fn. 176), § 281 BGB Rn. 9.

914 Vergleiche KG 22.1.2007, NJW-RR 2007, 1601; *Palandt*[72](*-Grüneberg*), (Fn. 14), § 281 BGB Rn. 9.

915 BGH 25.3.2010, NJW 2010, 2200, 2201; *Prütting/Wegen/Weinreich*[7](*-Schmidt-Kessel*), (Fn. 176), § 281 BGB Rn. 9.

916 MünchKomm BGB[6](*-Ernst*), (Fn. 188), § 323 BGB Rn. 63; Vergleiche zu der Problematik, dass eine vollständige Mängelbeseitung unmöglich ist und deshalb nur eine „Ausbesserung“ begehrt wird, die Ausführungen von *Gutzeit*, NJW 2007, 956 – 960.

(3) Keine Pflicht zur Entscheidung zwischen Nachbesserung oder Neulieferung

Nach § 439 I BGB steht es dem Käufer frei, zwischen den zwei Arten der Nacherfüllung zu wählen. Der Käufer sollte dem Verkäufer somit zweckmäßigerweise bereits mit der Fristsetzung mitteilen, für welche Art der Nacherfüllung er sich entschieden hat. Beinhaltet die Erklärung lediglich die allgemeine Aufforderung zur Nacherfüllung, ist diese dennoch nicht unwirksam, da der Käufer auf sein Wahlrecht auch verzichten kann.[917] Das Wahlrecht geht in diesen Fällen auf den Verkäufer über.[918]

c. Gefahr der Unwirksamkeit der Nachfristsetzung bei Zuvielforderung

Fordert der Gläubiger von dem Schuldner innerhalb der gesetzten Frist mehr Leistung als ihm eigentlich nach dem Vertrag zusteht, so besteht grundsätzlich die Gefahr, dass die Fristsetzungserklärung wegen Zuvielforderung unwirksam ist.[919] Bei der Bestimmung, wann eine Zuvielforderung eine Unwirksamkeit der Fristsetzung nach sich zieht, gilt es, gewisse Differenzierungen zu beachten: So kann eine Unwirksamkeit in dem Fall nicht angenommen werden, in dem der Gläubiger unbewusst mehr Leistung als eigentlich erlaubt einfordert. Eine solche Gefahr besteht beispielsweise im Kaufrecht bei der Forderung einer Nacherfüllung. Denn die Obliegenheit zur Nachfristsetzung besteht hier auch dann, wenn der Gläubiger nicht sicher weiß, ob die bestehenden Leistungsdefizite auf Mängel zurückzuführen sind, die bereits bei Gefahrübergang vorlagen.[920] Sollte sich im Nachhinein herausstellen, dass ein Teil der Mängel tatsächlich nicht vom Nacherfüllungsanspruch umfasst war, kann dies keine Auswirkungen auf die Wirksamkeit der übrigen Fristsetzung haben.

Des Weiteren wird teilweise vertreten, dass eine mit einer Zuvielforderung verbundene Fristsetzung ebenfalls dann wirksam sei, wenn entweder der Schuldner deutlich mache, dass er nur die Zuvielforderung nicht erfüllen will, oder klar sei, dass der Schuldner auch eine ordnungsgemäße Leistungsforderung

---

917 *Dauner-Lieb/Langen*²(-*Dauner-Lieb*), (Fn. 202), § 281 BGB Rn. 20.

918 JurisPK-BGB⁴(-*Alpmann*), (Fn. 174), § 281 BGB Rn. 25.

919 *Staudinger*(-*Otto/Schwarze*), (Fn. 163), § 281 BGB Rn. B 41; MünchKomm BGB⁶ (-*Ernst*), (Fn. 188), § 323 BGB Rn. 63.

920 BGH 21.12.2005, NJW 2006, 1195.; *Dauner-Lieb/Langen*²(-*Dauner-Lieb*), (Fn. 202), § 281 BGB Rn. 18.

innerhalb der Frist nicht erfüllt hätte.[921] Der zuletzt genannten Ansicht ist entgegenzuhalten, dass in dem Fall, in dem die Leistungsverweigerung des Schuldners schon offensichtlich ist, eine Fristsetzung ohnehin meist entbehrlich sein wird,[922] weshalb es auf ihre Wirksamkeit gar nicht mehr ankommt. Und auch die zuerst genannte Fallgestaltung überzeugt letztlich nicht. Der Schuldner soll durch die Unwirksamkeit der Fristsetzung bei Zuvielforderung doch gerade vor der Willkür und den Spekulationen des Gläubigers geschützt werden. Vergleichbar ist die Situation mit dem Verbot der geltungserhaltenen Reduktion, wie es beispielsweise bei der Inhaltskontrolle von AGB-Klauseln angewandt wird.[923] Nach diesem wird dem Verwender einer unwirksamen Klausel das Risiko auferlegt, dass die zu weit gefasste Regelung vollständig unwirksam ist und nicht durch richterliche Gestaltung auf ein gerade noch zulässiges Maß reduziert wird.[924] Das Verbot der geltungserhaltenen Reduktion folgt unter anderem aus der „präventiven Zielsetzung (...), auf einen den Interessen beider Seiten gerecht werdenden Inhalt von AGB-Bestimmungen hinzuwirken".[925] Dieser Rechtsgedanke kann im Fall der Zuvielforderung gleichermaßen angewendet werden. Der Gläubiger soll den Schuldner nicht gefahrlos mit Zuvielforderungen innhalb der gesetzten Frist unter Druck setzen dürfen, um hierduch eventuell sogar noch unverhoffte Vorteile zu erlangen. Macht der Gläubiger folglich mit der Fristsetzung treuwidrig[926] eine Zuvielforderung geltend, so ist zum Schutz des Schuldners in aller Regel von einer Unwirksamkeit der Fristsetzung auszugehen.[927]

---

921 *Erman*[13](*-Westermann*), (Fn. 190), § 281 BGB Rn. 12; vergleiche hierzu auch *Bamberger/Roth*[3](*-Grothe*), (Fn. 162), § 323 BGB Rn. 15, der im letzten Fall als zusätzliches Kriterium für eine Wirksamkeit fordert, dass angenommen werden kann, dass der Gläubiger die ordnungsgemäße Leistung nicht als Teilleistung zurückgewiesen hätte.

922 Siehe zur Entbehrlichkeit der Frist § 7 XI.

923 Vergleiche BGH 25.3.1998, NJW 1998, 2284, 2286 m.w.N; 3.11.1999, NJW 2000, 1110, 1113 f.

924 *Prütting/Wegen/Weinreich*[7](*-Berger*), (Fn. 176), § 306 BGB Rn. 4.

925 *Erman*[13](*-Roloff*), (Fn. 190), § 306 BGB Rn. 8.

926 Das heißt, ohne sich in dem ihm zumutbaren Rahmen über die Höhe bzw. das Ausmaß seines Anspruchs zu informieren. Vergleiche hierzu: BGH 23.1.2008, NJW 2008, 1147, 1148, nach dessen Auffassung der Käufer lediglich im Rahmen seiner Möglichkeiten sorgfältig prüfen muss, ob die in Betracht kommenden Ursachen für das Symptom, hinter dem er einen Mangel vermutet, in seiner eigenen Sphäre liegen; *Medicus/Lorenz*[16], (Fn. 403), 59 (Rn. 145).

927 Im Ergebnis ebenso: OLG Celle 19.10.1993, MDR 1994, 137; *Palandt*[72](*-Grüneberg*), (Fn. 14), § 281 BGB Rn. 9, der allerdings von einer Zuvielforderung von erheblichem Umfang spricht.

d. *Fristsetzung* nicht *Fristgewährung*

Der Gläubiger hat dem Schuldner mit der Leistungsaufforderung eine Frist zu setzen, innerhalb derer die geforderte Leistung zu erbringen ist.[928] Die Bezeichnung *Setzen* impliziert hierbei eine ausdrückliche Erklärung gegenüber dem Schuldner. In diesem Punkt unterscheiden sich die §§ 281, 323 BGB deutlich von Art. 356 ADHGB,[929] welcher als erste Rechtsvorschrift die Nachfrist im Leistungsstörungsrecht enthielt. In diesem wurde nämlich lediglich die *Gewährung* einer angemessenen Frist vorausgesetzt, die ohne eine Fristerklärung erfolgen konnte.[930]

(1) Vorteile einer Fristsetzung gegenüber einer Fristgewährung

Der Vorteil einer Nachfristsetzung gegenüber einer Nachfristgewährung liegt darin, dass die ausdrückliche Festlegung eines bestimmten Zeitraums für den Schuldner sowohl einen Warncharakter[931] als auch einen Schutzcharakter hat. Hinzu kommt, dass der Gläubiger von der hierdurch bedingten Verdeutlichungsfunktion profitiert.

Der Warncharakter liegt darin, dass dem Schuldner durch die Fristsetzung noch einmal deutlich vor Augen geführt wird, dass er die Leistung nicht zu einem beliebigen Zeitpunkt erbringen kann.[932] Aus einer bloßen Mängelrüge geht eine zeitliche Begrenzung für die Leistung dagegen nicht hervor.[933] Geschützt wird der Schuldner durch eine Fristsetzung zudem insofern, als der Gläubiger in jedem Fall während der von ihm gesetzten Frist grundsätzlich keine weiteren Rechtsbehelfe geltend machen kann, auch wenn die Frist eventuell zu lang bemessen ist und ein Rücktritt bereits nach einer kürzeren Frist erlaubt gewesen wäre.[934] Daneben gibt ihm die gesetzte Frist die Sicherheit, dass der Gläubiger die Leistung innerhalb der Frist annehmen wird bzw. anzunehmen hat.[935] Für

---

928 *Martis*, MDR 2010, 1293; allein ein mehrfaches oder ständiges Mahnen zur Leistung genügt dementsprechend nicht, *Prütting/Wegen/Weinreich*[7](*-Schmidt-Kessel*), (Fn. 176), § 281 BGB Rn. 5.

929 § 2 I. 4.

930 ROHG 10.12.1873, ROHGE 12, 59, 62.

931 § 4 III. 4.

932 *Medicus/Lorenz*[20], (Fn. 202), 242 (Rn. 480).

933 Eine Mängelrüge ist auch bei einer Fristgewährung erforderlich, erzielt aber, wie angesprochen, nicht denselben Effekt.

934 Vergleiche auch *Koch*, NJW 2010, 1636, 1638; Vergleiche die Ausführungen zur Bindungswirkung der Nachfrist in § 8 I. 1.

935 § 8 I. 1.

den Gläubiger liegt der Vorteil einer ausdrücklichen Fristerklärung indes darin, dass er auf diesem Wege mit einem einfachen Mittel dem Schuldner seine vertraglichen Pflichten ins Gedächtnis rufen kann,[936] für deren Erfüllung diesem eine deutliche zeitliche Grenze gesetzt wird.[937] Die Wahrscheinlichkeit, dass die Leistung tatsächlich noch erfolgt, wird damit durch die ausdrückliche Setzung einer Frist anders als bei ihrem insgeheimen Ablaufen erhöht.[938]

Dass die Vorteile einer Fristerklärung gegenüber einer schlichten Fristgewährung überwiegen, wurde im internationalen Rechtsverkehr ebenfalls erkannt, weshalb man sich sowohl im CISG als auch in den PECL, PICC und dem DCRF für eine solche Ausgestaltung des Fristsetzungserfordernisses entschieden hat.[939]

(2) Ausnahme vom Fristsetzungserfordernis bei § 323 BGB im Falle des Verbrauchsgüterkaufs

Wenn auch der Wortlaut des § 323 I BGB hinsichtlich des Fristsetzungserfordernisses grundsätzlich keine Zweifel aufkommen lässt,[940] wird in bestimmten Fällen trotz des eindeutigen Wortlauts eine Ausnahme hiervon gemacht. Bei Vorliegen eines Verbrauchsgüterkaufs verstößt das Fristsetzungserfordernis beim Rücktritt[941] nämlich gegen Art. 3 V der Verbrauchsgüterkaufrichtlinie (1999/44/EG)[942]. Denn die Richtlinie schreibt bei einem Verbrauchsgüterkauf lediglich das Vertstreichenlassen einer angmessenen Frist als Voraussetzung für einen wirksamen Rücktritt vor, so dass der Schuldner demgegenüber durch das Fristsetzungserfordernis in § 323 I BGB benachteiligt wird.[943] Warum sich der Gesetzgeber sehenden Auges[944] – immerhin enthielt § 323 I des Diskussionsentwurfs noch eine Regelung, die den Vorgaben der Verbrauchsgüterkaufricht-

---

936 *Gsell*, JZ 2001, 65, 68.

937 *Greiner/Hossenfelder*, JA 2010, 412, 413.

938 *Unberath*, (Fn. 802), 247 (§ 10 I 1. c).

939 § 6 I. 3., II. 2. c., 3. c., 4. c..

940 *Reinicke/Tiedtke*, Kaufrecht[8] (2009), 176 (Rn. 462).

941 Und auch bei der Minderung.

942 Richtlinie 1999/EG vom 25.5.1999, AblEG Nr. L 171 v. 7.7.1999, 12.

943 *Dauner-Lieb/Langen*[2](*-Dauner-Lieb/Dubovitskaya*), (Fn. 202), § 323 BGB Rn. 17; siehe ausführlich zu der Problematik § 9.

944 Vergleiche die Ausführungen im Diskussionsentwurf eines Schuldrechtsmodernisierungsgesetzes des Bundesministeriums der Justiz vom 4.8.2000, 323 Zu § 282 DiskE Zu Absatz 1.

linie entsprach[945] – für eine offensichtliche Unionsrechtswidrigkeit entschied, erscheint nicht nachvollziehbar. Zwar war man in der Gesetzesbegründung redlich bemüht, die Entscheidung bestmöglich zu rechtfertigen,[946] ein wirklich überzeugender Weg zum Umgang mit der Richtlinienwidrigkeit konnte aber bereits dort nicht aufgezeigt werden.[947] In der Folge nahm auch das Bundesverfassungsgericht zu der Problematik Stellung und entschied sich dabei für eine Lösung über § 323 II Nr. 3 BGB.[948] Dass damit die rege Diskussion über eine richtlinienkonforme Auslegung des § 323 BGB nicht beendet ist, zeigen jedoch jüngere Entscheidungen erstinstanzlicher Gerichte, die anders als der BGH bei Vorliegen eines Verbrauchsgüterkaufs den Weg über eine einschränkende Auslegung von § 323 I BGB wählen.[949] Unabhängig davon, auf welche Weise die Ausnahme von einem Fristsetzungserfordernis im Fall des Verbrauchsgüterkaufs dogmatisch begründet wird, ist an dieser Stelle festzuhalten, dass bei einem Verbrauchsgüterkauf[950] eine Fristsetzung entgegen dem Wortlaut der Vorschrift nicht erforderlich ist.[951]

---

945 Die Regelung sah vor, dass im Fall einer nicht gesetzten Frist, eine angemessene Frist als gesetzt gelte, Disk.-E., (Fn. 944), 37 § 323 I DiskE; HKK-BGB(-*Hattenhauer*), (Fn. 111), §§ 323 – 325 BGB Rn. 83.

946 Nach Ansicht des Reformgesetzgebers gebe die Fristsetzung dem Käufer lediglich ein „Mehr“ an Rechten, da er die Länge der Frist selbst bestimmen könne, BT-Drucks. 14/6040, (Fn. 128), 222 Zu § 437 Zu Nummer 2; *Schollmeyer*, ZGS 2009, 491, 494.

947 *Leible*, in: *Gebauer/Wiedmann* (Hrsg.), Zivilrecht unter europäischem Einfluss[2] (2010), 403, 456 f. (Rn. 96 f.); *Dubovitskaya*, JZ 2012, 328, 330 (Fn. 35); *Prütting/Wegen/Weinreich*[7](*-D. Schmidt*), (Fn. 176), § 437 BGB Rn. 23.

948 BVerfG 26.9.2006, JuS 2007, 181; Gegen die richtlinienkonforme Auslegung des § 323 II Nr. 3 BGB wendet sich *Herresthal* in: *Langenbucher* (Hrsg.), Europarechtliche Bezüge des Privatrechts[2] (2008), 41, 147 (§ 2 Rn. 160), mit dem Argument, dass dem Gesetzgeber die Richtlinie bekannt war, er aber davon ausging, dass das Erfordernis einer Fristsetzung keine unzulässige Abweichung zu Lasten des Verbrauchers sei, weshalb sich die richtlinienkonforme Reduktion nicht unterstützend auf den generellen Willen des Gesetzgebers berufen kann.

949 *Dauner-Lieb/Langen*[2](*-Dauner-Lieb/Dubovitskaya*), (Fn. 202), § 323 BGB Rn. 17 mit Verweis auf AG Köln 28.1.2010, Az.: 137 C 436/09 (zitiert nach juris); LG Stuttgart 8.2.2012, BB 2012, 974; Vergleiche auch *Schollmeyer*, ZGS 2009, 491, 495, der darauf verweist, dass der Weg über § 323 II Nr. 3 BGB den Wortsinn zumindest auf Rechtsfolgenseite überdehnen würde, da die Vorschrift ein „sofortiges“ Lösungsrecht zuspricht ohne das Verstreichenlassen einer angemessenen Frist. Aus diesem Grunde sei es methodisch vorzugswürdig, Fälle des Verbrauchsgüterkaufs von vornherein aus § 323 I BGB herauszunehmen.

950 Die Ausnahme von dem grundsätzlichen Fristsetzungserfordernis gilt nur für die Fälle des Verbrauchsgüterkaufs. Eine Erstreckung auf alle Kaufverträge kommt nicht in Be-

e. Das Erfordernis einer bestimmten oder bestimmbaren Frist

(1) Festsetzung einer genauen Zeitspanne erforderlich oder genügt eine Bestimmbarkeit?

Es liegt noch nicht lange zurück, dass von der wohl überwiegenden[952] Meinung in der Literatur,[953] zumindest seit der Schuldrechtsreform,[954] als Voraussetzung für die Geltendmachung sekundärer Rechtsbehelfe das ausdrückliche Festsetzen einer genauen Zeitspanne, also das Bemessen der Frist nach Tagen, Wochen oder anderen Zeiteinheiten oder die Bezeichnung eines bestimmten Tages als Fristende,[955] verlangt wurde. Begründet wurde dies unter anderem damit, dass eine Frist ohne festen Beginn und erkennbares Ende „jeglichen Sinnes beraubt" sei und so nicht mehr der rein sprachlichen als auch technischen Bedeutung des Wortes „Frist" entspräche.[956] Daneben sei der Benennung einer klaren zeitlichen Grenze für die Leistungserbringung durch den Wegfall der Ablehnungsandrohung größere Bedeutung zugekommen.[957]

Bis zur Schuldrechtsmodernisierung wurde hingegen überwiegend eine andere Auffassung vertreten. Schon damals sollte für eine wirksame Fristsetzung nach § 326 BGB a.F. eine Aufforderung zur Leistung innerhalb „angemessener" Zeit oder zur „unverzüglichen" Leistung genügen.[958]

---

tracht, vergleiche *Mayer/Schürnbrand*, JZ 2004, 545, 549 f., 552, die dies mit der grundsätzlichen Strukturentscheidung des Gesetzgebers und dem fehlenden Gebot einer einheitlichen Auslegung des nationalen Rechts begründen.

951 Alternativ wird davon ausgegangen, dass bei Versäumung der Fristsetzung eine angemessene Frist als gesetzt gilt, siehe *Schmidt-Räntsch*, ZIP 2000, 1639, 1642; A.A. *Reinicke/Tiedtke*[8], (Fn. 940), 176 (Rn. 463), die auch beim Verbrauchsgüterkauf keine Ausanahme von dem Fristsetzungserfordernis machen wollen; Ausführlich zu der Richtlininwidrigkeit des § 323 I BGB und deren Auswirkungen auf die Praxis siehe § 9.

952 So *von Bodungen/Wurzbacher*, BB 2009, 2337, 2338; *Klein*, Anmerkung zu BGH 12.8.2009, NJW 2009, 3154 m.w.N.

953 *Unberath*, ZEuP 2005, 5, 29 f.; Münchener Kommentar zum BGB (*-Ernst*), II: §§ 241 - 432 BGB[5] (2009), § 323 BGB Rn. 68; *Palandt*(*-Grüneberg*), BGB[68] (2009), § 281 BGB Rn. 9; *Staudinger*(*-Otto/Schwarze*), (Fn. 163), § 281 BGB Rn. B 43.

954 *Dubovitskaya*, JZ 2012, 328.

955 *Palandt*[68](*-Grüneberg*), (Fn. 953), § 281 BGB Rn. 9.

956 *Unberath*, ZEuP 2005, 5, 29 f.

957 *Soergel*[13](*-Gsell*), (Fn. 211), § 323 BGB Rn. 80; *Palandt*[68](*-Grüneberg*), (Fn. 953), § 281 BGB Rn. 9.

958 RG 2.2.1909, WarnR 1909, 266; 1.3.1911, RGZ 75, 354, 357; *Leonhard*, Allgemeines Schuldrecht des BGB, 1. Band (1929), 266 (§ 121), der damals die Bezeichnung „angemessene Frist" als ausreichend ansah, um den „in der Praxis sehr häufig" vorkommenden, unbestimmten Fristsetzungen Wirkung zu verleihen; *Soergel*(*-Wiedemann*),

(2) Es genügen Formulierungen wie „unverzüglich" – Bestimmbarkeit der Nachfrist reicht aus

Mit der Entscheidung des BGH vom 12.8.2009 wurde nunmehr zu der vor 2002 vornehmend herrschenden Rechtsansicht zurückgekehrt und diese sogar noch erweitert. In seinem Urteil stellt der BGH klar, dass es seiner Ansicht nach für eine wirksame Fristsetzung nach § 281 BGB genüge, wenn der Gläubiger durch sein Verlangen nach „sofortiger", „unverzüglicher" oder „umgehender" Leistung deutlich macht, dass dem Schuldner für die Erfüllung nur ein begrenzter (bestimmbarer) Zeitraum zur Verfügung steht.[959] Als Begründung führt der BGH an, dass sich dem Begriff der Fristsetzung nicht entnehmen lasse, dass die maßgebliche Zeitspanne nach dem Kalender bestimmt sein müsse oder in konkreten Zeiteinheiten anzugeben sei.[960] Dies folge schon aus dem Umkehrschluss zu § 286 II Nrn. 1, 2 BGB. Vielmehr könne die Dauer einer Frist grundsätzlich auch durch einen unbestimmten Rechtsbegriff bezeichnet werden. Eine Frist sei nämlich lediglich ein Zeitraum, der bestimmt oder zumindest bestimmbar ist. Diese Voraussetzung werde mit den oben genannten Begriffen erfüllt, da hiermit eine zeitliche Grenze gesetzt werde, die im Einzelfall bestimmbar ist. Die Zulassung von Formulierungen wie „unverzüglich" verstoße zudem nicht gegen den Zweck der Fristsetzung, weil dem Schuldner auch durch solche Formulierungen vor Augen geführt werde, dass er die Leistung nicht zu einem beliebigen Zeitpunkt erbringen kann.[961] Die Ungewissheit, die sich aus dem Weglassen eines genau bezeichneten Endtermins ergebe, sei im Übrigen vergleichbar mit der Situation, in der vom Gläubiger eine zu kurze Frist gesetzt werde. Denn eine solche setze nach einhelliger Meinung eine angemessene Frist in Lauf,[962] deren genaue Länge gegebenenfalls erst vom Gericht in einem späteren Prozess festgestellt werde.[963]

---

§§ 241 – 432 BGB12 (1990), § 326 BGB Rn. 38; *Staudinger(-Otto)*, BGB, §§ 255 – 304 BGB (2004), § 281 BGB Rn. B 62; *Greiner/Hossenfelder*, JA 2010, 412, 413 mit Verweis in Fn. 14 auf BGH 13.12.2001, BGHZ 149, 283, 286, in der auch eine Aufforderung zur „unverzüglichen" Leistung genügte.

959 BGH 12.8.2009, NJW 2009, 3153; *Ball*, DAR 2010, 497.

960 A.A. *Koch*, NJW 2010, 1636.

961 A.A. *Faust*, Anmerkung zu BGH 12.8.2009, JZ 2010, 202, 203.

962 Vergleiche BGH 10.2.1982, NJW 1982, 1279, 1280; 21.6.1985, NJW 1985, 2640.

963 Zur vorstehenden Argumentation siehe BGH 12.8.2009, NJW 2009, 3153, 3154.

(a) Vorteile der Ausweitung der Definition der Fristsetzung

Mögen seit der Schuldrechtsreform bis zur Entscheidung des BGH die Stimmen, die eine Leistungsaufforderung ohne Angabe eines festen Zeitraums nicht für ausreichend hielten, überwogen haben,[964] so wird die nunmehr vom BGH vertretene Ansicht doch von weiten Teilen der Literatur begrüßt.[965] Teils wird sich hierbei schlicht der Argumentation des BGH hinsichtlich des Wortlauts und des Zwecks der Nachfrist angeschlossen.[966] Teils wird argumentiert, dass bereits aus § 121 BGB folgen würde, dass die Verwendung unbestimmter Rechtsbegriffe in rechtsgeschäftlichen Fristen zuzulassen sei.[967] Darüber hinaus wird vorgebracht, der BGH habe mit dieser Weichenstellung nicht nur Rechtsklarheit geschaffen, sondern auch die Geltendmachung der Leistungsstörungsrechte für den Verbraucher erleichtert.[968] Daneben wird auf die §§ 186 ff. BGB verwiesen, aus denen sich nicht ableiten lasse, dass der Fristbegriff immer unweigerlich mit einer genauen Zeitangabe verbunden ist.[969] Ein weiterer Vorteil der Rechtsprechung zu § 281 BGB wird darin gesehen, dass man auf diesem Wege zumindest einer „zwingend gespaltenen Auslegung“[970] im Schuldrecht entgegenwirke,[971] weil die Verbrauchsgüterkaufrichtlinie bei § 323 BGB eine Verpflichtung des Verbrauchers zur Fristsetzung bei B2C-Geschäften verbiete.[972] Da zudem anzunehmen ist, dass die Rechtsprechung des BGH auf die Fristsetzung in § 323 BGB gleichermaßen anzuwenden ist[973] – schließlich argumentiert der

964 *Klein*, Anmerkung zu BGH 12.8.2009, NJW 2009, 3154 m.w.N.; *ders.* EWiR 2010, 13.

965 Vergleiche beispielsweise *Ludes/Lube*, MDR 2009, 1317, 1318; *Staake*, LMK 2009, 292919; *Schulte-Nölke*, ZGS 2009, 433, der allerdings eine entsprechende Gesetzesänderung zur Klarstellung fordert; dem Grundsatz nach *Schollmeyer*, ZGS 2009, 491, 495; *Greiner/Hossenfelder*, JA 2010, 412, 413, welche die Entscheidung für „angemessen und wünschenswert“ halten; *Jauernig*[14](*-Stadler*) (Fn. 182), § 281 BGB Rn. 6. *Dubovitskaya*, JZ 2012, 328, 331.

966 So beispielsweise *Ball*, DAR 2010, 497.

967 *Greiner/Hossenfelder*, JA 2010, 412, 415.

968 *Klein*, Anmerkung zu BGH 12.8.2009, NJW 2009, 3154, 3155; *Greiner/Hossenfelder*, JA 2010, 412, die die Erfolgschancen eines Schadensersatzprozesses in Zukunft erheblich verbessert sehen.

969 *Greiner/Hossenfelder*, JA 2010, 412, 414 f.

970 *Klein*, Anmerkung zu BGH 12.8.2009, NJW 2009, 3154, 3155.

971 Schließlich sei es zweckmäßig, Zweifelsfragen, die sich hinsichtlich der Fristsetzung ergeben, bei den §§ 281, 323 BGB gleich zu beantworten, da beide Vorschriften beim gegenseitigen Vertrag anwendbar sind und im Regelfall eine Fristsetzung erfordern, MünchKomm BGB[6](*-Ernst*), (Fn. 188), § 281 BGB Rn. 17.

972 *Klein*, Anmerkung zu BGH 12.8.2009, NJW 2009, 3154, 3155 m.w.N.

973 *Greiner/Hossenfelder*, JA 2010, 412.

BGH allgemein zur Fristsetzung –,[974] wird auf diesem Wege im Übrigen der Umgang mit der Richtlinienwidrigkeit von § 323 BGB im Falle des Verbrauchsgüterkaufs erleichtert.[975] Denn es ist davon auszugehen, dass in der Praxis häufig mit der Aufforderung zur Leistung gleichzeitig eine Formulierung wie „unverzüglich“ oder „sofort“ abgegeben wird,[976] so dass es auf eine richtlinienkonforme Auslegung des § 323 BGB wegen Vorliegens einer Fristsetzung in diesen Fällen gar nicht mehr ankommt. Darüber hinaus könnte man als Argument für eine Ausweitung der Fristsetzungsdefinition noch anführen, dass auch die Verbrauchsgüterkaufrichtlinie lediglich das Verstreichenlassen einer angemessenen Frist genügen lässt und damit zeigt, dass ein ausdrückliches Bestimmen einer Fristlänge für die Rechtssicherheit anscheinend nicht zwingend erforderlich ist.

(b) Nachteile der abgemilderten Anforderungen an die Fristsetzung

Obgleich nach alledem nicht von der Hand zu weisen ist, dass für die Entscheidung des BGH durchaus starke Argumente streiten, begegnet diese doch auch erheblichen Bedenken.

i. Methodische Bedenken

Zu Recht löst die Argumentation, bei der die bereits gläubigerfreundliche Auslegung, dass sich eine zu kurze Frist in eine angemessene verlängert, „zur Grundlage einer dieser noch übersteigenden gläubigerfreundlichen Erweiterung gemacht wird“, methodische Bedenken aus.[977] Obwohl sich das Urteil damit nahtlos in die Reihe der insbesondere mit der Schuldrechtsreform getroffenen Richtungsentscheidungen zur Absenkung der an die Fristsetzung zu stellenden Anforderungen (Wegfall der Ablehnungsandrohung) einreiht, stellt sich hier die

974 *Koch*, NJW 2010, 1636 Fn. 3; Siehe auch *von Bodungen/Wurzbacher*, BB 2009, 2337, 2338, die auch von einer Übertragbarkeit ausgehen, aber dennoch zur Absicherung zu einer Fristsetzung raten.

975 Siehe auch *Dubovitskaya*, JZ 2012, 328, 330, die die Entscheidung des BGH aus „europarechtlicher Sicht“ begrüßt; Allerdings hat das europarechtliche Argument für den BGH letztlich keine Rolle gespielt, *Greiner/Hossenfelder*, JA 2010, 412, 413.

976 Vergleiche hierzu auch *Schulte-Nölke*, ZGS 2009, 433, der sogar noch einen Schritt weiter geht und der Auffassung ist, dass jeder Käufer, der Mängelbeseitigung fordert, damit auch gleichzeitig zum Ausdruck bringt, dass eine solche innerhalb einer angemessenen Zeit erfolgen soll, so dass ein Fristsetzungserfordernis in all jenen Fällen beseitigt sei.

977 *Koch*, NJW 2010, 1636, 1638.

Frage, ob die vom Gesetz gezogenen Grenzen durch dieses weitreichende Urteil nicht überschritten werden.[978] Immerhin wurde gerade in der Begründung für den Verzicht auf die Ablehnungsandrohung das Argument ins Feld geführt, dass damit der Fristsetzung größere Bedeutung zukomme.[979] Schließlich wird darauf verwiesen, dass in dem Fall, der dem Urteil des BGH zugrunde lag, weitere Umstände in Form der Androhung, bei Nichtleistung eine andere Werkstatt zu beauftragen, hinzugetreten seien, welche die Entscheidung im Einzelfall gerechtfertigt hätten.[980] Das Urteil des BGH sei somit nicht auf alle Fälle übertragbar. Methodische Bedenken resultieren zudem daraus, dass sich der BGH in der Begründung seiner Entscheidung auf einen angeblichen Umkehrschluss aus § 286 II Nr. 1 und 2 BGB stützt. Denn obwohl eine Fristsetzung in der Regel zugleich als Mahnung ausgelegt werden kann, gilt dies nicht umgekehrt.[981] Auch stimmen die Rechtsfolgen der §§ 281, 323 BGB nicht mit denjenigen von § 286 BGB überein, sondern gehen deutlich weiter, so dass von § 286 BGB nicht ohne Weiteres auf eine Auslegung der Fristsetzung in den §§ 281, 323 BGB geschlossen werden kann.[982]

ii. Weitreichende Konsequenzen für den Schuldner

Vor allen Dingen für den Schuldner hat die Entscheidung des BGH weitreichende negative Konsequenzen.[983] Denn dieser trägt bei einer lediglich bestimmbaren Frist, deren Länge vom Gläubiger nicht ausdrücklich festgelegt wurde, das „Prognoserisiko", in welcher Zeit er seine Leistung zu erbringen hat, zum Großteil allein.[984] Hat der Gläubiger dagegen eine kalendermäßig bestimmbare Frist zu setzen, hat der Schuldner die Sicherheit, dass der Gläubiger zumindest während der selbst bestimmten Frist an diese gebunden ist und der Schuldner in Ruhe seine Leistung vorbereiten kann.[985]

---

978 Dafür: *Faust*, Anmerkung zu BGH 12.8.2009, JZ 2010, 202, 203.

979 *Soergel*[13](*-Gsell*), (Fn. 211), § 323 BGB Rn. 80; *Faust*, Anmerkung zu BGH 12.8.2009, JZ 2010, 202, 203; vergleiche auch *Mankowski*, EWiR 2003, 1125, 1126; *Palandt*[68] (*-Grüneberg*), (Fn. 953), § 281 BGB Rn. 9; *Keil*, EWiR 2010, 13, 14.

980 *Faust*, Anmerkung zu BGH 12.8.2009, JZ 2010, 202, 203.

981 *Derleder/Zänker*, NJW 2003, 2777, 2778 (Fn. 17); *Koch*, NJW 2010, 1636, 1637.

982 *Koch*, NJW 2010, 1636, 1637.

983 Vergleiche *Dubovitskaya*, JZ 2012, 328, 331, die dies für gerechtfertigt hält; A.A. *Keil*, EWiR 2010, 13, 14, der hierin eine „unnötig" geschaffene Rechtsunsicherheit sieht.

984 *Von Bodungen/Wurzbacher*, BB 2009, 2337, 2338.

985 *Koch*, NJW 2010, 1636, 1638; Vergleiche Ausführungen zur Bindungswirkung § 8 I. 1.

iii. Fortwährende Unsicherheit: Welche Formulierungen genügen neben „unverzüglich“ als wirksame Fristsetzung?

Ein Folgeproblem der BGH-Entscheidung liegt schließlich darin, dass nicht eindeutig geklärt ist, welche Formulierungen nun tatsächlich als wirksame Fristsetzung angesehen werden können. Eine ähnliche Problematik bestand bereits in der Zeit vor der Schuldrechtsreform, als zwar Aufforderungen zur Leistung innerhalb „angemessener“ Zeit überwiegend als wirksame Fristsetzung anerkannt waren,[986] hinsichtlich anderer Begriffe aber große Unübersichtlichkeit herrschte.[987] So sah das Reichsgericht in der Aufforderung zur „unverzüglichen“ Leistung mit Hinweis auf § 121 BGB eine hinreichend bezeichnete Frist.[988] Das Verlangen nach „sofortiger“ Leistung wurde jedoch als wirksame Nachfrist abgelehnt.[989] Der aktuellen Entscheidung des BGH ist indes zu Gute zu halten, dass in dieser nicht nur eine einzelne Formulierung genannt wird, sondern mit den Begriffen „unverzüglich“, „sofort“, „umgehend“, innerhalb „angemessener Frist/Zeit“ und „so schnell wie möglich“ eine Vielzahl vergleichbarer Begriffe angeführt wird.[990] Dennoch ist fraglich, welche anderen vergleichbaren Formulierungen sich in die Aufzählung des BGH einreihen lassen. Diskutiert wurde diese Frage beispielsweise in Bezug auf die Aufforderung zu „schnellstmöglicher Reparatur“.[991] Obgleich der BGH ausdrücklich ebenfalls eine Aufforderung, die Leistung solle „so schnell wie möglich“ bewirkt werden, als ausreichend ansah, entschied das KG Berlin im Jahr 2010, dass eine solche Formulierung keine ordnungsgemäße Fristsetzung sei. Das KG übersah hierbei anscheinend nicht nur den genauen Inhalt der Entscheidungsgründe des BGH, sondern verkannte ebenso, dass der BGH als Kriterium lediglich festgelegt hatte, dass dem Schuldner mit der Formulierung deutlich gemacht werden müsse, dass ihm für die Erfüllung nur ein begrenzter Zeitraum zur Verfügung steht, der im Ein-

---

986 RG 2.2.1909, WarnR 1909, 266; 1.3.1911, RGZ 75, 354, 357; *Leonhard*, (Fn. 958), 266 (§ 121); *Soergel*[12]*(-Wiedemann)*, (Fn. 958), § 326 BGB Rn. 38; *Staudinger(-Otto)*, (Fn. 958), § 281 BGB Rn. B 62.

987 Vergleiche hierzu auch *Groß*, IBR 2002, 183.

988 RG 1.3.1911, RGZ 75, 354, 357.

989 RG Recht 1920 Nr. 1497; KG 12.1.1909, OLGE 18, 60; *Soergel*[12]*(-Wiedemann)*, (Fn. 958), § 326 BGB Rn. 38.

990 BGH 12.8.2009, NJW 2009, 3153, 3154.

991 Dagegen: KG 26.3.2010, Az.: 7 U 123/09 (zitiert nach juris), das als Begründung anführt, dass der Begriff „schnellstmöglich“ anders als „unverzüglich“ nicht im Gesetz definiert sei (§ 121 I BGB). Diesem setzt *Lichtenberg*, IBR 2010, 562, zu Recht entgegen, dass der BGH in seiner Entscheidung ausdrücklich auch vergleichbare Formulierungen einbezogen hat.

zelfall bestimmbar ist.[992] Der Begriff „schnellstmöglich“ genügt demnach eindeutig den Anforderungen der neuen Rechtsprechung.[993] Dennoch zeigt die Entscheidung des KG, dass die Definition des BGH von einer Formulierung, die den Anforderungen an die Verdeutlichung einer zeitlichen Begrenzung und der Bestimmbarkeit des Zeitraums entspricht, nicht so klar gefasst wurde, wie es auf den ersten Blick vielleicht erscheint.[994] Bestehende Unsicherheiten werden somit in Zukunft beispielsweise bei Formulierungen wie „zügig“,[995] „eilends“, „prompt“, „rasch“, „alsbald“, „direkt“, „kurzerhand“, oder „Knall auf Fall“ weiterhin nicht auszuschließen sein.

(3) Stellungnahme

Betrachtet man einmal die vorstehenden Argumente, die gegen die neue Rechtsprechung vorgebracht werden, erscheint das Argument der weitreichenden Konsequenzen für den Schuldner das mit dem stärksten Gewicht zu sein.[996] Denn das Fristenmodell, das eigentlich gerade für einen Ausgleich der widerstreitenden Interessen von Schuldner und Gläubiger eingesetzt worden ist,[997] wurde damit noch gläubigerfreundlicher gemacht.[998] Mit der nicht unerheblichen Ausweitung der Definition einer Fristsetzung sind damit die Erfolgschancen des Gläubigers in einem Prozess stark gestiegen.[999] Für den Schuldner bedeutet die Entscheidung des BGH dagegen massive Unsicherheit. Der Bindungswirkung der Frist, die den Schuldner bei der Vorbereitung seiner Leistung absicherte, wurde ein Großteil ihrer Grundlage entzogen. Denn ohne die Angabe einer genauen Zeitspanne ist der Schuldner bei seinen Vorbereitungshandlungen stets der Gefahr ausgesetzt, dass eine angemessene Frist bereits abgelaufen ist und

---

992 *Schwenker*, IBR 2009, 644.

993 *Lichtenberg*, IBR 2010, 562, der im Übrigen darauf verweist, dass die Begriffe „unverzüglich“ und „schnellstmöglich“ für den durchschnittlichen Erklärungsempfänger synonym seien; *Schollmeyer*, ZGS 2009, 491, 492.

994 Dies zeigt auch die Tatsache, dass sogar Stimmen in der Literatur, welche die Entscheidung des BGH begrüßen, offen daran zweifeln, ob bei einem „sofortigem“ Leistungsverlangen eine Fristsetzung zu bejahen sei, siehe *Ludes/Lube*, MDR 2009, 1317, 1318 (Fn. 28), 1320; ablehnend *Schollmeyer*, ZGS 2009, 491, 493.

995 Vergleiche hierzu auch *Greiner/Hossenfelder*, JA 2010, 412 (Fn. 4), der noch weitere ähnliche Formulierungen nennt.

996 Ähnlich: *Schollmeyer*, ZGS 2009, 491, 492, der die negativen Konsequenzen für den Schuldner aber für gerechtfertigt hält.

997 *Lorenz*, NJW 2006, 1175, 1176.

998 Vergleiche *Dubovitskaya*, JZ 2012, 328.

999 *Greiner/Hossenfelder*, JA 2010, 412.

der Gläubiger die Annahme verweigert. Die „zweite Chance", welche die Nachfrist dem Schuldner verschaffen soll, wird damit stark eingeschränkt.[1000] Darüber hinaus entfällt durch die Zulassung einer lediglich bestimmbaren Frist die Möglichkeit, dass eine vom Gläubiger widerrechtlich zu kurz gesetzte Frist unwirksam ist, wodurch der Schuldner früher zusätzlich vor der Willkür des Gläubigers geschützt wurde. Diese Auslegung des Fristsetzungserfordernisses steht zudem im Widerspruch dazu, dass aus objektiver Sicht bei einer entsprechenden Anwendung von §§ 133, 157 BGB die Formulierung „unverzüglich" eigentlich dergestalt ausgelegt werden muss, dass der Gläubiger dem Schuldner ein „möglichst kurzfristiges Handeln abverlangen will".[1001] Bei einer solchen „Fristsetzung" hätte damit immer die Gefahr bestanden, dass diese zum Schutz des Schuldners unwirksam ist. Mit der neuen Rechtsprechung entfällt dieser Schutz für den Schuldner. Im Übrigen wird die Grenze zwischen Mahnung und Fristsetzung stark verwischt,[1002] obwohl wegen der erheblichen Unterschiede in ihren Rechtsfolgen gerade aus Sicht des Schuldners absolute Klarheit bei der Unterscheidung angeraten wäre. Schließlich hinkt der Vergleich mit § 121 BGB, der zeigen soll, dass Fristen im BGB durchaus mit Begriffen wie „unverzüglich" gleichzusetzen sind. Zum einen ist in § 121 BGB selbst von dem Terminus Frist keine Rede,[1003] zum anderen umfasst diese Norm einen gänzlich anderen Schutzbereich als die §§ 281, 323 BGB. § 121 BGB soll die Interessen des Anfechtungsgegners dahingehend schützen, dass dieser zeitnah weiß, ob der Vertrag wirksam ist oder nicht. Je kürzer daher die Frist ausfällt, desto besser ist es für den Anfechtungsgegner. Genau das Gegenteil ist bei der Nachfrist im Leistungsstörungsrecht der Fall. Dort ist es für den Schuldner gerade vorteilhaft, wenn die vom Gläubiger gesetzte Nachfrist nicht zu kurz ausfällt, da ihm auf diesem Wege die Gelegenheit zur zweiten Andienung ermöglicht wird.[1004] Nicht ohne Grund enthalten die §§ 281, 323 BGB im Gegensatz zu § 121 BGB daher den Zusatz „angemessene Frist".[1005] Der Vergleich mit § 121 BGB zeigt demzufolge deutlich, dass eine Bezeichnung wie „unverzüglich" dem Sinn und Zweck der Nachfrist im Leistungsstörungsrecht nicht gerecht wird. Dies wird ebenso bei einem Blick auf die Nachfrist im CISG bestätigt. Obgleich sich nach den

---

1000 In ähnlicher Weise argumentiert auch *Prütting/Wegen/Weinreich*[7](*-Schmidt-Kessel*), (Fn. 176), § 281 BGB Rn. 5.

1001 *Greiner/Hossenfelder*, JA 2010, 412, 414.

1002 *Faust*, Anmerkung zu BGH 12.8.2009, JZ 2010, 202, 203.

1003 *Koch*, NJW 2010, 1636, 1637.

1004 Siehe § 4 III. 1.

1005 Vergleiche hierzu auch *Keil*, EWiR 2010, 13, 14, der darauf hinweist, dass es nicht Aufgabe der Judikative sei, klare „legislative Konturen ohne Not zu verwischen".

Vorschriften des CISG nämlich eine zu kurz gesetzte Frist ebenfalls in eine angemessene verlängert, werden Formulierungen wie „unverzüglich“ als wirksame Fristsetzung abgelehnt.[1006] Nach alledem ist als Fazit festzuhalten, dass die Entscheidung des BGH aus vierlerlei Gründen wenig geglückt erscheint. Denn zu Lasten des Schuldners unterstützt dieses Urteil in einem zu starken Maße einseitig die Interessen des Gläubigers. Eine solche Gläubigerfreundlichkeit lässt sich ebensowenig mit dem pauschalen Argument rechtfertigen, dass sich der Schuldner ja vertragsuntreu verhalten habe.[1007] Immerhin muss berücksichtigt werden, dass die Verschuldensfrage bei der (Nach-)erfüllung eben noch keine Rolle spielt.[1008] Es bleibt zu hoffen, dass die Defizite, welche die Entscheidung des BGH aufweist, zeitnah erkannt und durch eine geänderte Rechtsprechung entsprechend korrigiert werden.[1009]

VII. Angemessenheit der Frist

Obgleich das Institut der Nachfristsetzung anders als das „*materielle* Merkmal“ der „wesentlichen“ Vertragsverletzung, das im internationalen Rechtsverkehr im Leistungsstörungsrecht eingesetzt wird, ein „*prozedurales* Mittel“ darstellt,[1010] beinhaltet auch das Nachfristmodell materielle Elemente, wie das Erfordernis der „Angemessenheit“ der Fristlänge zeigt.[1011]

1006 *Koch*, NJW 2010, 1636, 1638; Vergleiche auch *Dubovitskaya*, JZ 2012, 328, 331.

1007 So argumentieren aber *Schollmeyer*, ZGS 2009, 491, 492 und *Dubovitskaya*, JZ 2012, 328, 331.

1008 Die Haftung des Schuldners für die mangelhafte oder ausgebliebene Leistung erfolgt alleine aus der Vertragswidrigkeit (vgl. § 433 I 2 BGB) und ist unabhängig vom Verschulden, *Palandt*[72](*-Weidenkaff*), (Fn. 14), § 437 BGB Rn. 9. Auch der Rücktritt und der Anspruch auf Minderung (§ 441 I BGB) sind unabhängig von einem Verschulden des Schuldners, MünchKomm BGB[6](*-Ernst*), (Fn. 188), § 323 BGB Rn. 105. Bei einer Berücksichtigung der Interessen der Parteien bei der Ausgestaltung der Fristsetzung sollte die Vertragsuntreue des Schuldners zwar eindeutig eine Rolle spielen, es darf aber nicht soweit gehen, dass diese als pauschales Argument für jede weitere gläubigerfreundliche Auslegung der Fristsetzung zu Lasten der Interessen des Schuldners herangezogen wird.

1009 Ebenso *Keil*, EWiR 2010, 13, 14.

1010 *Canaris*, FS Kropholler (2008), 3, 8 f.

1011 *Canaris*, FS Kropholler (2008), 3, 8 f.

1. Maßgeblich sind die objektiven Umstände des Einzelfalls

Aus dem Wortlaut der §§ 281, 323 BGB folgt, dass die vom Gläubiger gesetzte Frist „angemessen“ sein muss, damit sie den Weg zum Schadensersatz bzw. Rücktritt eröffnen kann. Der Gesetzgeber macht mit der Wahl dieses Adjektivs deutlich, dass nicht allein die Fristlänge, wie sie vom Gläubiger festgelegt wurde, für den Eintritt der Rechtsfolgen maßgeblich ist,[1012] sondern diese auch objektive Anforderungen erfüllen muss. Allgemein ausgedrückt ist für die Angemessenheit zunächst entscheidend, ob der Schulder der Fristlänge nach überhaupt die Möglichkeit hat, vor Fristablauf zu leisten.[1013] Dabei soll die Nachfrist den Schuldner jedoch lediglich in die Lage versetzen, eine bereits angefangene Leistung zu vollenden.[1014] Denn das Nacherfüllungsinteresse des Schuldners muss seine Grenze im Erfüllungsinteresse des Gläubigers finden, so dass sich die Fristlänge nicht an einem Schuldner zu orientieren braucht, der mit den Leistungsvorbereitungen noch nicht einmal begonnen hat.[1015] Schließlich muss die Frist für beide Parteien angemessen sein.[1016] Ob eine angemessene Fristlänge gegeben ist, hängt von den objektiven Umständen im Einzelfall ab.[1017] Ebenso spielen die Interessen der Parteien im konkreten Fall eine Rolle.[1018] So kann in die Bemessung beispielsweise ein besonderes Interesse des Gläubigers an einer möglichst zeitnahen Erfüllung der Leistungspflicht einfließen.[1019] Weitere Bemessungskriterien[1020] können der Inhalt der Pflicht, aber auch die Art der Ver-

1012 Dies würde auch den Sinn des Fristsetzungserfordernisses unterlaufen, weil die Frist so kurz bemessen sein könnte, dass es dem Schuldner nicht möglich ist, die geforderte Leistung innerhalb der Frist zu erbringen, *Faust*, Anmerkung zu BGH 12.8.2009, JZ 2010, 202, 203.

1013 *Larenz*[14], (Fn. 825), 355; BT-Drucks. 14/6040, (Fn. 128), 138 Zu § 281 BGB Zu Absatz 1 Zu Satz 1.

1014 BGH 10.2.1982, NJW 1982, 1279, 1280; 21.6.1985, NJW 1985, 2640; BT-Drucks. 14/6040, (Fn. 128), 138 Zu § 281 BGB Zu Absatz 1 Zu Satz 1; wonach wegen des vertragswidrigen Verhaltens des Schuldners von diesem sogar größere Anstrengungen und damit schnelleres Handeln verlangt werden dürfe.

1015 *Oechsler*, (Fn. 373), 104 f.

1016 *Thamm*, BB 1982, 2018, 2019.

1017 *Schlechtriem/Schmidt-Kessel*[6], (Fn. 168), 246.

1018 Vergleiche RG 24.11.1916, RGZ 89, 123, 125; *Medicus/Lorenz*[20], (Fn. 202), 243 (Rn. 481).

1019 BGH 21.6.1985, NJW 1985, 2640, 2641.

1020 Bei § 326 BGB a.F. wurde sich unter anderem noch an der Dauer des vorliegenden Verzugs orientiert, *Thamm*, BB 1982, 2018, 2019. Da ein Verzug jedoch ebenso wie ein Vertretenmüssen nicht mehr Voraussetzungen des Rücktritts sind, lassen sich die zu

letzung sein.[1021] Darüber hinaus kann die „Natur des Lieferhindernisses" (etwa eine Brandkatastrophe oder ein Streik) eine Rolle spielen und zu einer größeren Zumutbarkeit führen.[1022] Keinen Einfluss darf es für die Bemessung dagegen haben, ob der Gläubiger nach fruchtlosem Ablauf der Frist einen Rücktritt nach § 323 BGB erklärt oder aber Schadensersatz nach § 281 BGB fordert.[1023] Denn schließlich ist es für die Wirksamkeit der Nachfrist unerheblich, ob nach Fristablauf überhaupt von einem sekundären Rechtsbehelf Gebrauch gemacht wird.[1024]

2. Orientierung an allgemeinen Richtwerten möglich – Ungeeignetheit pauschaler Rechenformeln

Trotz der Einzelfallabhängigkeit der Angemessenheit haben sich in Literatur und Rechtsprechung einige grundsätzliche Richtwerte durchgesetzt: Bei Geldschulden wird beispielsweise eine Frist von 5 – 7 Tagen als angemessen angesehen,[1025] was dem Umstand geschuldet ist, dass nach der allgemeinen Auffassung der Schuldner für seine finanzielle Leistungsfähigkeit einzustehen hat.[1026] Für Reparaturen an einem Gebrauchtwagen wird überwiegend eine Frist von 7 – 10 Tagen für erforderlich gehalten,[1027] die sich allerdings bei besonderer Dringlichkeit auch auf 48 Stunden reduzieren lässt.[1028] Bei einer Ersatzlieferung soll dagegen eine Frist von einem Monat angemessen sein,[1029] wobei die ursprünglich

---

§ 326 BGB von 1900 entwickelten Grundsätze diesbezüglich heute nicht mehr anwenden, HKK-BGB(-*Hattenhauer*), (Fn. 111), §§ 323 – 325 BGB Rn. 84.

1021 *Schlechtriem/Schmidt-Kessel*[6], (Fn. 168), 246.

1022 *Thamm*, BB 1982, 2018, 2019.

1023 A.A. *Schlechtriem/Schmidt-Kessel*[6], (Fn. 168), 284 f., 287, der eine Unterscheidung jedenfalls für denkbar hält.

1024 § 7 VI. 2. a. (2).

1025 OLG Frankfurt 31.10.2007, Az.: 4 U 92/07; Vergleiche auch Tribunal of International Commercial Arbitration of the Ukrainian Chamber Commerce and Trade 19.9.2005, CISG-online 1287; *Enderlein/Maskow/Strohbach*(-*Maskow*), (Fn. 474), Art. 63 CISG Ziff. 3.

1026 BGH 21.6.1985, NJW 1985, 2640, der deshalb auch davon ausgeht, dass Schwierigkeiten bei der Kreditbeschaffung die Länge der Frist ebenso wenig beeinflussen, wie den Eintritt des Schuldnerverzugs.

1027 Vergleiche auch *Martis,* MDR 2010, 1293 mit Verweis auf *Reinking/Eggert*, Der Autokauf (2012)[11] 206 (Rn. 904), der von 5 Werktagen ausgeht.

1028 OLG Karlsruhe 24.11.2011, NJW-RR 2012, 504, 505, welches die 48-Stundenfrist jedoch als Untergrenze einer möglichen angemessenen Frist bezeichnet.

1029 Vergleiche auch *Martis*, MDR 2010, 1293 mit Verweis auf *Reinking/Eggert*[11], (Fn. 1027), 206 (Rn. 904).

konkret vereinbarte Lieferfrist insofern Berücksichtigung finden kann,[1030] als sie den für die Beschaffung durch den Schuldner notwendigen Zeitraum widerspiegelt.

Allein dieser kurze Umriss verschiedener, von der Art der Leistungsforderung abhängiger Fristlängen zeigt, wie flexibel der Begriff der Angemessenheit ist.[1031] Das ist auch der Grund dafür, dass sich in der Vergangenheit geschaffene pauschale Rechenformeln für eine allgemeingültige Bemessung der Fristlänge[1032] nicht durchgesetzt haben. Letztlich ist es im Streitfall Sache des Tatrichters, die Prüfung der Angemessenheit vorzunehmen.[1033] Das Berufungsgericht kann dann lediglich nachprüfen, ob der Tatrichter zutreffende rechtliche Maßstäbe zugrunde gelegt hat.[1034]

3. Fristbeginn

Grundsätzlich ist der Fristberechnung der Zeitpunkt zugrunde zu legen, den der Fristsetzende in seiner Erklärung vorgibt. Unterlässt er eine entsprechende Vorgabe, so hat die Fristberechnung im Zweifel ab Zugang der Nachfrist beim Schuldner zu beginnen.[1035]

4. Folgen einer zu kurz bemessenen Frist

Der Diskussionsentwurf zum Schuldrechtsmodernisierungsgesetz sah ursprünglich für § 281 BGB (§ 282 Disk-E.) die Regelung vor, dass bei einer zu kurz gesetzten Frist eine angemessene Frist als gesetzt gelte.[1036] Dies sollte der ständigen Rechtsprechung und der vorherrschenden Auffassung in der Wissenschaft –

1030 A.A. *Thamm*, BB 1982, 2018, 2021.

1031 Vergleiche *Thamm*, BB 1982, 2018, 2019.

1032 Siehe *Thamm*, BB 1982, 2018, 2020, der folgende Faustregel entwickelte: „Eine Nachfrist für die vereinbarte Lieferung oder Vertragsleistung hält der Verfasser im allgemeinen dann für angemessen, wenn sie im Rahmen von 20 % bis 100 % der ursprünglich vereinbarten Zeit liegt, wobei schwerpunktmäßig eine Streubreite von 1/3 bis 1/2 der ursprünglichen Zeit genannt werden soll."

1033 BGH 10.2.1982, NJW 1982, 1279, 1280; *Staake*, LMK 2009, 292919.

1034 Vergleiche BGH 21.6.1985, NJW 1985, 2640, das zwar vom Revisionsgericht spricht, der Grundsatz aber auf die heutige Rolle des Berufungsgerichts zu übertragen ist; *Baumbach/Lauterbach/Albers/Hartmann*, ZPO Kommentar[70] (2012), § 529 ZPO Rn. 2.

1035 Vergleiche OLG Frankfurt 31.10.2007, Az.: 4 U 92/07; *Staudinger(-Otto/Schwarze)*, (Fn. 179), § 323 BGB Rn. B 62.

1036 Disk-E., (Fn. 944), 17 § 282 I DiskE; Eine solche Regelung ist beispielsweise in den PECL, PICC und im DCFR vorhanden, siehe § 6 II. 2. c., e. (3) (a), 3. c., 4. e.

ein Meinungsbild, das bereits zur alten Rechtlsage bestand –[1037] Rechnung tragen. Auch wenn sich der Gesetzgeber letztlich gegen die Aufnahme einer ausdrücklichen Regelung mit dem vorgenannten Inhalt entschieden hat,[1038] so ändert dies nichts daran, dass der Grundsatz nach der Schuldrechtsmodernisierung gleichermaßen Anwendung findet.[1039] Weiterhin gilt zudem die Einschränkung, dass eine angemessene Frist nur dann in Lauf gesetzt wird, wenn die zu kurze Frist vom Gläubiger weder nur zum Schein gesetzt wurde noch absichtlich zu kurz bemessen war.[1040] Ihre Begründung findet diese gläubigerfreundliche Auslegung des Gesetzes darin, dass die Angemessenheit der Fristlänge, wie oben dargelegt, von vielen Faktoren abhängt und damit im Einzelfall schwer zu bestimmen ist,[1041] so dass es für den Gläubiger eine unzumutbare Härte bedeuten würde, wenn jede zu kurz bemessene Frist automatisch wirkungslos wäre.[1042] Dies widerspräche im Übrigen dem Sinn und Zweck der Fristsetzung und würde den Interessen der Parteien ebenso wenig gerecht werden wie der Verfahrensökonomie, da der Gläubiger in der Konsequenz eine neue Frist zu setzen hätte, was weder dem Gläubiger noch dem Schuldner Vorteile brächte.[1043] Durch den von der Rechtsprechung und der Literatur eingeschlagenen Weg kann das Risiko der Bestimmung der Angemessenheit somit gerecht auf die Parteien verteilt werden.[1044]

5. Folgen einer zu lang bemessenen Frist

Bemisst der Gläubiger die von ihm gesetzte Frist länger als sie es eigentlich ensprechend der Angemessenheit im Einzelfall sein müsste, so hat dies nicht wie bei einer zu kurzen Frist die Folge, dass lediglich eine angemessene Frist als gesetzt gilt. Der Grund dafür liegt in der Bindungswirkung, welche eine vom

1037 Vergleiche: RG 15.1.1905, RGZ 62, 66, 68; BGH 10.2.1982, NJW 1982, 1279, 1280; 21.6.1985, NJW 1985, 2640; *Thamm*, BB 1982, 2018, 2020; *Larenz*[14], (Fn. 825), 355 f. (Fn. 38).

1038 Wobei er in seiner Gesetzesbegründung ausdrücklich darauf hinwies, dass die Auslegung von Rechtsprechung und Wissenschaft zu § 326 BGB a.F. entsprechend gelte, BT-Drucks. 14/6040, (Fn. 128), 138 Zu § 281 BGB Zu Absatz 1 Zu Satz 1.

1039 BGH 12.8.2009, NJW 2009, 3153, 3154; *Koch*, NJW 2010, 1636 m.w.N., der von einer insoweit „einhelligen" Meinung im Schriftentum spricht.

1040 RG 20.11.1917, RGZ 91, 204, 207; BGH 21.6.1985, NJW 1985, 2640; *Larenz*[14], (Fn. 825), 355 f. (Fn. 38); *Staudinger*(-*Otto/Schwarze*), (Fn. 163), § 281 Rn. B 50.

1041 *Koch*, NJW 2010, 1636, 1637.

1042 *Faust*, Anmerkung zu BGH 12.8.2009, JZ 2010, 202, 203.

1043 *Greiner/Hossenfelder*, JA 2010, 412, 414.

1044 *Koch*, NJW 2010, 1636, 1637.

Gläubiger gesetzte Nachfrist für diesen hat.[1045] Mit der Festsetzung einer Nachfrist für den Schuldner schafft der Gläubiger einen Vertrauenstatbestand. Der Schuldner darf sich darauf verlassen, dass die Frist nicht vor dem angegebenen Zeitpunkt abläuft.[1046] Dies folgt schon aus dem Verbot des „venire contra factum proprium", im Allgemeinen abgeleitet aus § 242 BGB, welches ein widersprüchliches Verhalten zum Nachteil der anderen Partei untersagt.[1047] Auch wenn der Gläubiger somit seine Frist objektiv zu lang bemessen hat, bleibt es zum Schutz des Schuldners bei der gesetzten Frist.[1048]

VIII. Der Zugang der Nachfrist als Wirksamkeitsvoraussetzung

Da die Vorschriften über Willenserklärungen auf die Nachfrist entsprechend angewandt werden,[1049] ist gemäß § 130 I BGB der Zugang der Nachfristerklärung Voraussetzung ihrer Wirksamkeit.[1050]

IX. Mitwirkungsbereitschaft des Gläubigers

Für eine wirksame Fristsetzung, welche den Weg zu den sekundären Rechtsbehelfen eröffnet, ist es schließlich erforderlich, dass der Gläubiger dem Schuldner die Nacherfüllung ermöglicht, also beispielsweise ihm die mängelbehaftete Sache zur Nachbesserung herausgibt,[1051] bzw. die ihm selbst obliegende Handlung zumindest anbietet.[1052] Der Schuldner hat das Recht zu prüfen, ob zum Beispiel der gerügte Mangel tatsächlich bereits bei Gefahrübergang vorhanden war oder eventuell durch Verschulden des Gläubigers entstanden ist.[1053] Er ist mithin nicht verpflichtet, dem Gläubiger bereits vor Herausgabe der Sache eine kosten-

---

1045 § 8 I. 1.

1046 *Faust*, Anmerkung zu BGH 12.8.2009, JZ 2010, 202, 203.

1047 Vergleiche MünchKomm BGB^6(-*Ernst*), (Fn. 188), § 281 BGB Rn. 101.

1048 *Thamm*, BB 1982, 2018, 2020.

1049 § 3 I.

1050 *Staudinger*(-*Otto/Schwarze*), (Fn. 179), § 323 BGB Rn. B 42; In diesem Punkt unterscheidet sich das deutsche Recht deutlich zu den Vorschriften der CISG, nach denen allein die Absendung der Nachfristerklärung als Wirksamkeitsvoraussetzung genügt, § 6. I. 3. b. (5).

1051 *Ball*, DAR 2010, 497; *Martis*, MDR 2010, 1293.

1052 *Staudinger*(-*Otto/Schwarze*), (Fn. 179), § 323 BGB Rn. B 56.

1053 BGH 10.3.2010, NJW 2010, 1448; OLG Oldenburg 4.4.2012, Az.: 3 U 100/11, (zitiert nach juris).

lose Mängelbeseitigung oder eine Ersatzlieferung zuzusichern;[1054] stattdessen darf er sich zunächst durch Prüfung des Mangels über seine Einstandspflicht informieren.[1055]

X. Nachfristsetzung nach Erhebung der Klage

Grundsätzlich ist es ohne Weiteres möglich, die Nachfrist noch im Laufe des bereits rechtshängigen Rechtsstreits zu setzen.[1056] Die sekundären Rechtsbehelfe können sogar auf dem fruchtlosen Ablauf einer nach erstinstanzlicher Abweisung der Klage gesetzten Frist beruhen.[1057] Daneben steht es dem Gläubiger bei einer Erfüllungsklage frei, nach § 255 I ZPO zu beantragen, dass dem Schuldner im Urteil eine Nachfrist zur Leistung bestimmt wird, und gleichzeitig nach § 259 ZPO hilfsweise zu beantragen, dass mit dem fruchtlosen Ablauf der Frist der Schuldner zur Zahlung von Schadensersatz verurteilt wird.[1058] Hierdurch soll die zeitnahe Durchführung des Anspruchs gesichert werden.[1059] Selbst die erstmals in der Berufungsinstanz gesetzte Nachfrist ist grundsätzlich unabhängig von den Voraussetzungen des § 531 II Nr. 1 – 3 ZPO zuzulassen, soweit die ihr zugrunde liegenden Tatsachen unstreitig sind.[1060] Bestreitet der Beklagte allerdings die Erfolglosigkeit der gesetzten Nachfrist, ist der Vortrag der Fristsetzung als neues Angriffsmittel in der Berufungsinstanz zurückzuweisen.[1061] Neben der Gefahr des Bestreitens durch den Schuldner trägt der Gläubiger hierbei im Übrigen ein erhebliches Kostenrisiko, da dieser in jedem Fall die Rechtsmittelkosten zu tragen hat.[1062]

XI. Entbehrlichkeit der Frist

Die Durchführung des Vertrages entspricht in den meisten Fällen den Interessen der Parteien.[1063] Aus diesem Grunde schreiben die §§ 281 I, 323 I BGB zur Sta-

---

1054 BGH 10.3.2010, NJW 2010, 1448.
1055 Zu den Auswirkungen für die Praxis § 10 I. 2., 3.
1056 *Martis*, MDR 2010, 1293.
1057 BVerfG 26.9.2006, JuS 2007, 181.
1058 *Jakobs*, FS Hansjörg Otto, 141.
1059 *Baumbach/Lauterbach/Albers/Hartmann*[70], (Fn. 1034), § 255 ZPO Rn. 3.
1060 BGH 20.5.2009, NJW 2009, 2532 f.; *Gsell*, ZJS 2009, 433, 434; *Martis*, MDR 2010, 1293; *Ball*, DAR 2010, 497, 498.
1061 *Skamel*, NJW 2010, 271, 273.
1062 *Skamel*, NJW 2010, 271, 274.
1063 *Augenhofer*, ZGS 2004, 385, 388.

tuierung des Vorrangs der (Nach-)erfüllung ein grundsätzliches Fristsetzungserfordernis vor.[1064] Da es jedoch Fälle gibt, in denen entweder die Interessen des Gläubigers an einer sofortigen Geltendmachung anderer Rechtsbehelfe berechtigterweise überwiegen[1065], eine (Nach-)erfüllung unmöglich geworden ist[1066] oder aber die Fristsetzung aus einem anderen Grund nur noch eine „nutzlose Förmelei" wäre,[1067] sieht das Gesetz eine Aufzählung von Ausnahmetatbeständen vor, in denen die Nachfrist entbehrlich ist. Letztlich erfolgt auf diesem Wege die notwendige Feinjustierung der divergierenden Interessen von Gläubiger und Schuldner.[1068] Die Entbehrlichkeitstatbestände finden sich in § 281 II BGB und § 323 II BGB, aber auch in zahlreichen Vorschriften des allgemeinen und besonderen Schuldrechts. Weil es sich hierbei lediglich um Ausnahmefälle handelt, sind strenge Maßstäbe an die jeweilige Subsumtion eines Falles unter die Ausnahmetatbestände anzusetzen.[1069] Ist ein Ausnahmetatbestand aber einmal einschlägig, ändert sich daran grundsätzlich auch durch einen späteren Wegfall des Mangels nichts mehr.[1070] Allerdings müssen im Zeitpunkt der Geltendmachung eines sekundären Rechtsbehelfs durch den Gläubiger die Gründe für die Entbehrlichkeit der Frist noch gegeben sein.[1071] Dies bedeutet, dass beispielsweise der Schuldner seinerseits die Leistungsverweigerung so lange zurücknehmen kann, bis der Gläubiger von seinem sekundären Rechtsbehelf tatsächlich Gebrauch gemacht hat.[1072]

Bei Schaffung des Schuldrechtsmodernisierungsgesetzes wurde ursprünglich überlegt, bei Alltagsgeschäften bzw. Geschäften unter einer Preisgrenze von 100 € eine generelle Ausnahme vom Fristsetzungserfordernis gesetzlich festzulegen.[1073] Von einer Umsetzung dieses Vorschlags wurde jedoch mit der Begründung abgesehen, dass bereits die Definierung des Begriffs „Alltagsge-

---

1064 § 4 II. 2. b.

1065 *Medicus/Lorenz*[16], (Fn. 403), 47 (Rn. 124).

1066 *Kötz*, (Fn. 400), 390.

1067 *Schlechtriem/Schmidt-Kessel*[6], (Fn. 168), 246.

1068 *Lorenz*, FS Wolfsteiner (2008), 121, 124.

1069 RG 24.9.1920, WarnR 1920, 242, 243; A.A. *Unberath*, (Fn. 802), 247 (§ 10 I 1. c)), der wegen eines effektiven Rechtsschutzes keine allzustrengen Anforderungen stellen möchte.

1070 *Kötz*, (Fn. 400), 390.

1071 BGH 5.7.1990, NJW-RR 1990, 1300, 1301.

1072 *Huber, Peter/Faust(-Faust)*, (Fn. 385), 121 (3. Kap. Rn. 140); *Schürholz*, (Fn. 259), 255.

1073 BT-Drucks. 14/6040, (Fn. 128), 234 Zu § 440 Zu Satz 2; *Schürholz*, (Fn. 259), 253.

schäft“ schwierig sei und im Übrigen hierdurch der Gleichlauf von Kauf- und Werkvertragsrecht beeinträchtigt werde.[1074]

Seit der Schuldrechtsmodernisierung enthält das Gesetz nunmehr neben dem Fall der Unmöglichkeit der Leistung im Wesentlichen drei Tatbestände, in denen eine Nachfrist entbehrlich ist: Bei ernsthafter und endgültiger Leistungsverweigerung durch den Schuldner, bei Nichtleistung im Falle eines relativen Fixgeschäfts sowie bei einer bestehenden Unzunmutbarkeit für den Gläubiger. Aus den Formulierungen der gewählten Fälle ergibt sich bereits, dass es zwischen den Tatbeständen durchaus zu Überschneidungen kommen kann,[1075] da viele Fälle sowohl dem einen als auch dem anderen Ausnahmetatbestand zugeordnet werden können.[1076]

1. Die ernsthafte und endgültige Leistungsverweigerung gemäß §§ 281 II Alt. 1, 323 II Nr. 1 BGB

Lange vor der Einführung der §§ 281 II, 323 II BGB war bereits allgemein anerkannt, dass der Gläubiger dann keine Frist zu setzen braucht, wenn der Schuldner es bereits eindeutig abgelehnt hat, zu leisten, da in diesen Fällen eine Nachfrist von vornherein erfolg- und sinnlos erscheint.[1077] Eine solche Auffassung über die Entbehrlichkeit der Nachfrist wurde bereits zu Art. 356 ADHGB in ständiger Rechtsprechung vertreten.[1078] Hergeleitet wurde dies im Wege einer teleologischen Reduktion der Norm.[1079] Sowohl das Reichsgericht[1080] als auch später der BGH[1081] führten diese Rechtsprechung bei § 326 BGB a.F. fort.[1082] Bis zur Schuldrechtsmodernisierung wurde dieser Entbehrlichkeitsgrundsatz mangels einer ausdrücklichen gesetzlichen Verankerung auf eine entsprechende Auslegung des Gesetzes gestützt[1083] und hatte hierdurch bereits gewohnheits-

---

1074 *Schürholz*, (Fn. 259), 253.

1075 *Huth*, (Fn. 840), 62 (§ 3 G.).

1076 Vergleiche *Schlechtriem/Schmidt-Kessel*[6], (Fn. 168), 246 f.

1077 OLG Naumburg, 24.2.2004, NJW 2004, 2022, 2024.

1078 ROHG 17.10.1871, ROHGE 3, 208, 210 f.; 6.10.1871, ROHGE 3, 319, 322; RG 3.5.1881, RGZ 4, 69, 71; 19.5.1882, RGZ 7, 44; *Huber, Ulrich,* ZHR 161 (1997), 160, 175 m.w.N.

1079 RG 3.5.1881, RGZ 4, 69, 71; *Larenz*[14], (Fn. 825), 356.

1080 RG 27.5.1902, RGZ 51, 347, 349 f.; 11.7.1902, RGZ 52, 150, 151 f.; 27.5.1930, RGZ 129, 143, 145.

1081 BGH 19.6.1951, BGHZ 2, 310, 312; 15.11.1967, BGHZ 49, 56, 59 f.; 20.10.1976, NJW 1977, 36, 37; 16.3.1988, NJW 1988, 1778; 9.10.1991, BGHZ 115, 286, 297.

1082 *Huber, Ulrich,* ZHR 161 (1997), 160, 175.

1083 *Schürholz*, (Fn. 259), 254.

rechtliche Wirkung erlangt.[1084] In den §§ 281 II Alt. 1, 323 II Nr. 1 BGB findet sich nunmehr eine spezielle Regelung, die von dem Erfodernis der Nacherfüllungsfrist befreit, wenn diese wegen einer fehlenden Erfüllungsbereitschaft des Schuldners sinnlos erscheint.[1085]

a. Strenge Anforderungen an eine endgültige Verweigerung

An die Erfüllungsverweigerung, insbesondere an deren Endgültigkeit,[1086] sind strenge Anforderungen zu stellen.[1087] Das Verhalten des Schuldners muss mit hinreichender Sicherheit dafür sprechen, dass er die von ihm geforderte Leistung nicht erbringen werde.[1088] Die Weigerung muss hierbei als das letzte Wort des Schuldners aufzufassen sein.[1089] Allein das bloße Äußern von Rechtszweifeln, eine reine Stundungsbitte oder das Einleiten von Verhandlungen genügt hierfür nicht, da dem Schuldner nicht einfach das Recht genommen werden darf, sich auf die Vertragsmäßigkeit der Sache zu berufen.[1090] Ebenso erfüllt das alleinige Bestreiten von Mängeln oder der Verantwortlichkeit für diese nicht automatisch den Tatbestand der Leistungsverweigerung,[1091] denn immerhin steht dem Schuldner das nachhaltige Bestreiten als prozessuales Recht zu.[1092] Lehnt es der Schuldner jedoch gleichzeitig ab, die Sache nach den angegebenen Mängeln hin zu untersuchen, wird der Gläubiger von einer Leistungsverweigerung ausgehen dürfen.[1093] Ebenso ist eine Entbehrlichkeit der Frist in dem Fall anzunehmen, dass der Schuldner seine Pflicht zur Beseitigung des Mangels schlechthin bestreitet.[1094]

1084 *Huber, Ulrich,* ZHR 161 (1997), 160, 175.

1085 OLG Naumburg, 24.2.2004, NJW 2004, 2022.

1086 *Schlechtriem/Schmidt-Kessel*[6], (Fn. 168), 246.

1087 Aus dem Wortlaut der Vorschrift folgt, dass sich der Gesetzgeber insoweit an der Rechtsprechung zu § 634 BGB a.F. orientiert hat, *Schubel*, JuS 2002, 313, 317; Vergleiche auch *Groß*, IBR 2002, 244.

1088 BGH 20.5.2009, NJW 2009, 2532 f.; *Martis*, MDR 2010, 1293, 1294.

1089 LG Hanau 27.3.2003, NJW-RR 2003, 1561, 1562.

1090 *Schubel*, JuS 2002, 313, 317; *Schürholz*, (Fn. 259), 255.

1091 BGH 9.1.2008, NJW 2008, 1371, 1372; *Schmeel*, MDR 2011, 277, 280.

1092 BGH 21.12.2005, NJW 2006, 1195, 1197; *Martis*, MDR 2010, 1293, 1294.

1093 Vergleiche hierzu BVerfG, 26.9.2006, ZGS 2006, 470, 474; Vergleiche zu der hierdurch bedingten Problematik in der Praxis § 10 I. 4.

1094 BGH 21.12.2000, NJW-RR 2001, 383; 5.12.2002, NJW 2003, 580; OLG Stuttgart 17.11.2004, ZGS 2004, 36, 39; BVerfG, 26.9.2006, ZGS 2006, 470, 474.

b. Frist zur Erklärung über Leistungsbereitschaft geeignet zur Begründung einer Leistungsverweigerung?

Teilweise wird vertreten, dass der Gläubiger, wenn er hinsichtlich des Vorliegens einer endgültigen Leistungsverweigerung unsicher sei, dem Schuldner eine Frist zur Erklärung über seine Leistungsbereitschaft setzen könne, um nach deren Ablauf von einer solchen Verweigerung ausgehen zu können.[1095] Dieser Auffassung ist zu widersprechen. Zum einen kann der schlichte Ablauf einer gesetzten Frist zur Erklärung über die Leistungsbereitschaft ohne eine Reaktion des Schuldners schon den strengen Anforderungen an eine endgültige Verweigerung der Leistung nicht genügen.[1096] Zum anderen erscheint eine solche Vorgehensweise vor dem Hintergrund überflüssig, dass der Gläubiger, wenn er dem Schuldner schon eine Frist setzt, diesem auch direkt eine Frist zur Leistung setzen kann, wodurch in jedem Fall mehr Rechtssicherheit geschaffen wird.[1097]

c. Leistungsverweigerung vor Mängelbeseitigung – Keine Einrede nach § 439 III BGB

Der Entbehrlichkeitstatbestand nach den §§ 281 II Alt. 1, 323 II Nr. 1 BGB ist allerdings nur dann erfüllt, wenn der Schuldner die Leistung bereits endgültig verweigert hat, bevor der Gläubiger beispielsweise die geforderte Mängelbeseitigung selbst durchgeführt hat.[1098] Eine nach der Mängelbeseitigung durch den Gläubiger ausgesprochene Erfüllungsverweigerung kann dagegen eine Entbehrlichkeit der Frist nicht mehr begründen, so dass der Gläubiger wie im Fall der Selbstvornahme ohne vorherige Fristsetzung keinen Anspruch auf Ersatz der Kosten hat.[1099]

Schließlich kommt § 323 II Nr. 1 BGB im Kaufrecht nur unter der Bedingung zur Anwendung, dass sich der Verkäufer bei der Leistungsverweigerung nicht rechtmäßigerweise auf eine Einrede nach § 439 III BGB beruft. Ist

---

1095 *Schürholz*, (Fn. 259), 255.

1096 Vergleiche hierzu OLG München 16.6.2010, NJW-RR 2010, 1716, das eine endgültige Erfüllungsverweigerung in dem Fall verneint, dass der Gläubiger eine Frist zur Mitteilung der Lieferung setzt (was den Anforderungen an eine Fristsetzung nicht genüge), der Schuldner den Gläubiger vertröstet, aber letztlich den zugesagten Termin nicht einhält.

1097 Der einzige Vorteil dieses Vorschlags, wenn er nicht an den strengen Anforderungen an die Leistungsverweigerung scheitern würde, läge darin, dass die Frist zur Erklärung über die Leistungsbereitschaft deutlich kürzer als die Frist zur Leistung ausfallen dürfte.

1098 BGH 20.1.2009, NJW-RR 2009, 667; *Martis*, MDR 2010, 1293, 1294.

1099 Vergleiche hierzu die Ausführungen zur Selbstvornahme unter § 4 II. 2. b.

dies der Fall beschränkt sich der Anspruch des Käufers nämlich auf die andere Art der Nacherfüllung, was nicht zu einer Entbehrlichkeit der Frist führt.

2. Besondere Umstände unter Abwägung der beiderseitigen Interessen nach §§ 281 II Alt. 2, 323 II Nr. 3 BGB

Die in den §§ 281 II Alt. 2, 323 II Nr. 3 BGB geregelte Generalklausel macht deutlich, dass die Liste der Entbehrlichkeitsfälle nicht abschließend sein soll.[1100] Daneben zeigt sie, dass der Gesetzgeber die neugeschaffenen Entbehrlichkeitstatbestände stärker am Einzelfall ausrichten wollte.[1101] Den Regelungen kommt nicht nur Auffangcharakter zu, sie sollen insbesondere den Gerichten Bewertungsspielräume eröffnen.[1102]

a. Wegfall des Interesses

Die §§ 281 II Alt. 2, 323 II Nr. 3 BGB erfassen den Fall, dass der Gläubiger den Nachweis des Fortfalls des Interesses an der Leistung erbringen kann.[1103] Insoweit ist der alte Entbehrlichkeitstatbestand zu § 326 BGB a.F. in dieser Regelung aufgegangen.[1104] Bei § 326 II BGB a.F. kam es allerdings noch allein darauf an, dass der Gläubiger objektiv an der Leistung kein Interesse mehr haben durfte. Die Entbehrlichkeit der Frist wurde mithin ausschließlich aus der Sicht des Gläubigers beurteilt.[1105] Ob der Grund für den Wegfall des Interesses aus der Sicht des Schuldners vorhersehbar war oder nicht, fand keine Berücksichtigung.[1106] Dies ist nunmehr aufgrund der Aufnahme des Kriteriums der „Abwägung der beiderseitigen Interessen" anders.[1107] Ein Interessewegfall ist im Übrigen nur gegeben, wenn gerade der Zweck, welcher mit der Leistung verbunden

1100 *Schlechtriem/Schmidt-Kessel*[6], (Fn. 168), 288.

1101 *Lamprecht*, ZGS 2005, 266, 271.

1102 BGH 8.12.2006, NJW 2007, 835, 837.

1103 *Staudinger(-Otto/Schwarze)*, (Fn. 179), § 323 BGB Rn. B 108.

1104 MünchKomm BGB[6](*-Ernst*), (Fn. 188), § 281 BGB Rn. 56.

1105 *Lamprecht*, ZGS 2005, 266, 270 f.

1106 RG 7.2.1919, RGZ 94, 326 f.; BGH 25.2.1971, NJW 1971, 798.

1107 Vergleiche *Unberath*, (Fn. 802), 247 (§ 10 I 1. c)), der allerdings entgegen des Wortlauts bei § 281 II BGB keine Berücksichtigung der Interessen des Schuldners zulassen will, da der Schuldner hinsichtlich des Schadensersatzanspruchs anders als beim Rücktritt nicht schutzwürdig sei. Dies überzeugt jedoch angesichts des klaren und eindeutigen Gesetzeswortlauts nicht.

war, aufgrund der Leistungsverzögerung nicht mehr verwirklicht werden kann.[1108] Ein Interesseverlust ist jedoch nicht zwingende Voraussetzung, so kann auch das Entfallen der für die weitere Durchführung des Vertrages erforderlichen Vertrauensbasis den Entbehrlichkeitstatbestand erfüllen.[1109]

b. Arglistige Täuschung als „besonderer Umstand"

Ein klassischer Fall für die Bejahung eines „besonderen Umstands" ist der Wegfall der Vertrauensbasis, weil der Schuldner dem Gläubiger bei Abschluss des Kaufvertrages einen Mangel an der Kaufsache arglistig verschwiegen oder ihn in sonstiger Weise arglistig getäuscht hat.[1110] Der Ausnahmetatbestand steht in Übereinstimmung mit den gesetzlichen Regelungen, wonach ein arglistig handelnder Schuldner verschärft haftet (§§ 442 I 2, 444 Alt. 1 BGB).[1111] Der Tatbestand der Arglist setzt voraus, dass der Schuldner den Mangel kennt oder ihn zumindest für möglich hält.[1112] Im Übrigen genügt es bereits, wenn der Schuldner wider besseres Wissen Angaben „ins Blaue hinein" tätigt oder vorhandene Mängel stark verharmlost darstellt.[1113] In einem solchen Fall erscheint der Schuldner nicht schutzwürdig,[1114] so dass der Gläubiger von dem Erfordernis der Fristsetzung befreit ist.[1115] Die für die Beseitigung des Mangels erforderliche Vertrauensgrundlage wird hierbei sogar auch noch dann als beschädigt angesehen, wenn der Schuldner den Mangel gar nicht selbst beseitigen, sondern einen Dritten damit beauftragen würde.[1116]

1108 MünchKomm BGB[6](-*Ernst*), (Fn. 188), § 323 BGB Rn. 125, der eine Reihe von Beispielen anführt.

1109 *Prütting/Wegen/Weinreich*[7](-*Schmidt-Kessel*), (Fn. 176), § 281 BGB Rn. 18.

1110 BGH 8.12.2006, NJW 2007, 835, 837 m.w.N.

1111 *Faust*, JuS 2008, 558.

1112 BGH 8.12.2006, NJW 2007, 835 f.

1113 KG 10.1.2005, NJW-RR 2006, 1213, 1214 f.; *Martis*, MDR 2010, 1293, 1298.

1114 *Faust*, JuS 2008, 558, 559; so auch *Gutzeit*, NJW 2008, 1359, 1360, der allerdings darauf hinweist, dass die von § 323 II Nr. 3 BGB gebotene Interessenabwägung nicht vollständig ausgeblendet werden dürfe, so dass grundsätzlich auch Fälle denkbar seien, in denen der Käufer trotz Täuschung eine Frist zur Nacherfüllung zu setzen habe.

1115 *Kötz*, (Fn. 400), 390; BGH 9.1.2008, NJW 2008, 1371 f.

1116 Vergleiche BGH 9.1.2008, NJW 2008, 1371; A. A. *Lorenz*, FS Wolfsteiner (2008), 121, 130 f., der es durchaus für denkbar hält, dass trotz einer arglistigen Täuschung keine Unzumutbarkeit gegeben ist, da der Sanktionsgedanke bei der Unzumutbarkeit außen vor zu bleiben habe.

c. Eilbedürftigkeit als „besonderer Umstand“

Ein weiterer „besonderer Umstand“ kann in der Eilbedürftigkeit der vorzunehmenden Handlung liegen. Eine solche ist beispielweise in Fällen gegeben, in denen bei einem Tierkauf der Zustand des Tieres eine umgehende tierärztliche Behandlung als Notmaßnahme verlangt, welche vom Verkäufer nicht rechtzeitig erbracht werden kann.[1117]

d. Die Bedeutung von § 323 II Nr. 3 BGB für den Verbrauchsgüterkauf

Als Generalklausel kommt § 323 II Nr. 3 BGB nach teilweise vertretener Auffassung eine besondere Aufgabe im Falle eines Verbrauchsgüterkaufs zu.[1118] Hiernach sei die Vorschrift nämlich entscheidend dafür, eine Richtlinienkonformität der deutschen Nachfristregelung hinsichtlich des Rücktritts zu erlangen.[1119] Denn die Richtlinie zum Verbrauchsgüterkauf 1999/44/EG[1120] schreibt lediglich das Verstreichen Lassen einer angemessenen Frist als Voraussetzung für den Rücktritt vor, was eine deutlich geringere Voraussetzung als die Fristsetzung darstellt.[1121] § 323 II Nr. 3 BGB müsse deshalb in der Weise ausgelegt werden, dass ab dem Nacherfüllungsverlangen automatisch eine angemessene Frist läuft.[1122]

3. Relatives Fixgeschäft nach § 323 II Nr. 2 BGB

§ 323 II Nr. 2 BGB befreit den Gläubiger in dem Fall von dem Fristsetzungserfordernis, dass der Schuldner bei einem „relativen“ Fixgeschäft die Leistung nicht rechtzeitig bewirkt und der Gläubiger im Vertrag sein Leistungsinteresse an die Rechtzeitigkeit der Leistung gebunden hat. Dass das Geschäft mit der zeitgerechten Leistung „stehen und fallen“ soll, wird häufig durch Begriffe wie „fix“, „präzise“, „genau“ oder „prompt“ verdeutlicht.[1123] Der Standardfall ist

---

1117 BGH 22.6.2005, NJW 2005, 3211, 3212; *Müller*, ZJS 2012, 444.

1118 Ausführlich zu der Problematik der Richtlinienwidrigkeit von § 323 I BGB siehe § 9.

1119 *Faust*, Anmerkung zu BVerfG 26.9.2006, JuS 2007, 181; *Medicus/Lorenz*[16], (Fn. 403), 61 (Rn. 149); *Prütting/Wegen/Weinreich*[7](*-Schmidt-Kessel*), (Fn. 176), § 281 BGB Rn. 19.

1120 Richtlinie 1999/44/EG vom 25.5.1999, AblEG Nr. L 171 vom 7.7.1999.

1121 *Schlechtriem/Schmidt-Kessel*[6], (Fn. 168), 249.

1122 *Faust*, Anmerkung zu BVerfG 26.9.2006, JuS 2007, 181.

1123 *Prütting/Wegen/Weinreich*[6](*-Medicus/Stürner*), (Fn. 176), § 323 BGB Rn. 31.

hier der Verkauf von Saisonware.[1124] Aber auch bei einer kalendermäßigen Bestimmung von Bauarbeiten kann eine Frist nach dieser Vorschrift entbehrlich werden.[1125] Entscheidend bei diesem Ausnahmetatbestand ist, dass es auf die Nachholbarkeit der Leistung zu einem späteren Zeitpunkt nicht ankommt.[1126] Abzugrenzen ist jedoch der Fall des sogenannten „absoluten" Fixgeschäfts, bei dem eine nicht zeitgerechte Leistung zur Unmöglichkeit der Leistung führt.[1127] Eine analoge Anwendung dieser Vorschrift auf § 281 BGB wird hier im Gegensatz zu § 323 IV BGB abgelehnt.[1128] Es wird sich dagegen teilweise für eine extensive Auslegung von § 281 II BGB auf relative Fixgeschäfte ausgesprochen.[1129]

4. Die Unzumutbarkeit nach §§ 282, 324 BGB bei einer Pflichtverletzung nach § 241 II BGB

Die Tatbestände der §§ 282, 324 BGB schreiben vor, dass bei der Verletzung einer nicht leistungsbezogenen Nebenpflicht, mithin einer Schutzpflicht nach § 241 II BGB, eine Frist nur dann als entbehrlich gilt, wenn dem Gläubiger das Festhalten am Vertrag aufgrund der Verletzung des Integritätsinteresses nicht mehr „zumutbar" ist.[1130] Seine Begründung findet das Erfordernis der Unzumutbarkeit in der Annahme, dass die Verletzung einer nicht leistungsbezogenen Nebenpflicht grundsätzlich nicht das Leistungsinteresse des Gläubigers berühre, welcher im Übrigen mit einem Anspruch auf Ersatz des verletzten Integritätsinteresses nach § 280 I BGB hinreichend abgesichert sei.[1131]

1124 *Schlechtriem/Schmidt-Kessel*[6], (Fn. 168), 247.

1125 Vergleiche BGH 13.12.2001, NJW 2002, 1274, 1275; Anmerkung zum Urteil von *Schwenker*, ZfIR 2002, 283, 284; Zu der Frage, wann ein Termin „nach dem Kalender bestimmt ist", *Groß*, IBR 2002, 242.

1126 *Schlechtriem/Schmidt-Kessel*[6], (Fn. 168), 247.

1127 *Prütting/Wegen/Weinreich*[6](*-Medicus/Stürner*), (Fn. 176), § 323 BGB Rn. 32.

1128 *Ramming*, ZGS 2002, 412, 414; *Schmidt-Räntsch/Maifeld/Meier-Göring/Röcken*, (Fn. 128), 348; *Jaensch*, NJW 2003, 3613.

1129 *Jaensch*, NJW 2003, 3613, 3614 f.; *Prütting/Wegen/Weinreich*[7](*-Schmidt-Kessel*), (Fn. 176), § 281 BGB Rn. 19; A.A. *Ramming*, ZGS 2002, 412, 415, der hierin eine Ausnahme von der grundsätzlichen Gleichschaltung von Schadensersatz und Rücktritt sieht; *Schmidt-Räntsch/Maifeld/Meier-Göring/Röcken*, (Fn. 128), 348; MünchKomm BGB[6](*-Ernst*), (Fn. 188), § 281 BGB Rn. 59.

1130 *Lorenz*, FS Wolfsteiner (2008), 121, 125.

1131 *Lorenz*, FS Wolfsteiner (2008), 121, 125.

5. Unmöglichkeit der Leistung

Ist die Erbringung der Leistung dem Schuldner unmöglich geworden, so entbindet das Gesetz den Gläubiger sowohl beim Schadensersatz als auch beim Rücktritt von der Pflicht zur Fristsetzung. Bei der Geltendmachung von Schadensersatz folgt dies aus § 283 BGB, beim Rücktritt aus § 326 V BGB. An das Vorliegen einer Unmöglichkeit werden ebenfalls hohe Anforderungen gestellt.[1132] So genügt es beim Nacherfüllungsanspruch nicht, dass eine der beiden Arten der Nacherfüllung unmöglich ist, sondern es darf die Nacherfüllung in keinem der von § 439 BGB vorgesehenen modi durchführbar sein.[1133] Bei technischen Mängeln beispielsweise ist eine Unmöglichkeit der Nachbesserung anzunehmen, wenn die Mängel überhaupt nicht, nicht vollständig oder nicht ohne Verbleib einer Wertminderung (Unfallfahrzeug) beseitigt werden können.[1134] Dass beide Arten der Nacherfüllung unmöglich sein müssen, ergibt sich bereits durch einen Umkehrschluss aus § 440 1 Alt. 1 BGB. Denn die Vorschrift schreibt vor, dass eine Nachfrist im Kaufrecht auch dann entbehrlich ist, wenn der Verkäufer „beide Arten der Nacherfüllung gemäß § 439 III BGB verweigert". Dort genügt somit ebenfalls allein die Verweigerung der vom Käufer zuerst gewählten Art der Nacherfüllung nicht.

Teilweise wird kritisiert, dass sich die Vorschriften der §§ 283, 326 V BGB neben den Tabeständen aus §§ 281 II, 323 II BGB als überflüssig erweisen würden, da sich der Fall, dass sich der Schuldner darauf beruft, nach § 275 I – III BGB nicht leisten zu brauchen, gleichermaßen unter §§ 281 II, 323 II Nr. 1 oder Nr. 3 BGB subsumieren ließe; dafür müsse der Gläubiger nicht einmal eine tatsächliche Unmöglichkeit beweisen.[1135] Dem ist entgegenzuhalten, dass der Gläubiger bei den Ausnahmetatbeständen der §§ 281 II, 323 II BGB zwar keine Unmöglichkeit beweisen muss, er dafür aber entweder den Beweis einer ernsthaften und endgültigen Verweigerung zu erbringen hat, an den hohe Anforderungen gestellt werden, oder aber er die Voraussetzungen einer zu seinen Gunsten ausgehenden Interessenabwägung beweisen muss. Es sind daher durchaus Fälle denkbar, in denen die Unmöglichkeit der Leistung leichter zu beweisen ist als die Voraussetzungen der anderen Ausnahmetatbestände.[1136]

1132 *Faust*, Anmerkung zu BVerfG 26.9.2006, JuS 2007, 181, 182.

1133 *Lorenz*, NJW 2006, 1175, 1177; Ebenso *Dauner-Lieb/Dötsch*, ZGS 2003, 250, 255; A.A. *Jorden/Lehmann*, JZ 2001, 952, 961, die hierdurch das Wahlrecht des Käufers ausgehöhlt sehen.

1134 *Martis*, MDR 2010, 1293, 1294 m.w.N.

1135 *Schlechtriem/Schmidt-Kessel*[6], (Fn. 168), 247.

1136 Vergleiche hierzu auch den Gesetzentwurf der Bundesregierung vom 31.8.2001, Entwurf eines Gesetzes zur Modernisierung des Schuldrechts, BT-Drucks. 14/6857, 56 Zu

6. Entbehrlichkeitsvorschriften im besonderen Schuldrecht und anderen Gesetzen

Die im allgemeinen Schuldrecht normierten Ausnahmetatbestände zur Entbehrlichkeit der Frist werden zusätzlich durch Vorschriften im besonderen Schuldrecht und anderen Gesetzen ergänzt, die zum Teil den Katalog nach §§ 281 II, 282, 283, 323 II, 324, 326 V BGB erweitern, zum Teil aber auch das Fristsetzungserfordernis dadurch entfallen lassen, dass sie dem Gläubiger ohne ein solches einen Schadensersatzanspruch oder ein Recht auf Rücktritt zusprechen.[1137] So finden sich im Kauf- und Werkvertragsrecht in den §§ 440,[1138] 478, 636 BGB weitere Tatbestände,[1139] die zu einer Entbehrlichkeit der Frist führen, und die in § 536 a BGB, §§ 375, 376 I 2 HGB normierten Fälle, in denen dem Gläubiger das Recht auf Schadensersatz bzw. Rücktritt ohne Fristsetzung zugesprochen wird.[1140]

7. Rechtsfolgen der Entbehrlichkeit der Frist

Ist einer der vorgenannten Entbehrlichkeitstatbestände in einem Fall einschlägig, so hat dies zur Folge, dass dem Gläubiger die in den §§ 281 I, 323 I BGB enthaltenen Rechtsbehelfe auch ohne die Gewährung einer zweiten Chance für den Schuldner zustehen.

Nummer 66 Zu Artikel 1 Abs. 1 Nr. 15 (§§ 323, 326 BGB), der zu dem grundsätzlichen Verhältnis von § 323 BGB zu § 326 BGB Stellung nimmt.

1137 *Schlechtriem/Schmidt-Kessel*[6], (Fn. 168), 248.

1138 Die aus Verkäufersicht strengeren Voraussetzungen des § 440 1 Alt. 3 BGB wurden vom Gesetzgeber vor dem Hintergrund der Richtlinienvorgaben geschaffen, *Gutzeit*, NJW 2008, 1359, 1360.

1139 Die explizite Erwähnung der Fallgruppe „Unzumutbarkeit" in § 440 1 Alt. 3 BGB soll hierbei der Umsetzung von Art. 3 V 3. Spiegelstrich der Verbrauchsgüterkaufrichtlinie dienen (BT-Drucks. 14/6040, (Fn. 128), 233 f. Zu § 440 BGB Zu Satz 1), dürfte allerdings weitaus mehr Fälle als den dort genannten umfassen, *Schubel*, JuS 2002, 313, 317. Die Vorschrift des § 636 BGB stellt im Werkvertragsrecht das Pendant zu § 440 BGB dar. Der einzige Unterschied liegt darin, dass es dort der Unternehmer ist, der zwischen der Mängelbeseitigung und der Neuherstellung einen mangelfreien Werks wählen kann, *Kötz*, (Fn. 400), 391.

1140 Teilweise wird vertreten, dass sich an diesen Stellen des Gesetzes zeige, dass die Anpassung an das neue Schuldrecht noch nicht an jeder Stelle des Gesetzes vollzogen worden sei, *Schlechtriem/Schmidt-Kessel*[6], (Fn. 168), 248.

XII. Beweislast hinsichtlich der Nachfrist

Die Beweislast hinsichtlich einer gesetzten Nachfrist beschränkt sich für den Gläubiger auf die Tatsachen, ob, zu welchem Zeitpunkt und wem gegenüber er eine solche erklärt und für wie lange er sie bestimmt hat, genauer gesagt, ob ein Fristablauf gegeben ist. Alternativ hat er zu beweisen, ob gegebenenfalls die Voraussetzungen eines Entbehrlichkeitstatbestandes erfüllt sind. Dem Schuldner obliegt dagegen die Beweislast bezüglich einer rechtzeitigen Erfüllung der geschuldeten Leistung innerhalb der gesetzten Frist.[1141]

XIII. Abmahnung statt Nachfristsetzung

An drei verschiedenen Stellen des Gesetzes wurde die Abmahnung vom Gesetzgeber als Alternative zur Nachfristsetzung festgeschrieben:[1142] Für den Schadensersatzanspruch in § 281 III BGB, für den Rücktritt in § 323 III BGB und für die Kündigung aus wichtigem Grund in § 314 II 1 Alt. 2 BGB.[1143] „Abmahnung" bedeutet hierbei die nachdrückliche Aufforderung, weitere Zuwiderhandlungen zu unterlassen.[1144] Bis zur Schuldrechtsreform hatte diese Ausnahme vom Fristsetzungserfordernis im Gesetz keinen Ausdruck gefunden,[1145] war in vielerlei Hinsicht aber schon vorher in den gesetzlichen Regelungen und in der Rechtsprechung angelegt.[1146] In der Literatur wird teilweise kritisiert, dass die Regelung „nicht durchdacht" sei, da sich unselbständige Nebenpflichten, welche von der Vorschrift umfasst sein sollen, häufig erst im Verletzungsfalle aktualisieren würden, weshalb zumindest der Schadensersatzanspruch nicht von einer Abmahnung abhängig gemacht werden dürfe.[1147] Daneben wird auf die Sondervorschriften der §§ 282, 283, 326 BGB verwiesen, welche nach teilweise vertretener Auffassung die Regelung zur Abmahnung überflüssig erscheinen lassen.[1148] An dieser Ansicht ist jedoch zu kritisieren, dass es durchaus Fälle gibt, in denen das Erfordernis einer Nachfrist wenig hilfreich, eine Mahnung dagegen als vorteilhaft erscheint, da entweder Unterlassungspflichten verletzt worden sind oder aber sich eine einmal eingetretene Verspätung durch eine spätere Leis-

---

1141 BayObLG 8.6.1966, NJW 1967, 57.

1142 *Staudinger(-Otto/Schwarze)*, (Fn. 163), § 281 BGB Rn. A 11.

1143 In der Gesetzesbegründung BT-Drucks. 14/6040 ist von dieser Regelung noch keine Rede. Sie wurde erst in letzter Minute aufgenommen.

1144 *Prütting/Wegen/Weinreich*[6]*(-Medicus/Stürner)*, (Fn. 176), § 323 BGB Rn. 28.

1145 *Huber, Ulrich*, ZHR 161 (1997), 160, 175.

1146 *Staudinger(-Otto/Schwarze)*, (Fn. 163), § 281 BGB Rn. A 11.

1147 *Oechsler*, (Fn. 373), 103.

1148 MünchKomm BGB[6]*(-Ernst)*, (Fn. 188), § 281 BGB Rn. 41.

tung nicht mehr aus der Welt schaffen lässt.[1149] Für diese Fälle ist die Ausnahmeregelung vorgesehen.[1150] Besondere Bedeutung hat die Regelung in der Praxis somit tatsächlich für Dauerschuldverhältnisse[1151], Sukzessivleistungen[1152] und bei Verstößen gegen Unterlassungspflichten.[1153]

1149 *Schlechtriem/Schmidt-Kessel*[6], (Fn. 168), 245.

1150 Da die Abmahnung an die Stelle der Nachfristsetzung tritt, ist diese unter den gleichen Voraussetzungen wie jene entbehrlich, *Looschelders*[10], (Fn. 427), 224 (Rn. 620).

1151 *Schlechtriem/Schmidt-Kessel*[6], (Fn. 168), 245.

1152 *Staudinger(-Otto/Schwarze)*, (Fn. 163), § 281 BGB Rn. A 11.

1153 *Ramming*, ZGS 2003, 113, 115; MünchKomm BGB[6](*-Ernst*), (Fn. 188), § 281 BGB Rn. 41.

§ 8 Die Rechtsfolgen der Nachfristsetzung

Bei der Untersuchung der Rechtsfolgenseite der Nachfrist gilt es zwischen zwei verschiedenen Zeitabschnitten zu unterscheiden: Zum einen dem Zeitraum während ihres Laufs, in welchem sie eine Bindungswirkung für den Gläubiger entfaltet, zum anderen dem Zeitraum nach ihrem Ablauf, wenn sie den Weg zu den sekundären Rechtsbehelfen eröffnet. Wie bereits zu Beginn der Untersuchung dargestellt,[1154] hat das Institut der Nachfrist durch die Schuldrechtsreform hinsichtlich der Rechtsfolge nach ihrem Ablauf eine fundamentale Veränderung erfahren: Der erfolglose Ablauf der Nachfrist hat seine unmittelbare Gestaltungswirkung verloren, wie sie bis dahin durch den automatischen Untergang des Erfüllungsanspruchs gegeben war. Diese gravierende Rechtsfolgenänderung hatte besonders auf die Position des Schuldners erheblichen Einfluss und schuf eine Vielzahl an rechtlichen Problemen, die im Folgenden dargestellt und erörtert werden sollen.

Hinsichtlich der Rechtsfolgen, welche die Nachfrist während ihres Laufs mit sich bringt, haben sich dagegen keine besonderen Veränderungen zu der vor 2002 bestehenden Rechtslage ergeben. Dennoch bietet insbesondere die in diesem Zeitraum bestehende Bindungswirkung der Frist einige näher zu untersuchende Aspekte, welchen sich im Weiteren zunächst gewidmet wird.

I. Der Zeitraum vor dem Ablauf der Nachfrist

Aufgabe der Nachfrist ist es, die widerstreitenden Interessen der Parteien bestmöglich in Einklang zu bringen.[1155] Dies bedeutet, dass die vom Gläubiger gesetzte Nachfrist nicht nur dessen eigenen Interessen dient, sondern gleichzeitig auch die Bedürfnisse des Schuldners berücksichtigt. Entscheidenden Einfluss hat hierbei die Bindungswirkung der Nachfristerklärung.

1. Bindungswirkung der Fristsetzungserklärung

Wie bereits aufgezeigt,[1156] liegt der Sinn und Zweck der Nachfrist insbesondere darin, dem Schuldner eine „zweite Chance" zur Leistung einzuräumen. Um diese Möglichkeit des Schuldners hinreichend zu sichern, ist mit der Setzung der Nachfrist die Rechtsfolge verbunden, dass für den Gläubiger während dieser

---

1154 § 2 IV. 4.
1155 *Lorenz*, NJW 2006, 1175, 1176.
1156 § 4 III. 1., 2.

Zeit das Recht auf Zurückweisung der Leistung suspendiert ist.[1157] Daneben ist es ihm untersagt, bis zum Ablauf der Frist gegenüber dem Schuldner einen weitergehenden Rechtsbehelf wegen derselben Leistungsstörung geltend zu machen. Anders als im CISG, in der es dem Käufer/Verkäufer gemäß Artt. 47 II 1, 64 II 1 CISG vom Wortlaut der Regelung her untersagt ist,[1158] vor dem Ablauf einer gesetzten Nachfrist einen anderen Rechtsbehelf wegen derselben Vertragsverletzung geltend zu machen,[1159] ist die Bindungswirkung der Nachfrist im BGB nicht ausdrücklich normiert, sondern ergibt sich vielmehr aus der Gesetzessystematik. So sind nach dem deutschen Gewährleistungsrecht sämtliche sekundären Rechtsbehelfe davon abhängig, dass zuvor eine angemessene Frist zur Nacherfüllung gesetzt wurde und fruchtlos abgelaufen ist.[1160] Ohne das Hinzutreten weiterer Umstände, welche nachträglich eine Fristsetzung entbehrlich machen würden, ist die Geltendmachung eines Rechtsbehelfs wegen desselben Mangels vor Fristablauf somit gar nicht möglich. Daneben beruht die Bindungswirkung auf dem aus § 242 BGB abgeleiteten Verbot des „venire contra factum proprium", wonach der Gläubiger sich durch späteres Handeln nicht in Widerspruch zu seinem vorherigen Verhalten setzen darf.[1161] Mit der Bestimmung der Frist hat der Gläubiger nämlich ein vertrauensbegründendes Verhalten an den Tag gelegt,[1162] welches dem Schuldner für den Zeitraum der gesetzten Frist ein Recht auf Abnahme der Leistung sichert.[1163] Ein Ausfluss des Verbots widersprüchlichen Verhaltens ist ebenfalls, dass es dem Gläubiger untersagt ist, vor Ablauf der gesetzten Frist Klage auf Erfüllung zu erheben. Die Bindungswirkung einer gesetzten Nachfrist erstreckt sich sogar auf den Fall, dass der Gläubiger zu einer Fristsetzung überhaupt nicht verpflichtet gewesen wäre, etwa weil bereits im Zeitpunkt der Fristsetzung die Voraussetzungen der §§ 281 II,

---

1157 *Larenz*[14], (Fn. 825), 335, dessen Einschätzung zur alten Rechtslage sich auf die geltende Rechtslage übertragen lässt.

1158 Letztlich wurde hiermit nur das Prinzip des venire contra factum proprium gesetzlich festgeschrieben. Auch in den PECL, PICC und im DCFR finden sich entsprechende Regelungen, § 6 II. 2. c. (3), 3. c., 4. e. (1).

1159 *Staudinger(-Magnus)*, (Fn. 491), Art. 47 CISG Rn. 1; § 6 I. 3. c. (1).

1160 *Martis*, MDR 2010, 1293.

1161 Vergleiche MünchKomm BGB[6](*-Ernst*), (Fn. 188), § 281 BGB Rn. 101.

1162 Vergleiche auch *Mitteis*, (Fn. 22), 24 (Kap. 7), der auf das noch allgemeinere Prinzip der Konsequnez verweist, das heißt der „Folgerichtigkeit des Handelns", welches überall im Rechtsleben gelte und dazu führe, dass derjenige, der einem anderen Grund zum Vertrauen gegeben hat, die hieraus bedingten Folgen zu tragen hat.

1163 Verweigert der Gläubiger die Annahme der Leistung während des Laufs der Frist, greifen die §§ 293 ff. BGB ein, *Bamberger/Roth*[3](*-Unberath*), (Fn. 162), § 281 BGB Rn. 19.

323 II BGB gegeben waren.[1164] Der Zugang zu anderen Rechtsbehelfen wie der Anfechtung ist demnach verschlossen, wenn der Gläubiger trotz einer dem Schuldner vorzuwerfenden arglistigen Täuschung eine Frist zur Nacherfüllung setzt und der Schuldner fristgerecht der Aufforderung nachkommt.[1165] Denn der Gläubiger zeigt durch das Setzen einer Frist zur Leistung, dass sein grundsätzliches Vertrauen in die Leistungstreue des Schuldners durch dessen arglistiges Verhalten ausnahmsweise nicht erschüttert worden ist.[1166] In diesem Fall überwiegt somit trotz der arglistigen Täuschung der Vertrauensschutz des Schuldners.

a. Ausnahmen von der Bindungswirkung

Die Bindungswirkung der Nachfrist gilt jedoch nicht ausnahmslos. So entfällt sie insbesondere dann, wenn während des Fristlaufs ein neuer Umstand auftritt, der den Gläubiger hinsichtlich der vorliegenden Leistungsstörung auch ohne eine Fristsetzung zur sofortigen Geltendmachung der Sekundärrechte berechtigten würde.[1167] Dies ist beispielsweise der Fall, wenn der Schuldner die Leistung nach Fristsetzung endgültig verweigert oder wenn die Setzung einer Frist aus einem anderen Grund gemäß §§ 281 II, 323 II BGB nachträglich entbehrlich wird.[1168] Im Übrigen steht es dem Gläubiger frei, auch während des Laufs der Frist mögliche Verzugsschäden oder einen Schadensersatz neben der Leistung, welche nicht von dem Ablauf der Nachfrist abhängig sind, geltend zu machen.[1169]

b. Länge der Bindungswirkung

Fraglich ist, ob sich die Bindungswirkung nur auf den Zeitraum erstreckt, der von dem Gläubiger selbst ausdrücklich bestimmt wurde, oder ob sich diese vielmehr an einer im Einzelfall angemessenen Zeitspanne orientiert. Im Falle einer zu kurz gesetzten Frist ist die Antwort klar, betrachtet man die Intention,

---

1164 *Derleder/Hoolmans*, NJW 2004, 2787, 2789.

1165 BGH 12.3.2010, NJW 2010, 1805; *Martis*, MDR 2010, 1293, 1298.

1166 *Schmidt-Räntsch*, ZJS 2012, 301, 309.

1167 Vergleiche RG 24.11.1916, RGZ 89, 123, 124, welches als Begründung anführt, dass der Gläubiger durch die Fristsetzung nicht auf einen Rechtsbehelf verzichtet hat, der erst nach Setzung der Frist neu entsteht.

1168 Siehe § 7 XI.

1169 Vergleiche *Prütting/Wegen/Weinreich*[6](*-Schmidt-Kessel*), (Fn. 176), § 280 BGB Rn. 58; *Bamberger/Roth*[3](*-Unberath*), (Fn. 162), §, 280 BGB Rn. 17; § 281 BGB Rn. 4 f.

die der Gesetzgeber mit der Einführung des allgemeinen Fristsetzungserfordernisses im Leistungsstörungsrecht verbunden hat: Der Schuldner soll auf diesem Wege eine „zweite Chance" zur Erbringung der vertraglichen Leistung erhalten.[1170] Würde man den zeitlichen Umfang der Bindungswirkung ausschließlich an der vom Gläubiger zu knapp bemessenen Fristlänge orientieren, so würde der Sinn und Zweck der Nachfrist, dem Schuldner die Möglichkeit zur Nachholung der Leistung zu geben, welcher gerade mit dem Adjektiv „angemessen" im Gesetz Ausdruck gefunden hat, unterlaufen. Schließlich ist dem Gläubiger der Weg zu den sekundären Rechtsbehelfen auch bei einer zu kurz gesetzten Frist erst nach Ablauf einer angemessenen Zeit eröffnet.[1171] Dabei setzt die zu kurz bemessene Frist nach einhelliger Meinung eine angemessene in Lauf.[1172] Der Gläubiger ist somit bis zum Ablauf einer angemessenen Frist an diese gebunden[1173] und damit verpflichtet, die Leistung bis zu diesem Zeitpunkt dem Schuldner abzunehmen.

Etwas Anderes gilt indes bei einer zu lang bemessenen Frist. Hier erscheint es mit Rücksicht darauf, dass dem Schuldner eine ausreichende Planungssicherheit für die Erbringung seiner Leistung zugestanden werden muss, etwa im Hinblick auf gewisse Vorbereitungshandlungen zur Leistung, sinnvoll, den Gläubiger auch an die möglicherweise zu lang bemessene Frist und nicht an eine im Einzelfall angemessene zu binden. Eine Rechtfertigung ergibt sich schlicht daraus, dass der Gläubiger mit dem Setzten der Nachfrist einen Vertrauenstatbestand für diese Zeit geschaffen hat, den er nach § 242 BGB nicht verletzten darf.[1174] Im Übrigen hat er sich die Zeitspanne schließlich selbst ausgesucht und dadurch gezeigt, dass er auch bis zum Ablauf der Frist mit der Erbringung der Leistung noch einverstanden ist.

1170 § 4 III. 1., 2.

1171 Außer es tritt nach dem Ablauf einer zu kurz bemessenen Frist (und vor Ablauf einer angemessenen) ein Ereignis ein, dass den Gläubiger zur Geltendmachung seiner weitergehenden Rechte befähigen würde (siehe Ausnahme von der Bindungswirkung), *Huber, Ulrich*, (Fn. 24), 503 (§ 48 II 5).

1172 § 7 VII. 4.

1173 Wie es auch nach der CISG der Fall ist, vergleiche *Soergel*[13](*-Lüderitz/Schüßler-Langeheine*), (Fn. 521), Art. 47 CISG Rn. 7; § 6 I. 3. c. (1) (a).

1174 *Bamberger/Roth*[3](*-Sutschet*), (Fn. 162), § 242 BGB Rn. 110.

2. Möglichkeit der einseitigen Fristverlängerung/ -verkürzung

Grundsätzlich steht es dem Gläubiger frei, die von ihm gesetzte Frist zu verlängern.[1175] Schon vor der Schuldrechtsmodernisierung wurde dem Gläubiger ein solches Recht zur Fristverlängerung, welcher der Schuldner nicht zuzustimmen brauchte, zugesprochen,[1176] und es ist kein Grund ersichtlich, weshalb ihm dieses Recht nicht auch nach der gegenwärtig bestehenden Rechtslage zustehen sollte. Als Argument ist zur alten Rechtslage angeführt worden, dass eine Fristverlängerung „rechtlich unbedenklich" sei, „da sie sich nur zugunsten des Schuldners" auswirke.[1177] Dies hat sich bis heute nicht geändert. Gegen eine Fristverlängerung spricht zudem nicht das Argument, dass sich durch ein Verschieben des Fristablaufzeitpunktes nach hinten der Zeitpunkt einer möglichen Schadensberechnung ebenso verschieben würde.[1178] Auch wenn man davon ausginge, dass sich der Zeitpunkt für die Berechnung des Schadens nach dem Zeitpunkt richtet, in dem der Schadensersatzanspruch dem Grunde nach entsteht, also mit Fristablauf,[1179] müsste der Schuldner der Verschiebung des Berechnungszeitpunktes dadurch entgegen treten können, dass er die Leistungserbringung gegenüber dem Gläubiger ernsthaft und endgültig verweigert.[1180] Denn durch die Erklärung der Leistungsverweigerung wird der weitere Lauf der Nachfrist entbehrlich gemäß §§ 323 II Nr. 1, 281 II Alt. 1 BGB,[1181] was einem Ablauf der Frist gleichgesetzt werden kann. In diesem Zeitpunkt muss daher auch der mögliche Anspruch auf Schadensersatz dem Grunde nach entstehen und damit der Anknüpfungspunkt für die Berechnung liegen. Dem Schuldner wird somit eine ausreichende Möglichkeit an die Hand gegeben, einen eventuell höheren Schadensersatzanspruch zu verhindern.

Einseitige Fristverkürzungen sind dagegen allein schon vor dem Hintergrund der Rechtsnatur der Nachfrist,[1182] die einen Widerruf nach Zugang aus-

---

1175 So auch *Oechsler*, (Fn. 373), 104, der allerdings als Argument anführt, dass der Verkäufer ja eine mögliche Unsicherheit jederzeit durch pflichtgemäßes Verhalten (Nacherfüllung) abwenden könne.

1176 Siehe *Soergel*[12]*(-Wiedemann)*, (Fn. 958), § 326 BGB Rn. 38; *Huber, Ulrich,* (Fn. 24), 186 (§ 36 I 6.a)).

1177 BGH 10.1.1990, NJW-RR 1990, 442, 444.

1178 Vergleiche *Huber, Ulrich,* (Fn. 24), 186 (§ 36 I 6.b)), 188.

1179 Vergleiche *Palandt*[72]*(-Grüneberg)*, (Fn. 14), § 281 BGB Rn. 34, der die verschiedenen Berechungszeitpunkte aufführt.

1180 Vergleiche hierzu RG 25.10.1881, RGZ 5, 103 ff.; § 2. I. 4. d.

1181 § 7 XI. 1., 7.

1182 Siehe § 3 I.

schließt,[1183] aber auch aufgrund der bestehenden Bindungswirkung unwirksam.[1184]

3. Wirksamkeit eines Schadensersatzverlangens oder einer Rücktrittserklärung vor Ablauf der Frist

Ob trotz der Bindungswirkung der Nachfrist der Gläubiger schon vor Ablauf der Frist die Geltendmachung seines sekundären Rechtsbehelfs für den Zeitpunkt des fruchtlosen Fristablaufs ankündigen kann, hängt einzig von der Frage ab, ob die Rechtsbehelfserklärung unter eine Bedingung gestellt werden darf. Hierfür ist die rechtliche Einordnung dieser Erklärung entscheidend. Seit 2002 stellt sich die rechtliche Situation dergestalt dar,[1185] dass der Fristablauf nicht mehr zu einem automatischen Untergang des Erfüllungsanspruchs führt,[1186] sondern diese Rechtsfolge nunmehr eine Rücktrittserklärung (§ 346 I BGB)[1187] oder ein Verlangen nach Schadensersatz (§ 281 IV BGB) voraussetzt. Das Schadensersatzverlangen hat somit ebenso wie die Erklärung des Rücktritts rechtsgestaltende Wirkung, weshalb die Rechtsprechung des BGH zu Gestaltungserklärungen anwendbar ist. Zwar sind hiernach Gestaltungserklärungen grundsätzlich bedingungsfeindlich, jedoch gilt dies nicht, wenn die Bedingung „für den Erklärungsgegner keine untragbare Ungewissheit über den neuen Rechtszustand schafft".[1188] In dem hier zu beurteilenden Fall des Schadensersatzverlangens bzw. der Erklärung des Rücktritts unter der Bedingung des fruchtlosen Fristablaufs ist davon auszugehen, dass der Schuldner in den überwiegenden Fällen wissen wird, ob er vertragsgerecht innerhalb der Frist erfüllt hat oder nicht, weshalb die vorgenannte Bedingung unter dieser Voraussetzung als zulässig angesehen werden muss.[1189]

1183 Siehe § 3 II.

1184 RG 9.12.1902, RGZ 53, 161, 167 f.; *Bamberger/Roth*³(*-Unberath*), (Fn. 162), § 281 BGB Rn. 17.

1185 Zur alten Rechtslage siehe *Lindacher*, JZ 1980, 48, 50.

1186 Siehe ausführlich unten § 8 II. 2.

1187 Mit der Rücktrittserklärung wandelt sich das Vertragsverhältnis in ein Rückgewährschuldverhältnis, was zu einem Ausschluss des Erfüllungsanspruchs führt, *Dauner-Lieb/Langen*²(*-Dauner-Lieb*), (Fn. 202), § 281 BGB Rn. 47.

1188 *Wieser*, NJW 2003, 3458 mit Verweis auf BGH 21.3.1986, BGHZ 97, 264, 267.

1189 *Wieser*, NJW 2003, 3458; ebenso *Schroeter*, AcP (207) 2007, 29, 46, der dies als zulässige Potestativbedingung sieht; A.A. *Derleder/Zänker*, NJW 2003, 2777 ff., die diese Frage ausführlich diskutieren und zu dem Ergebnis gelangen, dass ein mit der Fristsetzung verbundenes Schadensersatzverlangen nur dann wirksam sei, wenn der Schuldner während des Fristlaufs keinerlei Erfüllungsanstrengung unternimmt.

Erklärt der Gläubiger dagegen den Rücktritt bzw. macht von den anderen sekundären Rechtsbehelfen in der vermeintlichen Überzeugung Gebrauch, dass eine angemessene Frist bereits abgelaufen sei, obwohl dies nicht der Fall war, so ist von einer Unwirksamkeit der verfrühten Erklärung auszugehen, da die Wirksamkeit von Rechtsgeschäften grundsätzlich im Zeitpunkt ihrer Vornahme beurteilt wird.[1190] Verlangt der Gläubiger aber im Weiteren zu einem Zeitpunkt, in dem mittlerweile eine angemessene Frist abgelaufen ist, Herausgabe des Kaufpreises oder Zahlung eines Schadensersatz- bzw. Minderungsbetrages, so kann dies nach den §§ 133, 157 BGB als erneute und nunmehr wirksame Erklärung zur Geltendmachung der sekundären Rechtsbehelfe ausgelegt werden.[1191]

II. Nach fruchtlosem Ablauf der Frist

Die entscheidende Bedeutung der Nachfrist für den Gläubiger offenbart sich nach ihrem Ablauf. Denn sobald die von ihm gesetzte Zeitspanne ohne vollständige Leistung des Schuldners, mithin fruchtlos, verstrichen ist, erweitern sich die rechtlichen Möglichkeiten für den Gläubiger um ein Vielfaches. War es ihm vor dem Setzen der Frist im Falle der Nichtleistung durch den Schuldner grundsätzlich nur möglich, von diesem Erfüllung bzw. Nacherfüllung zu verlangen, so kann er nun nach Fristablauf unter Umständen neben dem Erfüllungsanspruch zwischen drei weiteren Rechtsbehelfen wählen: Dem Anspruch auf Schadensersatz, dem Recht auf Minderung des Kaufpreises oder aber dem Recht, vom Vertrag zurückzutreten. In welchen Fällen man wirklich von einem fruchtlosen Ablauf der Nachfrist und damit von einer Eröffnung des Zugangs zu den sekundären Rechtsbehelfen sprechen kann, und vor allen Dingen, wie sich die neu geschaffene Rechtslage, insbesondere das Fortbestehen des Erfüllungsanspruchs nach Fristablauf, auf die Position des Schuldners und seine Rechte auswirkt, soll im Folgenden aufgezeigt werden.

1. Eröffnung des Zugangs zu den sekundären Rechtsbehelfen

Seit der Schuldrechtsreform hat die Nachfrist im Leistungsstörungsrecht den Platz als entscheidende und zentrale Voraussetzung dafür eingenommen, dass der Zugang zu den sekundären Rechtsbehelfen eröffnet wird.[1192] So genügt bei-

1190 *Oechsler*, (Fn. 373), 105.
1191 *Oechsler*, (Fn. 373), 105.
1192 Vergleiche auch § 4 II. 1.

spielsweise allein der erfolglose Ablauf einer dem Schuldner wirksam gesetzten Nachfrist,[1193] um bei einer nicht unerheblichen Pflichtverletzung das Recht zum Rücktritt gemäß § 323 I, V 2 BGB zu begründen.[1194] Wenn auch beim Schadensersatzanspruch gemäß §§ 280 I, III, 281 I BGB als weitere Voraussetzung zumindest das schuldnerische Vertretenmüssen einer der beiden Pflichtverletzungen, mithin entweder des Leistungsdefizits im Zeitpunkt der Fälligkeit oder aber des fruchtlosen Fristablaufs,[1195] hinzukommen muss, so stellt die Nachfrist (oder gegebenenfalls deren Entbehrlichkeit) doch die entscheidende Weiche dar, ohne die der Weg zu den sekundären Rechtsbehelfen nicht eingeschlagen werden könnte.

Und gerade weil der Nachfrist bzw. ihrem erfolgslosen Ablauf derart große Bedeutung zukommt, ist besonders das Kriterium der Erfolglosigkeit umfassend zu untersuchen. Es gilt daher zunächst die Frage zu beantworten, in welchen Fällen man tatsächlich von einem fruchtlosen Ablauf der Frist sprechen kann.

a. Leistungshandlung innerhalb der Frist, Leistungserfolg nach Fristablauf

Zweifellos ist ein fruchtloser Ablauf der Nachfrist zu bejahen, wenn der Schuldner innerhalb der ihm vom Gläubiger gesetzten Frist nicht einmal die Leistungshandlung vollständig vorgenommen hat. Fraglich ist jedoch, ob vor Fristablauf auch der Leistungserfolg eingetreten sein muss, oder ob es genügt, dass der Schuldner lediglich die Leistungshandlung erbracht hat bzw. dem Gläubiger die Leistung in einer den Annahmeverzug begründenden Weise angeboten hat.[1196] Entscheidende Auswirkungen hat die Beantwortung dieser Frage zum Beispiel in Fällen, in denen der Schuldner eine Geldschuld zu erbringen hat und hierzu eine Überweisung bei der Bank in Auftrag gibt. Teilweise wird bzw. wurde vertreten,[1197] dass alleine der Zugang des Überweisungsauftrags bei der Bank in-

1193 Zu den Voraussetzungen einer wirksamen Nachfrist siehe § 7.

1194 Bei dem Anspruch auf Minderung muss die Pflichtverletzung noch nicht einmal erheblich sein, sondern es genügt allein der fruchtlose Fristablauf, *Bressler*, NJW 2004, 3382.

1195 Vergleiche *Erman*[13](*-Westermann*), (Fn. 190), § 280 BGB Rn. 16.

1196 So die Auffassung von *Westermann/Bydlinski/Weber*[7], (Fn. 218), 160 (§ 8 Rn. 8/56), die hierbei nicht weiter differenzieren.

1197 So wurde jedenfalls vom BGH in seiner Rechtsprechung zu § 326 BGB a.F. vertreten, dass allein das Inauftraggeben der Überweisung bei der Bank für eine Fristwahrung genüge, wenn hierbei von der Bank des Schuldners auf ein möglicherweise zwischen den Banken bestehendes Widerrufsrecht zur Beschleunigung der Überweisung verzichtet wurde, BGH 15.4.1959, NJW 1959, 1176; ebenso noch *Palandt*[70](*-Grüneberg*), BGB (2011), § 281 BGB Rn. 12.

nerhalb der Frist genüge, auch wenn die tatsächliche Gutschrift auf dem Konto des Gläubigers erst nach Fristablauf erfolge. Dieser Auffassung ist jedoch nicht zuzustimmen.[1198] Die Angemessenheit der Fristlänge richtet sich schließlich gerade danach, welche Zeitspanne objektiv erforderlich ist, damit die von dem Schuldner geforderte jeweilige Leistung unter normalen Umständen vollständig, das heißt inklusive Leistungserfolg, erbracht werden kann.[1199] Dies bedeutet, dass der Schuldner einen fruchtlosen Fristablauf nur dadurch verhindern kann, dass er die Überweisung so frühzeitig in die Wege leitet, dass auch die Gutschrift des geschuldeten Geldbetrages unter normalen Umständen[1200] innerhalb der Frist auf dem Konto des Gläubigers erfolgt.[1201] Darüber hinaus streitet in dogmatischer Hinsicht der Rechtsgedanke des § 433 I 2 BGB dafür, dass nicht nur die Leistungshandlung innerhalb der Frist geschuldet wird, sondern auch der Leistungserfolg.[1202] Denn mit der Schuldrechtsreform ist die mangelhafte Leistung ausdrücklich der „Nichtleistung" gleichgestellt worden, weshalb es keinen Unterschied machen kann, ob der Schuldner die Nacherfüllung gar nicht oder lediglich schlecht durchführt.[1203]

In Fällen, in denen allerdings die Mitwirkung des Gläubigers für den Leistungserfolg erforderlich ist oder aber das Risiko des rechtzeitigen Leistungserfolgs dem Gläubiger zugewiesen wurde, genügt die fristgerechte Vornahme der Leistungshandlung.[1204]

1198 So auch EuGH 3.4.2008, NJW 2008, 1935; OLG Köln 21.4.2008, Az.: 18 U 78/05; *Woitkewitsch*, MDR 2004, 862, 863; nunmehr auch *Palandt*[72](*-Grüneberg*), (Fn. 14), § 281 BGB Rn. 12.

1199 Bei der Bestimmung einer angemessenen Fristlänge werden so zum Beispiel die Vorschriften oder Vertragsbestimmungen berücksichtigt, welche die für die Durchführung von Banküberweisungen erforderlichen Fristen regeln, vergleiche EuGH 3.4.2008, NJW 2008, 1935, 1936.

1200 Dies bedeutet, dass falls beispielsweise von Seiten der Bank eine Verzögerung zu vertreten ist, diese dem Schuldner in Abweichung zu dem grundsätzlich nicht vorhandenen Vertretenmüssen nicht zugerechnet wird. Vergleiche: *Staudinger*(*-Otto/Schwarze*), (Fn 163), § 281 BGB Rn. B 58.

1201 *Staudinger*(*-Otto/Schwarze*), (Fn. 163), § 281 BGB Rn. B 58; Siehe auch Urteil des EuGH 3.4.2008, NJW 2008, 1935, 1936, in dem klargestellt wird, dass gerade die Gutschrift auf dem Konto das entscheidende Kriterium für die Feststellung ist, ob der Schuldner seinen Verpflichtungen nachgekommen ist oder nicht; kritisch zu der vorgenannten Entscheidung des EuGH: *Scheuren-Brandes*, ZIP 2008, 1463, 1464.

1202 *Woitkewitsch*, MDR 2004, 862, 863.

1203 *Auktor*, NJW 2003, 120 f.; *Woitkewitsch*, MDR 2004, 862, 863.

1204 *Staudinger*(*-Otto/Schwarze*), (Fn. 163), § 281 BGB Rn. B 57.

b. Das Problem von Nichtleistung/Teilleistung in Verbindung mit anschließender mangelhafter Leistung innerhalb der Frist

Zu untersuchen sind des Weiteren die Fälle, in denen im Zeitpunkt der Fälligkeit entweder gar keine Leistung oder aber nur eine Teilleistung erfolgt und dann innerhalb der Nachfrist die noch offene Leistung zwar erbracht wird, aber die Leistung nun mit einem Mangel behaftet ist. Es stellt sich die Frage, ob in beiden Fällen von einem fruchtlosen Ablauf der Frist gesprochen werden kann oder ob der Gläubiger eventuell zu einer weiteren Fristsetzung verpflichtet ist.

(1) Der Begriff der Teilleistung

Zunächst einmal muss an dieser Stelle kurz auf die Problematik der Definition einer Teilleistung eingegangen werden. Seit der Schuldrechtsmodernisierung wurde mit § 434 III BGB nämlich die teilweise Nichtleistung einem Sachmangel gleichgestellt.[1205] Entscheidende Auswirkungen hat diese Rechtsänderung zwar lediglich auf die Einordnung einer teilweisen Nichtleistung unter die Sätze 2 und 3 des § 281 I BGB, also hinsichtlich der Voraussetzungen für das Verlangen des sogenannten „großen“ Schadensersatzes (Schadensersatz statt der ganzen Leistung), jedoch soll hier klargestellt werden, wann vorliegend von einer Teilleistung ausgegangen wird: Eine Teilleistung liegt zumindest immer dann vor, wenn bei einer teilbaren Leistung nur ein Teil der (Haupt-)leistung erbracht wird.[1206] Dagegen kann nicht schon dann von einem fruchtlosen Fristablauf wegen einer Teilleistung gesprochen werden, wenn der Schuldner nicht vollständig eventuelle Nebenansprüche wie mögliche Verzugszinsen oder Ersatz von Verzugsschäden erfüllt hat.[1207] Eine Befriedigung dieser Ansprüche hat lediglich Auswirkungen auf die Beendigung des Verzuges, dagegen keine auf das Recht zur Geltendmachung der Sekundäransprüche.[1208] Nur wenn bis zum Ablauf der Nach-

---

1205 *Jorden/Lehmann*, JZ 2001, 952, 957, die eine umfassende Übersicht über die Änderungen des Begriffs des Sachmangels nach dem neuen Recht bieten.

1206 Vergleiche *Dauner-Lieb*, FS *Canaris* (2007), 143, 147 m.w.N., die von einer Teilleistung statt eines Sachmangels nach § 434 III BGB in den Fällen sogenannter „offener Mankoleistungen“ spricht, in denen die Parteien selber von einer Teilleistung ausgehen.

1207 Vergleiche hierzu auch *Gröchler,* FS *Konzen* (2006), 109, 127; Zu einer „Verletzung von leistungsbezogenen Nebenverletzungen“ führt AnwK-BGB(-*Dauner-Lieb*), (Fn. 354), § 281 BGB Rn. 4 dagegen aus, dass diese, soweit sie der „zweckgerichtete(n) Durchführung des Schuldverhältnisses“ dienen, ebenfalls von § 281 BGB erfasst seien, da die Norm nicht zwischen Haupt- und Nebenpflichten unterscheide.

1208 *Staudinger*(-*Otto/Schwarze*), (Fn. 163), § 281 BGB Rn. B 59.

frist ein Teil der vereinbarten (Haupt-)Leistung von Seiten des Schuldners nicht erfolgt ist, hat dieser nicht „korrekt erfüllt", weshalb die Frist nach den §§ 281 I 1, 323 I BGB als „erfolglos abgelaufen" gilt.[1209] Der Weg zu den Sekundärrechten ist in diesen Fällen grundsätzlich eröffnet, ohne dass den Gläubiger die Verpflichtung zu einer weiteren Fristsetzung trifft.[1210]

(2) Pflicht zur erneuten Fristsetzung nach mangelhafter Leistung innerhalb der Frist?

Schwierig ist der Fall zu beurteilen, dass der Schuldner im Zeitpunkt der Fälligkeit der Leistung zunächst eine Teilleistung oder sogar gar keine Leistung erbringt und dann innerhalb der gesetzten Nachfrist zwar die volle Leistung, diese aber mit einem Mangel behaftet, abliefert.[1211] In der Literatur wird hierzu vertreten, dass es in einem solchen Fall keiner erneuten Fristsetzung bedürfe,[1212] da der Schuldner „nicht mit Hilfe einer mangelhaften Leistung den Gläubiger zu einer zweiten Fristsetzung zwingen können"[1213] dürfe. Dies erscheint auf den ersten Blick einleuchtend und auch der Wortlaut der §§ 281, 323 BGB spricht für eine solche Auslegung, da die Leistung tatsächlich mit Fristablauf „nicht wie geschuldet" bzw. „nicht vertragsgemäß" erbracht wurde und somit scheinbar die Voraussetzungen für den jeweiligen Sekundäranspruch erfüllt sind. Für den Fall der zunächst erbrachten Nichtleistung mit anschließender mangelhafter Leistung mag diese Ansicht ohne Probleme zutreffen.[1214] Immerhin wurde dem Schuldner für die gesamte ausgebliebene Leistung die Möglichkeit zur zweiten Andienung eingeräumt.

Im Falle der bei Fälligkeit erbrachten Teilleistung mit anschließender im Zeitpunkt des Fristablaufs vorliegender mangelhafter Leistung muss indes unterschieden werden, an welchem Teil der Leistung der spätere Mangel aufgetreten ist, ob an dem Teil der Leistung, die bei Fälligkeit bereits erbracht worden war, oder an dem Teil, der erst innerhalb der Nachfrist erfolgt ist. Bei der Beruteilung der unterschiedlichen Varianten ist nämlich entscheidend, ob man hinsichtlich

---

1209 Anmerkung *Canaris*, DB 2001, 1815, 1816 zu § 281 I 1 BGB RegE.

1210 *Schwab*, JR 2003, 133; A.A. *Altmeppen*, DB 2001, 1131, 1132; *ders.* bekräftigend DB 2001, 1821, 1822, wo er erneut auf das Problem einer mangelhaften Leistung innerhalb der wegen einer zuvor erbrachten Teilleistung gesetzten Frist eingeht und die gesetzlichen Vorschriften wegen fehlender Klarheit stark kritisiert.

1211 *Dauner-Lieb*, FS Canaris (2007), 143, 146 m.w.N., die den Meinungsstand in der Literatur bezüglich dieser Frage als „unübersichtlich" bezeichnet.

1212 *Canaris*, DB 2003, 1815, 1816; *Schwab*, JR 2003, 133.

1213 *Schwab*, JR 2003, 133.

1214 A.A. *Medicus/Lorenz*[16], (Fn. 403), 61 (Rn. 150).

der Wirkung der Nachfrist das sogenannte „Einheitskonzept“ wählt oder aber das „Prinzip der Einzelbetrachtung“ bevorzugt.[1215] Hierbei geht es um die Frage, ob sich die Nachfristwirkung auf die gesamte Leistung bezieht oder nur auf den Teil, welcher im Zeitpunkt der Fälligkeit noch nicht erbracht worden ist. Die Lösung des Falls, in dem sich ein Mangel nach Fristablauf an dem ursprünglich ausgebliebenen Teil der Leistung zeigt, unterscheidet sich im Grunde nicht von der Lösung des oben dargestellen Falls einer Nichtleistung bei Fälligkeit mit anschließender mangelhafter Leistung. Denn dem Schuldner wurde mit der für die bei Fälligkeit ausgebliebene Teilleistung gesetzen Nachfrist eine hinreichende Möglichkeit zur zweiten Andienung genau für diesen Teil der Leistung eingeräumt.[1216] Ist diese Teilleistung bei Fristablauf mit einem Mangel behaftet, so steht ihm nicht auch noch ein Recht zur „dritten“ Andienung bezüglich dieser Teilleistung zu.

Schwieriger ist dagegen der Fall zu beurteilen, in dem der Schuldner die Teilleistung zwar mangelfrei nachgeholt hat, sich bei Fristablauf jedoch ein Mangel an dem anderen Teil der Leistung, die bei Fälligkeit bereits erbracht worden war, zeigt. Würde man dem sogenannten „Einheitskonzept“ folgen, so dürfte der Gläubiger zu einer weiteren Fristsetzung nicht verpflichtet sein, da sich die gesetzte Nachfrist von Anfang an auf die gesamte Leistung bezogen hätte. Nicht von der Hand zu weisen ist, dass für dieses Konzept durchaus der Wortlaut des Gesetzes streitet, der allgemein nur von der Voraussetzung der „nicht oder nicht wie geschuldet“ erbrachten Leistung im Zeitpunkt des Fristablaufs spricht. Allerdings zeigt gerade der dargelegte Fall, dass eine solche Lösung dem Sinn und Zweck der Nachfrist nicht gerecht wird. Schließlich ist dem Schuldner, der schlechtenfalls erst im Zeitpunkt des Fristablaufs von dem Mangel an der bereits bei Fälligkeit erbrachten Teilleistung Kenntnis erlangt, in diesem Fall noch keine angemessene Frist für die Beseitigung ebendieses Mangels, mithin für seine „zweite Chance“,[1217] eingeräumt worden. Gegen das sogenannte „Einheitskonzept“ spricht zudem die Verpflichtung des Gläubigers, dem Schuldner mit der Fristbestimmung jedes einzelne Leistungsdefizit genau zu benennen, damit dieser weiß, worauf sich die Nachfrist bezieht.[1218] Dem „Prinzip

---

1215 Vergleiche hierzu *Dauner-Lieb*, FS Canaris (2007), 143, 146 ff., die die von *Canaris* vertretende Ansicht als „Einheitskonzept“ bezeichnet und dieses der von ihr als „Prinzip der Einzelbetrachtung“ bezeichneten Auffassung gegenüberstellt.

1216 Vergleiche *Braun*, ZGS 2004, 423, 424, der dies in dem vergleichbaren Fall, dass zunächst gar keine Leistung erfolgt und dann innerhalb der (Erfüllungs-)Nachfrist eine mangelhafte Leistung, ebenso sieht, da nur so die Interessen des Gläubigers ausreichend berücksichtigt werden würden.

1217 § 4 III. 1., 2.

1218 Vergleiche § 7 VI. 2. b. (2).

der Einzelbetrachtung" folgend muss der Gläubiger dem Schuldner somit das Recht einräumen, innerhalb einer weiteren angemessenen Nachfrist den Mangel an dem anderen Teil der Leistung zu beseitigen.[1219] Schließlich wurde ihm diesbezüglich noch nicht wie bei der bei Fälligkeit fehlenden Teilleistung eine zweite Chance zur Leistung eingeräumt.[1220]

c. Auswirkungen geringfügiger Fristüberschreitung

Bei der Bestimmung des Vorliegens eines fruchtlosen Fristablaufs ist darüber hinaus der Fall zu untersuchen, in dem der Schuldner die Leistung zwar nicht innerhalb der Frist, aber dafür unmittelbar nach Fristablauf erbringt. Fraglich ist, ob der Zugang zu den sekundären Rechtsbehelfen in diesem Fall trotz eigentlich fruchtlosem Fristablaufs dennoch nach § 242 BGB wegen einer nur geringfügigen Fristüberschreitung versperrt werden muss.[1221]

Zur Beantwortung dieser Frage ist zunächst ein Blick auf den Sinn und Zweck der Nachfrist zu werfen.[1222] Dieser liegt unter anderem darin, zwischen den Parteien im Interesse der Rechtssicherheit klare Verhältnisse zu schaffen.[1223] Solche können jedoch nur gewährleistet werden, wenn die durch eine einmal gesetzte Frist ausgelösten Rechtsfolgen grundsätzlich nachher nicht mehr in Zweifel gezogen werden, auch wenn die Schuld des Schuldners als noch so „gering" angesehen wird.[1224] Allerdings sollte einzelfallabhängig von dem Grund-

---

1219 *Woitkewitsch*, MDR 2004, 862, 864 (Fn. 19); A.A. *Bamberger/Roth*[3](*-Unberath*), (Fn. 162), § 281 BGB Rn. 20.

1220 Vergleiche OLG Düsseldorf 23.3.2011, DAR 2011, 324; *Reinking/Eggert*[11], (Fn. 1027), 207 (Rn. 906 ff.); A.A. *Staudinger*(*-Otto/Schwarze*), (Fn. 163), § 281 BGB Rn. B 65 f., der sich gegen das sogenannte Prinzip der „Einzelbetrachtung" ausspricht, da dieses seiner Ansicht nach die „Nachlässigkeit des Schuldners" fördern würde. Er stellt jedoch klar, dass bei zeitgleichem Vorliegen von mehreren Mängeln die Frist bezüglich der Beseitigung aller Mängel gesetzt werden muss. Wird eine solche nur hinsichtlich eines Mangels gesetzt, liegt kein fruchtloser Fristablauf vor, wenn in diesem Zeitpunkt nur der eine genannte Mangel beseitigt wurde, die übrigen aber noch bestehen.

1221 BGH 19.12.1979, NJW 1980, 1043, 1044, der sich ausführlich mit dieser Frage in Bezug auf eine in einem Vergleich vereinbarte Zahlungsfrist beschäftigt und letztlich zu dem Ergebnis gelangt, dass der Sinn und Zweck von Zahlungsfristen gerade dafür spricht, dass die Geltendmachung der durch Fristablauf entstandenen Rechte nicht treuwidrig sein kann; fortführend BGH 8.7.1981, NJW 1981, 2686, 2687.

1222 Dazu ausführlich § 4.

1223 Vergleiche BGH 7.12.1973, NJW 1974, 360; *Mankowski*, EWiR 2004, 325, 326.

1224 BGH 7.12.1973, NJW 1974, 360; 8.5.2003, NJW 2003, 2448, 2449, in dem es zwar um geringfügige Fristüberschreitungen bei einem Ratenzahlungsvergleich geht, die Rechtsatz abgewichen werden, etwa dann, wenn zum Beispiel der Gläubiger selbst einen Vertrauenstatbestand hervorgerufen hat, wodurch der Schuldner davon ausgehen durfte, dass der Gläubiger bei einer Fristüberschreitung nicht direkt auf die ihm hierdurch zustehenden rechtlichen Möglichkeiten zurückgreifen werde.[1225] Im Hinblick auf die oben angesprochene Rechtssicherheit werden solche Ausnahmen aber nur sehr restriktiv gemacht werden dürfen, sodass im Allgemeinen jede Überschreitung der gesetzten Frist zu den „möglichen einschneidenden Rechtsfolgen" führt.[1226] Beruht die verspätete Leistung jedoch darauf, dass der Gläubiger eine notwendige Mitwirkung unterlassen hat, so treten die Rechtsfolgen der Nachfrist selbstverständlich nicht ein.[1227]

2. Geänderte Rechtsfolge: Fortbestand des Erfüllungsanspruchs neben den sekundären Rechtsbehelfen

Nach der alten Rechtslage hatte der erfolglose Fristablauf die Rechtsfolge, dass sowohl der Anspruch des Gläubigers auf Leistung gemäß § 326 I 2 HS. 2 BGB a.F. als auch der Anspruch des Schuldners auf die Gegenleistung kraft seiner synallagmatischen Verknüpfung mit dem Leistungsanspruch erloschen.[1228] Seit der Schuldrechtsreform ist dies anders. Nunmehr wird weder eine Ablehnungsandrohung als Teil der Fristsetzungserklärung verlangt,[1229] noch wird das Schuldverhältnis mit Fristablauf automatisch in ein Abwicklungsverhältnis umgewandelt.[1230] Stattdessen besteht der Erfüllungsanspruch nach dem Fristablauf fort. In dieser Hinsicht entspricht die nunmehr geltende Rechtslage den mit der Verbrauchsgüterkaufrichtlinie festgeschriebenen europäischen Vorgaben.[1231] Erst in dem Zeitpunkt, in dem der Gläubiger nach Fristablauf entweder den

---

sprechung jedoch übertragen werden kann; ebenso: BGH 19.12.1979, NJW 1980, 1043, 1044; 8.7.1981, NJW 1981, 2686, 2697.

1225 BGH 8.5.2003, NJW 2003, 2448, 2449; *Staudinger(-Otto/Schwarze)*, (Fn. 163), § 281 BGB Rn. B 61; Vergleiche auch BGH 23.2.1978, WM 1978, 640, in dem zugrunde liegenden Fall zu einer geringfügigen Fristüberschreitung noch weitere besondere Umstände hinzugetreten sind.

1226 *Staudinger(-Otto/Schwarze)*, (Fn. 163), § 281 BGB Rn. B 60.

1227 BGH 23.1.1996, NJW 1996, 1745, 1746.

1228 *Huber, Ulrich*, (Fn. 24), 186 (§ 36 I 6.a)), welcher als Konsequenz hieraus dargelegt, dass es zur Wiederherstellung des einen oder des anderen Anspruchs eines neuen Vertragsabschlusses bedürfe, welcher allerdings konkludent erfolgen könne.

1229 § 2 IV. 4. b., § 7 VI. 2. a. (3).

1230 *Wolf/Lange*, FS Kilian (2004), 804.

1231 Vergleiche Richtlinie 1999/EG vom 25.5.1999, AblEG Nr. L 171 vom 7.7.1999.

Rücktritt vom Vertrag erklärt[1232] oder von dem Schuldner Schadensersatz fordert, kommt es zu einem Untergang des Primäranspruchs.[1233] Die Nachfrist hat somit im Hinblick auf ihre Rechtsfolge eine entscheidende Veränderung erfahren, welche nicht nur erheblichen Einfluss auf die Rechte des Gläubigers hat, sondern insbesondere auch die Rechtsposition des Schuldners fundamental beeinflusst hat. Welche rechtlichen Auswirkungen die Neugestaltung der Rechtsfolge auf das Vertragsverhältnis und die Position der jeweiligen Partei hat, soll im Folgenden zunächst erläutert werden, und sodann die hierdurch bedingte rechtliche Problematik anhand der Darstellung der verschiedenen Diskussionsfelder in Literatur und Rechtsprechung einer vertretbaren Lösung zugeführt werden.

a. Rechtliche Bedeutung

Im Rahmen der Schuldrechtsmodernisierung wurde die Rechtsfolge der Nachfrist dahingehend modifiziert, dass der Gläubiger durch den Fristablauf nach §§ 281 I 1, 323 I BGB gegenüber dem Schuldner nicht mehr gebunden wird.[1234] Mit dem Verzicht auf seine Gestaltungswirkung hat der fruchtlose Fristablauf damit teilweise an Wirkungskraft verloren. Für den Gläubiger hat dies zur Folge, dass er die Nachfrist wegen der fehlenden Gefahr der Verlustigkeit des Erfüllungsanspruchs nunmehr auch als „provisorisches Mittel" einsetzen kann, um auf diesem Wege ein Wahlrecht zwischen Erfüllung, Schadensersatz und Rücktritt zu erlangen.[1235] Bis 2002 musste er dagegen mit der Setzung der Nachfrist sehr bewusst umgehen, da mit dem Fristablauf automatisch ein Untergang des Erfüllungsanspruchs einherging und er sich auf diese Weise seines eigenen An-

---

1232 Vergleiche *Wertenbruch*, JZ 2002, 862.

1233 Für das Erlöschen des Primäranspruchs ist es weder erforderlich, dass der Gläubiger den Schadensersatz tatsächlich erhalten hat, noch, dass eine Rechtshängigkeit der Sekundäransprüche gegeben ist, wie es ursprünglich einmal von der Kommission vorgeschlagen wurde. Allein die jeweilige Erklärung genügt, *Jacobs*, FS Hansjörg Otto (2008), 137, 140 m.w.N.; Allerdings muss der Sekundäranspruch berechtigterweise geltend gemacht werden. Fehle es nämlich beispielsweise an einem Verschulden, gäbe es keinen Schadensersatzanspruch, der den Erfüllungsanspruch ersetzen könne, BT-Drucks. 14/6857, (Fn. 1136), 50 Zu Nummer 29 Zu Artikel 1 Abs. 1 Nr. 9 (§ 281 Abs. 3 BGB); Ebenso *Schwab*, JR 2003, 133 137; Kritisch hierzu: *Canaris*, ZRP 2001, 329, 334, der den Untergang des Erfüllungsanspruchs zur Schaffung noch größerer Rechtssicherheit lieber an den Zeitpunkt entweder der klageweisen Durchsetzung der Sekundäransprüche oder einer Einigung über einen Sekundäranspruch knüpfen wollte.

1234 *Oechsler*, (Fn. 206), 146.

1235 *Marotzke*, KTS 2002, 1, 35; *Hanau*, NJW 2007, 2806, 2807.

spruchs beraubte. Mit dem Inkrafttreten des Schuldrechtsmodernisierungsgesetzes wurden die Grunddeterminanten der vertraglichen Beziehungen zwischen Gläubiger und Schuldner folglich gänzlich neu bestimmt. Was aus Sicht des Gläubigers, wie zuvor dargestellt, durchaus positiv zu bewerten ist, kann für den Schuldner zu einer misslichen Situation führen, welche im Weiteren dargestellt werden soll.

b. Auswirkungen der geänderten Rechtsfolge für den Schuldner

Der Schuldner gerät durch das Fortbestehen des Erfüllungsanspruchs mit Ablauf der Nachfrist in eine „missliche Lage".[1236] Diese entsteht dadurch, dass der Schuldner nicht weiß, wann ein „taktierender oder auch nur entscheidungsschwacher Gläubiger"[1237] von seinem nunmehr geschaffenen umfassenden Wahlrecht Gebrauch macht, dass heißt wann er entweder erneut Erfüllung verlangt oder aber sein Recht auf Schadensersatz oder Rücktritt geltend macht.[1238] Diese Unsicherheit birgt nicht nur die Gefahr vergeblicher, kostspieliger Leistungsanstrengungen in sich, sondern ebenso die Gefahr hoher Verzögerungsschäden.[1239] Einprägsam wird diese Situation im Schrifttum als „Hängepartie" des Schuldners bezeichnet.[1240] Teilweise wird vertreten, dass der Schuldner trotz dieses „Schwebezustandes" nicht schutzwürdig sei,[1241] und insbesondere der Gesetzgeber verweist hierfür in seiner Gesetzesbegründung auf das Argument des vertragswidrigen Verhaltens des Schuldners, welches die Unsicherheit für ihn rechtfertige.[1242] Dennoch wird man der überwiegend vertretenen Auffassung zustimmen müssen, dass der Schuldner einer solchen Situation nicht gänzlich machtlos ausgesetzt werden darf.[1243] Eine Geringschätzung der Interessen des Schuldners, wie sie in der Gegenauffassung anklingt, ist nicht nur ungerecht, sie

---

1236 MünchKomm BGB[6](-*Ernst*), (Fn. 188), § 281 BGB Rn. 70, § 323 BGB Rn. 147.

1237 *Hanau*, NJW 2007, 2806, 2807.

1238 *Wolf/Lange*, FS Kilian (2004), 804.

1239 *Hanau*, NJW 2007, 2806.

1240 *Jacobs*, FS Hansjörg Otto (2008), 137, 141.

1241 Vergleiche *Westermann/Bydlinski/Weber*[7], (Fn. 218), 161 (§ 8 II 2 Rn. 8/60), wobei von diesen auf das Argument der jederzeitigen Beendigung des Schwebezustandes durch Erbringung der Leistung verwiesen wird, mit dem sich unten noch näher auseinander gesetzt wird, § 8 II. 2. c. (1).

1242 BT-Drucks. 14/6040, (Fn. 128), 185 Zu § 323 BGB Zu Absatz 1.

1243 Beispielhaft seien genannt: *Marotzke*, KTS 2002, 1, 35; *Wolf/Lange*, FS Kilian (2004), 806; *Hanau*, NJW 2007, 2806, 2808; *Jacobs*, FS Hansjörg Otto (2008), 137; MünchKomm BGB[6](-*Ernst*), (Fn. 188), § 281 BGB Rn. 70 a, § 323 BGB Rn. 147.

widerspricht auch dem ursprünglichen Sinn und Zweck der Nachfrist, Spekulationen auf Kosten des anderen Teils zu verhindern.[1244] Die eine Vertragspartei hat nämlich auf diese Weise die Möglichkeit, die andere Vertragspartei „erbarmungslos“[1245] hängen zu lassen.[1246]

Anders als im CISG, in der eine Vorschrift vorhanden ist, die ausdrücklich vorschreibt, dass das Rücktrittsrecht zur Vermeidung von Spekulationen innerhalb einer angemessenen Zeit nach dessen Entstehung ausgeübt werden muss,[1247] findet sich eine vergleichbare Vorschrift im BGB nicht. Die Kritik an der Gesetzeslage ist daher zu Recht groß[1248] und führt zu einer regen Diskussion darüber, wie das Problem der massiven Unsicherheit für den Schuldner gelöst werden kann. Die verschiedenen Lösungsansätze werden im Folgenden wiedergegeben und einer umfassenden Bewertung unterzogen, wobei das Leitmotiv ist, den „mangelhaft umgesetzten Willen des Gesetzgebers zu Ende“ zu denken.[1249]

c. Möglichkeiten des Schuldners, die „Schwebelage“[1250] nach Fristablauf zu beenden

Zuallererst ist daran zu denken, dass die Parteien, insbesondere der Verkäufer, in ihren Allgemeinen Geschäftsbedingungen entsprechende Regelungen schaffen könnten, nach denen auf den Vertrag die alte Rechtslage in Form des automatischen Erlöschens des Erfüllungsanspruchs mit Fristablauf Anwendung finden soll.[1251] Fraglich ist jedoch, ob eine solche Regelung im Hinblick auf § 307 II Nr.1 BGB Bestand haben kann, da sie offensichtlich dem gesetzlichen Leitbild aus § 281 IV BGB widerspricht.[1252] Aber auch wenn eine entsprechende Regelung einer AGB-Prüfung standhalten sollte,[1253] gilt es doch, eine Lösung zur Beendigung der Schwebelage auch für diejenigen Schuldner zu finden, wel-

1244 *Hanau*, NJW 2007, 2806, 2807 mit Verweis auf *Marotzke*, KTS 2002, 1, 38 (Fn. 170).

1245 *Lorenz/Riehm*, Lehrbuch zum neuen Schuldrecht (2002), Rn. 235.

1246 *Marotzke*, KTS 2002, 1, 35.

1247 § 6 I. 3. c. (2) (b).

1248 Eine der „gravierenden rechtspolitischen Schwachstellen des reformierten Leistungsstörungsrechts“, *Marotzke*, KTS 2002, 1, 35; MünchKomm BGB^6(-*Ernst*), (Fn. 188), § 281 BGB Rn. 70 a, § 323 BGB Rn. 147; *Jacobs*, FS Hansjörg Otto (2008), 137.

1249 *Hanau*, NJW 2007, 2806, 2808.

1250 *Hanau*, NJW 2007, 2806

1251 Ebenso *Dauner-Lieb/Konzen/Schmidt*(-*Pfeiffer*), (Fn. 143), 244.

1252 *Jacobs*, FS Hansjörg Otto (2008), 137, 140.

1253 *Schwab*, JR 2003, 133, 139, der darauf verweist, dass man in Ausnahmefällen eine entsprechende AGB „tolerieren“ könnte.

che sich nicht durch vorformulierte Geschäftsbedingungen für einen solchen Fall abgesichert haben.

(1) Recht des Schuldners auf Erbringung der Leistung

Als einfachste Möglichkeit, die Unsicherheit für den Schuldner zu beenden, wird in der Literatur darauf verwiesen, dass dieser bis zum Erlöschen des Leistungsanspruchs das Recht haben muss, die geschuldete Leistung trotz Fristablaufs noch zu erbringen.[1254] Der BGH hat zu einem möglichen Recht des Schuldners, die Leistung auch noch nach Fristablauf erbringen zu können, bislang keine Stellung bezogen.[1255]

(a) Wille des Gesetzgebers / Kehrseite des Erfüllungsanspruchs

Zugute zu halten ist diesem Lösungsvorschlag, dass er auf den ersten Blick in Übereinstimmung zum Willen des Gesetzgebers zu stehen scheint,[1256] der sich in seiner Gesetzesbegründung selbst darauf beruft, dass der Schuldner die Schwebelage jederzeit durch Erbringung der Leistung beenden könne.[1257] Teilweise wird darauf verwiesen, dass sich die Schwebelage für den Schuldner auch nur auf diesem Wege „rechtfertigen" ließe.[1258] Als weiteres Argument wird in der Literatur angeführt, dass sich aus § 281 IV BGB ergebe, dass der Primärleistungsanspruch bis zum Zeitpunkt des Schadensersatzverlangens fortbesteht und dementsprechend auch der korrespondierende Schuldneranspruch auf Abnahme der Leistung.[1259] Um schließlich auch die Interessen des Gläubigers zu wahren, wird ergänzend zu dieser Auffassung vorgeschlagen, dass dem Gläubiger nach Fristablauf eine gewisse Überlegungszeit für seine Wahl einzuräumen sei, innerhalb derer die Leistungserbringung durch den Schuldner suspendiert wäre.[1260]

1254 *Heinrichs*, FS Derleder (2005), 106, 107; MünchKomm BGB^{6}(-*Ernst*), (Fn. 188), § 281 BGB Rn. 79 ff.

1255 Vergleiche BGH 20.1.2006, JZ 2006, 1028, 1029.

1256 Vergleiche *Derleder/Hoolmans*, NJW 2004, 2787, 2789, die dies mit der angeblichen Erkenntnis des Gesetzgebers begründen, dass es bei einer Vertragsstornierung zu höheren Transaktionskosten komme.

1257 BT-Drucks. 14/6040, (Fn. 128), 140 Zu § 281 BGB Zu Absatz 3, 185 Zu § 323 BGB Zu Absatz 1.

1258 *Althammer*, NJW 2006, 1179, 1181.

1259 *Schroeter*, AcP (207) 2007, 29, 43 f., der allerdings auf S. 47 selbst zugibt, dass das Recht des Verkäufers zur zweiten Andienung nicht stets als die exakte „Kehrseite" des Anspruchs auf Nacherfüllung ist.

1260 *Schroeter*, AcP (207) 2007, 29, 46.

Dem Gläubiger könne nämlich nicht zugemutet werden, bereits während des Fristlaufs die Marktverhältnisse zu sondieren und Entscheidungen für die Zukunft zu treffen, da er schließlich bis zum letzten Tag des Fristablaufs mit dem Erbringen der Leistung zu rechnen hat.[1261]

(b) Kein „Recht zur dritten Andienung"

Trotz der vermeintlichen Berücksichtigung der Gläubigerinteressen ist der vorgenannten Auffassung nicht zu folgen. In letzter Konsequenz würde dieser Lösungsweg nämlich bedeuten, dass dem Schuldner doch ein Anspruch auf Durchführung der Nacherfüllung zugesprochen wird, welcher ihm jedoch, wie bereits ausführlich aufgezeigt, eindeutig nicht zusteht.[1262] Zum anderen erhielte der Schuldner hiermit gleichzeitig ein „Recht zur dritten Andienung",[1263] welches in der Gesetzesbegründung dagegen nicht erwähnt wurde. Zudem ist es dem Gläubiger nicht zumutbar, trotz eines zweifachen vertragswidrigen Verhaltens des Schuldners (einmal durch Nicht- bzw. Schlechtleistung zum Fälligkeitszeitpunkt und zum anderen durch fruchtloses Verstreichenlassen der Nachfrist) weiterhin eine Verpflichtung zur Annahme der Leistung zu haben.[1264] Schließlich würde die oben genannte Auffassung zu einem absurden „Wettlauf"[1265] der Parteien führen, nach dem Motto: Wer als erstes reagiert, hat gewonnen. Also entweder der Schuldner mit dem Recht auf Abnahme seiner Leistung oder der Gläubiger, der sein Wahlrecht ausgeübt hat. Eine solche Rechtslage ist unter keinem rechtlichen Gesichtspunkt zustimmungswürdig. Im Übrigen würde der Käufer bei einer solchen Lösung während des gesamten Zeitraums der Fertigstellung der Leistung das Risiko tragen, dass der Gläubiger von seinen ihm zustehenden Rechten Gebrauch macht und beispielsweise den Rücktritt vom Vertrag erklärt. In diesem Fall würde der Schuldner auf seinen Kosten sitzen bleiben.

1261 *Derleder/Hoolmans*, NJW 2004, 2787, 2789 f., die sich ausführlich mit der Frage auseinander setzen, ob der Schuldner nach Fristablauf überhaupt noch den Annahmeverzug des Gläubigers herbeiführen kann.

1262 § 4 III. 1.

1263 *Kleine/Scholl*, NJW 2006, 3462, 3463 m.w.N.; vergleiche auch *Dauner-Lieb/Langen*[2] (*-Dauner-Lieb*), (Fn. 202), § 281 BGB Rn. 18, die ausdrücklich von einer „letzten Chance" spricht.

1264 Vergleiche: BGH 27.2.2003, NJW 2003, 1526, der im zu entscheidenden Fall ein Nachbesserungsrecht des Auftragnehmers nach Fristablauf mit der Begründung ablehnt, dass sich dieser zweimal vertragswidrig verhalten habe und er deshalb kein Recht mehr habe, gegen den Willen des Auftraggebers erneut nachzubessern; *Jacobs*, FS Hansjörg Otto (2008), 137 142; Hk-BGB[7](*-Schulze*), (Fn. 883), § 281 BGB Rn. 7.

1265 Dafür: *Jacobs*, FS Hansjörg Otto (2008), 137, 147 f.

Es muss daher eine andere Lösung gefunden werden, die nicht nur den Schuldner angemessen schützt, sondern gleichzeitig auch mit den Interessen des Gläubigers zu vereinbaren ist, der sich immerhin während der ganzen Zeit vertragstreu verhalten hat.

(2) Möglichkeit der Fristsetzung des Schuldners gegenüber dem Gläubiger

In der Literatur wird teilweise als einfach zu handhabende Lösung vorgeschlagen, dem Schuldner ein Recht zu einer eigenen Fristsetzung zu geben. Der Schuldner könnte dem Gläubiger hiernach eine Frist setzen, innerhalb derer er sich zu entscheiden hat, ob er weiter Erfüllung verlangen möchte oder aber, ob er seinen Anspruch auf Schadensersatz oder sein Recht zum Rücktritt ausübt.[1266] Als Rechtsgrundlagen für eine solche Fristsetzung werden in der Literatur verschiedene Normen des BGB diskutiert, die im Weiteren dargestellt werden.

(a) Anwendbarkeit von § 350 BGB analog

Als mögliche Grundlage für ein Recht des Schuldners, dem Gläubiger eine Frist zur Ausübung seiner Rechtsbehelfe setzen zu können, wird eine analoge Anwendung von § 350 BGB vorgeschlagen.[1267] Demnach erlischt das vertragliche Recht auf Rücktritt, wenn der Rücktrittsberechtigte dieses nicht innerhalb einer vom Rücktrittsgegner gesetzten Frist ausübt.[1268] Angelehnt ist dieses Modell an die alte Rechtslage, wonach gemäß §§ 327 1, 326 BGB a.F. die Vorschriften für das vertragliche Rücktrittsrecht, insbesondere § 355 BGB a.F. (Möglichkeit der schuldnerischen Fristsetzung zur Ausübung des Rücktrittsrechts), auch für das gesetzliche Rücktrittsrecht galten.[1269] Seit der Schuldrechtsmodernisierung ergibt sich aus dem Gesetzeswortlaut und seiner Begründung jedoch eindeutig, dass dieses Fristsetzungsrecht auf die Fälle eines vertraglichen Rücktrittsrechts beschränkt ist.[1270] Obwohl die Entscheidung des Gesetzgebers, das gesetzliche Rücktrittsrecht nicht mehr mit dem vertraglichen gleichzustellen, einiger Kritik

---

1266 *Dauner-Lieb/Konzen/Schmidt(-Pfeiffer)* (Fn. 143), 244 verweist hierbei als Beispiel auf eine entsprechende Regelung in den „Grünen Lieferbedingungen“ der Elektroindustrie in Nr. IV.5, nach der sich der Besteller auf Verlangen des Lieferers innerhalb einer angemessenen Frist zu erklären hat.

1267 *Wolf/Lange*, FS Kilian (2004), 806.

1268 § 2 V. 7.

1269 Vergleiche BGH 18.10.2001, NJW 2002, 669, 670; *Hanau*, NJW 2007, 2806, 2807; *Larenz*[14], (Fn. 825), 414 f.

1270 *Wolf/Lange*, FS Kilian (2004) S. 806.

ausgesetzt ist,[1271] ändert dies nichts daran, dass eine analoge Anwendung von § 350 BGB für den vorliegenden Fall ausscheiden muss. Das ausschlaggebende Argument ist darin zu sehen, dass der Gesetzgeber sich ausdrücklich gegen die Anwendung von § 350 BGB auf das gesetzliche Rücktrittsrecht entschieden hat,[1272] und dadurch schon jegliche Grundlage für eine Analogie entzogen wurde.[1273] Es fehlt schlicht die notwendige planwidrige Regelungslücke.

(b) Anwendbarkeit von § 264 BGB (analog)

Als weitere Rechtsgrundlage für ein Fristsetzungsrecht des Schuldners wird daneben auf § 264 BGB direkt oder analog verwiesen. Bei einer Anwendbarkeit dieser Vorschrift würde das Wahlrecht, welches dem Gläubiger nach Fristablauf in Bezug auf den Erfüllungsanspruch und die sekundären Rechtsbehelfe zusteht, auf den Schuldner übergehen, wenn dieses vom Gläubiger nicht innerhalb einer vom Schuldner gesetzten Frist ausgeübt wird.[1274] Nach dem Gesetzeswortlaut findet § 264 BGB in den Fällen Anwendung, in denen verschiedene Ansprüche im Verhältnis einer Wahlschuld zueinander stehen.[1275] Für die Möglichkeit eines direkten Rückgriffs auf § 264 BGB ist folglich zunächst zu klären, ob die Ansprüche auf Erfüllung und Schadensersatz bzw. das Recht zur Minderung und zum Rücktritt die Kriterien einer Wahlschuld erfüllen.

i. Voraussetzungen einer Wahlschuld

Voraussetzung für das Vorliegen einer Wahlschuld ist, dass die verschiedenen zur Wahl stehenden Ansprüche dergestalt zueinander stehen, dass die Entscheidung des Wahlberechtigten zur Ausübung eines dieser Ansprüche zur Folge hat, dass die anderen Ansprüche automatisch untergehen und die Entscheidung des Gläubigers damit bindend ist.[1276] Bei einer Wahlschuld hat die Entscheidung des

---

1271 *Kaiser* JZ 2001, 1057, 1065; AnwK-BGB(-*Hager*), (Fn. 354), § 350 BGB Rn. 1, § 346 BGB Rn. 13, 57; *Hanau*, NJW 2007, 2806, 2807.

1272 Entgegen den Vorschlägen aus der Literatur, § 350 BGB allgemein zu formulieren, um nicht unnötig zwischen vertraglichen und gesetzlichen Rücktrittsrechten zu differenzieren, da in beiden Fällen das Interesse des Rücktrittsgegners, die Unsicherheit zu beenden, schützenwert sei, *Kaiser*, JZ 2001, 1057, 1069.

1273 *Jacobs*, FS Hansjörg Otto (2008), 137, 144.

1274 *Jacobs*, FS Hansjörg Otto (2008), 137, 143, der sich aber ausdrücklich gegen die Anwendung von § 264 II BGB wegen einer eindeutig nicht vorhandenen Wahlschuld ausspricht.

1275 § 2 V. 5.

1276 *Kleine/Scholl*, NJW 2006, 3462.

Wahlberechtigten mithin rechtsgestaltende Wirkung,[1277] sodass der Schuldner nur noch dem einen, gewählten Anspruch ausgesetzt ist.[1278] Die Rechtsfolge tritt hierbei nur ein, wenn die verschiedenen Leistungen zuvor vom Schuldner in einer den Annahmeverzug begründenden Weise angeboten wurden.[1279] Überträgt man diese Kriterien auf die Rechtslage nach Ablauf der Frist, so kommt man zu dem Ergebnis, dass die Voraussetzungen einer Wahlschuld nicht vollständig erfüllt sind. So hat zwar die Ausübung des Schadensersatzanspruchs zur Folge, dass der Anspruch auf Erfüllung gemäß § 281 IV BGB erlischt; im umgekehrten Fall des Erfüllungsverlangens ist eine solche Rechtsfolge in Bezug auf den Schadensersatzanspruch bzw. das Rücktrittsrecht jedoch nicht vorgesehen;[1280] eine Wahlschuld ist daher nicht gegeben.[1281] Und auch im Verhältnis Rückritt – Schadensersatz liegen die Voraussetzungen einer Wahlschuld nicht vor, da gemäß § 325 BGB beide Ansprüche auch nach deren jeweiligen Ausübung weiter nebeneinander fortbestehen. Eine direkte Anwendung von § 264 BGB muss folglich verneint werden. Dieser Auffassung hat sich auch der BGH angeschlossen, nach dessen Ansicht eine solche Annahme schon „im Ansatz fehlerhaft" sei.[1282] Als Begründung führt der BGH – nicht wirklich überzeugend –[1283] an, dass die Ansprüche aus dem Gewährleistungsrecht nicht wie für § 262 BGB erforderlich eine vertragliche Grundlage hätten, sondern von Gesetzes wegen angeordnet werden.[1284] Fraglich ist aber, ob nicht einer entsprechenden Anwendung von § 264 BGB zugestimmt werden könnte. Um diese Frage zu beantwor-

---

1277 *Weitnauer*, FS Hefermehl (1976), 471; *Bressler*, NJW 2004, 3382, 3383.

1278 *Weitnauer*, FS Hefermehl (1976), 470.

1279 Was im Übrigen eine Mindestvoraussetzung für eine Wahlschuld (vergleiche *Bressler*, NJW 2004, 3382) und somit auch für eine analoge Anwendung von § 264 BGB wäre.

1280 Vergleiche § 8 II. 4.; A.A. OLG Celle 17.05.2005, ZGS 2005, 275, 276, das davon ausgeht, dass auch durch die ausgeübte Wahl für die Leistungsforderung die weiteren Ansprüche ausgeschlossen werden, wobei sich das OLG hierbei jedoch nicht auf § 264 BGB, sondern auf § 242 BGB stützt, (im Endeffekt unerheblich, da § 264 BGB als eine Ausprägung des Grundsatzes von Treu und Glauben angesehen wird, *Heinrichs*, FS Derleder (2005), 108).

1281 Im Ergebnis ebenso: *Heinrichs*, FS Derleder (2005), 105, der sich allerdings darauf stützt, dass es nicht um eine Forderung mit alternativem Inhalt, sondern um zwei inhaltlich verschiedene Ansprüche handele, weshalb eine Wahlschuld ausscheide.

1282 BGH 20.1.2006, JZ 2006, 1028, 1029.

1283 *Schwab*, JZ 2006, 1030, 1031, der meint, dass diese Begründung von „geradezu eklatant mangelhafter Gesetzeslektüre" zeuge, da nirgendwo im Gesetz davon die Rede sei, auf welcher Grundlage die Leistungen geschuldet werden müssen. Zudem spräche auch die Stellung der §§ 262 ff. BGB gegen eine einengende Auslegung nur für vertragliche Ansprüche; *Jauernig*[14](*-Stadler*), (Fn. 182), § 262 BGB Rn. 2 f.

1284 BGH 20.1.2006, JZ 2006, 1028, 1029.

ten, muss zunächst einmal untersucht werden, in welchem rechtlichen Verhältnis die verschiedenen Rechtsbehelfe tatsächlich zueinander stehen.

ii. Voraussetzungen der elektiven Konkurrenz

Hinsichtlich der rechtlichen Einordnung des Verhältnisses der sekundären Rechtsbehelfe im Leistungsstörungsrecht zueinander wird in der Literatur überwiegend eine elektive Konkurrenz angenommen.[1285] Bei der elektiven Konkurrenz handelt es sich um eine Rechtsfigur, die der Wahlschuld zwar nahe steht, sich aber in entscheidenden Punkten von dieser unterscheidet, weshalb sie auch unter der Bezeichnung „unechte Wahlschuld" oder „alternative Konkurrenz" bekannt ist.[1286] Der große Unterschied liegt darin, dass bei der Wahlschuld „ein einheitlicher Anspruch mit alternativem Inhalt" besteht und bei der elektiven Konkurrenz dem Gläubiger „wahlweise mehrere, inhaltlich verschiedene Rechte" zustehen.[1287] Zuzusprechen ist dieser Literaturansicht, dass ein Nacherfüllungsverlangen tatsächlich keine rechtsgestaltende Wirkung hat,[1288] mithin der Gläubiger auch danach noch seinen Anspruch auf Schadensersatz oder sein Recht zum Rücktritt geltend machen kann.[1289] Ebenso verhält es sich mit dem Verhältnis zwischen Rücktritt und Schadensersatz, für das § 325 BGB ausdrücklich vorschreibt, dass beide nebeneinander bestehen.

Allerdings passt das Modell der elektiven Konkurrenz, welches sich von der Wahlschuld gerade durch das Prinzip des „ius variandi" unterscheidet,[1290] nicht auf das Verhältnis zwischen Primäranspruch und den Sekundärrechten, wenn der Gläubiger von einem der letztgenannten Gebrauch macht. Nach den §§ 281 IV, 346 I BGB geht der Anspruch auf Nacherfüllung in diesem Fall nämlich automatisch unter, so dass der ursprünglich hinter der elektiven Konkurrenz stehende Gedanke, dass man durch die einmal getroffene Wahl nicht gebunden

1285 Überwiegende Ansicht nach *Bressler*, NJW 2004, 3382; *Bamberger/Roth*³(*-Unberath*), (Fn. 162), § 281 BGB Rn. 49; *Palandt*⁷²(*-Grüneberg*), (Fn. 14), § 281 BGB Rn. 49; MünchKomm BGB⁶(*-Ernst*), (Fn. 188), § 281 BGB Rn. 68; *Heinrichs*, FS Derleder (2005), 105; *Wolf/Lange*, FS Kilian (2004), 806 f.

1286 *Weitnauer*, FS Hefermehl (1976), 467 f.

1287 *Palandt*⁷²(*-Grüneberg*), (Fn. 14), § 262 BGB Rn. 1, 6.

1288 § 8 II. 4.

1289 *Lorenz*, NJW 2006, 1175, 1176 (Fn. 16).

1290 *Weitnauer*, FS Hefermehl (1976), 471.

sein soll,[1291] nicht durchgreift. Man könnte somit vorliegend lediglich von einer einseitigen elektiven Konkurrenz sprechen.

iii. Zwischenergebnis

Letztlich stellt sich die rechtliche Situation folglich so dar, dass bei der Bestimmung des Verhältnisses der Gewährleistungsrechte zueinander sowohl Merkmale einer Wahlschuld (Verhältnis ausgeübte Sekundärrechte zum Primärrecht) als auch Eigenschaften einer elektiven Konkurrenz (Verhältnis Primäranspruch zu noch nicht geltend gemachten Sekundärrechten und Schadensersatzanspruch zum Rücktrittsrecht) vorhanden sind. Weil sogar eher die einer elektiven Konkurrenz ähnlichen Aspekte überwiegen, kann vorliegend auf § 264 BGB nicht einmal in einer analogen Anwendung zurückgegriffen werden; eine solche Vorgehensweise wäre mit dem Rechtsgedanken der Vorschrift nicht zu vereinen.[1292] Dieser Auffassung hat sich sowohl die herrschende Literatur als auch der BGH angeschlossen.[1293] Die Rechtsprechung rekurriert zudem auf das Argument, dass der Gläubiger wegen der Vertragsbrüchigkeit des Schuldners nicht durch die Schuldnerschutzvorschriften der §§ 263, 264 BGB gebunden werden dürfe.[1294] Dies überzeugt, da nicht vergessen werden darf, dass sich der Schuldner bereits zweifach vertragswidrig verhalten hat und es deshalb nicht gerechtfertigt erscheint, ihm ein Mittel an die Hand zu geben, welches nicht nur den Gläubiger unter Druck setzt, sondern zudem auch zu einem Untergang des Erfüllungsanspruchs führt. Nach alledem ist sowohl eine direkte als auch eine analoge Anwendung von § 264 BGB abzulehnen.[1295]

1291 *Schwab*, JZ 2006, 1030, 1031, der ebenfalls darauf hinweist, dass zwischen dem Erfüllungsanspruch und den Sekundärrechten nicht vollständige elektive Konkurrenz herrscht.

1292 *Althammer*, NJW 2006, 1179, 1180; *ders.* ZGS 2005, 375, 376; *Jauernig*[14](*-Stadler*), (Fn. 182), § 262 BGB Rn. 6, wonach die Vorschriften der §§ 262 bis 265 BGB in der Regel nicht analog anwendbar sind; A.A. *Palandt*[72](*-Grüneberg*), (Fn. 14), § 262 BGB Rn. 5.

1293 *Althammer*, ZGS 2005, 375, 376; *Wolf/Lange*, FS Kilian (2004), 807 (m.w.N.); *Kleine/Scholl*, NJW 2006, 3462.

1294 BGH 20.1.2006, JZ 2006, 1028, 1029.

1295 Dies entspricht letztlich auch dem Willen des Gesetzgebers, der selbst von keiner Anwendbarkeit von § 264 BGB ausgegangen ist, da er ansonsten nicht hätte überlegen müssen, dem Schuldner durch eine eigene Regelung ein Fristsetzungsrecht zu geben, *Bressler*, NJW 2004, 3382, 3383 mit Verweis auf BT-Drucks. 14/6040, (Fn. 128), 140 Zu § 281 BGB Zu Absatz 3.

(c) § 314 III BGB analog

Schließlich wird bei der Suche nach einer Grundlage für ein eventuelles Fristsetzungsrecht des Schuldners noch auf die Möglichkeit einer entsprechenden Anwendung von § 314 III BGB verwiesen, welcher eigentlich für Dauerschuldverhältnisse gilt und bei diesen eine Kündigung nur innerhalb einer angemessenen Frist zulässt, nachdem der Berechtigte Kenntnis vom Kündigungsgrund erlangt hat.[1296] Aber auch diese Ansicht überzeugt letztlich nicht. Denn vergleicht man diese Lösung mit der Alternative einer ausdrücklichen Fristsetzung durch den Schuldner, wie es die anderen Lösungsvorschläge vorsehen, so wird der Schuldner bei der hier vorgeschlagenen Variante sogar noch besser gestellt, da er selbst gar nicht mehr zu agieren braucht, sondern sich einfach zurücklehnen kann, um das Verstreichen einer angemessenen Frist abzuwarten.[1297] Die Rechte des Gläubigers würden somit ohne vorherige Warnung, wie sie zumindest noch durch das schuldnerische Setzen einer Frist erfolgen würde,[1298] beschnitten werden. Im Übrigen erscheint eine analoge Anwendung von § 264 BGB als allgemeine Vorschrift, welche zuvor bereits abgelehnt wurde, bei genauer Betrachtung um Einiges naheliegender als ein Rückgriff auf die Vorschriften für Dauerschuldverhältnisse.

(d) Stellungnahme

Löst man sich einmal von der Diskussion, welche Norm als Grundlage für ein mögliches Fristsetzungsrecht des Schuldners dienen könnte, und konzentriert sich auf die grundsätzliche Frage, ob ein solches Recht dem Schuldner überhaupt zugesprochen werden sollte, muss der Blick zuvörderst zurück auf den Willen des Gesetzgebers gerichtet werden. Verfolgt man hierzu den Weg, der letztlich zum Schuldrechtsmodernisierungsgesetz von 2002 geführt hat, so ist in der Tatsache, dass in der konsolidierten Fassung des Diskussionsentwurfs eine solche Fristenregelung für den Schuldner noch vorhanden war,[1299] ein entscheidendes Indiz zu sehen. Der Gesetzgeber hat sich bewusst gegen eine Fristenregelung, wonach gemäß § 350 BGB die Sekundärrechte wieder erlöschen würden, entschieden. Dazu führt er als Begründung an, dass es nicht gerechtfertigt

1296 *Ramming*, ZGS 2003, 113, 115, 117 f.

1297 A.A. *Hanau*, NJW 2007, 2806, 2808, der zusätzlich zu dem Verstreichenlassen einer nach § 314 III BGB angemessenen Frist noch ein Leistungsangebot des Schuldners fordert, womit der Verfasser zeigt, dass er eigentlich auch eher zu dem unten vertretenen Lösungsweg in Form des Angebots der Leistung neigt.

1298 Siehe zu den Vorteilen einer Fristsetzung gegenüber einer Fristgewährung § 7 VI. 2. d.

1299 Disk.-E., (Fn. 944), 37 § 323 I DiskE.

sei, dass ausgerechnet der vertragsbrüchige Schuldner dem vertragstreuen Gläubiger eine für diesen möglicherweise nachteilige Wahl aufzwingen könne.[1300] Diese Weichenstellung des Gesetzgebers steht im Übrigen im Einklang mit der der Schuldrechtsmodernisierung zugrunde liegenden Verbrauchsgüterkaufrichtlinie[1301], in welcher ein Erlöschen des Nacherfüllungsanspruchs nicht geregelt ist.[1302] Anders ist die Rechtslage zwar nach den Vorschriften des CISG, in denen dem Verkäufer gemäß Art. 48 II 1 CISG ausdrücklich ein Recht zur Fristsetzung eingeräumt wird.[1303] Gegen eine Übertragung dieses Rechtsgedankens spricht jedoch der Umstand, dass die Vorschriften des CISG für Handelskäufe ausgerichtet sind,[1304] und somit der Gläubiger (Käufer) nicht denselben Schutz erhält wie nach den Vorschriften des BGB, die auch bei Privatkäufen Anwendung finden.

Teilweise wird nun vertreten, dass der Gesetzgeber anscheinend übersehen oder irrig für unerheblich gehalten habe, welche missliche Lage für den Schuldner durch das Fehlen eines solchen Fristsetzungsrechts entsteht.[1305] Dem ist jedoch entgegen zu halten, dass sich der Gesetzgeber durchaus Gedanken um die Lage des Schuldners gemacht hat. So führt er in seiner Begründung an, dass sich der Schuldner schließlich jederzeit durch Erbringung der Leistung aus der „Unsicherheit" befreien könnte.[1306] Was der Gesetzgeber hiermit im Einzelnen gemeint hat, legt er leider nicht weiter dar.[1307] Seinen Ausführungen in der Gesetzesbegründung lässt sich jedoch klar entnehmen, dass für ihn ein Fristsetzungsrecht des Schuldners in der Form, wie es die oben aufgeführten Normen beinhalten, nicht mit dem Zweck der Schuldrechtsmodernisierung vereinbar ist, der vor

1300 *Jacobs*, FS Hansjörg Otto (2008), 137, 144; BT-Drucks. 14/6040, (Fn. 128), 140 Zu § 281 BGB Zu Absatz 3, 185 Zu § 323 BGB Zu Absatz 1; ebenso *Heinrichs*, FS Derleder (2005), 107.

1301 Vergleiche *Dauner-Lieb*, FS Canaris (2007), 143, die in der Richtlinie 1999/EG vom 25.5.1999, AblEG Nr. L 171 vom 7.7.1999 die vordergründige „Zielstellung" der Schuldrechtsmodernisierung sieht.

1302 So *Dauner-Lieb/Konzen/Schmidt(-Pfeiffer)*, (Fn. 143), 245, welcher auf die Terminologie der Richtlinie „Abhilfe" verweist.

1303 § 6 I. 3. c. (1) (c).

1304 § 6 I. 1.

1305 *Hanau*, NJW 2007, 2806, 2807.

1306 BT-Drucks. 14/6040, (Fn. 128), 140 Zu § 281 BGB Zu Absatz 3, 185 Zu § 323 BGB Zu Absatz 1.

1307 Auch ein Blick in die Ausführungen der Schuldrechtskommission, Bundesministerium der Justiz (Hrsg.), Abschlussbericht der Kommission zur Überarbeitung des Schuldrechts (1992), 33, hilft hierbei nicht weiter, da in diesen nur von der Möglichkeit des Schuldners zur Erbringung der Leistung vor bzw. ohne eine Fristsetzung durch den Gläubiger gesprochen wird.

allen Dingen auch eine Verbesserung der Position des Gläubigers beinhaltete.[1308] Dies erscheint auch nachvollziehbar, insbesondere, wenn man das Modell eines Fristsetzungsrechts für den Schuldner einmal zu Ende denkt: Zwischen den Parteien würde damit eine Rechtslage geschaffen, bei der sie sich gegenseitig immer wieder Fristen setzen könnten, um hierdurch irgendwelche Rechte zu erlangen bzw. zum Erlöschen zu bringen.[1309] Der Sinn und Zweck der Fristsetzung, Rechtssicherheit und -klarheit zu schaffen, würde auf diese Weise stark verwässert werden. Daneben spricht gegen das Fristsetzungsmodell zugunsten Schuldners aber auch der Umstand, dass nach Ablauf der Frist die Rechtslage dem Grunde nach weiterhin offen bleibt, also nicht klarer geworden ist. Bedenkt man nämlich, dass der Schuldner gerade wegen seines vertragswidrigen Verhaltens das Wahlrecht des Gläubigers ausgelöst hat, so stellt sich die Frage, was nach dem Ablauf der vom Schuldner gesetzten Frist passieren soll. Hierbei gibt es zwei Möglichkeiten: Entweder das Wahlrecht geht angelehnt an § 264 BGB auf den Schuldner über, was bedeutet, dass er zwischen Schadensersatz, Rücktritt oder (Nach-)erfüllung selbst wählen kann oder aber die Sekundärrechte des Gläubigers sind wiederum ausgeschlossen.

Gegen die zweite Variante spricht, dass der Schuldner seine vertraglichen Pflichten regelmäßig nicht ohne Grund verletzt hat; es besteht somit die große Gefahr, dass der Schuldner nach der von ihm selbst gesetzten Frist ebenfalls nicht leisten kann. Denn auch wenn man als Voraussetzung einer wirksamen Schuldnerfrist verlangen würde, dass er gleichzeitig die Leistung in einer den Annahmeverzug begründenden Weise anbietet, so wäre diese Voraussetzung bereits dadurch erfüllt, dass der Schuldner für die Erfüllung oder die Leistung von Schadensersatz ein wörtliches Angebot nach § 295 BGB macht.[1310] Ob er tatsächlich zur Leistung im Stande ist, ergibt sich hieraus freilich nicht, immerhin hat der Schuldner die Leistung bereits einmal vertraglich fest zugesichert und dennoch nicht geleistet. Die erste Variante überzeugt indes ebenso wenig. Wäre es nämlich so, dass der Schuldner nach der von ihm gesetzten Frist selbst zwischen dem Primärrecht und den Sekundärrechten wählen könnte, träte das Problem auf, was zu tun ist, wenn der Schuldner in der Folgezeit seine Wahl

---

1308 BT-Drucks. 14/6040, (Fn. 128), 140 Zu § 281 BGB Zu Absatz 3, 185 Zu § 323 BGB Zu Absatz 1.

1309 Vergleiche *Dauner-Lieb/Konzen/Schmidt(-Pfeiffer)*, (Fn. 143), 245, der bei gegenseitigen Fristsetzungen wegen der „beliebigen Wiederholbarkeit“ eine „beschleunigte (..) Beseitigung der Unsicherheit“ verneint.

1310 *Schwab*, JR 2003, 133, 134, der dies damit begründet, dass „die Ausübung des Wahlrechts eine zur Leistung erforderliche Mitwirkungshandlung des Gläubigers ist“.

nicht zeitnah ausübt, sei es aus Böswilligkeit, sei es aus anderen Gründen. Soll dann dem Gläubiger wieder ein Recht zum Setzen einer Frist zustehen?

Die Lösung, dem Schuldner ein Recht auf Fristsetzung mit den in den dargestellten Normen vorgeschriebenen Rechtsfolgen an die Hand zu geben, ist folglich von Seiten des Gesetzgebers richtigerweise verworfen worden, um die ohnehin schon nicht leicht überschaubare Rechtslage im Leistungsstörungsrecht nicht noch unnötig weiter zu verkomplizieren. Wie im Weiteren aufgezeigt wird, bietet sich nämlich noch eine andere Lösung an, mit deren Hilfe sowohl die Interessen des Schuldners als auch die des Gläubigers ausreichend berücksichtigt werden können.

(3) Reziproke Anwendung von § 281 IV BGB?

Keine Alternative zur Fristenregelung stellt dagegen die in der Literatur vertretene Ansicht dar, dass man § 281 IV BGB, wonach das Schadensersatzverlangen zum Erlöschen des Erfüllungsanspruchs führt, reziprok auf den Fall des Erfüllungsverlangens anwenden sollte.[1311] Schließlich zeigt der Gesetzgeber mit dieser Regelung deutlich, dass für die Geltendmachung des Erfüllungsanspruchs eben nicht das Gleiche gilt wie bei der Geltendmachung der Sekundärrechte.[1312] Aus der Vorschrift folgt schließlich e contrario, dass durch das Erfüllungsverlangen gerade keine Bindungswirkung ausgelöst werden soll.[1313] Im Übrigen ist dieser Vorschlag tatsächlich nicht geeignet, die missliche Lage des Schuldners zu beenden. Eine reziproke Anwendung bedeutet schließlich nur, dass der Schuldner im Falle eines Erfüllungsverlangens von Seiten des Gläubigers Rechtsklarheit erlangt. Solange der Gläubiger jedoch noch keine Wahl getroffen hat, hängt der Schuldner weiterhin in der Luft. Auch bei einer Anwendung von § 281 IV BGB auf den umgekehrten Fall des Erfüllungsverlangens wäre der Schuldner somit gänzlich abhängig vom Handeln des Gläubigers.

(4) Verwirkungseinwand nach § 242 BGB

Schließlich wird als Lösung des Problems ein Rückgriff auf § 242 BGB vorgeschlagen.[1314] Dem Wahlrecht des Gläubigers könnten so mit dem Einwand der

---

1311 So aber *Jauernig*[14](*-Stadler*), (Fn. 182), § 281 BGB Rn. 15.

1312 BGH 20.1.2006, JZ 2006, 1028, 1029.

1313 *Althammer*, NJW 2006, 1179, 1180.

1314 Vergleiche BGH 20.1.2006, NJW 2006, 1198, wonach das Rücktrittsrecht dem Gebot von Treu und Glauben unterliegt; oder *Jacobs*, FS Hansjörg Otto (2008), 137, 139

Verwirkung nach § 242 BGB Grenzen gesetzt werden. Im Fall eines zu langen Abwartens mit der Ausübung seiner Wahl[1315] würden damit die Ansprüche des Gläubigers auf die (Nach-)erfüllung beschränkt werden.[1316] Ein Vorteil dieses Lösungsweges wäre, dass ein solcher im Einklang zu den Vorschriften des CISG und der Vereinheitlichungsprojekte stehen würde, in denen eine solche Verwirkung ausdrücklich normiert ist.[1317] Der Nachteil liegt jedoch darin, dass hierbei wiederum von Seiten des Schuldners überhaupt kein Tätigwerden erfolgen müsste, sondern er sich einfach zurücklehnen könnte, um abzuwarten, bis die Rechte des Gläubigers eventuell verwirkt sind. Darüber hinaus erscheint das alleinige Stützen auf den Verwirkungsgedanken zum Schutz des Schuldners für den Gläubiger (aber auch für den Schuldner) nicht angemessen, da dies zu erheblichen Beweisschwierigkeiten führt und letztlich beide Parteien einer lediglich unsichtbaren Grenze ausgesetzt sind, die sie als Laien mit großer Wahrscheinlichkeit überwiegend nicht einzuschätzen vermögen.

(5) Fazit: Novellierungsvorschlag

Die vorstehende Untersuchung hat gezeigt, dass nach der gegenwärtig bestehenden Rechtslage keine Möglichkeit gegeben ist, den Schuldner aus der „Schwebelage" zu befreien. Dennoch erscheint es nach der hier vertretenden Ansicht geboten, den Schuldner einer solchen Situation nicht gänzlich machtlos auszusetzen. Zur Lösung der beschriebenen Problematik und zur Schaffung einer klaren und sicheren Rechtslage wird daher vorgeschlagen, folgende Regelung in das Gesetz aufzunehmen:

§ 281 IV 2 BGB:

„Ist nach Ablauf der gesetzten Frist der Anspruch auf Schadensersatz entstanden, so ist der Anspruch auf Leistung insoweit ausgeschlossen als ein solcher den Schuldner schädigt, wenn der Schuldner dem Gläubiger die Leistung nochmals verbunden mit der Erklärung über die Natur des ursprünglichen Leistungshindernisses anbietet

m.w.N., wonach bei erheblichen Zeitablauf das Erfüllungsverlangen gegen Treu und Glauben verstoßen kann.

1315 Siehe BGH 29.9.1960, NJW 1960, 2331, wonach auch in dem Fall, dass objektive Umstände gegen einen Verzichtswillen des Berechtigten sprechen, dessen ungeachtet eine Verwirkung der Sekundärrechte eintreten könnte, weil insoweit eine nach Treu und Glauben ausgerichtete Bewertung maßgeblich sei; BGH 18.10.2001, NJW 2002, 669, 670.

1316 *Jacobs*, FS Hansjörg Otto (2008), 137, 148 f.; *Althammer*, ZGS 2005, 375, 376.

1317 Art. 9:303 (2) PECL, Art. 7.3.2. (2) PICC, Art. III.-3:508 DCFR.

und der Gläubiger das Angebot nicht innerhalb von 7 Tagen nach Zugang der Erklärung annimmt."

In § 323 BGB wäre eine Regelung mit Verweis auf eine entsprechende Anwendung dieser Vorschrift einzufügen.

(a) Absicherung des Schuldners durch Einwand eines Schädigungsverbots

Grundlage des Novellierungsvorschlags ist zunächst ein aus § 242 BGB abgeleitetes Schädigungsverbot zum Schutz des Schuldners. Zudem soll auch der Wille des Gesetzgebers Berücksichtigung finden, der das Beenden der Schwebelage durch Erbringung der Leistung vorgeschlagen hat.[1318] Im Gegensatz zu dem oben dargelegten Lösungsweg, dem Schuldner ein Recht auf Erbringung der Leistung einzuräumen,[1319] knüpft die hier vorgeschlagene Regelung an ein Angebot zur Leistungserbringung durch den Schuldner und ein anschließendes Verhalten des Gläubigers an. Getragen wird dieser Ansatz von dem aus § 242 BGB abgeleiteten Gedanken, dass nach einer Zurückweisung der verspätet angebotenen Leistung der Erfüllungsanspruch dem Vorbehalt unterliegt, dass der Schuldner nicht geschädigt wird.[1320] Dies bedeutet: Lehnt der Gläubiger einmal die verspätete Leistung ab, darf er später nicht trotzdem statt der Sekundärrechte auf die Erfüllung bestehen, wenn er dadurch dem Schuldner schadet.

(b) Leistungsangebot in Verbindung mit hinreichender Erklärung

Als entscheidender Kritikpunkt an den oben vorgeschlagenen, sich aus dem Gesetz ergebenden Fristenregelungen ist bereits herausgearbeitet worden, dass der Schuldner, wenn überhaupt vonnöten, lediglich ein wörtliches Angebot gemäß § 295 BGB abzugeben hat. Dies allein kann jedoch unter Gläubigerschutzgesichtspunkten nicht genügen. Immerhin hat der Schuldner schon zum Fälligkeitszeitpunkt trotz vertraglicher Zusage die Leistung nicht erbringen können und auch die Nachfrist fruchtlos verstreichen lassen. Es ist dem Gläubiger somit nicht zuzumuten, sich lediglich auf ein wörtliches Angebot zur Leistung durch

---

1318 BT-Drucks. 14/6040, (Fn. 128), 140 Zu § 281 BGB Zu Absatz 3, 185 Zu § 323 BGB Zu Absatz 1; *Heinrichs*, FS Derleder (2005), 107; A.A. *Oechsler*, (Fn. 206), 146, wobei dieser nur ein Unterdrucksetzen mit der Rechtsfolge von § 264 II BGB meint, welches vom Gesetzgeber nicht gewollt worden sei.

1319 Was gleichzeitig zu einer nicht zu rechtfertigenden Annahmepflicht des Gläubigers führen würde, § 8 II. 2. c. (1).

1320 *Oechsler*, (Fn. 206), 147; ebenso *Finn*, ZGS 2004, 32, 37, der dem Gläubiger das Prinzip des venire contra factum proprium nach § 242 BGB entgegenhält.

den Schuldner zu verlassen, ohne dass er wirklich einzuschätzen vermag, ob der Schuldner mittlerweile tatsächlich leistungsfähig ist. Es erscheint deshalb angezeigt, dass der Schuldner nicht einfach nur ein wörtliches Angebot abgeben kann, sondern daneben ausdrücklich zu erklären hat, warum er nunmehr trotz des zuvor zweifachen vertragswidrigen Verhaltens zur Leistung im Stande ist. Der Gläubiger kann auf der Grundlage dieser Erklärung nun überlegen, ob er sich auf das Leistungsangebot des Schuldners einlassen will. Schließlich riskiert er dadurch einen weiteren, möglicherweise nicht unerheblichen Zeitverlust, wenn er dem Schuldner erneut ausreichende Zeit zur Leistungsvorbereitung gibt und dieser letztlich wiederum nicht (vollständig) leistet. In der Praxis erscheint die Pflicht zur Abgabe einer Erklärung ebenfalls ein geeignetes Mittel zu sein. Denn das größte Problem des Gläubigers, welcher nach Fristablauf weiterhin ein Interesse an der Leistung hat,[1321] liegt häufig darin, dass er eigentlich aufgrund des zweifachen vertragswidrigen Verhaltens des Schuldners kein Vertrauen mehr in ihn hat und deshalb nicht einzuschätzen vermag, ob er diesmal mit einer Leistung des Schuldners wirklich rechnen kann. Dem Schuldner ist die Abgabe einer solchen Erklärung aufgrund seines vertragswidrigen Verhaltens durchaus zuzumuten. Im Übrigen mag es für den Schuldner auch eine Hemmschwelle dafür darstellen, die Erfüllung nicht einfach „ins Blaue hinein“ anzubieten, da er sich zuvor darüber zu erklären hat, warum er jetzt auf einmal tatsächlich leisten kann und zuvor nicht.

(c) Normierung einer festen Entscheidungsfrist für den Gläubiger

Zu entscheiden war bei dem Novellierungsvorschlag im Weiteren, wie mit der Situation umzugehen ist, dass der Gläubiger, sei es aus Böswilligkeit, sei es aus anderen Gründen, auf das Angebot nebst Erklärung des Schuldners nicht unverzüglich reagiert. Um dem Problem einer erneut zu setzenden Frist von Seiten des Schuldners aus dem Weg zu gehen, soll deshalb von Gesetzes wegen ein konkreter Zeitrahmen vorgegeben werden, um auf diesem Wege abschließende Rechtssicherheit zu schaffen. Bei der Bestimmung der Entscheidungsfrist für den Gläubiger erschien es sinnvoll, sich an den vergleichbaren gesetzlichen Regelungen des § 286 III BGB zu orientieren. Die Kürze dieser Frist trägt dem Umstand Rechnung, dass an den Gläubiger bereits nach dieser Zeit die Erwar-

1321 In der Praxis sind solche Fälle relativ selten, da die meisten Gläubiger nach Fristablauf kein Vertrauen mehr in den Schuldner haben und deshalb lieber zum Schadensersatzanspruch oder Rücktritt wechseln. Vorstellbar ist ein weiter bestehendes Interesse aber in Fällen, in denen der Schuldner eine Leistung anbietet, die woanders nicht oder nur schwer zu bekommen ist.

tung gestellt werden darf, dass er mittlerweile, insbesondere vor dem Hintergrund seines neuen Kenntnisstandes, eine Entscheidung für oder gegen die Leistung getroffen hat. Im Übrigen ist das Benennen von konkreten Fristen ein gängiges Mittel zur Schaffung von Rechtssicherheit. Die Konkretisierung einer Frist durch das Gesetz selbst ist immer dann möglich, wenn man wie bei der obigen Vorschrift genau weiß, was innerhalb der Frist zu geschehen hat.[1322] So bedienten sich bereits eine Reihe von Geschäftsbedingungen wie die Einheitsbedingungen der deutschen Textilwirtschaft[1323] oder die Einheitsbedingungen im Deutschen Getreidehandel[1324] ebenfalls der antizipierten Festlegung einer konkreten Frist.[1325]

(d) Rechtsfolge eines fruchtlosen Ablaufs der Entscheidungsfrist

Um den Interessen des Gläubigers und letztlich auch dem Willen des Gesetzgebers Rechnung zu tragen, ist zunächst festzuhalten, dass der Fristablauf keinesfalls automatisch den Untergang des Erfüllungsanspruchs und ebenso wenig ein Wahlrecht auf Seiten des Schuldners zur Folge haben kann. Die Rechtsfolge des Fristablaufs ohne eine Annahme der Leistung durch den Gläubiger muss vielmehr darin bestehen, dass der Erfüllungsanspruchs des Gläubigers nur für den Fall ausgeschlossen ist, dass die Durchsetzung eines solchen den Schuldner schädigen würde.[1326] In derart gestalteten Fällen wäre er auf die Geltendmachung der sekundären Rechtsbehelfe beschränkt. Anders gesagt bedeutet dies, dass der Gläubiger auch Monate später seinen Erfüllungsanspruch noch durchsetzen kann, solange der Schuldner nicht die Einrede erhebt, durch die Erfüllung des nunmehr geltend gemachten Erfüllungsanspruchs einen Schaden zu erleiden, zum Beispiel weil die Rohstoffpreise gestiegen sind oder seine Vertragshändler nicht mehr zu den ursprünglichen Konditionen liefern. Mit einer solchen Regelung sind die Interessen beider Parteien gewahrt. Der Gläubiger hat aufgrund seiner Nichtreaktion das Risiko zu tragen, dass der Schuldner bei einem späteren Erfüllungsverlangen die Einrede eines Schädigungsverbots nach § 242 BGB er-

---

1322 *Thamm*, BB 1982, 2018, 2020.

1323 § 6 I 1, III der Einheitsbedingungen der Deutschen Textilwirtschaft v. 1.7.1972, *Schweitzer-Faust/Kamin*, Kommentar[5] (1977); § 5 Ziff. 1, 3 der Einheitsbedingungen der Deutschen Textilwirtschaft v. 1.1.2002, *Dax/Oefinger*, Kommentar[7] (2005).

1324 VII.-§ 18 Ziff. 3 der Einheitsbedingungen im Deutschen Getreidehandel vom 1.4.2007.

1325 *Thamm*, BB 1982, 2018, 2020.

1326 A.A. *Finn,* ZGS 2004, 32, 37, der an dieser Stelle als Lösung vorschlägt, dass der Anspruch auf die Sekundärrechte automatisch verloren geht, wenn der Gläubiger die Leistung nicht nach einer kurzen Bedenkzeit zurückweist.

hebt. Der Schuldner bleibt daneben in der Pflicht, eine solche mögliche Schädigung als Einrede zu beweisen. Dies ist ihm durchaus zuzumuten.

(e) Rechtslage nach Ablehnung der Leistung durch den Gläubiger

Lehnt der Gläubiger die vom Schuldner angebotene Leistung nebst Erklärung dagegen ab, übt er hiermit konkludent sein Wahlrecht aus. Zwar hat er sich bei der Ablehnung möglicherweise noch nicht für einen der drei sekundären Rechtsbehelfe (Minderung, Rücktritt, kleiner/großer Schadensersatz) entschieden, jedoch muss hier allein mit Rücksicht auf das Verbot des venire contra factum proprium davon ausgegangen werden, dass der Erfüllungsanspruch gemäß § 242 BGB ausgeschlossen ist.[1327] Zur Konkretisierung der Rechtslage nach Ablehnung der Leistung durch den Gläubiger wird teilweise in der Literatur vorgeschlagen, dass der Gläubiger im Anschluss zeitnah die von ihm präferierten Sekundärrechte auszuüben habe. Ansonsten werde dem Schuldner wieder die Möglichkeit zur Leistungsanbietung gegeben, wodurch § 299 BGB gelte, was wiederum zur Folge habe, dass der Schuldner ein Recht auf Abnahme erlange.[1328] Diese Auffassung ist aus Gründen der Rechtsklarheit jedoch nicht vorzugswürdig. Vielmehr ist es dem Schuldner durchaus zuzumuten, nach Ablehnung der Leistung durch den Gläubiger so lange abzuwarten, bis sich dieser für einen der Sekundäransprüche entschieden hat. Schließlich ist er im Falle des Rücktritts ausreichend über die Vorschriften zur Nutzungsentschädigung geschützt und bei einer Geltendmachung von Schadensersatz statt der Leistung dadurch, dass sich der Berechnungszeitpunkt für die Schadensersatzhöhe nicht nach dem Zeitpunkt der Geltendmachung des Anspruchs richtet.[1329] Im Übrigen gilt im Gewährleistungsrecht die kurze Verjährungsfrist von zwei Jahren nach § 438 I Nr. 3 BGB, welche den Schuldner als maximale zeitliche Grenze für die Geltendmachung der Sekundärrechte zusätzlich schützt.

1327 MünchKomm BGB[6](-*Roth/Schubert*), (Fn. 188), § 242 BGB Rn. 284.

1328 Vergleiche *Hanau*, NJW 2007, 2806, 2809, der allerdings auch selbst erkennt, dass seine Lösung nicht die einfachste ist, (siehe sein Fazit auf S. 2810).

1329 A.A. *Palandt*[72](-*Grüneberg*), (Fn. 14), § 281 BGB Rn. 34; Im Übrigen wird der Schuldner durch die Schadensminderungspflicht des Gläubigers geschützt.

3. Zurückweisungsrecht des Gläubigers nach Fristablauf

Wie oben bereits festgestellt, steht dem Schuldner nach Fristablauf kein Recht auf Erbringung der Leistung zu.[1330] Hieraus folgt, dass der Gläubiger nach Fristablauf ein Recht zur Zurückweisung der Leistung hat.[1331] Dies steht insbesondere mit der Intention des Gesetzgebers in Einklang, dass der Fristablauf nur zugunsten des Gläubigers, nicht aber zugunsten des Schuldners, Rechtsklarheit schaffen soll.[1332] Im Übrigen spricht für ein Zurückweisungsrecht das Argument, dass man ansonsten aus dem „Recht zur zweiten Andienung" ein „Recht zur dritten Andienung" machen würde, was letztlich dazu führt, dass die Fristsetzung ihres Erfüllungsdrucks beraubt würde.[1333] Entscheidend ist das Zurückweisungsrecht vor allen Dingen dafür, dass der Gläubiger durch die berechtigte Ablehnung der Leistung nicht in Annahmeverzug nach § 293 BGB geraten kann und deshalb auch nicht die Gefahr des Untergangs der zurückgewiesenen Sache gemäß §§ 300, 326 II BGB zu tragen hat.[1334] Für den Gläubiger gilt es jedoch zu beachten, dass eine einmal erfolgte Zurückweisung der Leistung zu einer Bindung dahingehend führt, dass er im Anschluss nicht mehr auf seinen Erfüllungsanspruch zurückgreifen kann. Auch hier gilt das Verbot widersprüchlichen Verhaltens.[1335]

1330 § 8 II. 2. c. (1); A.A. *Althammer*, ZGS 2005, 375; *Bressler*, NJW 2004, 3382, 3385, der auf die Aussage des Gesetzgebers verweist, wonach der Schuldner die Schwebelage jederzeit durch Erbringung der Leistung beenden könne (BT-Drucks. 14/6040, (Fn. 128), 140 Zu § 281 BGB Zu Absatz 3); *Jacobs*, FS Hansjörg Otto (2008), 137, 147 f., der für einen „Wettlauf" zwischen den Parteien plädiert, was dazu führt, dass der Schuldner auch nach Fristablauf noch solange die Leistung erbringen darf, bis von Seiten des Gläubigers die Sekundärrechte ausgeübt werden.

1331 A.A. *Schroeter*, AcP (207) 2007, 29, 45, der meint, dass der Gläubiger dem Schuldner durch Nichtausübung der Sekundärrechte nach Fristablauf das Vertrauen in die Möglichkeit gibt, die Nacherfüllungsleistung noch erbringen zu können, weshalb er zu einer Annahme verpflichtet sei.

1332 *Oechsler*, (Fn. 206), 146.

1333 *Finn*, ZGS 2004, 32, 34 f.

1334 *Jud*, JuS 2004, 841.

1335 MünchKomm BGB^{6}(-*Roth/Schubert*), (Fn. 188), § 242 BGB Rn. 284.

4. Bindung des Gläubigers an ein nach Fristablauf geäußertes Erfüllungsverlangen?

Dass der Forderung von Schadensersatz oder der Erklärung des Rücktritts nach dem Gesetz seit 2002 im Gegensatz zum Erfüllungsverlangen rechtsgestaltende Wirkung zukommt, ist vielfach bereits dargelegt worden.[1336] Offen ist dabei jedoch die Frage geblieben, inwieweit einem nach Fristablauf geäußerten Erfüllungsverlangen eine Bindungswirkung zukommt. Mit dem Wortlaut des Gesetzes ist diese Frage nicht zu beantworten, da hiernach nicht ausdrücklich geklärt ist, welche Rechtsfolge sich aus einem weiteren Erfüllungsverlangen ergibt.[1337] Auf der Hand liegt, dass die Geltendmachung des Erfüllungsanspruchs, wie oben bereits erwähnt, nicht die gleiche Wirkung haben kann, wie sie sich aus den §§ 281 IV, 346 BGB ergibt, da sich der Gesetzgeber bewusst gegen eine solche Rechtsfolge entschieden hat. Klar ist aber auch, dass der Gläubiger nicht ständig zu Lasten des Schuldners zwischen den verschiedenen Ansprüchen hin und her wechseln können darf. Der Schuldner könnte immerhin bereits aufgrund eines Erfüllungsverlangens von Seiten des Gläubigers Aufwendungen zur Vorbereitung der Erfüllung getätigt haben,[1338] die bei der Geltendmachung von Sekundärrechten unentschädigt bleiben würden.

a. Pflicht zur erneuten Fristsetzung oder § 242 BGB als dilatorische Einrede des Schuldners?

In der Rechtsprechung und Teilen der Literatur wird die Ansicht vertreten, dass der Gläubiger für den Fall, dass er nach Fristablauf zunächst weiter auf den Primäranspruch besteht, eine erneute Frist setzen muss, wenn er anschließend doch lieber die Sekundärrechte geltend machen möchte; argumentiert wird dabei wiederum mit dem Verbot des venire contra factum proprium.[1339] Auf der anderen Seite wird in der Literatur vorgeschlagen, dass § 242 BGB als dilatorische Einrede für den Schuldner dienen könne, welche er dem Gläubiger, der nach einem Erfüllungsverlangen auf einmal Schadensersatz verlangt, für den Zeitraum entgegen halten kann, den er für Vorbereitung und Erbringung der Leistung regel-

---

1336 Vergleiche § 2 IV. 4. und § 8 II. 2.

1337 Vergleiche *Schwab*, JZ 2006, 1030, 1031 und *Althammer*, ZGS 2005, 375, die sich auch mit der Frage beschäftigen.

1338 So *Jacobs*, FS Hansjörg Otto (2008), 137, 138.

1339 OLG Celle 17.5.2005, ZGS 2005, 275; *Schwab*, JR 2003, 133, 134, der darauf verweist, dass eine erneute Frist auch nach den §§ 281 II, 323 II BGB entbehrlich sein könne, was wiederum die Möglichkeit zu einer differenzierenden Interessenabwägung biete.

mäßig benötigt.[1340] Die Sekundärrechte wären hiernach durch das Erfüllungsverlangen nur für eine gewisse Zeit suspendiert. Dieser Auffassung hat sich auch der BGH angeschlossen, nach dessen Ansicht die Geltendmachung der Sekundärrechte im Einzelfall gegen § 242 BGB verstoßen kann, wenn zum Beispiel der Rücktritt „zur Unzeit erklärt wird, kurze Zeit nachdem der Gläubiger erneut Leistung gefordert hat".[1341]

b. Stellungnahme

Nach der hier vertretenen Auffassung ist zunächst festzuhalten, dass weder ein einmal begründetes Recht zum Schadensersatz noch ein Rücktrittsrecht allein deshalb erlöschen, weil der Gläubiger nach Fristablauf erneut seinen Erfüllungsanspruch geltend macht.[1342] In Übereinstimmung mit dem BGH ist nämlich primär zu berücksichtigen, dass der Erfüllungsanspruch anders als die Sekundärrechte direkt aus dem Vertrag abgeleitet wird, weshalb in seiner Geltendmachung kein gleichzeitiger Verzicht auf die gesetzlichen Ansprüche gesehen werden kann.[1343] Diese sind dem Gläubiger schließlich gerade durch die Fristsetzung erst entstanden. Es wird deshalb der vom BGH und Teilen der Literatur[1344] vertretenen Auffassung zugestimmt, dass ein Erfüllungsverlangen in jedem Fall nicht zu der Verpflichtung führt, vor der späteren Geltendmachung eines Rücktrittsrechts erneut eine Frist zu setzen. Insbesondere ist dem Gläubiger bei einem erneuten Erfüllungsverlangen kein Vorwurf der Rechtsmissbräuchlichkeit gemäß § 242 BGB zu machen.[1345]

Um den Schuldner jedoch auch angemessen vor einem sprunghaften Verhalten des Gläubigers zu schützen, ist sich der Ansicht anzuschließen, dass die

---

1340 *Althammer,* ZGS 2005, 375, 377 mit Verweis auf MünchKomm BGB[6](-*Ernst*), (Fn. 188), § 281 BGB Rn. 101.

1341 BGH 20.1.2006, JZ 2006, 1028, 1030, der sich im Übrigen ausdrücklich gegen eine Pflicht zur erneuten Fristsetzung ausgesprochen hat, da sie „mit der gesetzlichen Regelung der Rechtsfolgen einer ergebnislosen Fristsetzung zur Nacherfüllung nach § 281 Abs. 1 BGB und § 323 Abs. 1 BGB nicht zu vereinbaren" sei (1029).

1342 Ebenso: *Oechsler*, (Fn. 206), 147; *Jacobs*, FS Hansjörg Otto (2008), 137, 138, 150; A.A. *Jauernig*[14](-*Stadler*), (Fn. 182), § 281 BGB Rn. 15, die ja für eine reziproke Anwendung von § 281 IV BGB plädiert und deshalb von einem Erlöschen der Sekundärrechte ausgeht.

1343 BGH 20.1.2006, JZ 2006, 1028, 1029 f.

1344 *Althammer*, NJW 2006, 1179, 1180; *Kleine/Scholl*, NJW 2006, 3462.

1345 So *Jacobs*, FS Hansjörg Otto (2008), 137, 152 f., der als Begründung anführt, dass es zwar entsprechende Überlegungen im Gesetzgebungsverfahren gab, diese aber gerade nicht Gesetz geworden seien.

Sekundärrechte nach einem Erfüllungsverlangen durch den Gläubiger solange suspendiert sein sollen, wie davon auszugehen ist, dass der Schuldner im Einzelfall für die Vorbereitung und Erbringung der Leistung benötigen würde.[1346] Bei der Bemessung der Frist sollte hierbei durchaus Berücksichtigung finden, dass der Schuldner unter Umständen noch gar nicht mit der Leistungsvorbereitung begonnen hat;[1347] immerhin hat er durch das fruchtlose Verstreichenlassen der Nachfrist gezeigt, dass er zu einer Leistung aus welchen Gründen auch immer sowohl innerhalb der vertraglich vereinbarten Zeit als auch innerhalb der Nachfrist nicht in der Lage war. Der Gläubiger sollte sich somit den Vorstoß eines erneuten Erfüllungsverlangens, welcher für ihn unter Umständen einen nicht unerheblichen Zeitverlust bedeutet, genau überlegen.

III. Rechtsfolgen einer wiederholten Nachfrist

Zunächst ist als Fazit aus dem oben Dargelegten festzuhalten, dass grundsätzlich keine Pflicht zu einer wiederholten Nachfrist besteht.[1348] Würde man eine solche Pflicht nämlich bejahen, würde hieraus ein vom Gesetzgeber nicht gewolltes „Recht zur dritten Andienung“ folgen.[1349] Entscheidet sich der Gläubiger dennoch nach Ablauf der ersten Nachfrist aus freien Stücken zu der Setzung einer weiteren, so hat dies zur Folge, dass der Gläubiger auch bis zu deren Ablauf wie bei der zuerst gesetzten Frist der oben beschriebenen Bindungswirkung unterliegt.[1350] Über diese Konsequenz muss sich der Gläubiger bewusst sein, wenn er dem Schuldner noch eine weitere Frist zur vollständigen Erfüllung der Leistung gewähren will.

1346 *Jacobs*, FS Hansjörg Otto (2008), 137, 153 f.

1347 A.A. *Jacobs*, FS Hansjörg Otto (2008), 137, 153 f., der hierbei eine deutlich kürzere „Gnadenfrist“ als die Nachfrist vorschlägt; *Kleine/Scholl*, NJW 2006, 3462, 3463, die schlicht „einen längeren Zeitraum“ genügen lassen, wobei die Kriterien zur genauen Bemessung unklar bleiben.

1348 *Canaris*, DB 2001, 1815 f.; Zu der Ausnahme siehe § 8 II. 1. b) bb).

1349 *Skamel*, JuS 2010, 671, 672.

1350 Denn hierdurch hat er beim Schuldner einen Vertrauenstatbestand geschaffen, dem er grundsätzlich gemäß § 242 BGB nicht zuwiderhandeln darf, MünchKomm BGB^{6} (-*Roth/Schubert*), (Fn. 188), § 242 BGB Rn. 284.

IV. Auswirkungen der neuen Rechtslage auf das Insolvenzrecht

In Ergänzung zu der oben dargelegten Problematik der geänderten Rechtsfolge der Nachfrist ist an dieser Stelle noch kurz auf die in diesem Zusammenhang bestehenden Auswirkungen auf das Insolvenzrecht einzugehen. In der Literatur wird teilweise vertreten, dass die geänderte Rechtsfolge nach Fristablauf, nämlich der Fortbestand des Erfüllungsanspruchs, gerade in Bezug auf das Insolvenzrecht völlig inakzeptabel sei.[1351] So könne es durch die „Hängepartie" des Schuldners zur Vernichtung von noch vorhandenen Vermögenswerten kommen, da die Unsicherheit über ein mögliches Erfüllungs- oder Schadensersatzverlangen des Gläubigers beispielsweise der anderweitigen Verwertung von einem überwiegend fertig gestellten Werk entgegenstehen könnte.[1352] Um einem Verlust von Vermögenswerten im Insolvenzverfahren entgegenzuwirken, wird deshalb mitunter dafür plädiert, dem Schuldner trotz der bestehenden Bedenken ein Fristsetzungsrecht nach § 264 II BGB einzuräumen.[1353] Andere verweisen dagegen zur Begründung eines Fristsetzungsrechts auf § 242 BGB, um auf diese Weise den Insolvenzverwalter in seinen rechtlichen Möglichkeiten zu unterstützen.[1354] Wie oben bereits dargelegt, wird nach der hier vertretenen Ansicht ein Fristsetzungsrecht des Schuldners zur Beendigung der „Schwebelage" im allgemeinen Leistungsstörungsrecht abgelehnt. Stattdessen ist eine Novellierung des Gesetzes vorgeschlagen worden, die dem Schuldner eine hinreichende Möglichkeit zur Absicherung vor unzumutbaren Vermögensschäden einräumt.[1355] Eine solche Neuregelung des Gesetzes würde auch dem Insolvenzverwalter zu Gute kommen. Alternativ kann der Schwebesituation im Insolvenzrecht bereits jetzt durch insolvenzrechtliche Regelungsmechanismen in Form einer analogen Anwendung von § 103 II 2 InsO zur Schaffung einer Fristsetzungsbefugnis für den Insolvenzverwalter abgeholfen werden.[1356]

1351 *Marotzke*, KTS 2002, 1, 35.

1352 *Heinrichs*, FS Derleder (2005), 107; *Jacobs*, FS Hansjörg Otto (2008), 137, 149 f.

1353 *Heinrichs*, FS Derleder (2005), 107 f.

1354 *Jacobs*, FS Hansjörg Otto (2008), 137, 150.

1355 § 8 II. 2. c. (5).

1356 *Althammer*, NJW 2006, 1179, 1181.

§ 9 Richtlinienkonformität der Nachfrist-regelung

I. Die Vorgaben der Verbrauchsgüterkauf-richtlinie 1999/44/EG

Obwohl der Auslöser für die Schuldrechtsmodernisierung im Jahre 2002 in der Verbrauchsgüterkaufrichtlinie 1999/44/EG[1357] zu verorten ist,[1358] wird die in diesem Zusammenhang geschaffene Nachfristregelung in § 323 I BGB in Literatur und Rechtsprechung überwiegend als nicht richtlinienkonform angesehen.[1359] Im Fokus steht hierbei die Vorgabe der Richtlinie aus Art. 3 V Spiegelstrich 2[1360], welcher lautet:

> „*Der Verbraucher kann eine angemessene Minderung des Kaufpreises oder eine Vertragsauflösung verlangen,*
> (...) – *wenn der Verkäufer nicht innerhalb einer angemessenen Frist Abhilfe geschaffen hat* (...)".

Zwar ist der Anwendungsbereich der Richtlinie allein auf Fälle von Verbrauchsgüterkäufen beschränkt; der deutsche Gesetzgeber entschied sich jedoch dafür, eine Neukodifikation des gesamten Kaufrechts nach dem Leitbild des Verbrauchsgüterkaufs vorzunehmen,[1361] mithin die sich aus der Richtlinie ergebenden Vorgaben nicht als Sonderregeglung auf das Verbraucherrecht zu beschränken, sondern als generell auf den Gewährleistungsfall anwendbares Recht in § 323 I BGB[1362] festzulegen.[1363] Es handelt sich hierbei um eine sogenannte „überschießende Umsetzung" der Richtlinie,[1364] weil das Schuldrechtsmodernisierungsgesetz sogar über die zwingenden Vorgaben der Richtlinie hinaus-

---

1357 Richtlinie 1999/EG vom 25.5.1999, AblEG Nr. L 171 vom 7.7.1999.

1358 *Haas*, BB 2001, 1313; *Ernst/Gsell*, ZIP 2001, 1389.

1359 Vergleiche *Schürholz*, (Fn. 259), 252, der mit einer Vielzahl von Nachweisen einen guten Überblick über den Diskussionsstand in der Literatur bietet; *Faust*, Anmerkung zu BGH 12.8.2009, JZ 2010, 202.

1360 Richtlinie 1999/EG vom 25.5.1999, AblEG Nr. L 171 vom 7.7.1999, 12.

1361 *Schubel*, JuS 2002, 313.

1362 In Bezug auf das Minderungsrecht müsste in diesem Zusammenhang noch § 441 BGB genannt werden, welcher jedoch auf die Voraussetzungen des Rücktritts verweist.

1363 *Tröger*, ZVglRWiss 2008, 383, 402.

1364 *Habersack/Mayer*, JZ 1999, 913, 914.

geht.[1365] Mit dieser Entscheidung bereitete der Gesetzgeber den Boden für eine bis heute andauernde Diskussion um die Richtlinienkonformität von § 323 I BGB.

II. Kritik an der deutschen Nachfristregelung in § 323 I BGB

Als Kritik an der Nachfristregelung in § 323 I BGB wird angeführt, dass die Richtlinie nach Art. 3 V Spiegelstrich 2 die Berechtigung zur Vertragsauflösung oder Minderung bei Verbrauchsgüterkäufen lediglich an den erfolglosen Ablauf einer angemessenen Frist knüpt.[1366] Die Richtlinie verbietet somit geradezu die Pflicht zum ausdrücklichen Setzen einer Frist,[1367] wie es im deutschen Recht allgemeine Voraussetzung für die sekundären Rechtsbehelfe, insbesondere bei § 323 I BGB, ist.

III. Argumentation des Gesetzgebers und von Teilen der Literatur: Fristsetzungsgebot als Vorteil gegenüber der Richtlinie

Demgegenüber vertritt der Gesetzgeber in seiner Begründung zum Schuldrechtsmodernisierungsgesetz die Auffassung, dass die Ausgestaltung der Nachfristregelung in § 323 I BGB den Vorgaben der Richtlinie nicht widerspreche, weil dem Fristsetzenden die selbstbestimmte Festlegung der Frist nur zum Vorteil gereiche. Da das Fristsetzungsgebot demnach keine Nachteile für den Gläubiger nach sich ziehe, sei die Vorschrift ohne Weiteres mit der Richtlinie vereinbar.[1368] Des Weiteren wird darauf verwiesen, dass der Verbraucher nach der Richtlinie letztlich ebenfalls festlegen müsse, wann eine angemessene Frist ab-

---

1365 Die Richtlinie verpflichtet die Mitgliedstaaten lediglich hinsichtlich der Gewährung bestimmter Mindestrechte für den Verbraucher; der deutsche Gesetzgeber entschloss sich jedoch ein Teil der Mindestrechte sowohl im allgemeinen Leistungsstörungsrecht als auch im Kaufrecht für alle Verträge, insbesondere unabhängig einer Verbrauchereigenschaft, festzuschreiben, vergleiche *Mayer/Schürnbrand*, JZ 2004, 545, 546, die sich ausführlich mit der Problematik der überschießenden Umsetzung von Richtlinien beschäftigen.

1366 Vergleiche *Unberath*, ZEuP 2005, 5, 28.

1367 *Koch*, NJW 2010, 1636, 1638.

1368 Zur vorstehenden Argumentation siehe BT-Drucks. 14/6040, (Fn. 128), 222 Zu § 437 Zu Nummer 2.

gelaufen sei; schließlich könne er erst in diesem Moment von seinen weitergehenden Mängelrechten Gebrauch machen.[1369] Im Gegensatz zu den Vorschriften der Richtlinie habe der Käufer nach dem deutschen Recht den Vorteil, dass er die Länge der Frist eigenständig bestimmen könne.[1370] Das Verlangen nach einer Fristsetzung diene somit nur der Rechtssicherheit.[1371]

IV. Stellungnahme

Der Auffassung des Gesetzgebers ist nicht zu folgen. Denn zwischen der Vorgabe des schlichten Verstreichenlassens einer angemessenen Frist und einem grundsätzlich zwingendem Fristsetzungsgebot liegt ein klarer Unterschied. Nach dem Wortlaut von § 323 I BGB erlangt der Gläubiger nämlich im Regelfall nur dann das Recht, vom Vertrag zurückzutreten, wenn er dem Schuldner zuvor eine angemessene Frist zur Nacherfüllung gesetzt hat. Unterlässt er dagegen eine ausdrückliche Fristsetzung und lässt einfach nur eine angemessene Frist verstreichen, steht ihm dem Wortlaut nach das Recht auf Rücktritt nicht zu. Auch wenn die Vorteile des deutschen Fristsetzungsgebots gegenüber einer schlichten Fristgewährung überwiegen,[1372] stellt die deutsche Fristenregelung in § 323 I BGB den Gläubiger im Falle eines einfachen Verstreichenlassens einer Frist deutlich schlechter als die Richtlinie,[1373] da ihm in diesem Fall der Weg zu den sekundären Rechtsbehelfen verschlossen bleibt, bzw. es zu einem von der Richtlinie nicht gewollten Rechtsverlust kommt.[1374] Um eine richtlinienkonforme Auslegung kommt man in Deutschland folglich nicht herum.[1375] Dieser Auf-

---

1369 Reg.-Begr., in: *Canaris*, Schuldrechtsmodernisierung (2002), 829; *Hoffmann*, ZRP 2001, 347, 349.

1370 BT-Drucks. 14/6040, (Fn. 128), 222 Zu § 437 Zu Nummer 2.

1371 *Huber, Peter/Faust*(*-Huber*), (Fn. 385), 336 (13. Kap. Rn. 60); Dieser Argumentation zustimmend: *Hoffmann*, ZRP 2001, 347, 349, der aber Zweifel daran äußert, ob der EuGH eine solche Auslegung teilen würde.

1372 § 7 VI. 2. d. (1).

1373 A.A. *Hoffmann*, ZRP 2001, 347, 349.

1374 *Schürholz*, (Fn. 259), 252.

1375 Aus den Artt. 10, 249 III EG folgt die Pflicht zur „richtlinienkonformen Rechtsgewinnung“, die sich in der Pflicht zur richtlinienkonformen Auslegung konkretisiert. Die nationale Judikative hat hiernach das nach nationalen Methoden Mögliche zur Umsetzung der Vorgaben zu unternehmen, da anderenfalls eine Haftung des Mitgliedstaates droht, *Herresthal*, EuZW 2007, 396, 397.

fassung hat sich letztlich sowohl die Rechtsprechung,[1376] als auch der überwiegende Teil der Literatur angeschlossen.[1377]

V. Vorschläge zur richtlinienkonformen Auslegung der Fristenregelung

Wie bereits dargelgt,[1378] entschied sich der Gesetzgeber trotz der bestehenden Problematik der Richtlinienkonformität von § 323 I BGB bewusst für die gegenwärtig geltenden Vorschriften.[1379] Dies zeigt auch die Tatsache, dass § 323 I 2 DiskE noch eine Regelung enthielt, nach der bei der Aufforderung zur Erfüllung jedefalls eine angemessene Frist als gesetzt galt, von der der Gesetzgeber aber in der konsolidierten Fassung wieder abrückte.[1380] In seiner selbstgeschaffenen Not verweist jedoch auch der Gesetzgeber in seiner Begründung zur weiteren Absicherung seiner Entscheidung darauf, dass der Gefahr einer Richtlinienwidrigkeit notfalls mit einer richtlinienkonformen Auslegung von § 440 BGB abgeholfen werden könne.[1381] In Rechtsprechung und Literatur werden dagegen § 323 I oder II Nr. 3 BGB als entsprechend auszulegende Vorschriften ins Feld geführt. Argumentiert wird hierbei im Einzelnen wie folgt:

1. § 440 BGB als Anknüpfungspunkt für die Herstellung der Richtlinienkonformität

Als Argument für einen Rückgriff auf § 440 BGB wird angeführt, dass dieser mit dem Begriff des Fehlschlagens die Möglichkeit biete, eine richtlinienkonforme Rechtslage herzustellen.[1382] Denn dieser könne in Fällen von Verbrauchsgüterkäufen dergestalt ausgelegt werden, dass auch ohne das ausdrückliche Setzen einer Frist der Weg zu den sekundären Rechtsbehelfen eröffnet sei, wenn

---

1376 BVerfG 26.9.2006, JuS 2007, 181; LG Stuttgart 8.2.2012, BB 2012, 974; AG Köln 28.1.2010, Az.: 137 C 436/09 (zitiert nach juris).

1377 *Leible*, in: *Gebauer/Wiedmann*^{2} (Hrsg.), (Fn. 947), 403, 457 (Rn. 97); *Schollmeyer*, ZGS 2009, 491, 495; *Faust*, Anmerkung zu BGH 12.8.2009, JZ 2010, 202; *Dauner-Lieb/Langen*^{2}(*-Dauner-Lieb/Dubovitskaya*), (Fn. 202), § 323 BGB Rn. 17.

1378 Vergleiche die Aufführungen in § 7 VI. 2. d. (2).

1379 *Unberath*, ZEuP 2005, 5, 28.

1380 HKK-BGB(*-Hattenhauer*), (Fn. 111), §§ 323 – 325 BGB Rn. 83.

1381 Reg.-Begr., in: *Canaris*, SchuldRMod, 829; Vergleiche auch *Tiedtke*, 40 Probleme aus dem BGB (2005), 164, der hieraus schließt, dass der Gesetzgeber selbst Zweifel an der Richtlinenkonformität seiner Regelung gehabt hat.

1382 BT-Drucks. 14/6040, (Fn. 128), 222 Zu § 437 Zu Nummer 2.

nach objektiven Maßstäben bereits eine angemessene Zeit zur Nacherfüllung verstrichen ist.[1383] Von einem Fehlschlagen könne bereits ausgegangen werden, wenn der Käufer den Verkäufer über den Mangel informiert und zur Nacherfüllung aufgefordert habe, dieser aber dem Abhilfeverlangen nicht innerhalb einer angemessenen Frist nachgekommen sei.[1384]

2. Die richtlinienkonforme Auslegung von § 323 II Nr. 3 BGB oder § 323 I BGB

Das Bundesverfassungsgericht und ein Teil der Literatur verweisen dagegen auf die Generalklausel aus § 323 II Nr. 3 BGB, die als Anknüpfungspunkt dafür herhalten müsse, dass bei Verbrauchsgüterkäufen ab dem Nacherfüllungsverlangen automatisch eine angemessene Frist laufe, um auf diese Weise den Vorgaben der Verbrauchsgüterkaufrichtlinie zu entsprechen.[1385]

Der überwiegende Teil der Literatur und nunmehr auch Teile der Rechtsprechung vertreten indes die Ansicht, dass § 323 I BGB richtlinienkonform so ausgelegt werden müsse, dass alleine mit dem Erfüllungsbegehren eine angemessene Frist in Gang gesetzt werde, nach deren Ablauf die Voraussetzungen für Rücktritt und Minderung gegeben seien.[1386]

VI. Stellungnahme

Auch wenn als Argument für den Rückgriff auf § 440 BGB durchaus streitet, dass dieser seinen Platz im Gesetz nicht im allgemeinen Leistungsstörungsrecht hat, sondern, wie es dem Anwendungsbereich der Richtlinie entspricht,[1387] im Abschnitt über den Kauf zu verorten ist, muss eine richtlinienkonforme Auslegung von § 440 BGB dennoch abgelehnt werden. Zum einen steht bereits der Wortlaut einer richtlinienkonformen Auslegung entgegen.[1388] Denn nach diesem bedarf es einer Fristsetzung nur dann nicht, wenn die Nacherfüllung fehlgeschlagen ist. Von einem Fehlschlagen der Nacherfüllung kann jedoch nicht al-

1383 Reg.-Begr., in: *Canaris*, SchuldRMod, 829; *Schmidt-Räntsch*, SchuldR, Rn. 776.

1384 *Leible*, in: *Gebauer/Wiedmann*[2] (Hrsg.), (Fn. 947), 403, 457 (Rn. 97).

1385 BVerfG 26.9.2006, JuS 2007, 181; so auch *Mayer/Schürnbrand*, JZ 2004, 545, 552; *Unberath*, ZEuP 2005, 5, 31; *Medicus/Lorenz*[16], (Fn. 403), 61 (rn. 149); *Faust*, Anmerkung zu BGH 12.8.2009, JZ 2010, 202.

1386 LG Stuttgart 8.2.2012, BB 2012, 974; *Unberath*, ZEuP 2005, 5, 29; *Staudinger/Artz*, NJW 2011, 3121.

1387 *Staudenmeyer*, NJW 1999, 2393, 2394.

1388 *Mayer/Schürnbrand*, JZ 2004, 545, 546 (Fn. 12).

lein deshalb gesprochen werden, weil bei einem Verbrauchsgüterkauf eine angemessene Frist verstrichen ist. Im Übrigen würde dem Fristsetzungserfordernis aus § 323 I BGB jede Bedeutung genommen, wenn ein Fehlschlagen der Nacherfüllung in allen Fällen gegeben sei, in denen zwar keine Fristsetzung erfolgte, dafür aber eine angemessene Frist verstrichen ist.[1389]

Eine richtlinienkonforme Auslegung kann somit nur über § 323 BGB erfolgen. Aufgrund ihrer Eigenschaft als Generalklausel würde sich hierzu auf den ersten Blick § 323 II Nr. 3 BGB anbieten, da diese zumindest vom Wortsinn her einen entsprechenden Beurteilungsspielraum gewährt.[1390] Allerdings wird auch hierbei verkannt, dass diese Vorschrift eigentlich nur als Ausnahmeregel für gewisse Einzelfälle vom Gesetzgeber vorgesehen war und somit nicht wider ihre Bestimmung ohne Weiteres auf alle Verbrauchsgüterkäufe angewendet werden kann. Im Übrigen impliziert die Formulierung „rechtfertigen" aus § 323 II Nr. 3 BGB eine Abwägung der beiderseitigen Interessen der Parteien; eine solche darf jedoch nach der Verbrauchsgüterkaufrichtlinie ebenfalls nicht zwingend vorausgesetzt werden.[1391] Zudem würde eine Anwendung von § 323 II Nr. 3 BGB seinem Wortlaut nach dazu führen, dass der Käufer dem Verkäufer nicht einmal mehr eine Gelegenheit zur Nacherfüllung geben müsste. Dies wäre jedoch mit der Richtlinie nicht vereinbar, da diese lediglich auf ein Fristsetzungserfordernis und nicht auf ein Nacherfüllungsbegehren verzichtet.[1392]

Nach alledem könnte eine Richtlinienkonformität schließlich nur über eine entsprechende Auslegung von § 323 I BGB erreicht werden. Auch hier stellt sich jedoch die Frage, ob der Wortlaut der Vorschrift tatsächlich so ausgelegt werden kann, dass allein mit dem Erfüllungsbegehren eine Frist in Gang gesetzt wird.[1393] Darüber hinaus wird kritisiert, dass die Nachfristregelung damit fak-

---

1389 *Tiedtke*, (Fn. 1381), 164.

1390 So *Unberath*, ZEuP 2005, 5, 31, der sich diesem Lösungsweg angeschlossen hat.

1391 *Leible*, in: *Gebauer/Wiedmann*^{2} (Hrsg.), (Fn. 947), 403, 457 (Rn. 97).

1392 MünchKomm BGB^6(-*Ernst*), (Fn. 188), § 323 BGB Rn. 50.

1393 *Unberath*, ZEuP 2005, 5, 29 f., der im Weiteren noch darauf hinweist, dass zudem einer richtlinienkonformen Reduktion der Vorschrift das Fehlen einer planwidrigen Regelungslücke aufgrund des klaren Willens des Gesetzgebers entgegensteht; A.A. BGH 26.11.2008, BGHZ 179, 27, der in seinem Leitsatz der Entscheidung die Ansicht vertritt, dass sich eine planwidrige Unvollständigkeit des Gesetzes auch daraus ergeben kann, dass der Gesetzgeber in der Gesetzesbegründung ausdrücklich seine Absicht bekundet hat, eine richtlinienkonforme Regelung zu schaffen, die Annahme des Gesetzgebers, die Regelung sei richtlinienkonform, aber fehlerhaft ist; so auch *Herresthal*, EuZW 2007, 396, 400, der eine Judikative Rechtsfortbildung nur in dem Fall für ausge-

tisch „zumindest im Bereich der Verbrauchsgüterkäufe (...) weitgehend entwertet wird".[1394] Aber selbst wenn man § 323 I BGB auf diese Weise auslegen könnte, wird doch deutlich, dass ein wirklich befriedigendes Ergebnis auch mit diesem Lösungsweg nicht erreicht werden kann. Das Problem liegt schlicht darin, dass eine solche Auslegung des Gesetzes, welche vom Wortlaut des Gesetzes nur schwer gedeckt sein dürfte, letztlich zur Rechtsunsicherheit bzw. Rechtsunklarheit führt.[1395] Dies zeigt sich schließlich in einem neueren Urteil des BGH,[1396] in dem dieser in seinen Entscheidungsgründen ausführlich auf die Frage eingeht, ob bei einem Verbrauchsgüterkauf eine „Fristsetzung" zur Nacherfüllung als Voraussetzung für einen Rücktritt im Falle eines unwirksamen formularmäßigen Gewährleistungsausschlusses entbehrlich sei, was er letztlich verneint. An keiner Stelle seiner Ausführungen geht das Gericht jedoch darauf ein, dass eine Fristsetzung auf der Grundlage einer richtlinienkonformen Auslegung der Vorschriften in dem zugrunde liegenden Fall überhaupt nicht erforderlich gewesen wäre.[1397]

VII. Neue Wendung mit dem BGH-Urteil vom 12.8.2009?

In Gestalt eines in jüngerer Zeit gefällten Urteils des BGH wird teilweise wieder eine neue Annäherung an die Richtlinienkonformität der deutschen Nachfristregelung gesehen.[1398] So entschied der BGH mit Urteil vom 12.8.2009[1399], dass eine nach § 281 BGB erforderliche Frist auch dann als gesetzt angesehen werden kann, wenn statt der Festlegung einer bestimmten Zeitangabe lediglich deut-

---

schlossen hält, dass der Gesetzgeber die Erfüllung der gemeinschaftsrechlichen Rechtspflicht klar und deutlich ablehnt. Eine solche Ablehnung liegt hier eindeutig nicht vor.

1394 *Schürholz*, (Fn. 259), 252.

1395 „Damit erweist sich das ausgefeilte Nacherfüllungsmodell des deutschen Gesetzgebers an einer wichtigen Stelle als brüchig," so *Dauner-Lieb* in: *Remien* (Hrsg.), (Fn. 261), 191, 195; A.A. *Hoffmann*, ZRP 2001, 347, 349.

1396 BGH 13.7.2011, NJW 2011, 3435.

1397 Siehe auch *Schulte-Nölke*, ZGS 2011, 385, welcher ebenfalls der Auffassung ist, dass der Fall falsch entschieden worden ist, bzw. der BGH vor dem Hintergrund der Richtlinienvorgabe zumindest den EuGH hätte anrufen müssen.

1398 Auch wenn es bei der Entscheidung grundsätzlich auf die Bestimmungen der Verbrauchsgüterkaufrichtlinie nicht ankam, weil ein Schadensersatzanspruch geltend gemacht wurde. Da der BGH in seinen Entscheidungsgründen aber allgemein zur Fristsetzung argumentiert, kann davon ausgegangen werden, dass die Ausführungen auch auf § 323 I BGB anzuwenden sind, *Koch*, NJW 2010, 1636 Fn. 3.

1399 BGH 12.8.2009, NJW 2009, 3153.

lich gemacht wird, dass der Schuldner die Leistung zeitnah, mithin innerhalb eines angemessenen Zeitrahmens, zu erbringen habe. Mit dieser Rechtsprechung hat sich das Gericht von dem strikten Setzen einer zeitlich genau bestimmten Frist gelöst und Formulierungen wie „unverzüglich“, „sofort“ und „umgehend“ als ausreichend angesehen. Zur Begründung wird darauf hingewiesen, dass schließlich eine zu kurz bemessene Frist eine angemessene in Lauf setze. Da auch Begriffe wie „sofort“ letztlich eine Zeitangabe, regelmäßig eine zu kurz bemessene Zeitspanne, darstellen, müsse hierdurch eine angemessene Frist in Gang gesetzt werden.[1400] Durch diese neue Rechtsprechung wird das Erfordernis des „Setzens einer Frist“ deutlich abgeschwächt, wodurch die deutsche Fristenregelung der Richtlinie weiter angenähert wird.

Allerdings löst auch diese Rechtsprechung das Problem der Richtlinienkonformität im Ergebnis nicht.[1401] Zum einen minimieren die abgesenkten Anforderungen an die Fristsetzung nur die Fälle, in denen die Problematik einer nicht gesetzten Frist bei einem Verbrauchsgüterkauf zum Tragen kommt, schließen diese aber nicht gänzlich aus. Zum anderen wurde im Rahmen dieser Arbeit bereits festgestellt, dass die nunmehr vom BGH vertretene Rechtsauffassung zur Absenkung der Anforderungen an eine wirksame Fristsetzung nicht vorzugswürdig erscheint und deshalb eine Rückkehr zu den strengeren Anforderungen an die Frist angeraten ist. Eine wirklich überzeugende Lösung für die Richtlinienwidrigkeit der Vorschrift aus § 323 BGB erscheint deshalb gegenwärtig nicht gegeben.[1402]

1400 Zur weiteren Argumentation des BGH siehe § 7 VI. 2. e. (2), wobei der BGH in seinen Entscheidungsgründen keinerlei Bezug zu der europarechtlichen Problematik herstellt, was insbesondere von *Greiner/Hossenfelder*, JA 2010, 412, 415 zu Recht bedauert wird.

1401 So auch *Koch*, NJW 2010, 1636, 1638, der die Ansicht vertritt, dass auch mit dem weiteren Aufweichen der Fristsetzung letztlich kein Einklang mit den europäischen Vorgaben erzielt wird (dies könne eben nur mit Verzicht auf die Frist erreicht werden), und damit auch keine Förderung der Rechtssicherheit gegeben ist; A.A. *Greiner/Hossenfelder*, JA 2010, 412, 415, der die neue Rechtsprechung „mittelbar auch als europarechtskonforme Auslegung des Fristsetzungserfordernisses“ sieht.

1402 A.A. *Klein*, Anmerkung zu BGH 12.8.2009, NJW 2009, 3154, 3155, der das deutsche Fristsetzungserfordernis nach der Entscheidung des BGH nunmehr mit der Begründung für richtlinienkonform hält, dass der EuGH lediglich verlange, „dass das nationale Recht soweit wie möglich am Wortlaut und Zweck der umgesetzten Richtlinie auszurichten ist (EuGH, Slg. 1990, I-4135, Rdnr. 8 – Marleasing)“.

VIII. Novellierungsvorschlag

Nach alledem ist als Fazit festzuhalten, dass es für einen dauerhaften Erhalt von Rechtssicherheit und Rechtsklarheit unumgänglich ist, in das Gesetz eine klare Regelung zur Fristgewährung anstelle einer Fristsetzung bei Verbrauchsgüterkäufen aufzunehmen.[1403] In Anlehnung an den DCFR, in dem eine entsprechende Ausnahme vom Fristsetzungsgebot im Kapitel über Verbrauchsgüterkäufe geregelt ist,[1404] sollte eine solche Regelung in die Sondervorschriften der §§ 474 ff. BGB integriert werden. § 474 II 3 BGB könnte lauten:

> *„In Abweichung zu § 323 I BGB steht dem Verbraucher das Recht auf Rücktritt und Minderung bereits dann zu, wenn der Unternehmer nicht innerhalb einer angemessenen Frist nach Anzeige des Mangels Abhilfe geschaffen hat.*"

Der Vorteil einer Einbettung des Novellierungsvorschlags in die Sondervorschriften über Verbrauchsgüterkäufe liegt darin, dass der Gleichlauf von § 281 BGB und § 323 BGB, wie er vom Gesetzgeber ausdrücklich angestrebt war,[1405] im allgemeinen Leistungsstörungsrecht erst einmal nicht berührt wird.[1406] Darüber hinaus entspricht die vorgeschlagene Erweiterung der §§ 474 ff. BGB letztlich der Strukturentscheidung des Gesetzgebers, der ja trotz der Prämisse eines grundsätzlich einheitlichen Regimes für alle Kaufverträge bereits durch die Festlegung von Sonderregeln für den Verbrauchsgüterkauf eine gewisse Inkonsequenz an den Tag gelegt hat.[1407]

1403 So auch *Unberath*, ZEuP 2005, 5, 32; A.A. MünchKomm BGB[6](-*Ernst*), (Fn. 188), § 323 BGB Rn. 50, der keine Auswirkungen auf den Rechtsverkehr sieht, nur weil der Fall des Rücktritts beim Verbrauchsgüterkauf nicht direkt im Gesetz geregelt ist.

1404 Vergleiche Art. IV.A.-4:201 DCFR.

1405 *Ramming*, ZGS 2002, 412.

1406 Es bleibt jedoch zu überlegen, ob man zum Erhalt eines Gleichlaufs von Schadensersatz und Rücktritt und damit auch zum Erhalt von mehr Rechtsklarheit bei § 281 I BGB nicht ebenfallls eine Fristgewährung genügen lassen sollte, auch wenn dies von der Richtlinie nicht vorgegeben ist, verlgeiche *Schlechtriem/Schmidt-Kessel*[6], (Fn. 168), 288.

1407 *Mayer/Schürnbrand*, JZ 2004, 545, 552.

§ 10 Die Nachfrist in der Praxis

Nachdem die Nachfrist im Rahmen der vorstehenden Arbeit in all ihren Facetten umfassend untersucht worden ist, soll nun zur Vervollständigung der vorgenannten Analyse abschließend ein Blick auf ihren alltäglichen Einsatz in der Praxis geworfen werden. Welche allgemeinen Leitsätze es hierbei zu beachten gilt und wie insbesondere eine Nachfristregelung in AGB wirksam ausgestaltet werden kann, soll im Folgenden näher dargestellt werden.

I. Ratschläge und Hinweise für einen erfolgreichen Einsatz der Nachfrist in der Praxis

Die bisher dargelegte Untersuchung hat gezeigt, dass das Institut der Nachfrist trotz kleinerer Schwächen[1408] aufgrund seiner stetigen Fortentwicklung in den letzten rund 150 Jahren durchaus als ein gelungenes und zeitgemäßes Rechtsinstitut bezeichnet werden kann. Dennoch ist der Einsatz der Frist in der Praxis nicht selten mit Schwierigkeiten verbunden, denen mit den folgenden Hinweisen und Ratschlägen abgeholfen werden soll.

1. Vorsicht bei der Selbstvornahme

Ein großes Problem liegt in der Praxis regelmäßig in der mangelnden Kenntnis des juristischen Laien von dem allgemeinen Fristsetzungsgebot. Diese Unkenntnis kann im Falle einer mangelhaften Leistung leicht dazu führen, dass der Gläubiger eine Mängelbeseitigung als Selbstvornahme ohne vorherige Fristsetzung vornimmt. In diesem Fall stehen ihm keinerlei Ansprüche auf Ersatz der Selbstvornahmekosten zu.[1409] Anders war dies nach der Rechtslage vor der Schuldrechtsmodernisierung, als der Käufer noch von Gesetzes wegen im Falle einer mangelhaft gelieferten Ware automatisch ohne weitere Voraussetzungen das Recht auf Minderung des Kaufpreises hatte.[1410] Eine eigenmächtige Mängelbeseitigung ohne vorherige Fristsetzung führte somit nach damaliger Rechtslage nicht zwingend zu einer Beeinträchtigung für den Gläubiger. Heute ist dies anders. Da de lege lata selbst ein Anspruch auf Ersatz von ersparten Aufwendungen durch den Verkäufer ausgeschlossen ist, sei jedem Käufer dringend geraten,

---

1408 Siehe die dargelegten Novellierungsvorschläge, § 8 II. 2. c. (5), § 9 VIII.
1409 § 4 II. 2. b. (1) (f).
1410 *Braun*, ZGS 2006, 328.

sich bei Auftreten eines Mangels an der Kaufsache zuallererst an den Verkäufer zu wenden und diesem eine angemessene Frist zur Nacherfüllung zu setzen.

2. Fristsetzungsgebot besteht trotz Unsicherheit über die Ursache des Mangels

Wichtig ist auch zu wissen, dass das Fristsetzungsgebot im Leistungsstörungsrecht unabhängig davon besteht, ob der Gläubiger mit Sicherheit weiß, dass die Leistungsstörung, wie beispielsweise ein Mangel, bereits bei Übergabe vorhanden war.[1411] Die Unklarheit über die Ursache eines Defekts entlastet den Gläubiger nämlich nach Ansicht des BGH nicht von der Obliegenheit, dem Verkäufer Gelegenheit zur Nacherfüllung zu geben.[1412] Trotz einer möglicherweise bestehenden Unsicherheit muss der Gläubiger sich also zunächst an den Schuldner halten.[1413] Auch wenn dies im Einzelfall zu einem nicht unerheblichen Zeitverlust auf Seiten des Gläubigers führen kann, muss ihm davon abgeraten werden, vor dem Verkäufer einen Dritten mit einer umfassenden Untersuchung des Mangels zu beauftragen. Bei einer solchen Vorgehensweise trägt der Gläubiger nämlich das Risiko, dass der Schuldner später die Einrede der Beweisvereitelung erhebt, wodurch es zu einer Beweislastumkehr kommen kann.[1414] Dies kann gerade in Fällen, in denen ansonsten § 476 BGB einschlägig wäre, zum Nachteil des Gläubigers sein.

3. Augen auf bei der Verkäuferwahl

Vielfach wird vom juristischen Laien im Rechtsverkehr unterschätzt, welche Konsequenzen die Verkäuferwahl, insbesondere nach Übergabe der Kaufsache, für den Käufer hat. Ein klassisches Beispiel stellt dabei der Kauf eines Gebrauchtwagens dar. Der vordergründig „schlaue" Käufer nutzt heutzutage die angebelichen Vorteile des Internets und sucht sich deutschlandweit den Verkäufer mit dem vermeintlich günstigsten Angebot. Treten nach der Übergabe des Fahrzeugs ein oder nicht selten auch mehrere Mängel an dem Gebrauchtfahrzeug auf, so hat das gesetzliche Fristsetzungsgebot folgende Konsequenzen für den Käufer:

1411 *Dauner-Lieb* in: *Remien* (Hrsg.), (Fn. 261), 191, 201.

1412 BGH 21.12.2005, ZGS 2006, 152.

1413 *Dauner-Lieb/Langen*^{2}(*-Dauner-Lieb*), (Fn. 202), § 281 Rn. 18.

1414 Vergleiche BGH 11.11.2008, NJW 2009, 580, 581; KG Berlin 19.7.2012, Az.: 23 U 79/12 (zitiert nach juris).

1. Er kann die Mängel nicht im Rahmen einer Selbstvornahme ohne vorherige Fristsetzung beseitigen und anschließend Ersatz ersparter Aufwendungen vom Verkäufer verlangen.[1415]
2. Er kann nicht einmal gefahrlos das Fahrzeug umfassend auf die Ursache der Mängel untersuchen lassen, da er hierbei das Risiko eines Vorwurfs der Beweisvereitelung trägt.[1416]
3. Er muss das Fahrzeug eigenständig zum Ort der Nacherfüllung, mithin in der Regel zum Wohnort bzw. Geschäftssitz des Verkäufers, verbringen,[1417] wobei ihm die Kosten lediglich nach § 439 II BGB zu ersetzen sind. Insbesondere hat er daher sowohl die Organisation der Verbringung als auch den Zeitverlust ohne Ersatzanspruch in Kauf zu nehmen.[1418]
4. Er muss sein Fahrzeug ohne Erhalt einer Absicherung in die Hände des Verkäufers geben. In Fällen, in denen er den Kaufpreis bereits entrichtet hat, ist er damit dem Risiko eines möglicherweise unredlichen Verhaltens des Verkäufers ausgesetzt.[1419]
5. Eine Fristsetzung gilt in der Regel auch dann nicht als entbehrlich, wenn der Verkäufer mehrmals Versprechungen (Bereitstellung des Fahrzeugs zu einem bestimmten Zeitpunkt) nicht eingehalten hat. Dies gilt auch dann, wenn dem Käufer hierdurch bereits Unannehmlichkeiten und Unkosten entstanden sind, etwa weil er mehrfach zum Verkäufer gefahren ist, um das Fahrzeug abzuholen.[1420]

Nach alledem wird deutlich, dass der vorausschauende Käufer bei der Verkäuferwahl nicht nur den im Moment des Gefahrübergangs vermeintlich günstigen Kaufpreis im Auge haben sollte. Vielmehr kann es unter Umständen angeraten sein, sowohl die Redlichkeit des Verkäufers als auch insbesondere die Entfernung zu dessen Wohnort bei der Wahl zu berücksichtigen. Denn so viele Vorteile die Nachfrist dem Käufer auch einräumt,[1421] zuallerst bindet sie diesen über den Erfüllungsanspruch hinaus für mindestens einen weiteren Nacherfüllungsversuch an den Verkäufer.

1415 Vergleiche § 4 II. 2. b. (1) (f); § 10 I. 1.

1416 § 10 I. 2.

1417 Vergleiche BGH 13.4.2011, NJW 2011, 2278, kritisch hierzu *Staudinger/Artz*, NJW 2011, 3121, 3122.

1418 Sofern dem Verkäufer nicht ein Vertretenmüssen wegen der Übergabe eines mangelhaften Fahrzeuges nachgewiesen werden kann, was oftmals nicht gelingt.

1419 Vergleiche *Bydlinski*, ZGS 2005, 129, 130.

1420 OLG Karlsruhe, 24.11.2011, NJW-RR 2012, 504, 506.

1421 Vergleiche § 4 II.

4. Risiko bei der Annahme eines Entbehrlichkeitstatbestandes

Ein weiteres Gefahrenpotential ist für den Gläubiger in der voreiligen Annahme eines Entbehrlichkeitstatbestandes verborgen. Welche Schwierigkeiten und Unwägbarkeiten hierbei bestehen, zeigt sich exemplarisch in den Entscheidungsgründen jüngerer Rechtsprechung zu Tierkäufen.[1422] Dabei ging es um die Frage, in welchen Fällen die ärztliche Behandlung eines kranken Tieres wegen Eilbedürftigkeit ohne vorherige Frissetzung erlaubt ist. Die Urteile zeigen, dass die Einschätzung, ob eine Eilbedürftigkeit besteht, oftmals für den Käufer schwierig zu treffen ist. Zudem ist es aus Laiensicht schwer zu beurteilen, wann eine Nachfrist aufgrund ernsthafter und endgültiger Leistungsverweigerung durch den Schuldner entbehrlich ist, da hierfür beispielsweise das alleinige Bestreiten von Mängeln nicht genügt.[1423] Dem vorsichtigen Käufer sei deshalb stets angeraten, dem Verkäufer stets eine, wenn auch kurze, Nachfrist zu setzen, um damit der Gefahr einer verfrühten und damit unwirksamen Geltendmachung eines sekundären Rechtsbehelfs vorzubeugen.[1424]

5. Das Problem der Nachfristsetzung kurz vor Ablauf der Verjährungsfrist

Nicht unerhebliche Bedeutung für die Praxis hat im Übrigen der Fall einer Nachfristsetzung kurz vor Ablauf der für den Leistungsanspruch geltenden Verjährungsfrist. Ein Problem ergibt sich hierbei dann, wenn eine vom Gläubiger gesetzte Frist wegen des Erfordernisses der Angemessenheit erst nach Ablauf der Verjährungsfrist ausläuft.[1425] In diesem Fall besteht nämlich die Gefahr, dass der Schuldner die Einrede der Verjährung erhebt,[1426] wodurch die Ansprüche des Gläubigers nicht mehr durchsetzbar wären.[1427] Aus diesem Grunde besteht für den Schuldner bei einer Mängelrüge kurz vor Ablauf der Verjährungsfrist gerade ein Anreiz dafür, die Nacherfüllung bewusst hinauszuzögern, um sich auf diesem Wege die Einrede der Verjährung zu sichern.[1428] Zur Lösung dieser

---

1422 *Dauner-Lieb* in: *Remien* (Hrsg.), (Fn. 261), 191, 194 mit Verweis auf BGH 22.6.2005, ZGS 2005, 433 und 7.12.2005, ZGS 2006, 113.

1423 *Schulte-Nölke*, ZGS 2011, 385; § 7 XI. 1. a).

1424 *Schellhammer*, Schuldrecht[8], (2011), 49 (Rn. 63); Ebenso *Ritzmann*, MDR 2003, 430.

1425 *Ritzmann*, MDR 2003, 430.

1426 § 218 BGB.

1427 Vergleiche BGH 16.3.1988, NJW 1988, 1778, 1779.

1428 *Auktor*, NJW 2003, 120, 121.

Problematik wird teilweise vertreten, dass während der Durchführung der Nacherfüllungsarbeiten eine Hemmung der Verjährung gemäß § 203 1 BGB analog gegeben sein müsse.[1429] Für den Fall, dass der Schuldner allerdings auf das Nacherfüllungsbegehren überhaupt nicht reagiert, hilft die Möglichkeit der Hemmung nicht weiter. In der Rechtsprechung wird dagegen die Auffassung vertreten, dass Mängelbeseitigungsmaßnahmen oder -versuche durch den Schuldner zum Neubeginn (§ 212 I Nr. 1 BGB) der Verjährung der Mängelansprüche des Gläubigers führen, sofern die betreffenden Maßnahmen unter Berücksichtigung aller Umstände des Einzelfalls als konkludentes Anerkenntnis der Mängelbeseitigungspflicht des Schuldners anzusehen sind.[1430] Auch wenn dieser Ansicht, zumindest in Fällen einer Nachlieferung durchaus zuzustimmen ist, kann auf diesem Wege keine Lösung der Problematik einer Nachfrist kurz vor Ablauf der Verjährungsfrist erreicht werden, wenn zuvor noch kein Nacherfüllungsversuch unternommen worden ist. Denn für den Neubeginn der Verjährung durch ein Anerkenntnis bedarf es zumindest irgendeiner Reaktion von Seiten des Schuldners, die entsprechend ausgelegt werden kann. Dem Gläubiger bleibt somit im vorliegenden Fall nur eine Möglichkeit,[1431] um sich vor einer Verjährungseinrede des Schuldners zu schützen: Er muss zur Verhinderung der Verjährung sowohl des Hauptleistungsanspruchs als auch aller übrigen sekundären Rechtsbehelfe (§ 213 BGB) den Nacherfüllungsanspruch vor Ablauf der Verjährungsfrist rechtshängig machen.[1432] Nach fruchtlosem Fristablauf kann dann eine Klageänderung entsprechend des nach Fristablauf gewählten Rechtsbehelfs vorgenommen werden.[1433] Der Nachteil dieses Lösungsweges liegt gewiss darin, dass der Gläubiger bei einer fristgerechten Durchführung der Nacherfüllungsarbeiten durch den Schuldner die Klage auf seine Kosten zurücknehmen muss, ohne dass ihm ein Ersatzanspruch wegen der Kosten gegen den Schuldner zusteht. Dies wird von dem Gläubiger indes zur Absicherung seiner Ansprüche in Kauf genommen werden müssen.

1429 *Auktor*, NJW 2003, 120, 122; A.A. *Czeguhn*, MDR 2002, 1041, 1042, der in der Fristsetzung kein Verhandeln sieht.

1430 BGH 5.10.2005, NJW 2006, 47, 48.

1431 Anders: *Czeguhn,* MDR 2002, 1041, 1042, der dem Schuldner in solchen Fällen die Einrede der Verjährung als unzulässige Rechtsausübung i.S.v. § 242 BGB verweigern will; A.A. *Ritzmann,* MDR 2003, 430, 431 f., der wegen der Möglichkeit der Verjährungshemmung durch Klageeinreichung keinen Raum für die Anwendung von § 242 BGB sieht.

1432 *Ritzmann*, MDR 2003, 430; *Althammer,* ZGS 2005, 375, 378.

1433 Die gerichtliche Geltendmachung eines sekundären Rechtsbehelfs vor Ablauf der Verjährung und vor Ablauf der Umwandlung, wofür der Fristablauf erforderlich wäre, führt nicht zur Unterbrechung der Verjährung und bietet sich somit nicht an.

6. Die Vermeidung von Unwirksamkeits- und Beweisproblemen

Kommt es im Fall der Geltendmachung eines sekundären Rechtsbehelfs wie dem Rücktritt zu einer Auseinandersetzung vor Gericht, obliegt es dem Gläubiger zu beweisen, dass die Voraussetzungen des Rücktritts gegeben sind, mithin eine ordnungsgemäße Fristsetzung gemäß § 323 I BGB erfolgt ist.[1434] Häufige Probleme in der Praxis stellen hier unwirksame oder aber schwer beweisbare Fristsetzungen dar. Erstere sind beispielsweise dann gegeben, wenn der Gläubiger den Schuldner lediglich auffordert, sich innerhalb einer bestimmten oder bestimmbaren Zeit über seine Leistungsbereitschaft zu erklären.[1435] Gerade in fortwährenden Geschäftsbeziehungen neigt man zudem zu allzu freundlichen Formulierungen, die letztlich den Anforderungen an eine nachdrückliche Leistungsaufforderung nicht genügen.[1436] Darüber hinaus ist es wichtig, dem Verkäufer genau aufzuzeigen, welche Nacherfüllungsarbeiten von ihm innerhalb der Frist verlangt werden, mithin welche konkreten Mängel zu beseitigen sind. Um jeglichen Missverständnissen vorzubeugen und den in diesem Punkt doch recht strengen Anforderungen der Nachfristsetzung zu genügen, sollte man in jedem Fall klare und direkte Formulierungen wählen. Mag auch der Kontext, in dem die eindeutige Fristsetzung eingebettet wird, dabei durchaus einen freundlichen Ton aufweisen, sollte zumindest auf einen klaren Satz wie: „Nach alledem fordere ich Sie auf, bis spätestens zum 31.4.2013 die zuvor aufgeführten Mängel im Wege der Nacherfüllung zu beseitigen“ nicht verzichtet werden.

Dem weiteren Problem der Beweisbarkeit der gesetzten Frist ist schließlich mit der einfachen Grundregel entgegen zu treten, dass eine solche stets schriftlich oder zumindest in Anwesenheit von Zeugen abgegeben werden sollte.[1437] Bei der schriftlichen Abgabe ist zudem darauf zu achten, dass der Zugang der Erklärung entweder durch eine Empfangsquittierung durch den Schuldner oder aber durch eine ensprechende Bestätigung der Post dokumentiert ist. Vor dem Hintergrund der weitreichenden rechtlichen Folgen der Nachfrist für den Gläubiger sollte dieser in jedem Fall nicht auf eine Nachfristsetzung unter Benutzung der auf Verkäuferseite weit verbreiteten Hotlines vertrauen.[1438]

1434 § 7 XII.

1435 § 7 VI. 2. a.

1436 Siehe § 7 VI. 2.

1437 Vergleiche hierzu auch *Schlechtriem*/Schwenzer[5](-*Müller-Chen*), (Fn. 487), Art. 47 CISG Rn. 12.

1438 Vergleiche *Mankowski*, EWiR 2003, 1125, 1126.

7. Bemühen um das Setzen einer bestimmten Frist

Trotz der neuerlichen Rechtsprechung des BGH[1439] sei dem Fristsetzenden in der Praxis dringend angeraten, anstatt eines Begriffs wie „sofort“ zu verwenden, lieber eine bestimmte Frist, also eine Zeitspanne für den Schuldner festzulegen, innerhalb derer er zu leisten habe. Der Grund dafür liegt schlicht darin, dass bei der Verwendung solcher Begriffe ein hohes Risiko besteht, dass entscheidende Gerichte diese nicht als gleichwertig zu dem Begriff „unverzüglich“ anerkennen und damit eine wirksame Fristsetzung ablehnen.[1440] Zudem hat sich der BGH bislang nicht eindeutig dazu geäußert, ob die Rechtsprechung, welche lediglich § 281 BGB zum Gegenstand hatte, ohne Weiteres auf § 323 BGB zu übertragen ist. Auch wenn hierfür Vieles spricht, immerhin argumentiert der BGH allgemein zur Fristsetzung, ist dem vorsichtigen Gläubiger zum Setzen einer bestimmten Frist zu raten.[1441] Auf diesem Wege kann er sich bis zum Fristablauf offen halten, ob er nun von seinem Rücktritts- oder Schadensersatzrecht Gebrauch machen möchte. Zum anderen wird dem Schuldner erst durch die Benennung eines nach dem Kalender zu bestimmenden Termins wirklich die zeitliche Komponente der Frist deutlich gemacht, wodurch die Wahrscheinlichkeit für eine Erlangung der Leistung innerhalb der gewählten Frist deutlich steigt.

II. Die Nachfrist in Allgemeinen Geschäftsbedingungen

Da die Nachfrist sowohl für den Schuldner als auch für den Gläubiger neben den klaren Vorteilen auch gewisse Nachteile mit sich bringt, ist sie immer wieder Gegenstand von Allgemeinen Geschäftsbedingungen, mit deren Hilfe versucht wird, den jeweiligen Nachteil für den Verwender zu überwinden. Der Vertragsfreiheit werden jedoch durch die gesetzlichen Regelungen zur wirksamen Gestaltung von AGB in den §§ 305 BGB ff. Grenzen gesetzt.[1442] Welche Klauseln in Bezug auf die Nachfrist wirksam sind, soll im Folgenden untersucht werden.

1439 BGH 12.8.2009, NJW 2009, 3153; § 7 VI. 2. e. (2).

1440 Vergleiche § 7 VI. 2. e. (2) (b) iii.

1441 Siehe auch *von Bodungen/Wurzbacher*, BB 2009, 2337, 2338, die zwar von einer Übertragbarkeit ausgehen, aber dennoch zur Absicherung zu einer Fristsetzung raten.

1442 *Staudinger(-Otto/Schwarze)*, (Fn. 179), § 323 BGB Rn. B 183.

1. Das Festlegen einer bestimmten Nachfristlänge

Sofern in Lieferbedingungen lediglich das Erfordernis einer „angemessenen Nachfrist“ festgeschrieben wird, sind solche Klauseln wirksam, da hiermit nichts Abweichendes zur gesetzlichen Rechtslage vereinbart wird.[1443] Etwas Anderes gilt jedoch, wenn in Allgemeinen Geschäftsbedingungen konkret benannte Nachfristlängen festgelegt werden. Bei solchen muss im nichtkaufmännischen Verkehr kritisch geprüft werden, ob diese mit den AGB-Vorschriften vereinbar sind.[1444] Unverhältnismäßig kurze bzw. lange Fristen zugunsten des Verwenders für die von ihm zu bewirkende Leistung sind beispielsweise gemäß § 308 Nr. 2 BGB unwirksam. [1445] Daneben gilt es für den Verwender zu beachten, dass eine von ihm gesetzte Frist, die kürzer als die in den AGB festgelegte ist, keine Wirksamkeit entfaltet,[1446] weil sie sich, anders als eine Frist nach den §§ 281 I, 323 I BGB,[1447] nicht in die nach den AGB vorgeschriebene Frist verlängert.[1448] Denn in diesen Fällen kann kein Schutzbedürfnis für den Verwender angenommen werden, da er sich lediglich an seine eigenen Regeln zu halten hat.[1449] Insofern kann sich das Festlegen einer bestimmten Frist in vorformulierten Vertragsklauseln ebenfalls zum Nachteil des Verwenders auswirken.

2. Das Verlangen einer Ablehnungsandrohung

Soweit es Schuldnern möglich ist, Verträgen ihre Allgemeinen Geschäftsbedingungen zugrundezulegen, unternehmen sie häufig den Versuch, als Voraussetzung für einen Schadensersatzanspruch oder für das Recht auf Rücktritt die alte Ablehnungsansdrohung vorzuschreiben. Der Vorteil liegt klar auf der Hand: Zum einen wird durch eine Anhebung der Voraussetzungen für die Geltendmachung eines sekundären Rechtsbehelfs die Wahrscheinlichkeit unwirksamer Fristsetzungen erhöht, zum anderen erhält der Schuldner durch die ausdrückliche Ablehnungsandrohung eine zusätzliche, konkrete Warnung. Fraglich ist jedoch, ob eine solche Klausel wirksam ist. Dafür könnte sprechen, dass schließlich auch während der Geltungszeit von § 326 BGB a.F. nicht davon ausgegan-

---

1443 *Thamm*, BB 1982, 2018, 2020.

1444 *Thamm*, BB 1982, 2018, 2021.

1445 *Jauernig*[14](*-Stadler*), (Fn. 182), § 281 BGB Rn. 6, *Staudinger*(*-Otto/Schwarze*), (Fn. 179), § 323 BGB Rn. B 183.

1446 *Staudinger*(*-Otto/Schwarze*), (Fn. 179), § 323 BGB Rn. B 67.

1447 § 7 VII. 4.

1448 OLG Hamm 10.1.1995, NJW-RR 1995, 503.

1449 *Huth*, (Fn. 840), 147 (§ 6 B. VII.).

gen wurde, dass diese den Gläubiger unangemessen benachteilige.[1450] So einleuchtend dieses Argument auf den ersten Blick auch erscheint, so wird es schlicht dadurch entkräftet, dass sich der Gesetzgeber nicht ohne Grund für eine Neuausrichtung der Fristsetzungsvoraussetzungen entschieden[1451] und damit ein neues gesetzliches Leitbild geschaffen hat. Da sich eine AGB-Klausel schließlich an der geltenden Gesetzeslage messen lassen muss, verstößt eine Ablehnungsandrohung im Regelfall gegen § 307 II Nr. 1 BGB.[1452] Ausnahmen bestehen lediglich dort, wo der Gesetzgeber durch separate Regelungen gezeigt hat, dass in diesen Bereichen eine Ablehnungsandrohung aus seiner Sicht sinnvoll erscheint, wie §§ 4 Nr. 7, 5 Nr. 4 VOB/B.[1453]

Ebenso sind Klauseln in AGB, mit deren Hilfe versucht wird, zur alten Rechtlage in Form des automatischen Untergangs des Erfüllungsanspruchs bei Fristablauf zurückzukehren, mit dem neuen gesetzlichen Leitbild des § 281 IV BGB nicht zu vereinbaren und daher unwirksam.[1454]

3. Festlegung eines Schriftformerfordernisses

Wirksam und durchaus sinnvoll ist es indes, in den AGB ein Schriftformerfordernis für die Nachfristsetzung als Schutz für den Leistungsschuldner festzulegen.[1455] Da sich hierdurch letztlich auch die Beweissituation für den Gläubiger verbessert, kann hier nicht von einem Verstoß gegen das gesetzliche Leitbild gesprochen werden. Enthalten die AGB im nichtkaufmännischen Verkehr jedoch Klauseln, die über eine einfache Schriftform hinaus Form- oder Zugangserfordernisse zu Lasten des Fristsetzenden festlegen, so sind diese gemäß § 309 Nr. 13 BGB unwirksam.[1456]

4. Die Abbedingung des Fristsetzungserfordernisses

Eine Abbedingung des grundsätzlichen Fristsetzungserfordernisses ist gemäß § 309 Nr. 4 BGB unwirksam. Mit dieser Regelung zeigt der Gesetzgeber, dass

1450 *Huber, Ulrich*, in: *Ernst/Zimmermann* (Hrsg.), (Fn. 884), 31, 153.

1451 Siehe § 2 IV. 4. b., § 7 VI. 2. a. (3).

1452 *Schwab*, JR 2003, 133, 139; Hk-BGB(-*Schulze*), BGB[6] (2009), § 281 BGB Rn. 7; *Jauernig*[14](-*Stadler*), (Fn. 182), § 281 BGB Rn. 6.

1453 *Prütting/Wegen/Weinreich*[6](-*Schmidt-Kessel*), (Fn. 176), § 281 BGB Rn. 9.

1454 *Schulze/Ebers*, JuS 2004, 265, 271.

1455 *Mühling*, NJ 2010, 304, 305.

1456 *Staudinger*(-*Otto/Schwarze*), (Fn. 163), § 281 BGB Rn. B 28; *Jauernig*[14](-*Stadler*), (Fn. 182), § 281 BGB Rn. 6.

die Setzung einer Nachfrist nicht nur formalrechtlicher Natur ist, sondern damit dem Schutzbedürfnis des Schuldners entsprochen wird.[1457] Auch im Fall der Säumnis erachtet der Gesetzgeber den Schuldner noch als schutzwürdig und verbietet es, diesem die Gelegenheit zu nehmen, die geschuldete Leistung noch nachzuholen, um auf diesem Wege mögliche negative Rechtsfolgen für ihn abzuwenden.[1458] In Abweichung von seiner früheren Rechtsprechung vertritt der BGH zudem die Auffassung,[1459] dass den Verbrauchsgüterkäufer selbst dann eine Pflicht zum Setzen einer Frist trifft, wenn der Verkäufer die Gewährleistung zuvor rechtswidrig ausgeschlossen hat.[1460] Daneben hat der BGH entschieden, dass die vertragliche Vereinbarung eines fristunabhängigen Selbstvornahmerechts in AGB mit den wesentlichen Grundgedanken des Kaufrechts nicht vereinbar und daher unwirksam ist.[1461] Allerdings sprechen sich einige für die Möglichkeit aus, in den AGB eine Klausel mit dem Inhalt von § 637 BGB zu verwenden, die dem Gläubiger damit zwar nicht von dem Fristsetzungserfordernis, aber dafür von der Voraussetzung eines Verschuldens befreit.[1462] Eine solche Klausel würde aber letztlich nur in wenigen seltenen Fällen wirklich einschlägig sein, da der Schuldner in den meisten Fällen zumindest die nicht erfolgte Nacherfüllung innerhalb der Frist zu vertreten haben wird, und damit ein verschuldensunabhängiger Anspruch gar nicht vonnöten ist.

1457 *Wolf/Lindacher/Pfeiffer*[5](*-Dammann*), AGB-Recht Kommentar (2009), § 309 Nr. 4 Rn. 1.

1458 *Stoffels*, AGB-Recht[2] (2009), 337 (Rn. 879).

1459 BGH 13.7.2011, ZIP 2011, 1571.

1460 *Schulte-Nölke*, ZGS 2011, 385.

1461 BGH 5.10.2005, NJW 2006, 47, 49, hierzu *Ruttloff*, ZGS 2008, 88.

1462 *Ruttloff*, ZGS 2008, 88, 89, der einen konkreten Formulierungsvorschlag für eine solche Klausel unterbreitet.

§ 11 Zusammenfassung

Gegenstand dieser Arbeit war eine umfassende Untersuchung der Nachfrist im Leistungsstörungsrecht. Hierbei wurde zunächst festgestellt, dass der Auslöser für die Einführung der Nachfrist in das ADHGB von 1861 in dem Umstand zu sehen ist, dass die Bedürfnisse des neuzeitlichen Handelsverkehrs das bis dahin geltende allgemeine bürgerliche Recht an seine Grenzen gebracht hatten. Mit der Übernahme der Nachfrist in das BGB von 18.8.1896 wurden schließlich nicht nur ihr Anwendungsbereich und ihre Rechtsfolgen erweitert, sondern zugleich auch strengere Anforderungen an ihre Wirksamkeit festgelegt. Von nun an bedurfte es für eine ordnungsgemäße Fristsetzung einer ausdrücklichen Ablehnungsandrohung und der fruchtlose Fristablauf hatte zur Folge, dass der Erfüllungsanspruch automatisch unterging. Genau diese Tatbestandsvoraussetzung und Rechtsfolge wurden schließlich im Rahmen der Schuldrechtsmodernisierung neben der ursprünglich zwingenden Vorausssetzung des Schuldnerverzugs bei der Nachfrist wieder aufgegeben. Im Rahmen der Untersuchung der Auswirkungen der Schuldrechtsmodernisierung auf die Nachfristregelung konnte zudem aufgezeigt werden, inwieweit gerade mit dem Mittel eines festgelegten Fristsetzungserfordernisses für alle sekundären Rechtsbehelfe die zuvor bestandenen Schwächen des Leistungsstörungsrechts überwunden werden konnten. Eine Untersuchung der Rechtsnatur der Nachfrist hat sodann ergeben, dass diese seit der Schuldrechtsreform als rechtsgeschäftsähnliche Handlung einzuordnen ist, auf die die Regeln über Willenserklärungen analog angewendet werden.

Anschließend waren Sinn und Zweck des Nachfristsetzungserfordernisses am Beispiel der kaufrechtlichen Regelungen Gegenstand der Untersuchung. Zunächst wurde sich hierbei dem Prinzip „pacta sunt servanda" gewidmet, welches mit der Nachfristregelung eng verknüpft ist. Nachdem dieser Leitgedanke des Festhaltens am Vertrag nach den Regelungen des BGB alter Fassung ein wenig in den Hintergrund getreten war, wurde er mit der Einführung des generellen Fristsetzungserfordernisses im Rahmen der Schuldrechtsreform wieder hervorgehoben und gefestigt. Die weitere Darstellung der Aufgaben der Nachfrist konzentrierte sich zunächst auf ihre Bedeutung für den Käufer. Diesem dient sie zuvörderst als Mittel zur Eröffnung des Weges zu den sekundären Rechtsbehelfen. Daneben statuiert sie für ihn den Nacherfüllungsanspruch als vorrangigen Rechtsbehelf. Welche Folgen diese Vorrangigkeit für den Käufer bedeutet, zeigte sich an dem Fall, dass der Käufer ohne vorherige Fristsetzung durch Selbstvornahme eine Mängelbeseitigung durchführt. Eine ausführliche Untersuchung der Frage, ob dem Käufer in diesem Fall ein Anspruch auf Ersatz der Selbstvornahmekosten zumindest in Höhe der ersparten Aufwendungen des Verkäufers zusteht, hat ergeben, dass aus dogmatischer Sicht ein solcher Anspruch letztlich verneint werden muss. Trotz zahlreicher in der Literatur aufgezeigter Lösungswege für ein Zusprechen eines solchen Anspruchs, konnte eine Durchbrechung der mit dem Fristsetzungserfordernis festgelegten Vorrangigkeit mit der Dogmatik des Gesetzes nicht in Einklang gebracht werden. Ohne eine vorherige Fristsetzung kann dem Schuldner somit kein Anspruch auf Ersatz der Selbstvornahmekosten zugesprochen werden. Vorteilhaft ist für den Käufer indes, dass der Erfüllungsanspruch ihm auch noch nach Fristablauf zur Verfügung steht. Eine Abwägung führte sodann zu dem Ergebnis, dass sich die Vorrangigkeit überwiegend positiv für den Käufer auswirkt, da ihm die Obliegenheit zur Fristsetzung durchaus zuzumuten ist und die ansonsten mit der Verletzung seiner Obliegenheit verknüpften negativen Folgen gerechtfertigt erscheinen.

Bei der Untersuchung der Bedeutung der Nachfrist für den Verkäufer wurde zunächst das mit ihr verbundene sogenannte „Recht zur zweiten Andienung" ausführlich beleuchtet. Im Vordergrund stand hier die Frage, ob es sich bei diesem „Recht" tatsächlich um einen durchsetzungsfähigen Anspruch handelt. Obgleich einige Indizien für eine Anspruchsqualität des „Andienungsrechts" des Schuldners streiten, musste als Ergebnis festgestellt werden, dass dem Verkäufer mit dem grundsätzlichen Fristsetzungserfordernis lediglich eine Möglichkeit bzw. Chance eingeräumt wird, auf die er jedoch keinen Anspruch hat. Um diesbezügliche Unklarheiten in Zukunft zu vermeiden, wurde empfohlen, in Literatur und Rechtsprechung künftig anstatt von einem „Recht zur zweiten Andienung" lieber von einer „zweiten Chance" oder „zweiten Möglichkeit" des Schuldners zu sprechen. Abschließend wurde noch einmal die Warnfunktion der Nachfrist für den Verkäufer hervorgehoben, welche ihm seine vertraglichen Pflichten und eventuelle negative Konsequenzen vor Augen führen soll. Im Anschluss an dieses Kapitel wurde zur Ergänzung der Untersuchung der Selbstvornahmeproblematik eine ökonomische Analyse derselben vorgenommen. Diese führte zu dem Fazit, dass die Einräumung eines Ersatzanspruchs für Selbstvornahmekosten für den Gläubiger sowohl für diesen selbst als auch für den Schuldner insgesamt zu einer höheren Kostenbelastung führt. Aus ökonomischer Sicht musste daher eine Durchbrechung der Vorrangigkeit des Nacherfüllungsanspruchs in Fällen der Selbstvornahme ebenfalls verneint werden.

Im Weiteren wurde eine Untersuchung der Nachfrist im internationalen Rechtsverkehr durchgeführt. Im Rahmen dieses Kapitels erfolgte zunächst eine Auseinandersetzung mit dem Einsatzgebiet und der Ausgestaltung der Nachfrist im CISG. Angelehnt an ihr deutsches Vorbild dient sie dort ebenfalls der Lösung von Leistungsstörungen, wobei sie jedoch lediglich als disjunktive Tatbestandsvoraussetzung neben dem Tatbestand einer wesentlichen Vertragsverletzung zur Eröffnung des Rücktrittsrechts eingesetzt wird. Hinsichtlich ihrer

Wirksamkeitsvoraussetzungen und ihres Inhalts ähnelt die Nachfristregelung des CISG zwar der im BGB sehr, es konnten jedoch auch einige Unterschiede festgestellt werden. Zum einen wird im CISG bislang an dem Bestimmtheitserfordernis in Form einer nach dem Kalender bestimmten Zeitspanne festgehalten. Zum anderen genügt für eine wirksame Nachfristsetzung nach dem CISG lediglich die Absendung der Nachfristerklärung. Im Gegensatz zum BGB findet sich zudem die Bindungswirkung der Nachfrist als gesetzlich festgeschriebene Regelung in den Vorschriften des CISG.

Nach einer kurzen Einführung in die Ursprünge, Ziele und Anwendungsbereiche der drei Vereinheitlichungsprojekte PECL, PICC und DCFR, wurde im Anschluss hieran die jeweilige Nachfristregelung in den einzelnen Regelungswerken analysiert. Wie im CISG findet die Nachfrist dort ihren Einsatz als alternative Tatbestandsvoraussetzung zur „wesentlichen Vertragsverletzung" für das Vertragsaufhebungsrecht im Fall einer verzögerten Leistung. Anders als im CISG ist in allen drei Regelungswerken jedoch geregelt, dass der Gläubiger bei einer zu kurz bemessenen Frist erst nach Ablauf einer angemessen ein Recht auf Vertragsaufhebung hat. Des Weiteren konnte herausgearbeitet werden, dass die Nachfristregelung in den PICC gegenüber den anderen Regelungswerken einen eingeschränkteren Anwendungsbereich aufweist. Im DCFR hat die Nachfrist ebenfalls ihren festen Platz gefunden und macht damit deutlich, dass sie auch in Zukunft aus dem internationalen Rechtsverkehr nicht mehr wegzudenken ist. Als Besonderheit der Nachfristregelung im DCFR konnte festgestellt werden, dass sich für den Verbrauchsgüterkauf eine separate Nachfristregelung findet, welche in Übereinstimmung zur Verbrauchsgüterkaufrichtlinie lediglich das Verstreichenlassen einer angemessenen Frist genügen lässt. Als Fazit der internationalen Betrachtung der Nachfrist konnte am Ende festgehalten werden, dass diese als Alternative zur „Wesentlichkeit" der Vertragsverletzung ausschließlich zur Sicherung des Äquivalenzinteresses und als Ersatz des sich auf dem Rückzug befindlichen Verschuldensprinzip eingesetzt wird. Im Gegensatz zur deutschen Nachfristregelung ist der Schuldner zudem auf sie nicht zur Erlangung der Möglichkeit einer zweiten Andienung angewiesen, da für diesen in den Vorschriften der untersuchten internationalen Regelungswerke selbst ein Andienungsrecht festgelegt ist.

Im Anschluss wurden die Voraussetzungen einer wirksamen Nachfrist näher erläutert. Es wurde dargelegt, dass die Nachfrist nach den §§ 281 I, 323 I BGB im Gegensatz zum internationalen Recht neben einer Pflichtverletzung in Form einer verzögerten Leistung auch bei einer Schlechtleistung ihren Einsatz findet. Eine Unterscheidung zwischen Haupt- und Nebenpflichten erfolgt hierbei nicht; indes hat die Leistungspflicht bei § 323 BGB in einem Gegenseitigkeitsverhältnis zu stehen. Wie bereits nach § 326 BGB a.F. erforderlich, hat die Leistung fällig und durchsetzbar zu sein. Lediglich von der Voraussetzung des Verzuges wurde im Rahmen der Schuldrechtsmodernisierung abgesehen, sodass der Rücktritt gegenwärtig nicht mehr von einem Verschulden des Schuldners für die nicht oder nicht wie geschuldet erbrachte Leistung abhängt. Eine vor Fälligkeit der Leistung erfolgte Nachfristsetzung ist grundsätzlich unwirksam, sofern nicht die Voraussetzungen von § 323 IV BGB erfüllt sind. Des Weiteren wurde dargelegt, dass hinsichtlich ihrer Form keine zwingenden Vorgaben bestehen, der Inhalt der Nachfristerklärung jedoch gewisse Anforderungen erfüllen muss. So wird von dem Fristsetzenden eine deutliche und nachdrückliche Aufforderung zur Leistung verlangt, die aber keine Ablehnungsandrohung mehr enthalten muss. In diesem Zusammenhang wurde auf den verheerenden Einfluss nahezu leichtfertiger Formulierungen in den Entscheidungsgründen jüngerer Urteile hingewiesen, aus denen eine Verpflichtung zumindest zu einer „kleinen" Ablehnungsandrohung hervorgeht. Da diese Aussagen im eindeutigen Widerspruch zur Gesetzeslage und dem Willen des Gesetzgebers stehen, wird hierdurch letztlich Rechtsunsicherheit geschaffen. Daneben wurde auf die Gefahr der Unwirksamkeit einer Nachfristsetzung bei Zuvielforderung hingewiesen und die Vorteile des grundsätzlichen Fristsetzungserfordernisses gegenüber einer Fristgewährung dargelegt. Ausführlich wurde das Bestimmtheitserfordernis der Nachfrist und in diesem Zusammenhang insbesondere ein jüngeres Urteil des BGH analysiert. Eine umfassende Abwägung der Vor- und Nachteile der Ausweitung der Fristsetzungsdefinition auf Begriffe wie „unverzüglich" führte zu dem Ergebnis, dass nicht nur methodische Bedenken und eine fortwährende Unsicherheit über vergleichbare Formulierungen zu den vom BGH genannten Begriffen gegen eine Ausweitung sprechen, sondern eine Ablehnung dieser Entscheidung vor allen Dingen mit den weitreichenden Konsequenzen der abgemilderten Anforderungen für den Schuldner begründet werden muss. Seiner Chance zur zweiten Andienung wird nämlich hiermit ein Großteil ihrer Grundlage entzogen.

Im Rahmen der Untersuchung der Rechtsfolgen der Nachfrist war zunächst die Wirkung während ihres Laufs Gegenstand der Darstellung. Hierbei wurde der Umfang ihrer Bindungswirkung nebst der Ausnahmen hiervon dargestellt. Die Möglichkeit der einseitigen Fristverlängerung wurde im Weiteren im Gegensatz zu der Möglichkeit einer einseitigen Fristverkürzung von Seiten des Gläubigers bejaht. Des Weiteren wurde auf die Rechtsfolgen der Nachfrist nach ihrem Ablauf eingegangen, wobei sich zunächst mit der Frage auseinander gesetzt wurde, wann ein fruchtloser Fristablauf gegeben ist, der den Zugang zu den sekundären Rechtsbehelfen eröffnet. Eine umfangreiche Auseindersetzung erfolgte sodann mit den Rechtsfolgen der geänderten Rechtsfolge des Fristablaufs seit der Schuldrechtsreform. Da dieser nicht mehr zu einem automatischen Untergang des Erfüllungsanspruchs führt, war besonders die Frage zu diskutieren, ob dem Schuldner eine Möglichkeit zur Beendigung der Schwebelage zusteht. Nach einer umfassenden Darstellung der verschiedenen Lösungswege, die in der Literatur zu dieser Problematik vertreten werden, wurde als Ergebnis festgehalten, dass der Gewährung eines eigenen Fristsetzungsrechts des Schuldners zwar nicht zugestimmt werden kann, eine andere rechtliche Handhabe dem Schuldner aber durchaus zugesprochen werden muss. Zur Absicherung des Schuldners wurde sodann ein konkreter Novellierungsvorschlag unterbreitet, welcher unter anderem auf einem aus § 242 BGB abgeleiteten Schädigungsverbot zum Schutz des Schuldners basiert.

Im Anschluss hieran wurde die Frage der Richtlinienkonformität der Nachfristregelung untersucht. Nach einer Darstellung der Vorgaben aus der Verbrauchsgüterkaufrichtlinie hinsichtlich der Nachfristregelung als Voraussetzung des Rücktritts, erfolgte eine kritische Auseinandersetzung mit der gegenwärtig angewandten richtlinienkonformen Auslegung des Gesetzes. Diese führte zu dem Ergebnis, dass aufgrund des eindeutigen Wortlauts und der bestehenden Gesetzessystematik eine richtlinienkonforme Auslegung keine hinreichende Rechtssicherheit und vor allen Dingen keine Rechtsklarheit schafft. Zur Lösung der bestehenden Problematik wurde sich ebenfalls für eine Novellierung des Gesetzes ausgesprochen und ein konkreter Änderungsvorschlag unterbreitet.

Zur Abrundung der Untersuchung der Nachfrist im Leistungsstörungsrecht erfolgte eine Darstellung von Ratschlägen und Hinweisen für einen erfolgreichen Einsatz der Nachfrist in der Praxis. Die zuvor dargelegten Untersuchungsergebnisse boten hierbei die Grundlage für die Lösung häufiger praktischer Probleme in der Praxis. Zum Abschluss des Kapitels wurde sodann dargelegt, welche Klauseln in Bezug auf die Nachfrist in AGB wirksam sind.

§ 12 Kernthesen dieser Arbeit

- Mit Einführung des Allgemeinen Deutschen Handelsgesetzbuchs von 1861 wird die Nachfrist erstmals als Mittel zur Lösung von vertraglichen Leistungsstörungen gesetzlich normiert. Sie ist als rechtliches Produkt wirtschaftlichen, aber auch politischen Wandels in Verbindung mit fest verankerten Handelsbräuchen anzusehen.
- Mit der Schuldrechtsreform wurden die Wirksamkeitsanforderungen an die Nachfristerklärung gesenkt (Wegfall der Ablehnungsandrohung, formale Loslösung vom Verzug), und ihre Rechtsfolge dahingehend geändert, dass ein Fristablauf keinen automatischen Untergang des Erfüllungsanspruchs mehr nach sich zieht. Gleichzeitig wurde die Nachfrist in den Mittelpunkt des allgemeinen Leistungsstörungsrechts gehoben, von der grundsätzlich die Geltendmachung sämtlicher sekundärer Rechtsbehelfe abhängig ist.
- Das grundsätzliche Fristsetzungserfordernis positioniert den Nacherfüllungsanspruch an die Stelle des vorrangigen Rechtsbehelfs. Von dem grundsätzlichen Fristsetzungserfordernis ist auch in dem viel umstrittenen Fall der Selbstvornahme durch den Käufer keine Ausnahme zu machen. Dies hat sowohl eine dogmatische Abwägung möglicher Anspruchsgrundlagen für einen Anspruch des Käufers auf Ersatz der Selbstvornahmekosten ergeben, als auch eine Berücksichtigung ökonomischer Aspekte.
- Das allgemeine Fristsetzungsgebot sichert dem Schuldner das sogenannte „Recht zur zweiten Andienung". Hierbei handelt es sich, anders als der Wortlaut vermuten lassen könnte, nicht um einen durchsetzungsfähigen Anspruch des Schuldners, sondern vielmehr um eine ihm eingeräumte „zweite Chance", um seinen im Vertrag angelegten Gewinn zu sichern.
- Im internationalen Rechtsverkehr wird die Nachfrist als alternative Tatbestandsvoraussetzung zur wesentlichen Vertragsverletzung eingesetzt. Sie dient hierbei der Sicherung des Äquivalenzinteresses und als Ersatz für das Verschuldensprinzip.
- Der vom BGH vertretenen Rechtsansicht, dass für eine wirksame Fristsetzung auch Begriffe wie „unverzüglich" genügen, kann nicht zugestimmt werden. Eine solche Ausweitung der Definition der Nachfrist verstößt in einem zu starken Maße gegen die Interessen des Schuldners.
- Die geänderte Rechtsfolge in Form des Fortbestands des Erfüllungsanspruchs nach Fristablauf setzt den Schuldner nach der gegenwärtigen Ge-

setzeslage einer nicht zu rechtfertigenden Ungewissheit darüber aus, ob der Gläubiger weiter Erfüllung verlangt oder von seinen nunmehr eröffneten sekundären Rechtsbehelfen Gebrauch macht. Für den Schuldner sollte deshalb eine Möglichkeit zur Beendigung der für ihn bestehenden Unsicherheit gesetzlich normiert werden.

- Die in § 323 I BGB festgeschriebene Fristenregelung verstößt gegen Art. 3 V Spiegelstrich 2 der Verbrauchsgüterkaufrichtlinie 1999/44/EG. Denn im Gegensatz zur Richtlinie schreibt die Vorschrift eine generelle Pflicht zum ausdrücklichen Setzen einer Frist als Voraussetzung des Rücktritts vor und macht auch für den Verbrauchsgüterkauf keine Ausnahme. Auch insoweit muss das Gesetz novelliert werden.

Literaturverzeichnis

Achilles, Wilhelm-Albrecht, Kommentar zum UN-Kaufrechtsübereinkommen (CISG), 1. Auflage (Neuwied, Kriftel 2000)

Adams, Michael, Ökonomische Theorie des Rechts – Konzepte und Anwendungen, 2. Auflage (Frankfurt am Main 2004)

Althammer, Christoph, Bindendes Erfüllungsverlangen des Gläubigers nach Ablauf der Nachfrist?, ZGS 2005, 375 – 379

ders., Ius variandi und Selbstbindung des Leistungsgläubigers, NJW 2006, 1179 – 1181

Altmeppen, Holger, Schadensersatz wegen Pflichtverletzung – Ein Beispiel für die Überhastung der Schuldrechtsreform, DB 2001, 1131 – 1133

ders., Nochmals: Schadensersatz wegen Pflichtverletzung, anfängliche Unmöglichkeit und Aufwendungsersatz im Entwurf des Schuldrechtsmodernisierungsgesetzes, DB 2001, 1821 – 1824

Anders, Holm, Der zentrale Haftungsgrund der Pflichtverletzung im Leistungsstörungsrecht des Entwurfs für ein Schuldrechtsmodernisierungsgesetz, ZIP 2001, 184 – 189

Andres, Ingrid, Kaufrecht, in: *Schimmel, Roland/Buhlmann, Dirk* (Hrsg.), Frankfurter Handbuch zum neuen Schuldrecht (Neuwied 2002), 441 – 500

Arnold, Arnd, Die eigenmächtige Mängelbeseitigung durch den Käufer, ZIP 2412 – 2415

Augenhofer, Susanne, Beweislastumkehr und Unzumutbarkeit der Nacherfüllung, ZGS 2004, 385 – 391

Auktor, Christian, Die Verjährung der Gewährleistungsrechte bei mangelhafter Nacherfüllung nach § 439 BGB, NJW 2003, 120 – 122

Bachmann, Thomas, Die elektive Konkurrenz, Eine systematische Untersuchung der Gläubigerrechte bei Leistungsstörungen im BGB, CISG, in den PECL und im DCFR (Berlin 2010)

Ball, Wolfgang, Die Nacherfüllung beim Autokauf, NZV 2004, 226 – 227

ders., Die Rechtsprechung des Bundesgerichtshofs zum Autokauf, DAR 2010, 497 – 501

Bamberger, Heinz Georg/Roth, Herbert, Kommentar zum Bürgerlichen Gesetzbuch, Band 1: §§ 1 – 610 BGB, 3. Auflage (München 2012), zitiert: *Bamber/Roth*³*(-Bearbeiter)*

von Bar, Christian, Die Funktionen des Gemeinsamen Referenzrahmens aus der Sicht der Verfasser des wissenschaftlichen Entwurfs, in: *Schmidt-Kessel, Martin* (Hrsg.), Der Gemeinsame Referenzrahmen (München) 2009, 23 – 33

ders./Schulte-Nölke, Hans, Der gemeinsame Referenzrahmen für ein europäisches Schuld- und Sachenrecht, in: *Graziano, Thomas Kadner,* Europäisches Vertragsrecht – Übungen zur Rechtsvergleichung und Harmonisierung des Rechts (Basel 2008), 497 – 500

ders./Zimmermann, Reinhard, Grundregeln des Europäischen Vertragsrechts, Teile I und II, (München 2002)

Bartsch, Michael, Rechtsprechung zum Computerrecht, CR 2010, 777

Basch, Julius, Allgemeines Deutsches Handelsgesetzbuch und Allgemeine Deutsche Wechselordnung nebst Einführungs- und Ergänzungsgesetze, 3. Auflage (Berlin 1890)

Baumbach, Adolf /Lauterbach, Wolfgang/Albers, Jan/Hartmann, Peter, Zivilprozessordnung: mit FamFG, GVG und anderen Nebengesetzen, 70. Auflage (München 2012)

Baumgärtel, Gottfried/Laumen, Hans-Willi/Prütting, Hanns, Handbuch der Beweislast, Bürgerliches Gesetzbuch, Schuldrecht Besonderer Teil I, 3. Auflage (Köln 2009)

Blase, Friedrich, Die Grundregeln des Europäischen Vertragsrechts als Recht grenzüberschreitender Verträge (Münster 2001)

Bechtold, Stefan, Die Grenzen zwingenden Vertragsrechts, Ein rechtsökonomischer Beitrag zu einer Rechtsetzungslehre des Privatrechts (Tübingen 2010)

Beinert, Dieter, Wesentliche Vertragsverletzung und Rücktritt (Bielefeld 1979)

Bitter, Georg/Meidt, Eva, Nacherfüllungsrecht und Nacherfüllungspflicht des Verkäufers im neuen Schuldrecht, ZIP 2001, 2114 – 2124

von Bodungen, Thilo/Wurzbacher, Christian, Bestimmbarkeit der Nachfrist nach § 281 Abs. 1 BGB ausreichend, BB 2009, 2337 – 2338

Boemke, Burkhard/Ulrici, Bernhard, BGB Allgemeiner Teil (Berlin Heidelberg 2009)

Boerner, Dietmar, Kaufrechtliche Sachmängelhaftung und Schuldrechtsreform, ZIP 2001, 2264 – 2273

Bofinger, Peter, Grundzüge der Volkswirtschaftslehre – Eine Einführung in die Wissenschaft von Märkten, 3. Auflage (München 2011)

Bonell, Michael Joachim, Die „UNIDROIT-Grundregeln der internationalen Handelsverträge“ – Ziele, Ursprünge und Methode ihrer Ermittlung, in: *Graziano, Thomas Kadner*, Europäisches Vertragsrecht – Übungen zur Rechtsvergleichung und Harmonisierung des Rechts (Basel 2008), 423 – 438

Braun, Johann, Zahlungsansprüche des Käufers bei Schlechtleistung des Verkäufers, ZGS 2004, 423 – 430

ders., Schadensersatz bei Selbstvornahme, ZGS 2006, 328 – 332

Bressler, Stefan, Selbstvornahme im „Schwebezustand“ nach Ablauf der Nacherfüllungsfrist, NJW 2004, 3382 – 3386

Brömmelmeyer, Christoph, Der Nacherfüllungsanspruch des Käufers als trojanisches Pferd des Kaufrechts?, JZ 2006, 493 – 499

Brunner, Christoph, UN-Kaufrecht – CISG, Kommentar zum Übereinkommen der Vereinten Nationen über Verträge über den internationalen Warenkauf von 1980, Unter Berücksichtigung der Schnittstellen zum internen Schweizer Recht, 1. Auflage (Bern 2004)

von Buchka, Gerhard, Vergleichende Darstellung des Bürgerlichen Gesetzbuches für das Deutsche Reich und des Gemeinen Rechts, 2. Auflage (Berlin 1898)

Bundesministerium der Justiz (Hrsg.), Abschlussbericht der Kommission zur Überarbeitung des Schuldrechts, Bundesanzeiger (Köln 1992)

Bydlinski, Peter, Die Konsequenzen voreiliger Selbstvornahme, entwickelt aus den zentralen gesetzlichen Wertungen, ZGS 2005, 129 – 132

von Caemmerer, Ernst, Die wesentliche Vertragsverletzung im international Einheitlichen Kaufrecht, in: *Horn, Norbert* (Hrsg.), Europäische Rechtsgedenken in Geschichte und Gegenwart, Festschrift für Helmut Coing zum 70. Geburtstag, Band II (München 1982), 33 – 52

Canaris, Claus-Wilhelm, Das allgemeine Leistungsstörungsrecht im Schuldrechtsmodernisierungsgesetz, ZRP 2001, 329 – 336

ders., Schadensersatz wegen Pflichtverletzung, anfängliche Unmöglichkeit und Aufwendungsersatz im Entwurf des Schuldrechtsmodernisierungsgesetzes, DB 2001, 1815 – 1821

ders., Schuldrechtsreform 2002 (München 2002)

ders., Teleologie und Systematik der Rücktrittsrechte nach dem BGB, in: *Baetge, Dietmar/von Hein, Jan/von Hinden, Michael* (Hrsg.), Die richtige Ordnung, Festschrift für Jan Kropholler zum 70. Geburtstag (Tübingen 2008)

Cetiner, Bilgehan, Die Sachmängelhaftung des Verkäufers im UN-Kaufrecht und im neuen deutschen Schuldrecht, Eine rechtsvergleichende Studie (Frankfurt a.M. 2006)

Czeguhn, Ignacio, Das neue Kaufrecht – Fristsetzung zur Nacherfüllung trotz drohender Verjährung, MDR 2002, 1041 – 1042

Dauner-Lieb, Barbara, Die geplante Schuldrechtsmodernisierung – Durchbruch oder Schnellschuss?, JZ 2001, 8 – 18

dies./Heidel, Thomas/Ring, Gerhard (Hrsg.), AnwaltKommentar BGB, Band 2: Schuldrecht (Bonn 2005), zitiert: AnwK-BGB(*-Bearbeiter*)

dies., Kein Kostenersatz bei Selbstvornahme des Käufers – Roma locuta, causa finita!?, ZGS 2005, 169 – 173

dies., Zur Reichweite des Vorrangs der (Nach-)Erfüllung beim Kauf – Wundersame Vermehrung der Nachfristsetzungen gemäß §§ 281, 323 BGB?, in: *Heldrich, Andreas/Prölss, Jürgen/Koller, Ingo* (Hrsg.), Festschrift für Claus-Wilhelm Canaris zum 70. Geburtstag, Band I (München 2007), 144 – 163

dies., Die Nacherfüllung – Ein Irrweg?, in: *Remien, Oliver* (Hrsg.), Schuldrechtsmodernisierung und Europäisches Vertragsrecht, Zwischenbilanz und Perspektiven – Würzburger Tagung vom 27. und 28.10.2006 (Tübingen 2008), 191 – 204

dies./Arnold, Arnd, Dauerthema Selbstvornahme, ZGS 2005, 10 – 14

dies./Dötsch, Wolfgang, Selbstvornahme im Kaufrecht?, ZGS 2003, 250 – 258

dies./Konzen, Horst/Schmidt, Karsten, Das neue Schuldrecht in der Praxis, Akzente – Brennpunkte – Ausblick (Köln 2003)

dies./Langen, Werner (Hrsg.), Anwaltskommentar BGB Schuldrecht, Band 2, Teilband 1: §§ 241 – 610 BGB, 2. Auflage (Baden-Baden 2012), zitiert: *Dauner-Lieb/Langen*[2]*(-Bearbeiter)*

dies./Quecke, Moritz, Das Kaufrecht im Entwurf eines Gemeinsamen Referenzrahmens, in: *Schulze, Reiner/von Bar, Christian/Schulte-Nölke, Hans* (Hrsg.), Der akademische Entwurf für einen Gemeinsamen Referenzrahmen (Tübingen 2008), 135 – 160

Däubler, Wolfgang, Neues Schuldrecht – ein erster Überblick, NJW 2001, 3730

Dax, Jürgen/Oefinger, Ursula A., Kommentar zu den Einheitsbedingungen der Deutschen Textilwirtschaft, 7. Auflage (2005)

Derleder, Peter/Hoolmans, Fabian, Vom Schuldnerverzug zum Gläubigerverzug und zurück – Eine Untersuchung der Neuregelung des verspäteten Leistungsangebots des Schuldners, NJW 2004, 2787 – 279

ders./Zänker, Leif, Der ungeduldige Gläubiger und das neue Leistungsstörungsrecht – Das Verhältnis von Fristsetzung, Schadensersatzverlangen und Rücktritt, NJW 2003, 2777 – 2783

Dötsch, Wolfgang, Rechte des Käufers nach eigenmächtiger Mangelbeseitigung, MDR 2004, 975 – 979

Doralt, Peter, Das UNCITRAL-Kaufrecht im Vergleich zum österreichischen Recht, Referate und Diskussionen des Symposiums in Baden bei Wien 17. – 19. April 1983 (Wien 1985)

Dubovitskaya, Elena, Fristsetzung im Schuldrecht: Neue Obliegenheit für den säumigen Schuldner?, JZ 2012, 328 – 333

Düchs, Constantin, Die Behandlung von Leistungsstörungen im Europäischen Vertragsrecht (Berlin 2006)

Düringer, Adelbert – Hachenburg, Max, Das Handelsgesetzbuch vom 10. Mai 1897 auf der Grundlage des Bürgerlichen Gesetzbuchs, IV. Band, 3. Auflage (Mannheim, Berlin, Leipzig 1932)

Drobnig, Ulrich, Ein Vertragsrecht für Europa, in: *Baur, Jürgen F./Hopt, Klaus J./Mailänder, K. Peter* (Hrsg.), Festschrift Ernst Steindorff zum 70. Geburtstag, (Berlin, New York 1990), 1141 – 1154

ders., Europäisches Zivilgesetzbuch – Gründe und Grundgedanken, in: *Martiny, Dieter/Witzleb, Normann* (Hrsg.), Auf dem Wege zu einem Europäischen Zivilgesetzbuch (Berlin Heidelberg 1999), 109 – 123

ders./Zimmermann, Reinhard/Wicke, Hartmut, Übersetzung der Grundregeln des Europäischen Vertragsrechts der Kommission für Europäisches Vertragsrecht in: *Reiner Schulze/Reinhard Zimmermann* (Hrsg.), Europäisches Privatrecht Basistexte, 3. Auflage (Baden-Baden 2005), 387 – 433

Ebert, Ina, Das Recht des Verkäufers zur zweiten Andienung und seine Pflichten und seine Risiken für den Käufer, NJW 2004, 1761– 1764

Eisenhardt, Ulrich, Deutsche Rechtsgeschichte, 5. Auflage (München 2008)

Emmerich, Volker, Das Recht der Leistungsstörungen, 6. Auflage (München 2005)

Enderlein, Fritz/Maskow, Dietrich/Strohbach, Hein, Internationales Kaufrecht: Kaufrechtskonventionen, Verjährungskonventionen, Vertretungskonventionen, Rechtsanwendungskonventionen, Kommentar, 1. Auflage (Freiburg – Berlin 1991), zitiert: *Enderlein/Maskow/Strohbach*[1]*(-Bearbeiter)*

Entwurf eines bürgerlichen Gesetzbuches für das Deutsche Reich, Erste Lesung, ausgearbeitet durch die von dem Bundesrathe berufene Kommission, Amtliche Ausgabe (Berlin und Leipzig 1888)

Erman, Walter (Begr.), Bürgerliches Gesetzbuch Handkommentar, Band I: §§ 1 – 758 BGB, 13. Auflage (Köln 2011), zitiert: *Erman*[13]*(-Bearbeiter)*

Ernst, Wolfgang, Zum Kommissionsentwurf für eine Schuldrechtsreform, NJW 1994, 2177 – 2248

ders., Zur Struktur des CFR, in: *Schmidt-Kessel, Martin* (Hrsg.), Der Gemeinsame Referenzrahmen (München 2009), 55 – 70

ders./Gsell, Beate, Kritisches zum Stand der Schuldrechtsmodernisierung – Beispiele fragwürdiger Richtlinienumsetzung, ZIP 2001, 1389 – 1403

Faust, Florian, Anmerkung zum BverG Beschluss v. 26.9.2006 – 1 BvR 2389/04, BeckRS 2006, 26166

ders., Anmerkung zum BGH Urteil v. 9.1.2008 – VIII ZR 210/06, JuS 558 – 559

ders., Anmerkung zum BGH Versäumnisurteil v. 12.8.2009 – VIII ZR 254/08, JZ 2010, 202 – 205

Ferrari, Franco/Kieninger, Eva-Maria/Mankowski, Peter/Otte, Karsten/Saenger, Ingo/Staudinger, Ansgar, Internationales Vertragsrecht, EGBGB – CISG – CMR – FactÜ, Kommentar, 2. Auflage (München 2012), zitiert: *Ferrari/Kieninger/Mankowski/Otte/Saenger/Staudinger*² (*-Bearbeiter*)

Finn, Markus, Kann der Gläubiger die (Nach-)Erfüllung zwischen Fristablauf und Schadensersatzverlangen zurückweisen?, ZGS 2004, 32 – 38

Flessner, Axel/Kadner, Thomas, CISG? Zur Suche nach einer Abkürzung für das Wiener Übereinkommen über Verträge über den internationalen Warenkauf vom 11. April 1980, ZEuP 1995, 347 – 350

Frohberg, Gerhard, Die ernsthafte und endgültige Erfüllungsverweigerung (Münster Westfalen 1979)

Gabler-Wirtschafts-Lexikon, 17., komplett aktualisierte und erweiterte Auflage, F - H (Wiesbaden 2010)

Gebhard, Marina, Hierarchische Produktionsplanung bei Unsicherheit (Wiesbaden 2009)

von Gierke, Otto, Der Entwurf eines Bürgerlichen Gesetzbuches und das deutsche Recht, (Goldbach 1997), (Nachdr. der Ausg. Leipzig 1889)

Göller, Harald, Zur Übung – Bürgerliches Recht: Der säumige Stahllieferant und sein säumiger Kunde, JuS 2002, 1177 – 1180

Greiner, Stefan/Hossenfelder, Martin, Aufforderung zur „unverzüglichen“, „umgehenden“ oder „sofortigen“ Nacherfüllung als hinreichende Fristsetzung i.S.d. § 281 I 1 BGB?, JA 2010, 412 – 416

Grigoleit, Hans Christoph/Riehm, Thomas, Die Kategorien des Schadensersatzes im Leistungsstörungsrecht, AcP 203. Band, 2003, 727 – 762

Grossmann-Doerth, Hans, Die Rechtsfolgen vertragswidriger Andienung (Marburg in Hessen 1934)

Groß, Heinrich, Ist „unverzüglich“ eine ausreichende Fristsetzung zur Auftragsentziehung?, IBR 2002, 183

ders., Wann ist ein Termin „nach dem Kalender bestimmt“?, IBR 2002, 242

ders., Fristsetzung als Voraussetzung der Selbstvornahme bei Mängelbeseitigung?, IBR 2002, 244

Gröschler, Peter, Die notwendige Unterscheidung von Leistungspflichten und Nebenpflichten nach neuem Schuldrecht, in: *Dauner-Lieb, Barbara/Hommelhoff, Peter/Jacobs, Matthias/Kaiser, Dagmar/Weber, Chistoph* (Hrsg.), Festschrift für Horst Konzen zum 70. Geburtstag (Tübingen 2006), 109 – 129

Grundmann, Stefan/Hoerning, Andreas, Leistungsstörungsmodelle im Lichte der ökonomischen Theorie – nationales, europäisches und internationales Recht, in: *Eger, Thomas/Schäfer, Hans-Bernd* (Hrsg.), Ökonomische Analyse der europäischen Zivilrechtsentwicklung – Beiträge zum X. Travemünder Symposium zur ökonomischen Analyse des Rechts (29. März bis 1. April 2006) (Tübingen 2007), 420 – 470

Gsell, Beate, Kaufrechtsrichtlinie und Schuldrechtsmodernisierung, JZ 2001, 65 – 75

dies., BGH: Kein Schadensersatz und Ersatz ersparter Aufwendungen ohne ordnungsgemäßes Nacherfüllungsverlangen, LMK 2006, 168751

dies., Entscheidungsanmerkung BGH, Urteil vom 20.5.2009 – VIII ZR 247/06, ZJS 2009, 433 – 434

Gutzeit, Martin, Der arglistig täuschende Verkäufer, NJW 2008, 1359 – 1362

Haas, Lothar, Entwurf eines Schuldrechtsmodernisierungsgesetzes: Kauf- und Werkvertragsrecht, BB 2001, 1313

Habersack, Mathias/Mayer, Christian, Die überschießende Umsetzung von Richtlinien, JZ 1999, 913 – 921

Hachenburg, Max, Lebenserinnerungen eines Rechtsanwalts (Düsseldorf 1927)

Hanau, Hans, Der Schuldner in der Hand des Gläubigers? Beendigung der Schwebelage nach Ablauf einer gem. § 323 BGB gesetzten Frist, NJW 2007, 2806 – 2810

Heermann, Peter W., Geld und Geldgeschäfte, Handbuch des Schuldrechts (Tübingen 2003)

Heinrichs, Helmut, Die Transformation des Erfüllungsanspruchs in einen Schadensersatzanspruch – Eine Skizze der Neuregelung des Schuldrechtsmodernisierungsgesetzes, in: *Bub, Wolf-Rüdiger/Knieper, Rolf/Metz, Reiner/Winter, Gerd* (Hrsg.), Zivilrecht im Sozialstaat, Festschrift für Peter Derleder (Baden-Baden 2005), 87 – 108

Herber, Rolf/Czerwenka, Beate, Internationales Kaufrecht, Kommentar zu dem Übereinkommen der Vereinten Nationen vom 11. April 1980 über Verträge über den internationalen Warenkauf (München 1991)

Herresthal, Carsten, Voraussetzungen und Grenzen der gemeinschaftsrechtskonformen Rechtsfortbildung, EuZW 2007, 396 – 400

ders., § 2 Vertragsrecht, in: *Langenbucher, Katja* (Hrsg.), Europarechtliche Bezüge des Privatrechts, 2. Auflage (Baden-Baden 2008), 41 – 164

ders., Das ungeschriebene Tatbestandsmerkmal der Durchsetzbarkeit in den §§ 281 I, 323 I BGB, JURA 2008, 561 – 569

ders./Riehm, Thomas, Die eigenmächtige Selbstvornahme im allgemeinen und besonderen Leistungsstörungsrecht, NJW 2005, 1457 – 1461

Hirsch, Günter, Erwartungen der gerichtlichen Praxis an einen Gemeinsamen Referenzrahmen für ein Europäisches Vertragsrecht, ZIP 2007, 937 – 943

Hoffmann, Jan, Verbrauchsgüterkaufrichtlinie und Schuldrechtsmodernisierungsgesetz, ZRP 2001, 347 – 350

Hofmann, Carolin, Selbstvornahme im Mietrecht (Baden-Baden 2012)

Honsell, Heinrich, Kommentar zum UN-Kaufrecht, Übereinkommen der Vereinten Nationen über Verträge über den Internationalen Warenkauf (CISG), 2. Auflage (Berlin Heidelberg 2010)

Huber, Peter/Faust, Florian, Schuldrechtsmodernisierung – Einführung in das neue Recht (München 2002)

Huber, Ulrich, Wandlungen im Recht des Handelskaufs, ZHR 161 (1997), 160 – 185

ders., Leistungsstörungen, Band I, Die allgemeinen Grundlagen – Der Tatbestand des Schuldnerverzugs – Die vom Schuldner zu vertretenden Umstände (Tübingen 1999)

ders., Leistungsstörungen, Band II, Die Folgen des Schuldnerverzugs – Die Erfüllungsverweigerung und die vom Schuldner zu vertretende Unmöglichkeit (Tübingen 1999)

ders., Das geplante Recht der Leistungsstörungen, in: *Ernst, Wolfgang/Zimmermann, Reinhard* (Hrsg.), Zivilrechtswissenschaft und Schuldrechtsreform (Tübingen 2001), 31 – 183

ders., Modellregeln für ein Europäisches Kaufrecht, ZEuP 2008, 709 – 744

Huth, Tobias, Die Fristsetzung zur Leistung und Nacherfüllung und ihre Entbehrlichkeit §§ 281, 323, 637 BGB (Hamburg 2006)

Jacobs, Matthias, Die kaufrechtliche Nacherfüllung, in: *Dauner-Lieb, Barbara/Konzen, Horst/Schmidt, Karsten* (Hrsg.), Das neue Schuldrecht in der Praxis (Köln 2003), 371 – 394

Jaensch, Michael, Der Gleichlauf von Rücktritt und Schadensersatz, NJW 2003, 3613 – 3615

ders., Die Störung der Nacherfüllung im Kaufrecht, JURA 2005, 649 – 655

Jacobs, Matthias, Erfüllungsverlangen und Erfüllbarkeit nach Ablauf der Nachfrist, in: *Krause, Rüdiger/Schwarze, Roland* (Hrsg.), Festschrift für Hansjörg Otto zum 70. Geburtstag (Berlin 2008), 137 – 155

Jakobs, H.H., Nichterfüllung und Rücktritt in: *Flume, Werner/Hahn, Hugo J./Kegel, Gerhard/Simmonds, Kenneth R.* (Hrsg.), Internationales Recht und Wirtschaftsordnung, Festschrift für F.A. Mann zum 70. Geburtstag (München 1977), 35 – 56

Jauernig, Othmar (Hrsg.), Bürgerliches Gesetzbuch mit Allgemeinem Gleichbehandlungsgesetz, Kommentar, 14. Auflage (München 2011), zitiert: *Jauernig*[14](*-Bearbeiter*)

Jorden, Simone/Lehmann, Michael, Verbrauchsgüterkauf und Schuldrechtsmodernisierung, Zur geplanten Umsetzung der Richtlinie 1999/44/EG im Rahmen eines Gesetzes zur Modernisierung des Schuldrechts, JZ 2001, 952 – 965

Jud, Brigitta, Das Recht zur Zurückweisung im Kaufrecht, JuS 2004, 841 – 846

dies., Die Principles of European Contract Law als Basis des Draft Common Frame of Reference, in: *Schmidt-Kessel, Martin* (Hrsg.), Der Gemeinsame Referenzrahmen (München 2009), 71 – 92

Junker, Markus (Hrsg.), Juris Praxiskommentar BGB, Schuldrecht, Band 2.1, 4. Auflage (Saarbrücken 2008), zitiert: Juris Praxiskommentar[4](*-Bearbeiter*)

Kaiser, Dagmar, Die Rechtsfolgen des Rücktritts in der Schuldrechtsreform, JZ 2001, 1057 – 1070

Karollus, Martin, UN-Kaufrecht, Eine systematische Darstellung für Studium und Praxis (Wien New York 1991)

ders., Principles of International Commercial Contracts. – Rome: (International Institute for the Unification of Private Law) 1994. XX, 256 S. (Unidroit. International Institute for the Unification of Private Law.), RabelsZ 61 (1997), 582 – 592

Katzenstein, Mattias, Nochmals: Ersatz ersparter Aufwendungen bei eigenmächtiger Selbstvornahme der Mängelbeseitigung, ZGS 2004, 349 – 357

Keil, Tilo, Mängelbeseitigung, Selbstvornahme, Kaufmängel, ersparte Nacherfüllungskosten, EWiR 2005, 497 – 498

ders., Schadensersatz statt der Leistung, Mängelbeseitigung, Fristsetzung, Aufforderung zur „umgehenden" Leistung, Kurzkommentar, EWiR 2010, 13 – 14

Klein, Winfried, Anmerkung zur Entscheidung des BGH v. 12.8.2009 – VIII ZR 254/08, NJW 2009, 3154 – 3155

Kleine, Lucas/Scholl, Bernd, Das Konkurrenzverhältnis primärer und sekundärer Gläubigerrechte bei Pflichtverletzungen im allgemeinen Schuldrecht, NJW 2006, 3462 – 3467

Koch, Raphael, Die Fristsetzung zur Leistung oder Nacherfüllung – Mehr Schein als Sein? Was bleibt noch vom Fristsetzungserfordernis?, NJW 2010, 1636 – 1639

Kötz, Hein, Vertragsrecht (Tübingen 2009)

Kuhlenbeck, Ludwig, Das Bürgerliche Gesetzbuch für das Deutsche Reich nebst dem Einführungsgesetze, Erster Band (Berlin 1899)

Lamprecht, Philipp, Selbstvornahme des Gläubigers und Vorrang der Erfüllung nach neuem Schuldrecht, ZGS 2005, 266 – 274

Lando, Ole/Beale Hugh, Die Grundregeln des europäischen Vertragsrechts („Lando-Prinzipien") – Ursprünge und Ziele, in: *Graziano, Thomas Kadner,* Europäisches Vertragsrecht – Übungen zur Rechtsvergleichung und Harmonisierung des Rechts (Basel 2008), 417 – 422

Larenz, Karl, Lehrbuch des Schuldrechts, Erster Band, Allgemeiner Teil, 14. Auflage (München 1987)

Larenz, Karl/Wolf, Manfred, Allgemeiner Teil des Bürgerlichen Rechts, 9. Auflage (München 2004)

Lehmkuhl, Heiko, Das Nacherfüllungsrecht des Verkäufers im UN-Kaufrecht (Frankfurt am Main 2002)

Leible, Stefan, Rechtsbehelfe bei Nichterfüllung, in: *Schulze, Reiner/von Bar, Christian/Schulte-Nölke, Hans* (Hrsg.), Der akademische Entwurf für einen Gemeinsamen Referenzrahmen (Tübingen 2008), 97 – 114

ders., Kapitel 10: Kaufvertrag (§§ 433 bis 480 BGB), in: *Gebauer, Martin/Wiedmann, Thomas* (Hrsg.), Zivilrecht unter europäischem Einfluss, 2. Auflage (Stuttgart 2010), 403 – 503

Leonhard, Franz, Allgemeines Schuldrecht des BGB, Erster Band (München und Leipzig 1929)

Lerach, Mark, Anspruch des Käufers auf Verwendungsersatz nach § 347 Abs. 2 S. 1 BGB bei Selbstvornahme der Mängelbeseitigung, JuS 2008, 953 – 956

Leser, Hans G., Die Erfüllungsverweigerung, Ein Typ der Leistungsstörungen, in: *von Caemmerer, Ernst/Mentschikoff, Soia/Zweigert, Konrad* (Hrsg.), Band II Nationales und vergleichendes Privatrecht, Festschrift für Max Rheinstein zum 70. Geburtstag (Tübingen 1969), 643 – 658

ders., Der Rücktritt vom Vertrag, Abwicklungsverhältnis und Gestaltungsbefugnisse bei Leistungsstörungen (Tübingen 1975)

Lettl, Tobias, Die Falschlieferung durch den Verkäufer nach der Schuldrechtsreform, JuS 2003, 866 – 872

Lichtenberg, Christoph, Reicht Aufforderung zu „schnellstmöglicher Reparatur“ als Fristsetzung aus?, IBR 2010, 562

Lindacher, Walter F., Definität und Revisibilität der Gläubigerentscheidungen nach § 326 BGB, JZ 1980, 48 – 53

Looschelders, Dirk, Schuldrecht Allgemeiner Teil, 10. Auflage (München 2012)

Lorenz, Stephan, Schadensersatz wegen Pflichtverletzung – ein Beispiel für die Überhastung der Kritik an der Schuldrechtsreform, JZ 2001, 742 – 745

ders., Nacherfüllungsanspruch und Obliegenheiten des Käufers: Zur Reichweite des „Rechts zur zweiten Andienung“, NJW 2006, 1175 – 1179

ders., Anmerkung zu AG Daun, Urteil vom 15.1.2003, ZGS 2003, 397 – 399

ders., Selbstvornahme der Mängelbeseitigung im Kaufrecht, NJW 2003, 1417 – 1419

ders., Vertragserhaltung im Kaufrecht, in: *Kanzleiter, Rainer/Kössinger, Winfried/Grziwotz, Herbert* (Hrsg.), Festschrift Hans Wolfsteiner zum 70. Geburtstag (Köln München 2008), 121 – 136

ders., Voreilige Selbstvornahme der Nacherfüllung im Kaufrecht: Der BGH hat gesprochen und nichts ist geklärt, NJW 2005, 1321 – 1324

ders./Riehm, Thomas, Lehrbuch zum neuen Schuldrecht (München 2002)

Ludes, Sebastian/Lube Sebastian, Fristsetzung – Das Verlangen nach „umgehender" Leistung bei §§ 281, 286 und 323 BGB, MDR 2009, 1317 – 1320

von Lutz, Johann (Hrsg.), Protokolle der Kommission zur Beratung eines allgemeinen Deutschen Handelsgesetzbuches, I. Theil, Protokoll I – XLV (Würzburg 1858)

Magnus, Ulrich, Der Stand der internationalen Überlegungen: Die Verbrauchsgüterkaufrichtlinie und das UN-Kaufrecht, in: *Grundmann, Stefan/Medicus, Dieter/Rolland, Walter* (Hrsg.), Europäisches Kaufgewährleistungsrecht, Reform und Internationalisierung des deutschen Schuldrechts (Köln 2000), 79 – 91

ders., Das Recht der vertraglichen Leistungsstörungen und der Common Frame of Reference, ZEuP 2007, 260 – 279

Mankowski, Peter, Werkvertragsrecht – Die Neuerungen durch § 651 BGB und der Abschied vom Werklieferungsvertrag, MDR 2003, 854 – 860

ders., Wie setzt man eine Nachfrist richtig?, ZGS 2003, 451 – 455

ders., Kurzkommentar zu AG Kempen 18.8.2003 – 11 C 225/02, EWiR 2004, 325 – 326 *ders.*, Hat der Verkäufer unter dem BGB wirklich ein eigenes subjektives Recht zur zweiten Andienung?, JZ 2011, 781 – 785

Martiny, Dieter, Europäisches Privatrecht – greifbar oder unerreichbar?, in: *Martiny, Dieter/Witzleb, Normann* (Hrsg.), Auf dem Wege zu einem Europäischen Zivilgesetzbuch (Berlin Heidelberg 1999), 1 – 17

Martis, Rüdiger, Das Erfordernis der Fristsetzung zur Nacherfüllung, MDR 2010, 1293 – 1298

Mayer, Christian/Schürnbrand, Jan, Einheitlich oder gespalten? – Zur Auslegung nationalen Rechts bei überschießender Umsetzung von Richtlinien, JZ 2004, 545 – 552

Medicus, Dieter/Lorenz, Stephan, Schuldrecht I, Allgemeiner Teil, 20. Auflage (München 2012)

dies., Schuldrecht II, Besonderer Teil, 16. Auflage (München 2012)

Metzger, Axel, Die Haftung des Verkäufers für Rechtsmängel gem. Artt. 41, 42 CISG, RabelsZ 73 (2009), 842 – 865

Michaels, Ralf, Privatautonomie und Privatkodifikation – Zu Anwendbarkeit und Geltung allgemeiner Vertragsrechtsprinzipien, RabelsZ 62 (1998), 580 – 626

Mitteis, Heinrich, Deutsches Privatrecht, 3. Auflage, Neubearbeitet von *Lieberich, Heinz* (München und Berlin 1959)

ders./Lieberich, Heinz, Deutsche Rechtsgeschichte, 19. Auflage (München 1992)

Mittwoch, Anne-Christin, Die Vereinheitlichung des Privatrechts in Europa – auf dem Weg zu einem Europäischen Zivilgesetzbuch?, JuS 2010, 767 – 771

Mitzkait, Anika, Leistungsstörungen und Haftungsbefreiung, Ein Vergleich der Grundregeln des Europäischen Vertragsrechts mit dem reformierten deutschen Recht (Tübingen 2008)

Moritz, Klaus, Selbstbeseitigung von Kaufmängeln ohne Fristsetzung, in: *Rüßmann, Helmut* (Hrsg.), Festschrift für Gerhard Käfer zum (Saarbrücken 2009), 229 – 239

Mugdan, Benno, Die gesamten Materialien zum Bürgerlichen Recht für das Deutsche Reich, II. Band, Recht der Schuldverhältnisse (Berlin 1899)

Mühling, Moritz, Kommentar zu BGH, Urteil v. 25.3.2010 – VII ZR 224/08, NJ 2010, 304 – 305

Müller, Hans-Friedrich, Die Selbstvornahme der Mängelbeseitigung im Kaufrecht, ZJS 2012, 444 – 448

Musielak, Hans-Joachim, Die Falschlieferung beim Stückkauf nach dem neuen Schuldrecht, NJW 2003, 89 – 92

ders., Grundkurs BGB, 12. Auflage (München 2011)

Nagel, Bernhard/Eger, Thomas, Wirtschaftsrecht II – Eigentum, Delikt und Vertrag, mit einer Einführung in die ökonomische Analyse des Rechts, 4. Auflage (München 2003)

Neumann, Hugo, Handausgabe des Bürgerlichen Gesetzbuchs für das Deutsche Reich, Erster Band, 6. Auflage (Berlin 1912)

Oechsler, Jürgen, Schuldrecht Besonderer Teil Vertragsrecht (München 2003)

ders., Praktische Anwendungsprobleme des Nacherfüllungsanspruchs, NJW 2004, 1825 – 1830

ders., Vertragliche Schuldverhältnisse (München 2007)

Paehler, Alexa, Die Selbstvornahme des Käufers (Baden-Baden 2010)

Palandt, Otto (Begr.), Kommentar zum Bürgerlichen Gesetzbuch, 68. Auflage (München 2009), 70. Auflage (2011), 72. Auflage (2013), zitiert: *Palandt*^{x}*(-Bearbeiter)*

Peters, Frank, Schadensersatz wegen Nichterfüllung und Verzug beim gegenseitigen Vertrag, NJW 1979, 688 – 692

Petersen, Jens, Die Nacherfüllung, JURA 2002, 461 – 464

Pfeiffer, Thomas, Von den Principles of European Contract Law zum Draft Common Frame of Reference, ZEuP 2008, 679 – 707

Picot, Arnold, Transaktionskosten, DBW – Die Betriebswirtschaft, 1985, 124 – 125

Piltz, Burghard, Internationales Kaufrecht – Das UN-Kaufrecht in praxisorientierter Darstellung, 2. Auflage (München 2008)

ders., UN-Kaufrecht, Gestaltung von Export- und Importverträgen Wegweiser für die Praxis, 3. Auflage (Heidelberg 2001)

ders., Neue Entwicklungen im UN-Kaufrecht, Gütersloh, NJW 2009, 2258 – 2264

Posner, Richard A., Vertragliche Rechtspositionen und Rechtsbehelfe, in: *Assmann, Heinz-Dieter/Kirchner, Christian/Schanze, Erich* (Hrsg.), Ökonomische Analyse des Rechts (Tübingen 1993), 184 – 238

Prütting, Hanns/Wegen, Gerhard/Weinreich, Gerd (Hrsg.), BGB Kommentar, 7. Auflage (Köln 2012), zitiert: *Prütting/Wegen/Weinreich*[7](*-Bearbeiter*)

Ramming, Klaus, Vorzeitiges Rücktrittsrecht und Schadensersatzrecht statt der Leistung, ZGS 2002, 412 – 416

ders., Wechselwirkungen bei den Voraussetzungen der gesetzlichen Kündigungs- und Rücktrittsrechte nach allgemeinem Schuldrecht (§§ 314, 323, 324 BGB), ZGS 2003, 113 – 118

Ratz, Emilio Maus, Der Nacherfüllungsanspruch nach UN-Kaufrecht – im Lichte der deutschen, spanisch-mexikanischen und US-amerikanischen Rechtswissenschaft (Frankfurt a.M. 2006)

Reinicke, Dietrich/Tiedtke, Klaus, Kaufrecht, 8. Auflage (Köln – München 2009)

Reinking, Kurt/Eggert, Christoph, Der Autokauf, 11. Auflage (Köln 2012)

Riha, Michael, Ökonomische Analyse des Sachmängelgewährleistungsrechts des BGB (München 2007)

Ritzmann, Matthias, Schuldrechtsreform – Gewährleistungsrechtliche Nachfristsetzung kurz vor Ablauf der Verjährungsfrist, MDR 2003, 430 – 433

Ruttloff, Marc, Das kaufrechtliche Selbstvornahmerecht in Allgemeinen Einkaufsbedingungen, ZGS 2008, 88 – 89

Rütten, Wilhelm, Die Entstehung des Erfüllungszwanges im Schuldverhältnis, in: *Lange, Hermann/Nörr, Knut Wolfgang/Westermann, Harm Peter* (Hrsg.), Festschrift für Joachim Gernhuber zum 70. Geburtstag (Tübingen 1993), 939 – 959

Säcker, Franz Jürgen/Rixecker, Roland/Oetker, Hartmut (Hrsg.), Münchener Kommentar zum Bürgerlichen Gesetzbuch, Band 2: Schuldrecht – Allgemeiner Teil, §§ 241 – 432 BGB, 3. Auflage (München 1994), 5. Auflage (2009), 6. Auflage (2012), Band 3: Schuldrecht – Besonderer Teil I, §§ 433 – 610 BGB, 5. Auflage (2012), zitiert: MünchKomm(-*Bearbeiter*)

Schäfer, Hans-Bernd/Ott, Claus, Lehrbuch der ökonomischen Analyse des Zivilrechts, 4. Auflage (Berlin – Heidelberg 2005)

Schellhammer, Kurt, Schuldrecht nach Anspruchsgrundlagen, 8. Auflage (Heidelberg 2011)

Scherner, Karl Otto, Rücktrittsrecht wegen Nichterfüllung, Untersuchungen zur Deutschen Privatrechtslehre der Neuzeit; Recht und Geschichte, Bd. II (Wiesbaden 1965)

ders., Modernisierung des Handelsrechts im 19. Jahrhundert (Heidelberg 1993)

Scheuren-Brandes, Christoph, EuGH kürt Geldschuld bei Banküberweisung zur Bringschuld?!, ZIP 2008, 1463 – 1465

Schlechtriem, Peter, Aufhebung des Vertrages als Rechtsbehelf bei Leistungsschulden, in: *Dieckman, Albrecht/Frank, Rainer/Hanisch, Hans/Simitis, Spiros* (Hrsg.), Festschrift für Wolfram Müller-Freienfels, 1. Auflage (Baden-Baden 1986), 525 – 545

ders., Rechtsvereinheitlichung in Europa und Schuldrechtsreform in Deutschland, ZEuP 1993, 217 – 246

ders., Fristsetzungen bei Leistungsstörungen im Einheitlichen UN-Kaufrecht (CISG) und der Einfluss des § 326 BGB, in: *von Westphalen, Friedrich/Sandrock, Otto* (Hrsg.), Lebendiges Recht – Von den Sumerern bis zur Gegenwart, Festschrift für Reinhold Trinkner zum 65. Geburtstag (Heidelberg 1995), 321 – 335

ders., Internationales UN-Kaufrecht, Ein Studien- und Erläuterungsbuch zum Übereinkommen der Vereinten Nationen über Verträge über den internationalen Warenkauf (CISG), 4. Auflage (Tübingen 2007)

ders./Schmidt-Kessel, Martin, Schuldrecht Allgemeiner Teil, 6. Auflage (Tübingen 2005)

ders./Schwenzer, Ingeborg, Kommentar zum Einheitlichen UN-Kaufrecht, 5. Auflage (München Basel 2008)

Schmeel, Günter, Aktuelle Entwicklungen in der Rechtsprechung zum Bauvertragsrecht, MDR 2011, 277 – 283

Schmidt, Karsten, Handelsrecht, 5. Auflage (Köln-Berlin-Bonn-München 1999)

ders. (Hrsg.), Münchener Kommentar zum HGB, Band 6, §§ 373 – 406 HGB, CISG, 2. Auflage (München 2007), zitiert: MünchKomm(-*Bearbeiter*)

Schmidt, Lutz, Die Vertragsaufhebung durch den Warenkäufer (Baden-Baden 2003)

Schmidt-Kessel, Martin, Schadensersatz wegen Vertragsbruchs im System der Rechtsbehelfe, in: *Remien, Oliver* (Hrsg.), Schuldrechtsmodernisierung und Europäisches Vertragsrecht, Zwischenbilanz und Perspektiven – Würzburger Tagung vom 27. und 28.10.2006 (Tübingen 2008), 85 – 100

Schmidt-Räntsch, Jürgen, Der Entwurf eines Schuldrechtsmodernisierungsgesetzes, ZIP 2000, 1639 – 1645

ders./Maifeld, Jan/Meier-Göring, Anne/Röcken, Matthias, Das neue Schuldrecht (2002)

ders., Zehn Jahre Schuldrechtsreform, ZJS 2012, 301 – 321

Schmoeckel, Mathias/Rückert, Joachim/ Zimmermann, Reinhard (Hrsg.), Historisch – kritischer Kommentar zum BGB, Band II, Schuldrecht: Allgemeiner Teil, 1. Teilband: vor §§ 241 – 304 (Tübingen 2007), Band II, Schuldrecht: Allgemeiner Teil, 2. Teilband: vor §§ 305 – 432 (2007), zitiert: HKK-BGB(-*Bearbeiter*)

Schneider, David/Katerndahl, Christoph, Ein- und Ausbaukosten mangelhafter Kaufsachen im unternehmerischen Rechtsverkehr, NJW 2007, 2215 – 2220

Schollmeyer, Mario, Die zeitlich unbestimmte Frist in §§ 281, 323 BGB, ZGS 2009, 491 – 495

Schollmeyer, Mario/Utlu, Alper, Die Nacherfüllung im Kauf, JURA 2009, 721 – 731

Schroeter, Ulrich G., Kostenerstattungsanspruch des Käufers nach eigenmächtiger Selbstvornahme der Mängelbeseitigung?, JR 2004, 441 – 444

ders., Das Recht zur zweiten Andienung im System des Schuldrechts, AcP, 207. Band, 2007, 28 – 63

ders., Die Fristenberechnung im Bürgerlichen Recht, JuS 2007, 29 – 35

Schubel, Christian, Schuldrechtsmodernisierung 2001/2002 – Das neue Kaufrecht, JuS 2002, 313 – 319

Schulte-Nölke, Hans, Fristsetzung ohne Fristsetzung?, ZGS 2009, 433

ders., Die Fristsetzungsfalle des deutschen Rechts schlägt wieder zu, ZGS 2011, 385

Schulze, Reiner, Der DCFR – Funktionen, Methoden und Struktur, in: *Schulze, Reiner/von Bar, Christian/Schulte-Nölke, Hans* (Hrsg.), Der akademische Entwurf für einen Gemeinsamen Referenzrahmen (Tübingen 2008), 1 – 33

Schulze, Reiner, Handkommentar BGB, 6. Auflage (Baden-Baden 2009), zitiert: Hk-BGB[6](-*Schulze*)

ders., Handkommentar BGB, 7. Auflage (Baden-Baden 2012), zitiert: Hk-BGB[7] (-*Schulze*)

ders./Ebers, Martin, Streitfragen im neuen Schuldrecht, JuS 2004, 265 – 272

Schürholz, Martina, Die Nacherfüllung im neuen Kaufrecht (Baden-Baden 2005)

Schwab, Martin, Schadensersatzverlangen und Ablehnungsandrohung nach der Schuldrechtsreform, JR 2003, 133 – 140

ders., Anmerkung zur Entscheidung des BGH vom 20.1.2006 – V ZR 124/05, JZ 2006, 1030 – 1032

Schwartze, Andreas, Die Europäisierung des Privatrechts am Beispiel des Kaufrechts, in: *Martiny, Dieter/Witzleb, Normann* (Hrsg.), Auf dem Wege zu einem Europäischen Zivilgesetzbuch (Berlin Heidelberg 1999), 33 – 52

Schwenker, Hans Christian, Anmerkung zum Urteil des BGH vom 13.12.2001, Az.: VII ZR 432/00, ZfIR 2002, 283 – 284

ders., Fristsetzung: Aufforderung zur umgehenden Mängelbeseitigung reicht!, IBR 2009, 644

Schweitzer-Faust, Werner/Kamin, Heinz, Kommentar zu den Einheitskonditionen der Deutschen Textilwirtschaft, 5. Auflage (Frankfurt a. M. 1977)

Siebert, Bernd, Aufforderung zur „umgehenden" Mängelbeseitigung ausreichend i.S.d. § 281 Abs. 1 S. 1 BGB?, jurisPR-PrivBauR 2/2010 Anm. 6

Skamel, Frank, Die angemessene Frist zur Leistung oder Nacherfüllung, JuS 2010, 671 – 675 *ders.*, Nacherfüllungsverlangen in der Berufungsinstanz, NJW 2010, 271 – 274

Soergel, Hans Theodor (Begr.), Kommentar zum Bürgerlichen Gesetzbuch mit Einführungsgesetz und Nebengesetzen, Band 2: Schuldrecht I, §§ 241 – 432 BGB, 12. Auflage (Stuttgart 1990), Band 13: Schuldrechtliche Nebengesetze 2, Übereinkommen der Vereinten Nationen über Verträge über den internationalen Warenkauf (CISG), 13. Auflage (2000), Band 5/2: Schuldrecht 3/2, §§ 320 – 327 BGB, 13. Auflage (2005), zitiert: *Soergel (-Bearbeiter)*

Staake, Marco, Anforderungen an die Fristsetzung bei nicht erbrachter Leistung, Anmerkung zum BGH Urteil 12.8.2009 - VIII ZR 254/08, LMK 2009, 292919

Staudenmeyer, Dirk, Die EG-Richtlinie über den Verbrauchsgüterkauf, NJW 1999, 2393 – 2397

ders., Ein optionelles Instrument im Europäischen Vertragsrecht?, ZEuP 2003, 828 – 845

Staudinger, Ansgar/Artz, Markus, Nacherfüllung im Kaufrecht und Gerichtsstand des Erfüllungsorts, NJW 2011, 3121 – 3184

von Staudinger, Julius (Begr.), Kommentar zum Bürgerlichen Gesetzbuch mit Einführungsgesetz und Nebengesetzen, Zweites Buch: Recht der Schuldverhältnisse: §§ 631 – 651 BGB, Neubearbeitung (Berlin 2000), Buch 2: §§ 315 – 327 BGB, Neubearbeitung (2001), Buch 2: Recht der Schuldverhältnisse: §§ 255 – 304 BGB (Leistungsstörungsrecht I), Neubearbeitung (2004), Buch 2: Recht der Schuldverhältnisse: §§ 315 – 326 BGB (Leistungsstörungsrecht II), Neubearbeitung (2004), Buch 2: Recht der Schuldverhältnisse, §§ 433 – 487 BGB, Neubearbeitung (2004), Buch 2: Recht der Schuldverhältnisse: §§ 255 – 304 BGB (Leistungsstörungsrecht 1), Neubearbeitung (2009), Buch 2: Recht der Schuldverhältnisse: §§ 315 – 326 BGB (Leistungsstörungsrecht 2), Neubearbeitung (2009), Wiener UN-Kaufrecht (CISG) Neubearbeitung (2013), zitiert: *Staudinger(-Bearbeiter)*

Steindorff, Ernst, Wirtschaftsordnung und -steuerung durch Privatrecht? in: *Baur, Fritz/Esser, Josef/Kübler, Friedrich/Steindorff, Ernst* (Hrsg.), Funktionswandel der Privatrechtsinstitutionen, Festschrift für Ludwig Raiser zum 70. Geburtstag (Tübingen 1974), 621 – 643

Stern, Elisabeth, Erklärungen im UNICITRAL-Kaufrecht (Wien 1990)

Stoffels, Markus, AGB-Recht, 2. Auflage (München 2009)

Stoll, Heinrich, Vertrag und Unrecht, Grundrisse des deutschen Rechts (Tübingen 1936)

Stöber, Michael, Der Vorrang der Nacherfüllung im britischen, österreichischen und deutschen Kaufrecht, ZEuP 2009, 578 – 597

Strohal, Emil, Planck´s Kommentar zum Bürgerlichen Gesetzbuch, II. Band, 1. Hälfte: Recht der Schuldverhältnisse (Allgemeiner Teil) §§ 241 – 432 BGB, 4. Auflage (Berlin 1914)

Sutschet, Holger, Anmerkung zur Entscheidung des BGH v. 23.2.2005 – VIII ZR 100/04, JZ 2005, 574 – 576

Taeger, Jürgen, Die Entwicklung des IT-Rechts im Jahr 2010, NJW 2010, 3759 – 3764

Teichmann, Arndt, Kauf- und Werkvertrag in der Schuldrechtsreform, ZfBR 2002, 13 – 21

Tettinger, Peter, Wer frißt wen? Weiterfresser vs. Nacherfüllung, JZ 2006, 641 – 650

Thamm, Manfred, Die Dauer einer „angemessenen Nachfrist“ für Lieferung und Mängelbeseitigung, BB 1982, 2018 – 2021

Thier, Andreas, Aliud- und Minus-Lieferung im neuen Kaufrecht, AcP 2003 (203), 403 – 428

Tiedtke, Klaus, 40 Probleme aus dem BGB – Kaufrecht (München 2005)

Tonner, Martin/Wiese Volker, Selbstvornahme der Mängelbeseitigung durch den Käufer, BB 2005, 903 – 908

Tröger, Tobias, Nacherfüllung beim Stückkauf: Ineffiziente Systemwidrigkeit oder adäquate gesetzgeberische Nachahmung privatautonomer Vertragslösungen?, ZVglRWiss 107 (2008), 383 – 427

Ulrici, Bernhard, Eigenmächtige Mangelbeseitigung beim Kauf, JURA 2005, 612 – 616

Unberath, Hannes, Die richtlinienkonforme Auslegung am Beispiel der Kaufrechtsrichtlinie, ZEuP 2005, 5 – 42

ders., Die Vertragsverletzung (Tübingen 2007)

Vogel, Olrik, Wie konkret muss eine Leistungsaufforderung vor Abnahme sein?, IBR 2010, 320

Vorwerk, Volkert, Mängelhaftung des Werkunternehmers und Rechte des Bestellers nach neuem Recht, Zeitschrift für das gesamte öffentliche und zivile Baurecht (BauR) 2003, 1 – 13

von Wächter, Carl Georg, Pandekten II, Besonderer Theil (Leipzig 1881)

Wassermann, Rudolf (Hrsg.), Alternativkommentar BGB, Band 2: §§ 241 – 432 BGB (Neuwied und Darmstadt 1980), zitiert: AK-BGB(-*Bearbeiter*)

Weidt, Heinz, Antizipierter Vertragsbruch (Tübingen 2008)

Weise, Stefan, Ersatzansprüche nach eigenmächtiger Selbstvornahme der Nacherfüllung?, NJW-Spezial 2005, 261 – 262

Weitnauer, Hermann, Die elektive Konkurrenz, in: *Fischer, Robert/Gessler, Ernst/Schilling, Wolfgang/Serick, Rolf/Ulmer, Peter* (Hrsg.), Strukturen und Entwicklungen im Handels-, Gesellschafts- und Wirtschaftsrecht, Festschrift Hefermehl zum 70. Geburtstag (München 1976), 467 – 488

Weller, Marc-Philippe, Die Vertragstreue (Tübingen 2009)

Wertenbruch, Johannes, Die eingeschränkte Bindung des Käufers an Rücktritt und Minderung, JZ 2002, 862 – 866

Westermann, Harm Peter/Bydlinski, Peter/Weber, Ralph, BGB-Schuldrecht Allgemeiner Teil, 7. Auflage (Heidelberg 2010)

Westermann, Harm Peter, Das neue Kaufrecht einschließlich des Verbrauchsgüterkaufs, JZ 2001, 530 – 537

Weyer, Friedhelm, Nachfristsetzung durch Bauherrn trotz Sicherungsabtretung wirksam?, IBR 2002, 243

Wieacker, Franz, Privatrechtsgeschichte der Neuzeit, unter besonderer Berücksichtigung der deutschen Entwicklung (Göttingen 1967)

ders., Industriegesellschaft und Privatrechtsordnung (Frankfurt a.M. 1974)

Wieser, Eberhard, Bedingtes Schadensersatzverlangen nach § 281 BGB, NJW 2003, 3458 – 3459

von Wilmowsky, Peter, Pflichtverletzungen im Schuldverhältnis – Die Anspruchs- und Rechtsgrundlagen des neuen Schuldrechts –, Beilage zu Heft 1 JuS 2002, 3 – 31

Witz, Wolfgang/Salger, Hanns-Christian/Lorenz, Manuel, International Einheitliches Kaufrecht, Praktikerkommentar und Vertragsgestaltung zum CISG (Heidelberg 2000)

Woitkewitsch, Christopher, Sofortiges Rücktrittsrecht bei mangelhafter Nacherfüllung innerhalb der Frist, MDR 2004, 862 – 865

Wolf, Christian/Lange, Sonja, Der zentrale Fristsetzungstatbestand des Neuen Schuldrechts – eine ökonomische Analyse, in: *Taeger, Jürgen/Wiebe, Andreas* (Hrsg.), Informatik – Wirtschaft – Recht, Regulierung in der Wissensgesellschaft, Festschrift für Wolfgang Kilian zum 65. Geburtstag, 1. Auflage (Baden-Baden 2004), 801 – 815

Wolf, Manfred/Lindacher, Walter/Pfeiffer, Thomas, AGB – Recht Kommentar, 5. Auflage (München 2009), zitiert: *Wolf/Lindacher/Pfeiffer*[5]*(-Bearbeiter)*

Würthwein, Susanne, Zur Schadensersatzpflicht wegen Vertragsverletzungen im Gemeinen Recht des 19. Jahrhunderts, Grundsätze des Leistungsstörungsrechts im Gemeinen Recht in ihrer Bedeutung für das BGB (Berlin 1990)

Zimmer, Daniel, Das geplante Kaufrecht, in: *Ernst, Wolfgang/Zimmermann, Reinhard* (Hrsg.), Zivilrechtswissenschaft und Schuldrechtsreform, Zum Diskussionsentwurf eines Schuldrechtsmodernisierungsgesetzes des Bundesministerium der Justiz (Tübingen 2001)

ders., Das neue Recht der Leistungsstörungen, NJW 2002, 1 – 12

ders./Eckhold, Thomas, Das neue Mängelgewährleistungsrecht beim Kauf, JURA 2002, 145 – 154

Zimmermann, Reinhard, Konturen eines Europäischen Vertragsrechts, Regensburg, JZ 1995, 477 – 528

ders., Die Unidroit-Grundregeln der internationalen Handelsverträge 2004 in vergleichender Perspektive, ZEuP 2005, 264 – 290

Zitelmann, Ernst, Die Rechtsgeschäfte im Entwurf eines Bürgerlichen Gesetzbuches für das Deutsche Reich, 1. Teil, in: *Bekker, Ernst Immanuel* (Hrsg.), Beiträge zur Erläuterung und Beurteilung des Entwurfs eines Bürgerlichen Gesetzbuches für das Deutsche Reich (Berlin 1889), 1 – 180

Zoll, Fryderyk, UN-Kaufrecht und Common Frame of Refernce im Bereich der Leistungsstörungen: Ein Beitrag aus der Perspektive der Acquis Group, ZEuP 2007, 229 – 246

www.ingramcontent.com/pod-product-compliance
Ingram Content Group UK Ltd.
Pitfield, Milton Keynes, MK11 3LW, UK
UKHW021841290926
8980IPUK00005B/589

9 783631 628102